Schematherapie en de Gezonde Volwassene

*Voor onze cliënten van wie wij zo veel leren.*

**onder redactie van:**
Anne-Marie Claassen
Silvia Pol

# Schematherapie en de Gezonde Volwassene

Positieve technieken uit de praktijk

Bohn
Stafleu
van Loghum

**Springer** Media

Houten 2015

ISBN 978-90-368-0950-4 ISBN 978-90-368-0951-1 (eBook)
DOI 10.1007/978-90-368-0951-1



NUR 777
Ontwerp basisomslag: Studio Bassa, Culemborg
Automatische opmaak: Crest Premedia Solutions (P) Ltd., Pune, India

Foto omslag: Parijs, Trocadero (2013), Peter Westerhof
Cartoons: Niels Bongers, ► www.nielsbongers.nl

Bohn Stafleu van Loghum
Het Spoor 2
Postbus 246
3990 GA Houten

www.bsl.nl

# Woord vooraf door Kees Lemke

Weinig wezens en apparaten zijn complexer dan het verschijnsel mens. Heel wat simpeler machines worden bij aflevering van een handleiding voorzien. Overigens worden die zelden gelezen. Tenzij zich een storing voordoet.

Bij onze geboorte zit het *manual* dus niet in de doos. Maar ook als dat wel het geval was, dan nog? Gaandeweg vormt zich immers pas onze persoonlijkheid onder invloed van onze ervaringen. *Trial and error* is daarbij vaak richtinggevend. Een grote mate van onvoorspelbaarheid blijft. Er is ook iets constants van meet af aan dat we karakter noemen. Daar bovenop vormen zich allerlei patronen. Behulpzaam of belemmerend, bewust, halfbewust of onbewust. Zie daar het complexe wezen zonder handleiding, waarbij het antwoord op de vraag waar de uitweg uit dit labyrint is: u bent het labyrint!

Filosofen, grondleggers van religies en levensbeschouwingen, kunstenaars en gedragswetenschappers hebben zich over de menselijke geest verwonderd en er allerhande duidingen van gegeven. Dit heeft een wereldbibliotheek aan gefragmenteerde handleidingen opgeleverd, van zelfhulpboeken tot heilige geschriften.

In de psychotherapie en de psychiatrie is veel gericht op het doorbreken van disfunctionele patronen. Als dit lukt, betekent dit een grotere innerlijke vrijheid in de vorm van meer psychologische flexibiliteit om met de opgaven van het leven om te kunnen gaan. De gezonde krachten en de Gezonde Volwassene worden daarbij als het ware vrijgemaakt uit het gestolde materiaal van invaliderend sediment. Materiaal dat er is in verschillende soorten van hardheid. De hardste noemen wij complexe persoonlijkheidsstoornis.

Een goede behandelaar heeft respect voor de persoon, maar niet voor de patronen die hem onvrij maken. Het gaat er daarbij niet alleen om de persoon beter te maken, maar ook steeds beter te worden in die kunst. In dit boek zijn collega's aan het woord die uit mededogen voor hun cliënten en liefde voor het vak, de grenzen het liefst zo ver mogelijk verleggen, ook bij mensen met complexe persoonlijkheidsproblematiek. Uitbehandeld zijn weerspiegelt immers vaak niet meer dan het punt waar wij het met de cliënt voor dat moment hebben opgegeven. Dat punt kan, zoals de ontwikkeling van ons vak de afgelopen decennia heeft geleerd, morgen weer een stuk verderop liggen.Voor alle collega's die daar met de auteurs van dit boek steeds weer aan gaan staan, maak ik op deze plaats een diepe buiging.

*Kees Lemke, geneeskundig bestuurder GGNet*

# Voorwoord door Arnoud Arntz

Schematherapie is een snel populair wordende vorm van psychologische behandeling van ernstige problemen die aan de persoonlijkheid gekoppeld zijn, zoals persoonlijkheidsstoornissen, chronische depressie, chronische angststoornissen en andere chronische syndroomstoornissen. Het is een geïntegreerde psychotherapie, waarin gebruikgemaakt wordt van theoretische inzichten, methoden en technieken uit onder meer de cognitieve gedragstherapie, de experiëntiële therapie, de object-relatietheorie, de hechtingstheorie en andere ontwikkelingstheoretische gezichtspunten. Schematherapie is echter geen eclectische therapie, waarin de therapeut naar believen losse technieken gebruikt. Er ligt een theoretisch raamwerk aan ten grondslag, gebaseerd op de cognitieve psychologie, en er zijn protocollen beschikbaar die in wetenschappelijk onderzoek getest en werkzaam zijn bevonden en waarop de therapeut de behandeling kan baseren.

De groeiende populariteit heeft ongetwijfeld diverse redenen, waaronder de wetenschappelijk bewezen effectiviteit en kosteneffectiviteit, de aansluiting bij de hulpvraag van complexe cliënten en de creativiteit die de toepassing van de therapeut vraagt. Anders dan in veel andere modellen wordt er in Schematherapie van uitgegaan dat cliënten sterk kunnen wisselen in emoties, cognities en gedragingen, dus in verschillende toestanden kunnen verkeren (de zogenaamde schemamodi) en dat de therapie zich daarop moet aanpassen door de juiste methoden en technieken te kiezen, afhankelijk van welke schemamodus geactiveerd is en therapeutische aandacht behoeft. Naast schemamodi die door een te sterke en onaangepaste aanwezigheid aan de problematiek ten grondslag liggen, wordt de modus van de Gezonde Volwassene onderscheiden, die de functionele en gezonde aspecten van de cliënt vertegenwoordigt. Het is deze modus die het onderwerp van dit boek is, en het is deze modus die nu juist meestal niet sterk, doch te zwak aanwezig is en versterkt moet worden. Dit idee sluit overigens aan bij onderzoek dat laat zien dat goed functioneren en positieve emoties niet hetzelfde zijn als de afwezigheid van disfunctioneren en negatieve emoties. Hoewel het lang een adagium was in de psychotherapie dat mensen wel geholpen konden worden met het verminderen van lijden, doch niet met het vergroten van geluk, is een recenter inzicht dat dit niet klopt en dat er wel degelijk methoden zijn waarmee mensen geholpen kunnen worden in het positieve domein. De Positieve Psychologie richt zich op het bestuderen hiervan.

Nu is een aantrekkelijke kant van Schematherapie dat het een raamwerk biedt waarbinnen verschillende methoden en technieken geïntegreerd kunnen worden. Zo kan met experiëntiële (op het (emotioneel) ervaren gerichte) technieken, met cognitieve (op het denken gerichte) en met gedragstechnieken (die op gedragsverandering gericht zijn) gewerkt worden aan bijvoorbeeld trauma's die tijdens de kindertijd hebben plaatsgevonden. In de latere fase van de behandeling wordt de aandacht vooral gelegd op het verbeteren van het functioneren in het heden en het voorbereiden van verbeterd functioneren in de toekomst. Het is een beslissende fase om de modus van de Gezonde Volwassene te versterken en de leiding te laten nemen over zo veel mogelijk terreinen van functioneren van de cliënt. Dat dit van groot belang is, wijst het onderzoek van Bamelis et al. (2014) uit, dat laat zien dat de verbeteringen in het tweede jaar van Schematherapie in hetzelfde tempo doorgaan met slechts tien sessies over dat jaar gespreid. Het verder uitbouwen van de Gezonde Volwassene staat in deze tien 'booster-sessies' centraal. De groei zet zich voort in het derde jaar, waarin geen behandeling meer geboden wordt, waarna de beslissende verschillen met gebruikelijke behandeling bereikt worden.

Hoewel de theoretische betekenis van deze laatste fase duidelijk is, is de beschrijving van de methoden en technieken van deze fase vooralsnog beperkt gebleven in publicaties over Schematherapie. Dit zou de (onterechte) indruk kunnen wekken dat Schematherapie toch vooral gericht is op het verminderen van problemen, en niet zozeer op het verbeteren van het welbevinden van cliënten, op hen te helpen wezenlijke doelen in het leven te bereiken, als bevredigende maatschappelijke participatie en zelfontplooiing. Deze indruk is onterecht omdat Schematherapie wel degelijk deze doelen heeft en onderzoek heeft uitgewezen dat cliënten gemiddeld eenzelfde niveau van geluk weten te bereiken met Schematherapie als het gemiddelde geluksniveau van de Nederlandse bevolking (Dickhaut en Arntz, 2014).

Dit boek biedt een belangrijke bijdrage aan de verdere beschrijving en ontwikkeling van methoden die in het kader van Schematherapie gebruikt kunnen worden om de modus van de Gezonde Volwassene te versterken. Zoals gezegd vult het daarmee een lacune, omdat de beschrijving van deze methoden in de Schematherapiehandboeken beperkt is. Welke methoden en technieken uiteindelijk bij welke doelgroep het meest geïndiceerd zijn, zal verdere praktijk en onderzoek moeten uitwijzen. Wel is duidelijk dat het van belang blijft deze methoden en technieken te integreren in Schematherapie, dus niet in plaats van de centrale methoden en technieken die zich richten op de disfunctionele modi te gebruiken, maar aanvullend daarop, wanneer het aangewezen is de modus van de Gezonde Volwassene te versterken. De bijdragen in dit boek bieden een uitstekende aanzet daartoe.

*Arnoud Arntz*

## Referenties

Bamelis, L. L. M., Evers, S. M. A. A., Spinhoven, P., & Arntz, A. (2014). Results of a multicentered randomised controlled trial of the clinical effectiveness of schema therapy for personality disorders. *American Journal of Psychiatry, 171*, 305–322.

Dickhaut, V., & Arntz, A. (2014). Combined Group and Individual Schema Therapy for Borderline Personality Disorder: a Pilot Study. *Journal of Behavior Therapy and Experimental Psychiatry*, 45, 242–251.

# Woord van de redactie

Op een voorjaarsavond na een redactievergadering van het tijdschrift *Groepen*, spraken we elkaar over de Gezonde Volwassene en de beperkte aandacht die deze modus ontvangt in Schematherapieboeken. Dit laatste vonden we opmerkelijk omdat alle psychotherapie gericht is op een gezonder functioneren, maar in de beschrijving van therapeutische stromingen vaak veel nadruk ligt op vermindering van pathologie, zo ook in de Schematherapie. We spraken over de Positieve Psychologie en de goede ingang die deze stroming biedt om de Gezonde Volwassene rechtstreeks aan te spreken. Ook vonden we dat de Gezonde Volwassene tekort wordt gedaan wanneer hij/zij als modus wordt gezien, want de Gezonde Volwassene staat onzes inziens voor de mens als geheel. We vatten het idee op om collega's die met positieve interventies werken in een Schematherapiesetting, uit te nodigen om hun zienswijze en werkwijze te beschrijven. Vanuit heel verschillende invalshoeken en disciplines is er in dit boek geschreven over manieren waarop de Gezonde Volwassene rechtstreeks kan worden versterkt en vergroot. De auteurs waren allen enthousiast en hebben vanuit de eigen specifieke ervaringen geschreven over het onderwerp.

De wereld wordt bij voortduring opgeschrikt door menselijk handelen dat is ingegeven door destructieve modi. Tegelijkertijd is menselijk gedrag als nooit tevoren bestudeerd. Hoe meer ons duidelijk wordt hoe we mensen kunnen ondersteunen in gezonder omgaan met zichzelf en met de omgeving, hoe meer ruimte ontstaat voor een gezond volwassen functioneren voor de persoon zelf, maar ook voor de omgeving. Daarmee kan de (kleinere) wereld wellicht wat milder worden en voor mensen een betere plaats om te zijn. We hopen dan ook dat deze werkwijzen een breed spectrum aan collega's zullen inspireren en aanzetten tot het rechtstreeks versterken van de Gezonde Volwassene!

We willen graag Yulma Perk en Peter van den Haak van uitgeverij Bohn Stafleu van Loghum hartelijk bedanken voor het gestelde vertrouwen in ons onderwerp en in ons redacteurschap. De gastvrije auteursbijeenkomst waarin methoden en technieken van schrijven werden besproken, was verhelderend en vormde een bijzonder leuke ervaring. De auteurs willen we graag hartelijk bedanken voor de prettige samenwerking waarin redigeren, inkorten en deadlines vertrouwde begrippen werden. Niels Bongers heeft prachtige tekeningen gemaakt die de Gezonde Volwassene in beeld brengen. Peter Westerhof ving met zijn camera spontaan een Gezonde Volwassene in zomers Parijs voor de omslag van dit boek. Cor de Haan, Theo Ingenhoven en Harriët van Opheusden hebben op ons verzoek kritisch meegekeken naar teksten. Nadine Claessen heeft meegedacht over de SMI. Arnoud Arntz heeft feedback gegeven op de inleiding Schematherapie en de relatie met de Gezonde Volwassene. Veel dank daarvoor!

Ons thuisfront bood ons de ruimte en de tijd om de afgelopen maanden bezig te zijn met redigeer- en schrijfwerk. Thuis achter de pc zitten te midden van kinderen en huisdieren bood overigens ook veel gezelligheid in de wintermaanden. We hebben met enorm veel plezier de hoofdstukken bij elkaar gebracht, gelezen en gebundeld en zijn trots op het resultaat. We hopen dat elke lezer in het boek werkmethoden kan vinden waarmee direct aan het werk gegaan kan worden ten bate van onze cliënten.

*De redactie, Anne-Marie Claassen en Silvia Pol*

# Inhoud

## Bijlagen

# Lijst van auteurs en redactie

## Redactie

Mevrouw A.M. Claassen is psychotherapeut, supervisor Schematherapie en eigenaar van Claassen Mental Health Services. Als eigen ondernemer traint en superviseert zij teams en geeft postdoctoraal onderwijs. Zij is voorzitter van de Vereniging voor Multidisciplinaire Psychotherapie en redactielid van tijdschrift *Groepen* van de NVGP. Contact: info@samenhangendbehandelen.nl

Mevrouw S.M. Pol werkt als klinisch psycholoog/psychotherapeut bij Scelta, expertisecentrum voor persoonlijkheidsproblematiek, onderdeel van GGNet, waar ze tevens in dienst is als P-opleider. Daarnaast heeft ze een eigen praktijk voor supervisie, coaching en opleiding. Ze is supervisor voor de VGCt en supervisor en opleider voor de NVGP. Tevens is ze redactielid van het tijdschrift *Groepen* van de NVGP. Eerder schreef zij een boek over narcistische persoonlijkheidsproblematiek: *Ik ben geweldig! Of toch niet?* (2013). Momenteel houdt ze zich bezig met wetenschappelijk onderzoek naar levensverhalen van mensen met persoonlijkheidsproblematiek. Contact:s.pol@ggnet.nl.

## Auteurs

Mevrouw O. Brand-de Wilde is klinisch psycholoog en psychotherapeut bij de Viersprong, specialist in persoonlijkheid, gedrag en gezin. Zij is in 2008 gepromoveerd aan de Universiteit van Amsterdam. Zij is door de ISST geregistreerd als senior schematherapeut en supervisor en trainer groepsschematherapie. Zij is werkzaam als behandelaar en divisiemanager en geeft daarnaast trainingen en workshops onder andere op het gebied van Schematherapie en complexe diagnostiek.

Mevrouw E.N. Bijl is psychotherapeut/gz-psycholoog/systeemtherapeut en zelfstandig ondernemer te Amsterdam. Tot haar pensioen was zij werkzaam bij GGZ inGeest, polikliniek Persoonlijkheidsstoornissen en Complextrauma in Amsterdam.

Mevrouw A.M. Claassen. is psychotherapeut, supervisor Schematherapie en eigenaar van Claassen Mental Health Services. Als eigen ondernemer traint en superviseert zij teams en geeft postdoctoraal onderwijs. Zij is voorzitter van de Vereniging voor Multidisciplinaire Psychotherapie en redactielid van tijdschrift *Groepen* van de NVGP. Contact: info@samenhangendbehandelen.nl

Mevrouw S.W. Haeyen is als beeldend therapeut (MATh/geregistreerd SRVB) werkzaam bij Scelta, expertisecentrum voor persoonlijkheidsproblematiek, onderdeel van GGNet en is tevens voorzitter van de leerkring Vaktherapie. Zij is hoofddocent bij de Creatieve Therapie Opleiding van Hogeschool Arnhem en Nijmegen en PhD-student bij de Radboud Universiteit Nijmegen. Zij heeft diverse publicaties op haar naam staan over beeldende therapie bij persoonlijkheidsstoornissen, waaronder *Niet uitleven maar beleven. Beeldende therapie bij persoonlijkheidsproblematiek* (2007) en *De verbindende kwaliteit van beeldende therapie* (2011). Zij leverde schrijfbijdragen aan de handboeken Schematherapie, Borderline Persoonlijkheidsstoornis en was redactielid/medeauteur van *Uit de verf. Handboek Beeldende therapie* (Schweizer e.a., 2009). Contact: s.haeyen@ggnet.nl.

Mevrouw T. van Herksen-Vaartjes is als sociotherapeut werkzaam bij de deeltijdbehandeling van Scelta, expertisecentrum voor persoonlijkheidsproblematiek, onderdeel van GGNet in Apeldoorn.

Mevrouw M.L. Hulsbergen is auteur en gz-psycholoog/psychotherapeut en werkte achttien jaar in de geestelijke gezondheidszorg. Op dit moment werkt zij freelance en verzorgt trainingen op het gebied van mindfulness, acceptance and commitment therapy en Positieve Psychologie. Zij schreef diverse boeken voor algemeen publiek en professionals op het gebied van mindfulness, compassie, emotieregulatie, gedragstherapie en Positieve Psychologie. Tevens is zij eindredacteur van de boekenserie *Zorgen voor jezelf* bij uitgeverij Boom. Meer informatie: ▶ www.moniquehulsbergen.nl.

De heer J. te Kiefte is psychodramatherapeut bij GGZ inGeest, polikliniek Persoonlijkheidsstoornissen en Complextrauma in Amsterdam.

De heer B. Lindenborn werkt als klinisch psycholoog op de afdeling Behandelprogramma voor Persoonlijkheidsstoornissen van het GGZ Centraal, Gooi & Vechtstreek te Hilversum.

Mevrouw E. Loeb is klinisch psycholoog/psychotherapeut, werkzaam bij het Centrum voor Psychotherapie, Schemagerichte therapiecluster van Pro Persona, en werkzaam in haar eigen praktijk Els Loeb: Psychotherapie, Advies en Opleiding. Tevens is zij supervisor/opleider/leertherapeut VGCT en register Schematherapie, supervisor NvP en opleider NVGP. Contact: elsloeb@gmail.com. Ook voor het opvragen van de formulieren in ▶ hoofdstuk 5.

De heer E. van der Meijden is als psychomotorisch therapeut werkzaam bij GGNet Scelta, expertisecentrum voor persoonlijkheidsproblematiek te Apeldoorn. Daarnaast is hij werkzaam in zijn eigen praktijk Belloods te Epe als psychomotorisch therapeut en Pessotherapeut.

Mevrouw H. van der Meijden is werkzaam in haar eigen praktijk Belloods te Epe als gz-psycholoog, psychomotorisch therapeut en EMDR-practitioner. Daarnaast is zij docent en supervisor Master PMT-opleiding Windesheim te Zwolle.

Mevrouw S.M. Pol werkt als klinisch psycholoog/psychotherapeut bij Scelta, expertisecentrum voor persoonlijkheidsproblematiek, onderdeel van GGNet, waar ze tevens in dienst is als P-opleider. Daarnaast heeft ze een eigen praktijk voor supervisie, coaching en opleiding. Ze is supervisor voor de VGCt en supervisor en opleider voor de NVGP. Tevens is ze redactielid van het tijdschrift *Groepen* van de NVGP. Eerder schreef zij een boek over narcistische persoonlijkheidsproblematiek: *Ik ben geweldig! Of toch niet?* (2013). Momenteel houdt ze zich bezig met wetenschappelijk onderzoek naar levensverhalen van mensen met persoonlijkheidsproblematiek. Contact:s.pol@ggnet.nl.

Mevrouw M. Rocher is werkzaam bij de Viersprong, specialist in persoonlijkheid en gedrag, in Amsterdam. Zij is gezondheidszorgpsycholoog, cognitief gedragstherapeut (VGCT), senior schematherapeut en erkend door de ISST als supervisor en trainer groepsschematherapie. Naast haar werk als behandelaar geeft zij workshops en trainingen over onder andere Schematherapie.

Mevrouw E. Smeets is gepromoveerd in de psychologie en doet onderzoek naar de effecten van zelfcompassie en Positieve Psychologie. Ze werkt momenteel als onderzoeker en docent aan de faculteit Psychologie en Neurowetenschappen van de Universiteit Maastricht. Daarnaast geeft ze trainingen in zelfcompassie en acceptance and commitment therapy. Verder werkt ze als therapeut met specifieke aandacht voor verhogen van zelfcompassie.

Mevrouw I. van Sprang is SRVB-geregistreerd muziektherapeut en werkzaam bij GGNet Scelta, expertisecentrum voor persoonlijkheidsproblematiek. Zij is LVSC-geregistreerd supervisor in eigen praktijk. Daarnaast geeft zij trainingen en workshops op het gebied van multidisciplinair behandelen en werkt zij als vaste gastdocent voor diverse hogescholen.

Mevrouw K. Wagenaar is klinisch psycholoog, psychotherapeut, systeemtherapeut en erkend EFT-therapeut, -supervisor en -trainer. Ze is werkzaam in het Centrum voor Psychotherapie, in haar eigen praktijk en bij de RINO-groep in Utrecht als opleider systeemtherapie. Ze is voorzitter van de Stichting EFT Nederland en geeft trainingen in EFT in binnen- en buitenland.

# Deel 1

# Introductie van de Schematherapie en de Gezonde Volwassene

*Anne-Marie Claassen en Silvia Pol*

**Samenvatting**

Het eerste doel van Schematherapie is bewustwording van eigen patronen van denken, ervaren en handelen. Vervolgens wordt gewerkt aan het verminderen van de kracht van vroege onaangepaste schema's, om uiteindelijk de Gezonde Volwassene te kunnen vergroten en versterken. Volgens Jeffrey Young, de grondlegger van de Schematherapie, wordt deze ontwikkeling bewerkstelligd door in eerste instantie te profiteren van de therapeutische relatie. Daarna wordt geleerd om vanuit de gezonde-volwassenemodus de andere modi te matigen, koesteren en helen. Weinig woorden worden gewijd aan het direct benaderen van de Gezonde Volwassene. In dit hoofdstuk wordt een korte introductie geboden op de Schematherapie en wordt onderzocht wat in de literatuur over de Gezonde Volwassene is geschreven. Besproken wordt hoe via verschillende invalshoeken de Gezonde Volwassene meer rechtstreeks is te benaderen, te bevorderen en te verstevigen. De Positieve Psychologie lijkt een goede aanvulling te kunnen geven op de oriëntatie op de Gezonde Volwassene.

## 1.1 Schematherapie, een integratief model

Schematherapie is een integratieve vorm van psychotherapie, waarin inzichten en interventies zijn opgenomen vanuit de leertheorie, de cognitieve theorie, de client-centered theorie, de psychodynamische theorie en de hechtingstheorie (Van Genderen & Arntz, 2010). Schema's zijn generalisaties van kennis, gevormd door herhaalde ervaringen en de manier waarop daar betekenis aan wordt gegeven. Het betreft een theoretisch construct uit de cognitieve psychologie dat een kennisstructuur beschrijft die zorg draagt voor selectieve aandacht en betekenisgeving. De hoeveelheid indrukken die dagelijks wordt opgedaan, noodzaakt tot een voortdurend maken van keuzes bij het richten van onze aandacht. Schema's helpen om ordening aan te brengen in en betekenis te geven aan ervaringen en zijn op deze wijze noodzakelijk om kennis te organiseren. Functionele schema's omvatten adaptieve overtuigingen die een realistische inschatting ondersteunen van ervaringen. Vroege onaangepaste schema's daarentegen verwijzen naar maladaptieve overtuigingen van de persoon over zichzelf, de ander en de wereld om zich heen. Deze altijd aanwezige disfunctionele opvattingen hebben zich grotendeels ontwikkeld als gevolg van negatieve ervaringen in de kindertijd. Deze vroege, niet-aangepaste schema's lijken aan de basis te liggen van de ontwikkeling van persoonlijkheidsstoornissen. Gesproken wordt over een persoonlijkheidsstoornis wanneer een persoon een breed scala aan klachten en problemen kent en bij voortduring vastloopt op meerdere levensterreinen. Hoewel de lijdensdruk veelal hoog is, laat deze problematiek een grote weerstand zien tegenover verandering. Young en zijn collega's merkten dat cognitieve gedragstherapie onvoldoende verandering kon bewerkstelligen bij cliënten met persoonlijkheidsstoornissen. Hij ontwikkelde voor juist deze cliënten de Schematherapie, waarin ruimte bestaat om aan het werk te gaan met deze vroege niet-aangepaste schema's.

In zijn conceptuele model van de Schematherapie belicht Young de achtergrond van vroege onaangepaste schema's. Hij beschrijft op grond van zijn klinische ervaring een aantal universele basisbehoeften die nodig zijn voor ieder kind om zich voldoende te kunnen ontwikkelen (Young et al., 2005). Het gaat om veilige hechting aan anderen, autonomie, competentie en identiteitsgevoel, realistische grenzen en zelfbeheersing, zelfexpressie, en spontaniteit en spel (■ tab. 1.1). Wanneer in deze basisbehoeften is voorzien, kan het kind opgroeien tot een volwassene die stabiele, veilige en bevredigende relaties kan aangaan met anderen, die zich kan separeren van zijn familie om een zelfstandig leven op te bouwen, die voldoende zelfdiscipline heeft om taken uit te voeren en verantwoordelijkheden te kunnen dragen, die zichzelf en anderen weet te respecteren en een gelijkwaardig contact weet op te bouwen, en die ruimte weet te maken voor spontaniteit, ontspanning, gezondheid en nabije contacten. Het kind groeit op deze wijze op tot een gezond, volwassen functionerend persoon. Ouders of verzorgers zijn de personen die de taak hebben om zodanige voorwaarden te scheppen tijdens het opgroeien van het kind, dat aan deze basisbehoeften wordt voldaan. Vroege niet-aangepaste schema's ontstaan wanneer de basisbehoeften van een kind worden bedreigd door overmatige frustratie en traumatisering of juist door een tekort aan frustratie en verwenning. Young noemt ook 'identificatie' met de schema's van ouders als mogelijkheid voor het ontwikkelen van een schema. Wanneer ouders door eigen leerervaringen overmatig angstig in het leven staan, kunnen de kinderen eerder schema's ontwikkelen waarin angstige overtuigingen centraal staan. Er zijn vier soorten ervaringen die tot de ontwikkeling van vroege, niet-aangepaste schema's kunnen leiden. Het kind krijgt te weinig van het goede en wordt te veel gefrustreerd. Dat betekent dat een kind te weinig liefde, steun, aandacht heeft ervaren. Het tweede soort ervaring betreft traumatisering, waardoor het het kind heeft ontbroken aan voldoende veiligheid en voorspelbaarheid. Bij het derde soort ervaring gaat het om een teveel ervaren van iets goeds, waardoor een kind te weinig frustratie en uitdaging heeft ervaren om zich voldoende te kunnen ontwikkelen. De vierde

**Tabel 1.1** Overzicht basisbehoeften, bedreigingen, vroege niet-aangepastes schema's, coping en modi

| basisbehoeften | bedreigingen | schema's | coping | modi |
|---|---|---|---|---|
| veilige hechting aan anderen | traumatisering<br>frustratie<br>verwennen<br>identificatie | verlating<br>wantrouwen/ misbruik<br>emotioneel tekort<br>minderwaardig-heid/schaamte<br>sociaal isolement | vermijden<br>overgave<br>overcompensatie | kindmodi<br>oudermodi<br>overlevingsmodi<br>de Gezonde Volwassene |
| autonomie, competentie en identiteitsge-voel | traumatisering<br>frustratie<br>verwennen<br>identificatie | afhankelijkheid<br>kwetsbaarheid voor ziekte en gevaar<br>verstrengeling<br>mislukking | vermijden<br>overgave<br>overcompensatie | kindmodi<br>oudermodi<br>overlevingsmodi<br>de Gezonde Volwassene |
| realistische grenzen en zelfbeheersing | traumatisering<br>frustratie<br>verwennen<br>identificatie | op je rechten staan<br>onvoldoende zelfcontrole, zelfdiscipline | vermijden<br>overgave<br>overcompensatie | kindmodi<br>oudermodi<br>overlevingsmodi<br>de Gezonde Volwassene |
| zelfexpressie | traumatisering<br>frustratie<br>verwennen<br>identificatie | onderwerping<br>zelfopoffering | vermijden<br>overgave<br>overcompensatie | kindmodi<br>oudermodi<br>overlevingsmodi<br>de Gezonde Volwassene |
| spontaniteit en spel | traumatisering<br>frustratie<br>verwennen<br>identificatie | emotionele geremdheid<br>hoge eisen | vermijden<br>overgave<br>overcompensatie | kindmodi<br>oudermodi<br>overlevingsmodi<br>de Gezonde Volwassene |

soort ervaring betreft een selectieve internalisatie en identificatie met belangrijke anderen, waardoor een kind zich overmatig identificeert met een ouder ten koste van de eigen ontwikkeling. Ten slotte is het temperament van het kind eveneens van invloed op de ontwikkeling van vroege niet-aangepaste schema's. De omgeving waarin een kind opgroeit, heeft een andere uitwerking op een kind afhankelijk van het eigen temperament. Extraverte kinderen hebben meer kans om andere en daarmee ook positieve ervaringen op te doen, dan kinderen met een meer introverte natuur die eerder geneigd zijn zich terug te trekken. Daarnaast kan een extreem temperament van een kind ook de omgeving zodanig beïnvloeden, dat vroege niet-aangepaste schema's zich eerder kunnen ontwikkelen. Op zich competente ouders of verzorgers kunnen toch tekortschieten in de zorg voor een kind met een extreem temperament, omdat de opvoedingsvraag overbelast wordt en/of omdat de pedagogische kennis tegenover dit kind tekortschiet. Vroege niet-aangepaste schema's staan per definitie een gezond en bewust functioneren in de weg. Ieder mens verwerkt afhankelijk van biologische, psychologische en sociale factoren gebeurtenissen op een eigen wijze. Ervaringen worden dimensioneel opgeslagen en beleefd, als een heftige gebeurtenis met een te grote omvang, of als een gebeurtenis die juist te behappen is voor een kind. In het laatste geval is er geen aanleiding voor het ontwikkelen van een vroeg niet-aangepast schema, in het eerste geval zal zich mogelijkerwijs wel een dergelijk schema gaan vormen. Een stagnatie in de ontwikkeling van schema's is daarom niet steeds te voorspellen.

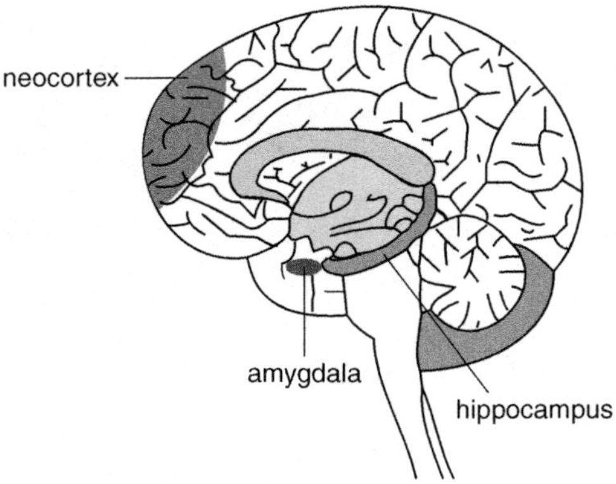


**Figuur 1.1** Delen van de hersenen.

In het conceptuele model van de Schematherapie wordt eveneens een biologische visie besproken op vroege, niet-aangepaste schema's, emoties en het brein. Young sluit aan bij onderzoek van LeDoux in zijn uitleg over de biologische aspecten van schema's die ontwikkeld zijn door angstreacties op de bedreiging van basisbehoeften. Wanneer de behoefte van het kind aan veiligheid wordt bedreigd, kan het hersennetwerk van trauma en angst (amygdalasysteem) extreem worden geactiveerd. Dit systeem is van groot belang voor de overleving. Het waarschuwt wanneer er sprake is van dreiging en bereidt onmiddellijk, zonder tussenkomst van het denken, voor op handelen. Een kind reageert met aanmerkelijke angst op onvoorspelbaarheid en verlating in brede zin door de ouder en met nog heviger angst op fysieke en emotionele dreiging en misbruik door de omgeving. Wanneer in het latere leven een verlating dreigt, kunnen oude, automatische en ongeremde angstreacties in gang worden gezet direct gestuurd vanuit het amygdalasysteem. De trigger in het hier en nu veroorzaakt acuut een hevige angstreactie. Vanwege het automatische en primitieve karakter van deze angstgevoelens kunnen inadequate reacties ontstaan, zoals cognitieve vervorming, vervreemding van gevoel (affectisolatie) en copingreacties die niet helpend zijn. Sommige aspecten van de traumatisering, een te weinig beschermend klimaat of een negatieve sfeer in het gezin, worden op deze wijze onbewust en automatisch opgeslagen. Andere aspecten van de negatieve context kunnen wel bewust worden opgeslagen en op een cognitieve wijze worden verwerkt in nieuwere delen van de hersenen (hippocampus en neocortex, fig. 1.1)). Deze herinneringen zijn dan wel direct toegankelijk voor de persoon. Wanneer deze herinneringen in het hier en nu geraakt worden, heeft de persoon de ruimte om zich cognitief te verhouden tot de ervaring en kan de persoon het eigen omgaan met de gebeurtenis in het hier en nu beter sturen.

Reacties op de onbewust getriggerde patronen die Young vroege niet-aangepaste schema's (tab. 1.1) noemt, bestaan uit drie copingstijlen, namelijk overgave, vermijden en overcompenseren. Men zou deze globaal kunnen vergelijken met de overlevingsreacties bevriezen, vluchten en vechten. Deze copingstijlen zijn ontstaan in de kindertijd en waren destijds functioneel. Bij het volwassen worden veranderen omstandigheden en ontstaan veelal meer mogelijkheden om met een situatie om te gaan. Wanneer de persoon dan vasthoudt aan deze drie copingstijlen, dan betreft het een rigide reageren met uitsluiting van betere opties. Belangrijk om op te merken is dat deze copingstijlen onbewust worden ingezet en voor de persoon niet direct herkenbaar zijn. Deze copingstijlen laten zich als volgt zien in gedrag. Wanneer er sprake is van overgave onderwerpt de persoon zich als het ware aan het vroege niet-aangepaste schema en neemt het schema voor waar aan. De persoon is dan niet langer op zoek naar nieuwe of positieve ervaringen. Vermijding treedt op wanneer de persoon alle situaties ontwijkt waarin het schema geactualiseerd kan worden. Hele levensgebieden waarin de persoon zich kwetsbaar voelt, kunnen op deze manier worden vermeden. De persoon kan zichzelf ervan overtuigen dat hij bijvoorbeeld geen opleiding of intieme relatie ambieert. Overcompensatie is een poging het schema te bestrijden door het tegenoverstelde gedrag te vertonen. Wanneer de persoon zich diep vanbinnen afhankelijk voelt, kan hij in zijn gedrag juist (overdreven) zelfstandigheid laten zien, en bij innerlijk ervaren minderwaardigheid kunnen in het uiterlijk vertoon juist superioriteitsgevoelens opvallen. Het gaat om manieren van omgaan met vroege niet-aangepaste schema's en het betreft doorgaans een poging van de persoon om ervoor te zorgen dat deze schema's minder geraakt worden. We spreken dan over overlevingsmodi. Een persoon kan natuurlijk gebruikmaken van meerdere copingreacties uit elk van deze drie stijlen, afhankelijk van wat het beste bij een situatie past. Daarnaast ontstaat er, met name afhankelijk van het temperament van de persoon, maar ook beïnvloed door het model van ouders, een voor de persoon kenmerkende copingstijl. Deze stijl is veelal goed herkenbaar in terugkerende en voor de persoon typerende gedragingen.

Gevoelstoestanden die van moment tot moment verschillen gecombineerd met copingreacties die meer of minder aangepast zijn noemt Young schemamodi. Iedereen kent wisselende gevoelstoestanden en schemamodi worden geactiveerd wanneer een situatie ons emotioneel, vaak pijnlijk, raakt. De bedoeling is dat niet de emoties en de onaangepaste, disfunctionele modus het handelen blijven bepalen, maar dat een overstap kan worden gemaakt naar een aangepaste en functionele modus. Zowel mensen met klachten en persoonlijkheidsproblematiek als psychisch gezonde mensen hebben herkenbare modi. Het verschil tussen beide groepen zit in 'het gevoel van een ongedeelde identiteit en veranderbaarheid' (Young, 2005). Psychisch gezonde mensen ervaren zichzelf als *een geheel* en als *steeds dezelfde persoon* ook al worden er heftige emoties geraakt. Mensen met een borderline persoonlijkheidsstoornis kunnen daarentegen geheel in beslag worden genomen door een heftige emotie en zichzelf daarin verliezen. In dat geval kan het gevoel van continuïteit in de eigen persoon verstoord raken. Door cognitieve vervorming, bepaalde copingreacties (overgave, vermijden en overcompenseren) en inadequate leefpatronen treedt een verminderd contact op met de eigen emoties, waardoor een zekere mate van fragmentatie ontstaat. Een psychisch gezond persoon kan meerdere gemoedstoestanden tegelijk ervaren, kan zowel boosheid als verdriet gewaarworden en heeft de ruimte daarover te reflecteren. Er is sprake van integratie van diverse gevoelstoestanden, die samen adequaat zijn in de betreffende situatie; het gaat om een flexibel en bewust reageren.

In tegenstelling tot schema's die langdurig bestaande kennispatronen betreffen, beschrijven modi tijdelijke emotionele toestanden. Modi kunnen afhankelijk van de mate waarin ze in de persoon geïntegreerd zijn, adaptief zijn of maladaptief (Lobbestael, 2010). Young maakt onderscheid tussen kindmodi, disfunctionele copingmodi, disfunctionele oudermodi en de modus van de Gezonde Volwassene (◘ tab. 1.2). Kindmodi verwijzen naar de emotionele toestand waarin de persoon hevig geraakt is en overvallen wordt door emoties die te maken hebben met een vroegere situatie en niet zozeer met de huidige situatie waarin de persoon verkeert. Disfunctionele copingmodi kunnen gezien worden als overlevingsstrategieën die de persoon heeft aangeleerd om te kunnen omgaan met overweldigende situaties. Deze modi hebben in het verleden de functie gehad om de persoon te beschermen, maar staan bij het huidige functioneren in de weg. In de disfunctionele oudermodi kijkt een cliënt door de bril van een bestraffende of veeleisende ouderfiguur naar zichzelf. De functie is oorspronkelijk geweest om te kunnen voldoen aan de wensen en eisen van de belangrijke ouder, maar deze modi leiden in het hier en nu tot overvraging, zelfhaat en zelfverwijt. De modus van de Gezonde Volwassene is een adaptieve modus en heeft een verzorgende en begrenzende taak ten opzichte van de an-

1

**Tabel 1.2** Modi

| categorieën modi | tien typen modi |
|---|---|
| kindmodi | het kwetsbare kind<br>het boze kind<br>het impulsieve/ongedisciplineerde kind<br>het blije kind |
| disfunctionele copingmodi/overlevingsmodi | de willoze inschikkelijke<br>de afstandelijke beschermer<br>de overcompenseerder |
| disfunctionele oudermodi | de straffende ouder<br>de veeleisende ouder |
| gezonde-volwassenemodus | de Gezonde Volwassene |

dere modi. Eén van de uiteindelijke doelen van Schematherapie is het vergroten en versterken van deze adaptieve modus. Door te profiteren van de therapeutische relatie en te leren omgaan met disfunctionele modi door ze bij te sturen, ermee te onderhandelen, te voeden en te neutraliseren, wordt verondersteld dat de modus van de Gezonde Volwassene vanzelf geïntegreerd raakt in het dagelijkse functioneren. Door een bewustwording van zijn of haar schema's en copingstijl, kan de cliënt leren om een keuze te maken voor een andere manier van reageren. De therapeutische techniek die Young voor ogen heeft om de Gezonde Volwassene te versterken, is de therapeutische relatie. Hij baseert zich op de object-relatietheorie, waarin wordt gesteld dat interpersoonlijke relaties de basis vormen van de persoonlijkheid. De therapeutische relatie geeft hij de vorm van *limited reparenting*; de therapeut komt tegemoet aan de basisbehoeften van de cliënt, binnen de grenzen van de therapeutische mogelijkheden. Met deze voedende, beschermende maar ook begrenzende houding wordt getracht de cliënt alsnog een veilige basis te bieden van waaruit hij of zij de wereld kan exploreren. De cliënt bespreekt in de therapie spanningsvolle situaties die zich voordoen in het alledaagse menselijke verkeer, en de therapeut medieert tussen enerzijds de heftige emoties die deze situaties oproepen vanuit het verleden en anderzijds het gezonde deel van de cliënt dat zich bevindt in het hier en nu. De therapeutische houding van limited reparenting zorgt ervoor dat het angstnetwerk, het amygdalasysteem, minder geactiveerd hoeft te worden, waardoor minder emotionele ontregeling hoeft plaats te vinden. Door als therapeut emotioneel stabiel beschikbaar te zijn, wordt derhalve veiligheid geboden en wordt de cliënt gesteund in het leren omgaan met eigen emoties. Het emotieregulatiesysteem van de cliënt wordt daardoor gunstig beïnvloed en de cliënt kan meer stabiliteit en veerkracht gaan ervaren. Verondersteld wordt dat wanneer het angstnetwerk minder actief is, een bewuste en cognitieve verwerking vanuit de neocortex meer beschikbaar is en er meer ruimte is om remming uit te oefenen op de reacties vanuit de vroege niet-aangepaste schema's.

Schematherapie bestaat uit twee fasen. In de eerste fase gaat het om bewustwording door psycho-educatie en het in kaart brengen van de individuele schema's, coping en modi en de wisselwerking tussen deze elementen. De bedoeling is dat de cliënt eigen reacties beter gaat begrijpen tegen de achtergrond van de eigen (leer)geschiedenis. In de tweede fase gaat het om het werken aan verandering, het vergroten van de greep op het eigen handelen en om een bewust bijsturen van eigen reacties. Hiertoe wordt een combinatie gebruikt van cognitieve, experiëntiële, gedragsmatige en interpersoonlijke technieken. Het betreft technieken die koersen op anders denken, voelen en doen. Bekende therapeutische technieken in de Schematherapie zijn bijvoorbeeld de meerstoelentechniek, de imaginatieoefening en de flashcard. De keuze van Young om zich te richten op bewustwording van schema's en modi beschrijft hij als het aanbrengen van een bypass:

» [..]wanneer patiënten eenmaal begrijpen wat hun schema's en copingstijlen zijn, kunnen zij een begin maken met het uitoefenen van controle over hun reacties. Zij kunnen meer hun vrije wil laten gelden ten opzichte van hun schema's. (Young et al., 2005, pag. 31) «

Op deze wijze vallen cliënten niet langer geheel samen met hun emoties, maar leren ze emoties op te merken en ermee om te gaan vanuit meer distantie, die een grotere vrijheid oplevert.

## 1.2 De Gezonde Volwassene in de bestaande literatuur

Voor adaptief functioneren is de Gezonde Volwassene van essentieel belang. Schematherapie is onder meer gericht op vergroting en versterking van deze modus, zodat de persoon beter weet om te gaan met de eigen schema's en modi. Young stelt:

» Het is de bedoeling dat de patiënt, naar het voorbeeld van de therapeut, een Gezonde Volwassene modus internaliseert die schema's kan bestrijden en tot gezond gedrag kan inspireren. (Young, 2005, pag. 193) «

Young ziet de therapeutische relatie en het uitschakelen van de destructieve (coping)modi als technieken om toegang te krijgen tot de Gezonde Volwassene. Daarnaast ziet hij het belang van de Gezonde Volwassene als modus die door therapie moet worden versterkt door de cliënt te leren de andere modi te matigen, koesteren of helen. Hiertoe wordt een breed repertoire aan therapeutische technieken ingezet. Young geeft aan dat iedereen een modus van de Gezonde Volwassene kent, maar er is een duidelijk verschil in kracht, aanwezigheid en effectiviteit. Ten opzichte van mensen met psychische klachten wordt bij gezond functionerende mensen de modus meer geactiveerd en is hij sterker aanwezig. In de Schematherapie wordt helder beschreven hoe de Gezonde Volwassene versterkt kan worden door disfunctionele modi te bestrijden. De vraag rijst of er ook rechtstreekse interventies mogelijk zijn die de Gezonde Volwassene kunnen vergroten of verstevigen. Vanuit de visie dat de Gezonde Volwassene uiteindelijk centraal moet komen te staan in het functioneren van de cliënt, zijn we opnieuw gaan kijken wat in de literatuur over de Gezonde Volwassene is geschreven. Hieronder volgt een samenvatting van deze zoektocht.

In het *Handboek Schematherapie* (Van Vreeswijk et al., 2008) sluiten de auteurs met hun beschrijving van de Gezonde Volwassene aan bij de 'ongedeelde identiteit' zoals Young deze beschreef. In deze modus heeft de cliënt positieve en genuanceerde gedachten en gevoelens over zichzelf, doet dingen die goed voor hemzelf zijn en dit leidt vervolgens tot gezonde relaties en activiteiten. Verder komt in dit handboek de Gezonde Volwassene niet of nauwelijks aan bod en worden er geen specifieke interventies beschreven gericht op versterking van deze modus.

In het *Handboek Klinische Schematherapie* (Muste et al., 2009a) wordt meer aandacht besteed aan de Gezonde Volwassene. De modus wordt meer in algemene zin van volwassen en verstandig gedrag beschreven. In dit boek wordt ingegaan op de manier waarop de Gezonde Volwassene regie kan krijgen over de andere modi. Beschreven wordt dat de kwetsbare-kindmodus bevestiging en troost nodig heeft, dat de boze-kindmodus begrenzing nodig heeft en dat de bestraffende-oudermodus geneutraliseerd dient te worden. Er wordt aandacht besteed aan de gezondere volwassen taken, zoals werken, verantwoordelijkheid nemen en verbondenheid aangaan.

De vaktherapeuten (Günther et al., 2009) sluiten in hun werkwijze op deze aspecten aan, en beschrijven de Gezonde Volwassene expliciet in termen van gevoelens, gedragingen en belangrijke innerlijke houdingen. Gevoelens als tevredenheid en geduld worden benoemd als behorende tot deze modus. Als voorbeelden van gedragingen van de Gezonde Volwassene worden genoemd: samenwerken, overleggen, plannen en doseren. Als innerlijke houdingen komen aan bod: mildheid, zelfcompassie, relativeringsvermogen en empathie. Deze termen geven richting aan het experiëntiële denken van vaktherapeuten over gezond volwassen gedrag.

In het *Werkboek Klinische Schematherapie* (Muste et al., 2009b) worden specifieke interventies genoemd om de Gezonde Volwassene te ondersteunen en te versterken. In grote lijnen komt het erop neer dat men werkt aan:
- het uitschakelen en verminderen van de disfunctionele modi;
- het troosten van de kwetsbare-kindmodus;
- het zoeken naar kracht en mogelijkheden die de cliënt al eerder tot zijn of haar beschikking had om moeilijke situaties aan te gaan;
- het niet uit de weg gaan van verantwoordelijkheid;
- het maken van de overgang van therapie naar huis door eigenstandige keuzes te maken.

De stappen in het werkboek lijken ook te gaan over identiteitsvorming, maar dit wordt door de schrijvers niet expliciet genoemd als onderdeel van de Gezonde Volwassene.

Van Genderen en Arntz (2010) beschrijven in hun boek specifiek over Schematherapie bij de borderline persoonlijkheidsstoornis dat de Gezonde Volwassene bij deze cliënten grotendeels afwezig is. In de achtergrond van cliënten met een borderline persoonlijkheidsstoornis worden vaak grote tekorten gezien als het gaat om een tegemoetkoming aan basisbehoeften van het kind. Hoe klein ook, de Gezonde Volwassene zorgt er wel voor dat de cliënt hulp zoekt en in therapie blijft, en speelt daarmee een essentiële rol. De auteurs sluiten bij Young aan met de stelling dat in het begin van de therapie de therapeut vooral dient op te treden als Gezonde Volwassene voor de cliënt. Deze gezonde modus kan door de cliënt gaandeweg de therapie steeds meer in het eigen functioneren worden geïntegreerd. Ze geven aan dat de therapeut 'contact moet zoeken' met de Gezonde Volwassene, ook al is deze modus aanvankelijk nog niet veel aanwezig. Met name bij agressieregulatieproblemen en impulsiviteit kan dat een zoektocht betekenen. De auteurs noemen het toepassen van de socratische dialoog met zichzelf, een oordeelvrij bevragen en in gesprek gaan, als specifiek bewijs dat de Gezonde Volwassene is gegroeid en aanwezig is. De auteurs beschrijven de Gezonde Volwassene als modus. Zij spreken over het in gesprek gaan met de Gezonde Volwassene en benoemen dat de cliënt vanuit deze modus de socratische dialoog kan aangaan door te spreken over zichzelf, de ander en de wereld om zich heen. Vervolgens benaderen de auteurs de Gezonde Volwassene als onderdeel van de gewone volwassenheid. De Gezonde Volwassene zorgt ervoor dat de cliënt in een latere fase gezonde relaties kan aangaan, realistische en gezonde doelen kan stellen voor het leven na de therapie, en ook op een goede manier afscheid kan nemen. Er is een overeenkomst tussen deze beschrijving en de laatste stap in het *Werkboek Klinische Schematherapie* wanneer benoemd wordt dat de volwassen kant van de cliënt vriendschappen kan onderhouden, relaties kan aangaan en kan zoeken naar een opleiding, werk of vrijetijdsbesteding.

Arntz en Jacob (2012) gaan in hun boek nog een stap verder in het beschrijven van de Gezonde Volwassene. Ze stellen dat in de gezonde-volwassenemodus een cliënt in staat is om op een realistische en adequate manier naar zichzelf en de omgeving te kijken. Er wordt gesproken over 'gezonde ik-functies' waarmee een psychodynamisch begrip wordt aangeduid (pag. 33). Ze geven toe dat de Gezonde Volwassene een minder uitgewerkte modus is dan de andere, vaak disfunctionele modi. In dit boek worden ook het gelukkige kind en de gezonde ouder als adaptieve modi genoemd. Verder beschrijven de auteurs de Gezonde Volwassene meer in termen van gezond, volwassen gedrag waarbij wordt gestreefd naar welbevinden voor zichzelf maar ook voor anderen. Ze noemen expliciet de keuzes voor volwassen activiteiten, zoals het hebben van seks, en keuzes voor gezondheid, sport en culturele activiteiten. Ze spreken meer van 'een gezonde kant' van de cliënt.

Aalders en Van Dijk (2012) sluiten hierbij aan door te stellen dat de cliënt positieve en genuanceerde gedachten en gevoelens over zichzelf kan hebben vanuit deze gezonde en volwassen kant. Deze auteurs spreken over de Gezonde Volwassene als een adaptieve modus. Zij geven geen specifieke interventies om de Gezonde Volwassene te verstevigen.

Farrell en Shaw (2012) sluiten aan bij Van Genderen en Arntz in hun beschrijving van de Gezonde Volwassene bij de borderline persoonlijkheidsstoornis. Ook zij benoemen deze adaptieve modus als zijnde zwak en stellen dat deze cliënten in de persoon van de therapeut een sterke ouder nodig hebben. Specifieke technieken die zij noemen om de Gezonde Volwassene te versterken, zijn het bijhouden van complimenten van de groepsleden en therapeuten, en het maken en dragen van een identiteitsarmband. De Gezonde Volwassene heeft in hun beschrijving als specifieke functie het zorg dragen voor het kwetsbare kind, maar ook het uitnodigen van het blije kind. Wanneer de cliënt dit nog niet zelfstandig kan, zal zij of hij moeten varen op de zorg van de therapeuten of groepsleden.

In het zelfhulpboek *Patronen doorbreken* (Van Genderen et al., 2012) wordt het meest expliciet geschreven over de Gezonde Volwassene. Er wordt zowel over de gezonde kant van de cliënt gesproken als over de Gezonde Volwassene als modus. Het boek geeft een helder overzicht van de kenmerken van de Gezonde Volwassene (pag. 106):

- heeft gezonde ik-functies;
- maakt realistische inschattingen van situaties, conflicten, relaties enzovoort;
- wordt niet overspoeld door negatieve gevoelens bij kleine problemen;
- kan eigen gevoelens en behoeften goed inschatten, evenals die van anderen, en weet daartussen een goed evenwicht te vinden;
- kan verplichtingen aangaan, taken uitvoeren en plichten vervullen;
- zoekt naar constructieve oplossingen voor problemen;
- streeft op een volwassen manier naar plezier en behoeftebevrediging.

De schrijvers besteden twee hoofdstukken aan de gezonde-volwassenemodus. Ze beschrijven het als dat deel van de cliënt dat overzicht houdt, prioriteiten stelt, realistisch blijft, eigen behoeften accepteert en ze in evenwicht brengt met de behoeften van anderen, en zichzelf goede boodschappen geeft. Ze geven een werkblad om de Gezonde Volwassene te beschrijven en te herkennen, waarmee ze de cliënt willen laten ontdekken wat maakt dat hij of zij meer of minder tijd in de gezonde-volwassenemodus doorbrengt. Ook geven ze een lijst van activiteiten waardoor iemand in de gezonde-volwassenemodus kan komen. Daarnaast beschrijven ze de differentiatie van deze modus met de gelukkige-kindmodus, maar ook met de bestraffende- en veeleisende-oudermodi. Een specifieke interventie om de Gezonde Volwassene te versterken is het doen van imaginatieoefeningen die gaan over succes behalen wanneer de cliënt iets wil aanpakken of bereiken. De auteurs geven de volgende adviezen om de Gezonde Volwassene te versterken:

- zoek mensen die een voorbeeldfunctie kunnen vervullen;
- blijf realistisch;
- wees eerlijk tegen jezelf;
- weeg ieders belangen af;
- stel concrete doelen;
- doe verbeeldingsoefeningen.

**Tabel 1.3** Overzicht interventies Gezonde Volwassene in de huidige literatuur

| | |
|---|---|
| taken en verantwoordelijkheden oppakken | Muste E., Weertman, A., & Claassen, A. (2009a). *Handboek Klinische Schematherapie*. Houten: Bohn Stafleu van Loghum |
| bewust worden van de kracht en de mogelijkheden vanuit vroegere ervaringen | Muste E., Weertman, A., & Claassen, A. (2009a). *Handboek Klinische Schematherapie*. Houten: Bohn Stafleu van Loghum |
| socratische dialoog aangaan met zichzelf | Genderen, H. van, & Arntz, A. (2010). *Schematherapie bij borderline persoonlijkheidsstoornis*. Amsterdam: Uitgeverij Nieuwezijds |
| een complimentenboek maken | Farrell, J. M., & Shaw, I. A. (2012), *Group Schema Therapy For Borderline personality disorder. A step-by-step treatment. Manual with patient workbook*. West-Sussex: Wiley-Blackwell |
| een identiteitsarmband dragen | Farrell, J. M., & Shaw, I. A. (2012), *Group Schema Therapy For Borderline personality disorder. A step-by-step treatment. Manual with patient workbook*. West-Sussex: Wiley-Blackwell |
| werkblad om in de Gezonde Volwassene te komen | Genderen, H., Jacob, G., & Seebauer, L. (2012) *Patronen doorbreken. Negatieve gevoelens en gewoonten herkennen en veranderen*. Amsterdam: Uitgeverij Nieuwezijds |
| imaginatieoefening over succes | Genderen, H., Jacob, G., & Seebauer, L. (2012) *Patronen doorbreken. Negatieve gevoelens en gewoonten herkennen en veranderen*. Amsterdam: Uitgeverij Nieuwezijds |
| lijst van gezonde-volwassenactiviteiten | Genderen, H., Jacob, G., & Seebauer, L. (2012) *Patronen doorbreken. Negatieve gevoelens en gewoonten herkennen en veranderen*. Amsterdam: Uitgeverij Nieuwezijds |

We concluderen dat er in de loop van de tijd meer expliciet is geschreven is over de Gezonde Volwassene. Young zelf heeft deze gezonde kant niet uitgebreid beschreven. Hij lijkt zich in de ontwikkeling van de Schematherapie vooral te hebben geconcentreerd op het verminderen van en leren omgaan met de deficiënte kanten van cliënten. We denken echter dat een aanvulling van de kennis over de Gezonde Volwassene heel belangrijk is. In de literatuur wordt zowel gesproken over de gezond volwassen modus als over gezond volwassen gedrag of gezonde kanten. In tab. 1.3) geven we de specifieke interventies en tips beschreven in de huidige literatuur die direct het gezond volwassen deel van de persoon bevorderen.

## 1.3 Positieve aanvulling op een integratief model

Uit een recent multicenter onderzoek komt naar voren dat Schematherapie een zeer effectieve therapie is bij de behandeling van persoonlijkheidsstoornissen, effectiever dan een regulier psychotherapeutisch contact of cliëntgerichte therapie (Bamelis et al., 2014). Daarbij bleek tevens dat betere resultaten werden gevonden voor de behandeling van cliënten wanneer de therapeuten werden getraind in schematechnieken door middel van rollenspelen. Schematherapie vormt derhalve een belangrijk aanbod in de behandeling van persoonlijkheidsstoornissen waarbij een goede toepassing van schematechnieken van groot belang is.

Aangezien een van de doelen van Schematherapie is het vergroten en versterken van de Gezonde Volwassene, is de vraag of deze resultaten verder versterkt kunnen worden wanneer de Gezonde Volwassene niet alleen als modus wordt gezien, maar als uitkomst van een ontwikkelings- en integratieproces van de cliënt zelf. Het begrip 'modus' suggereert dat het gaat om een deel van de persoon en niet om het geheel van de persoon. Een stadium van integratie van verschillende gezonde gemoedstoestanden zoals Young de mens zonder psychische problemen beschrijft, kan men echter niet bereiken wanneer de Gezonde Volwassene als modus (gezond deel of gezonde kant) benaderd blijft. Het ontwikkelen van positieve kwaliteiten vraagt een kanteling in het therapieperspectief en daarmee andere therapiemethoden dan die worden ingezet wanneer de therapie is gericht op het verbeteren van klachten. Padesky's en Mooney's benadering die ze *Strengths-Based Cognitive-Behavioural Therapy* noemen, is ontwikkeld om cliënten te helpen positieve kwaliteiten op te bouwen. Ze hebben een aantal technieken ontwikkeld waarbij het gaat om een gestructureerde manier van samen met de therapeut zoeken naar de kwaliteiten van de cliënt. Ze beschrijven het als een ommekeer in het denken over het therapieperspectief en bevelen andere therapiemethoden aan, zoals de aandacht leggen op huidige sterke kanten en constructief gebruikmaken van verbeelding en metaforen (Padesky & Mooney, 2012). Een tijd waarin de overheid, onder druk van bezuiniging op zorgkosten, een beroep doet op burgers om meer verantwoordelijkheid te nemen voor de eigen gezondheid en bewust te sturen op een gezond functioneren, vraagt een duidelijke visie op psychische gezondheid. Tegelijkertijd ontstaat er in reactie op een overmatige gerichtheid op klachten en beperkingen van mensen en het classificeren daarvan, opnieuw aandacht voor de persoon van de cliënt (Van Os, 2014).

Als het gaat om meer specifiek aandacht geven aan de Gezonde Volwassene laat de Positieve Psychologie een interessante trend zien. In 2000 pleiten Seligman en Csikszentmihalyi voor een radicale verandering in de psychologie (Bohlmeijer et al., 2013). Zij vonden dat onderzoek zich meer moet richten op de vraag wat de mechanismen en processen zijn van optimaal functioneren. Zij stelden dat onderzoek zich te eenzijdig heeft gericht op de mechanismen van disfunctioneren. Psychologische behandelingen zijn veelal klachtgericht en diagnostiek richt zich doorgaans op het herkennen van disfunctioneren en het beschrijven van stoornissen. Ruim een decennium later heeft de Positieve Psychologie veel aandacht gekregen op een breed terrein van toepassingen en wordt het gezien als de wetenschap van welbevinden en optimaal functioneren. Ook de WHO heeft zich hierdoor laten beïnvloeden en omschrijft gezondheid op een positieve manier:

» Gezondheid is een toestand van volledig lichamelijk, geestelijk en maatschappelijk welzijn en niet slechts de afwezigheid van ziekte of andere lichamelijk gebreken. «

De WHO onderscheidt drie componenten die aan gezondheid bijdragen: emotioneel welbevinden, effectief functioneren in de zin van zelfrealisatie, en effectief functioneren in de maatschappij (Bohlmeijer et al., 2013). Gezondheid wordt derhalve veel breder gezien dan een afwezigheid van klachten, er wordt eveneens gekeken naar maatschappelijke participatie en zelfrealisatie.

De vraag is hoe gezond functioneren er nu eigenlijk uitziet. In beschrijvingen van optimaal ontwikkelde en functionerende personen werden door Ryff en Singer in een metastudie zes factoren gevonden die essentieel zijn voor een gezond en optimaal functioneren. Het gaat om: doelgerichtheid, autonomie, zelfacceptatie, persoonlijke groei, omgevingsbeheersing en positieve relaties. Deze termen kunnen we terugvinden in de beschrijving van de Gezonde Volwassene in de huidige literatuur over Schematherapie. De onderzoekers stellen dat onze gezondheidszorg te zeer gericht is op het behandelen van klachten en problemen en te weinig op directe bevordering van gezond functioneren (Ryff & Singer, 1998). Zij zijn van mening dat de bevindingen uit de Positieve Psychologie moeten leiden tot een andere benadering van geestelijke gezondheid. Interventies zouden zich minder moeten richten op klachten maar meer op ontwikkeling en zingeving. Lamers (2012) vond in haar onderzoek dat welbevinden en psychopathologie twee gerelateerde maar te onderscheiden factoren zijn. Psychopathologie leidt vaak tot minder welbevinden, maar niet bij iedereen. Afwezigheid van psychopathologie hangt vaak samen met een hogere mate van welbevinden, maar ook dat geldt niet voor iedereen. Er zijn derhalve meer factoren van invloed op het gevoel van welbevinden dan de aanwezigheid van psychopathologie. Lamers stelt daarom dat effectiviteit van psychologische interventies niet alleen te bepalen is aan de hand van klachtvermindering, maar ook aan de hand van verbetering van het emotioneel, psychisch en sociaal welbevinden.

Vanuit de Positieve Psychologie ontstaat derhalve ruimte om in de behandeling van cliënten rechtstreeks te werken aan het vergroten van allerlei competenties gericht op een optimaal functioneren, geluk, gezondheid en welbevinden op meerdere gebieden. Problemen en moeilijkheden worden niet ontkend maar gezien als horend bij het leven. Er wordt gewerkt aan manieren en mogelijkheden om zo goed mogelijk om te gaan met pijnlijke ervaringen, frustratie en tegenslag. De kwaliteit van leven staat centraal, met daarbij de realistische visie dat het bereiken van harmonie en evenwicht doorgaans momentopnames in een leven zijn. Mensen zijn in staat om te gaan met niet altijd gemakkelijke en veranderende omstandigheden. Zij hebben in aanleg het vermogen om zich aan te passen en verandering te accepteren. Deze bewuste acceptatie helpt mensen om in veranderende omstandigheden harmonie en evenwicht te zien, aldus Verduin (2014). Wij denken dat de invloed van de Positieve Psychologie van groot belang is in het denken over gezondheid. Deze benadering kan zorgen voor een belangrijke aanvulling op het bestaande therapieaanbod, dat zo vaak de klachten van de cliënt als startpunt heeft.

De benadering vanuit de Positieve Psychologie sluit goed aan op de gedachte dat het waardevol kan zijn om meer rechtstreeks te werken aan het verstevigen en versterken van de Gezonde Volwassene. Met name het onderzoek van Lamers en de insteek van de *strengths-based cognitive-behavioural therapy* ondersteunt ons idee om uitdrukkelijk naast, dus niet in plaats van, het uitschakelen van de destructieve modi ook rechtstreeks te werken aan de Gezonde Volwassene. Onverlet blijft staan dat het helen van de kwetsbare kindmodi, het ontwikkelen van de blije-kindmodus, en het minder overheersend maken van copingmodi centrale doelen zijn in Schematherapie. Maar daarnaast mag, zo denken wij, voor de Gezonde Volwassene een grotere plaats worden ingeruimd zodat deze kan groeien van het begrip modus naar een steeds meer geïntegreerd geheel. Wij sluiten aan bij de mening van Bohlmeijer (2013) die schrijft dat hij veel verwacht van de combinatie van evidence-based behandelingen in combinatie met de technieken uit de Positieve Psychologie. Om meer vanuit de gezonde, geïntegreerde persoon te redeneren stellen we een nieuwe definitie van de Gezonde Volwassene voor:

» De Gezonde Volwassene zet zijn psychische vermogens in om zichzelf vrij te maken van oude destructieve patronen om zo in voldoende mate te kunnen streven naar bevrediging van zijn basisbehoeften als zelfstandig en verantwoordelijk functionerend persoon in een positieve verbondenheid met zichzelf en zijn omgeving. (Claassen & Pol, 2014) «

Met het vaststellen van deze definitie zoeken we aansluiting bij de terugkerende visie dat we onze blik moeten richten op de persoon als geheel en niet alleen op de persoon die klachten kent (Van Os, 2014). De bestaande therapiestromingen hebben vaak een klachtgerichte insteek. Deze richtingen hebben zeker ook een visie op welbevinden en gezondheid maar die staat veelal minder op de voorgrond. Cliënten melden zich doorgaans in de ggz met klachten waarmee de therapeut samen met de cliënt aan de slag gaat. De bedoeling is dat er wordt gewerkt aan een gezond evenwicht via het wegnemen of verminderen van de klachten. Dit is meer een indirecte manier van werken aan welbevinden en gezondheid. In de Positieve Psychologie staat de overtuiging centraal dat er naast vermindering van klachten, op een directe manier gewerkt moet worden aan gezondheid. In dit boek pleiten wij voor een integratie van Schematherapie en de benadering vanuit de Positieve Psychologie wanneer het gaat om het versterken van de Gezonde Volwassene.

## Literatuur

Aalders, H., & Dijk, J. van (2012). *Schemagerichte therapie in de praktijk.* Amsterdam: Hogrefe Uitgevers B. V.

Arntz, A., & Jacob, G. (2012). *Schematherapie. Een praktische handleiding.* Amsterdam: Uitgeverij Nieuwezijds.

Bamelis, L. L., Evers, S. M. A., Spinhoven, P., & Arntz, A. (2014). Results of a multicenter randomized controlled trial of the clinical effectiveness of schema therapy for personality disorders. *The American Journal of Psychiatry, 171,* 305–322.

Bohlmeijer, E., Westerhof, G., Bolier, L., Steeneveld, M., Geurts, M., & Walburg, J. (2013). Welbevinden: van bijzaak naar hoofdzaak? Over de betekenis van Positieve Psychologie. *De Psycholoog,* nov 2013, 49–59.

Bohlmeijer, E., Bolier, L., Westerhof, G., Walburg, J. A. (2014). *Handboek Positieve Psychologie. Theorie, onderzoek, toepassingen.* Amsterdam: Uitgeverij Boom.

Claassen, A. M., & Pol, S. M. (2014). De Gezonde Volwassene: van modus naar mens. *Psychopraktijk, 6*(4), 19–22.

Farrell, J. M., & Shaw, I. A. (2012). *Group Schema Therapy For Bordeline personality disorder. A step-by-step treatment. Manual with patient workbook.* West-Sussex: Wiley-Blackwell.

Genderen, H. van, & Arntz, A. (2010). *Schematherapie bij borderline persoonlijkheidsstoornis.* Amsterdam: Uitgeverij Nieuwezijds.

Genderen, H. van, Jacob, G., & Seebauer, L. (2012). Patronen doorbreken. Negatieve gevoelens en gewoonten herkennen en veranderen. Amsterdam: Uitgeverij Nieuwezijds.

Günther, G., Blokland-Vos, J., Mook, C. van, & Molenaar, J. P. (2009). In: E. Muste, A. Weertman, & A. Claassen (red.), *Handboek Klinische Schematherapie* (pag. 99–130). Houten: Bohn Stafleu van Loghum.

Lamers, S. (2012). *Positive mental health. Measurement, relevance and implications.* Enschede: University of Twente.

Lobbestael, J. (2010). Diagnostiek van schemamodi. *PsychoPraktijk, 2,* 31–33.

Muste E., Weertman, A., & Claassen, A. (2009a). *Handboek Klinische Schematherapie.* Houten: Bohn Stafleu van Loghum.

Muste E., Weertman, A., & Claassen, A. (2009b). *Werkboek Klinische Schematherapie.* Houten: Bohn Stafleu van Loghum.

Os, J. van. (2014). *Persoonlijke diagnostiek in een nieuwe GGZ. De DSM-5 voorbij!* Leusden: Diagnosis Uitgevers.

Padesky, C. A., & Mooney, K. A. (2012). Strengths-Based cognitive-behavioural therapy: A four-step model to build resilience. *Clinical Psychology & Psychotherapy, 19*(4), 283–290.

Ryff, C. D., & Singer, B. (1998). The contours of positive human health. *Psychological Inquiry, 9*(1), 1–28.

Verduin, P. (2014). Grote gezondheid als aangrijpingspunt voor Positieve Psychologie. In: E. Bohlmeijer, L. Bolier, G. Westerhof, & J. A. Walburg (red.), *Handboek Positieve Psychologie. Theorie, onderzoek en toepassingen* (pag. 39–59). Amsterdam: Uitgeverij Boom.

Vreeswijk, M. van, Broersen, J., & Nadort, M. M. (2008). *Handboek Schematherapie, theorie, praktijk en onderzoek.* Houten: Bohn Stafleu van Loghum.

Young, J. E., Klosko J. S., & Weishaar, M. E. (2005). *Schemagerichte therapie. Handboek voor therapeuten.* Houten: Bohn Stafleu Van Loghum.

# De Gezonde Volwassene in andere therapiestromingen en theoretische modellen

*Silvia Pol en Anne-Marie Claassen*

**Samenvatting**

In de huidige literatuur over Schematherapie is weinig specifiek geschreven over de Gezonde Volwassene. Meerdere therapeutische stromingen en theoretische modellen hebben een visie ontwikkeld op het ontstaan van pathologie en het toewerken naar gezond functioneren. In dit hoofdstuk onderzoeken we wat andere therapiestromingen kunnen bijdragen aan kennis over gezond functioneren en welke benadering vanuit deze gezichtspunten kan ondersteunen bij het versterken en verstevigen van de Gezonde Volwassene. Duidelijk is dat Schematherapie haar wortels heeft in meerdere theoretische modellen en het is leerzaam van deze achtergronden kennis te nemen. Daarnaast zijn er ook moderne benaderingen aan de hand waarvan de Schematherapie zich mogelijk ook verder kan ontwikkelen. In dit hoofdstuk brengen we verschillende visies bij elkaar die een integratieve manier voorstaan om de gezondheid van cliënten te bevorderen en klachten te doen afnemen. Tevens worden enkele actuele diagnostische instrumenten besproken waarmee naast pathologie ook positieve geestelijke gezondheid wordt gemeten.

## 2.1 Integratie van de Gezonde Volwassene

Op dit moment bestaan er zo'n vierhonderd verschillende therapiestromingen, waarvan een aantal aangemerkt kan worden als evidence-based. In de jaren negentig was er een heuse scholenstrijd aan de gang en werden therapiestromingen vergeleken op aspecten van duur, effectiviteit en kosteneffectiviteit. Het eclectisch werken werd in die tijd aangezien voor weinig doeltreffende psychotherapie. Toch is er al sinds Freud een latente wens van psychotherapeuten om te onderzoeken wat specifiek werkt in therapie in plaats van vast te houden aan protocollen en theoretische scholen (Norcross & Goldfried, 2005). Het blijkt dat er een aantal gemeenschappelijke therapeutische factoren is aan te wijzen die in belangrijke mate bijdragen aan de effectiviteit van behandeling. We bespreken achtereenvolgens de therapeutische relatie, de rol van empathie en de visie op gezondheid vanuit andere psychotherapeutische stromingen. In dit boek streven we integratie na; werkend vanuit de Schematherapie worden daaraan interessante inzichten en effectieve technische interventies vanuit andere therapiestromingen toegevoegd.

### 2.1.1 De therapeutische relatie

Vanaf de start van de ontwikkeling van Schematherapie is er onderzoek gedaan naar de werkende bestanddelen in de therapeutische relatie. Met name het werk van Norcross en Lambert is daarin belangrijk. Zij stellen dat het een uitdaging is om de therapeutische relatie als onderdeel van de effectiviteit van een therapie onder de loep te nemen (Norcross & Lambert, 2006). Hun onderzoek wees uit dat twaalf procent van de therapeutische factoren die van belang zijn voor een goede uitkomst van therapie, toe te schrijven is aan de therapeutische relatie (Norcross & Lambert, 2011). Dat lijkt weinig maar veel van de variantie wordt weggeschreven onder 'onverklaard' (40%) of het effect van de individuele therapeut (7%). De inzet van een specifieke therapeutische methode heeft de helft minder effect dan de therapeutische relatie, namelijk zeven procent. Ook gaat Norcross in op wát er dan specifiek werkt in de therapeutische relatie. Dan blijken belangrijke aspecten de volgende te zijn: goed kunnen aansluiten bij de cliënt, flexibel reageren op weerstand tegen verandering en weten om te gaan met de hechtingsstrategie en afweer van de cliënt. Ook het navragen en monitoren van wat de cliënt ervaart in de therapeutische relatie, heeft een positief effect (Norcross & Wampold, 2011). Deze belangrijke aanwijzingen voor wat werkzaam is in de therapeutische relatie, onderschrijven de doelstellingen die de Schematherapie hanteert voor de therapeutische relatie. Voorbeelden hiervan zijn dat de schematherapeut werkt met verschillende modi en moet kunnen meebewegen met de behoeften vanuit die wisselende modi en dat hij werkt met hechtingsproblematiek in schematermen (zoals *verlating* en *emotioneel tekort*) en vanuit een balans tussen betrokkenheid en objectiviteit empathische confrontaties biedt. Ook onderzoek van Wallin geeft belangrijke aanwijzingen en *evidence* voor hoe belangrijk de therapeutische relatie is. Hij pleit voor een aandachtsvolle houding van de therapeut en goede kennis van de verschillende hechtingsstijlen, om in het contact met de cliënt het stressniveau te kunnen hanteren. Dit is belangrijk om zo het reflectieve vermogen van de cliënt te kunnen blijven aanspreken. Wallin hecht veel waarde aan het onderzoek van Bowlby over hechtingsstrategieën en aan het onderzoek van Fonagy over hechting en het vermogen tot mentaliseren (Wallin, 2010). Hafkenscheid stelt in zijn boek over de therapeutische relatie dat die relatie ook momenten van conflicten nodig heeft. Het samen kunnen doorwerken van deze conflictueuze periodes biedt juist veiligheid en verbondenheid en geeft vertrouwen in de therapeutische relatie (Hafkenscheid, 2014). Op een veilige wijze een conflict kunnen aangaan en uitwerken biedt een corrigerende ervaring die zeer belangrijk is in het samenleven met anderen. Hafkenscheid geeft in zijn boek een mooi en praktisch overzicht van de verschillende hechtingsstijlen en de wijze waarop de therapeut daarmee kan omgaan in de behandeling.

### 2.1.2 Empathie

De therapeutische relatie in de Schematherapie is, naast het vormen van hechting en objectrelaties, ook gestoeld op de kennis van de basisbehoeften en de ontwikkelingsfasen van een kind. De therapeut zal een visie moeten hebben op wat een cliënt nodig heeft wanneer hij of zij in bepaalde ontwikkelfasen tekortgekomen is. Wanneer een cliënt zich bijvoorbeeld een vijfjarige voelt (kwetsbaar kind) zal de therapeut met een andere toon moeten spreken en veel nabijer zijn dan wanneer een cliënt zich een tienjarige voelt. Dit hangt tevens af van wat de cliënt inbrengt aan trauma of tekort. De therapeut zal voortdurend moeten kunnen afstemmen op de behoeften en het niveau van de modus van het kwetsbare kind. Hoe beter dit aansluit, hoe helender de therapeutische relatie kan zijn.

Het kunnen koersen op contact en verbondenheid heeft veel met empathie van de therapeut en het vermogen tot het ontwikkelen van empathie bij de cliënt te maken. Empathie ontwikkelt zich gedurende de eerste levensjaren in het contact tussen moeder en kind. Wanneer er in aanleg geen mogelijkheid is tot empathie, vanwege de afwezigheid van spiegelneuronen, zal dit vermogen zich in een later stadium niet meer kunnen ontwikkelen. Wanneer de empathische spiegeling van moeder in het contact met het kind niet goed tot stand komt, worden problemen in de affectregulatie verwacht. Hier is een belangrijke relatie te leggen tussen het mentaliserende vermogen van de cliënt, stress, emotieregulatie en mogelijkheid tot verbondenheid of contact (Allen et al., 2008; Hebbrecht, 2015). Vanaerschot (2015, pag. 24) beschrijft empathie als: "Een complexe interpersoonlijke wijze van zijn, gestoeld op een biologisch gewortelde capaciteit. Het is een tussenmenselijke vaardigheid die men kan ontwikkelen en die een helende impact heeft op de persoon die empathisch beluisterd wordt." Er zijn neurobiologische aanwijzingen op welke manier het ontvangen van empathie stressverlagend werkt, waardoor het mentaliserende en reflectieve vermogen bevorderd worden (Hebbrecht, 2015). Het is dus belangrijk dat de schematherapeut over voldoende empathisch vermogen beschikt om zo de therapeutische relatie ook daadwerkelijk een effectief middel te kunnen laten zijn in de gehele therapie. Ook actief werken aan het ontwikkelen van verbondenheid dan wel empathie bij de cliënt draagt bij aan het doen groeien van de Gezonde Volwassene.

## 2.2 Huidige therapiestromingen bezien vanuit de Gezonde Volwassene

### 2.2.1 Dialectische gedragstherapie

De dialectische gedragstherapie (DGT) is sinds de jaren tachtig van de twintigste eeuw ontwikkeld door Marsha Linehan in het werken met mensen met borderline persoonlijkheidsproblematiek. Deze cliënten vertoonden ernstig zelfbeschadigend en suïcidaal gedrag waarmee de omgeving, maar ook behandelaren, in het geheel geen raad wist. Linehan is opgeleid in de cognitieve gedragstherapie door grondlegger Aaron Beck, en zijn psychotherapie vormt een belangrijke basis voor haar werk. In zijn klinische praktijk was Beck, hoewel psychoanalytisch opgeleid, tot de conclusie gekomen dat een denkstoornis de essentie vormt van bepaalde

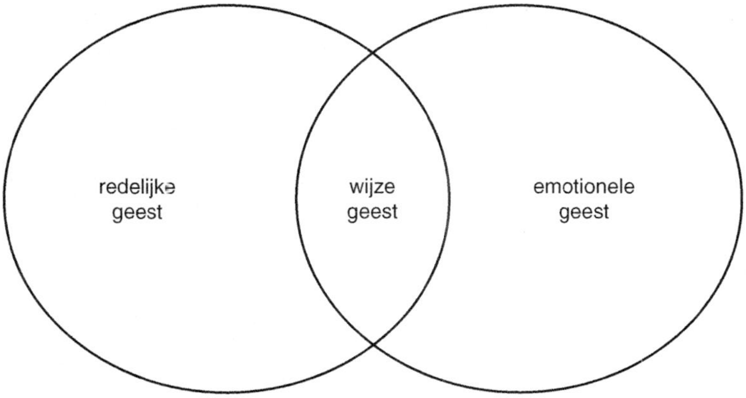


**Figuur 2.1** Geestesgesteldheden.

psychische problemen zoals depressiviteit en angstgevoelens. Hij ontwikkelde een nieuwe, gestructureerde, kortdurende vorm van psychotherapie. Door te werken in het hier en nu en zich te richten op het verminderen van vooringenomenheid bij het interpreteren van ervaringen, bleken symptomen in tien tot veertien weken vrijwel volledig te verdwijnen (Beck, 1995). De cognitieve gedragstherapie kent een belangrijke plaats toe aan de invloed van gedachten op gevoelens en gedrag. Een stelling die in dit kader gebezigd wordt, is: "I think and therefore I feel" (Branch & Willson, 2010, pag. 78). Het is een benadering die optimisme in zich heeft en die ruimte biedt aan de mogelijkheid zelf keuzes te maken. Veel mensen voelen zich door deze therapie op weg geholpen in hun ontwikkeling. De cognitieve gedragstherapie heeft zich midden jaren tachtig tot een systeem van psychotherapie ontwikkeld met een theorie, een therapeutisch model en klinisch effectonderzoek. Linehan merkte echter dat de cognitieve gedragstherapie, hoe effectief ook bij een veelheid aan klachten, niet aansloot op de vragen waarmee haar cliënten met ernstige emotieregulatieproblemen kampten. Het bleek te weinig antwoord te bieden op de overweldigende en ondraaglijke emoties die cliënten kennen in reactie op sterk traumatiserende situaties. In het geheel bleek er geen behandeling voorhanden te zijn die zich richtte op parasuïcidaal gedrag. Linehan vroeg zich af waarom sommige mensen beschadigd raken door moeilijke levenservaringen en andere mensen groeien door soortgelijke situaties. Ze concludeerde dat het verschil tussen beschadiging en groei zit in acceptatie van de situatie. Ze keek hiervoor zowel naar ervaringen van cliënten als naar eigen ervaringen met trauma's. Het gaat om een radicaal accepteren van wat er is, zonder te ontkennen en zonder ervan weg te gaan (Hellinga et al., 2001). Linehan was reeds geschoold in de cognitieve gedragstherapie, maar vervolgens besloot ze zich te scholen in acceptatie en, na een lange persoonlijke zoektocht, in zenmeditatie. Het is goed om op te merken dat de term 'borderline' nog niet in gebruik was toen Linehan haar therapie voor parasuïcidaal gedrag ontwikkelde. Pas in de DSM-III-R werd de borderline persoonlijkheidsstoornis opgenomen met gedragscriteria waarmee de bijbehorende emotieregulatieproblemen beschreven werden.

Linehan heeft meerdere evidence-based (cognitieve) gedragstherapieën bij elkaar gebracht en opnieuw georganiseerd in een dialectische visie (Linehan, 2015). Dialectiek omvat tegengestelde krachten die samen een geheel vormen. Tegengestelde krachten (these en antithese) botsen met elkaar en vanuit deze botsing ontstaat nieuwe kennis en nieuwe ontwikkeling (synthese). Linehan introduceert het model van de geestesgesteldheden (fig. 2.1).

De redelijke geest omvat het rationeel, logisch en lineair denken en daartegenover staat de emotionele geest die het voelen omvat waarin associaties, voorkeuren en irreële gedachten een rol spelen. Beide geestesgesteldheden zijn van belang en dienen gehoord te worden, zodat het deel waarin beide geestesgesteldheden elkaar overlappen, de wijze geest, een integratie kan vormen van zowel de ratio als het gevoel. Deze wijze geest komt overeen met het begrip van de Gezonde Volwassene uit de Schematherapie. De wijze geest neemt eigen gevoelens serieus, maar luistert ook naar het heldere verstand voordat het gaat handelen passend bij een situatie.

**De wijze geest**

Een helpende gedachte vanuit de wijze geest kan bijvoorbeeld luiden:
Het is vanuit mijn verleden begrijpelijk dat ik mijn kwetsbaarheid verberg en mij vooral sterk toon in het contact met anderen. Daarmee ontstaan echter misverstanden, stoot ik oprecht betrokken mensen van mij af en ontvang ik minder steun dan ik nodig heb. Hoe lastig ook, om stabiele en waardevolle contacten op te bouwen zal ik de spanning en onzekerheid moeten leren verdragen die ontstaat wanneer ik belangrijke anderen meer toelaat.

Georganiseerd vanuit het dialectische denken wordt binnen de DGT gewerkt aan vier strategieën. Allereerst wordt geoefend in oplettendheid. Om contact te maken met de wijze geest is het van belang met de aandacht in het hier en nu te kunnen zijn, en oordeelvrij te kunnen kijken naar de situatie en naar de verschillende geestesgesteldheden. Pas dan ontstaat ruimte voor integratie en voor wijs handelen. Daarnaast wordt gewerkt aan stresstolerantie in de vorm van crisisvaardigheden. In de module worden oplossingsstrategieën besproken die nodig zijn om een emotionele crisis te kunnen overleven. Er wordt gewerkt aan emotieregulatievaardigheden waarbij centraal staan de herkenning van emoties, de betekenis en functie van emoties en de manier waarop met emoties kan worden omgegaan. Intermenselijke vaardigheden richten zich op het verbeteren van de sociale competentie en het aanbrengen van meer stabiliteit in contacten. Martin Bohus voegt een vijfde strategie aan DGT toe, namelijk het vergroten van eigenwaarde als tegenhanger voor de vaak zwaarwegende disfunctionele zelfconcepten die cliënten kennen (Bohus & Wolf, 2009). In al deze strategieën vormen acceptatievaardigheden voor de cliënt een belangrijke rol.

Voor de therapeut vormt validering de belangrijkste acceptatiestrategie. Validering van gedrag communiceert dat gedrag van de cliënt ertoe doet en dat het gedrag binnen de *huidige* context begrijpelijk is. Validering vraagt van de therapeut actief observeren, reflecteren en directe validatie van datgene dat begrijpelijk of wijs is. Soms betekent dat dat de therapeut op zoek gaat naar het kleine deel wijsheid of authenticiteit in een over het geheel genomen disfunctioneel gedragspatroon. Ook dit is dialectisch: oog hebben voor validiteit te midden van disfunctionaliteit (Linehan, 2002).

Binnen de DGT gaat het enerzijds om het omgaan met moeilijke ervaringen in het leven, anderzijds gaat het om het toevoegen van waarde in het leven. Het gaat om het verminderen van storingen en het vermeerderen van positieve gebeurtenissen. Dat betekent dat aandacht geschonken wordt aan goede basiszelfzorg, betere gerichtheid van de aandacht, betere coping, betere sociale vaardigheden, maar ook aan het werken aan een waardevol leven waarin zich vaker positieve ervaringen kunnen voordoen, ruimte is voor een positief zelfbeeld en voor nieuwe steunende en positieve relaties. Sterk in het werken met DGT is de psycho-educatie over de functie van emoties en de introductie van de radicale acceptatie als alternatief voor het ontkennen en wegdrukken van en het strijden tegen emoties. Daarnaast worden cliënten

binnen de DGT uitgenodigd om na te denken over positieve ervaringen en de manier waarop deze kunnen worden vastgehouden en kunnen worden uitgebreid. Linehan biedt daartoe onder meer een lijst met plezierige ervaringen aan de hand waarvan cliënten deze eerder leren herkennen en die ideeën kunnen oproepen om positieve ervaringen vaker op te doen. Op deze wijze biedt de DGT veel aangrijpingspunten om de Gezonde Volwassene van de cliënt te versterken. Het doel van dialectische gedragstherapie is dat cliënten meer greep ervaren op hun doen en laten en zodoende een levenswaardig leven verwerven zonder aanhoudende crises, zelfbeschadiging, suïcidepogingen en ineffectieve hulpvragen. DGT lijkt hierin te slagen (Van den Bosch, 2002).

### 2.2.2 Mentaliseren en mentalization-based treatment

In veel therapiestromingen wordt bewustwording van zichzelf en de ander gezien als voorwaarde om te kunnen werken aan relatievorming en hechting. Allen, Bateman en Fonagy (2008) zijn de grondleggers van de *mentalization-based treatment* (MBT) een op mentaliseren gebaseerde therapievorm. Mentaliseren wordt door hen beschreven als "aandacht schenken aan mentale toestanden bij zichzelf en anderen" (pag. 23). Fonagy heeft zich intensief beziggehouden met onderzoek naar hechting. Zijn onderzoeksgroep ontdekte dat veilige hechting van belang is voor affectregulatie en het vermogen om te kunnen reflecteren op zichzelf, de ander en de wereld.

Zoals beschreven in H. 1 zorgt veilige hechting ervoor dat het hersennetwerk van trauma en angst (amygdalasysteem) minder snel wordt geactiveerd. Dit netwerk, dat belangrijk is voor de overleving, wordt bepalend voor ons denken en handelen in situaties van stress en paniek. Verwerking van prikkels vindt dan veelal plaats op onbewust niveau. Er is niet langer ruimte om rustig na te denken over de situatie en de interpretatie van de situatie. De toegang tot het cognitieve, nieuwere deel van de hersenen (neocortex) is in deze toestand minimaal. Dat betekent dat het vermogen om sociale situaties in te schatten vermindert bij oplopende spanning. In dat geval wordt er eerder vanuit onbewuste impulsen gereageerd. Het vermogen tot mentaliseren staat derhalve onder invloed van iemands gemoedstoestand. Uit onderzoek blijkt dat het mentaliserend vermogen in de neocortex wordt gelokaliseerd (Hebbrecht, 2015). Deze kennis uit de neurobiologie en het hechtingsonderzoek vormden de basis voor het ontwikkelen van MBT. Het gaat om een goed gedocumenteerde en onderzochte therapievorm die gebaseerd is op de hechtingstheorie en de cognitieve gedragstherapie (Koelen et al., 2014). Oorspronkelijk was de therapievorm ontwikkeld voor ernstige persoonlijkheidsproblematiek, zoals de borderline persoonlijkheidsstoornis. Deze cliënten ervaren op basis van een veelal onveilige hechting en traumatisering hevige emoties waar moeilijk greep op te krijgen valt. De therapie werd als deeltijdbehandeling aangeboden met een duur van achttien maanden met zowel groeps- als individuele therapiesessies (Bateman & Krawitz, 2013). Daarna zijn varianten ontwikkeld voor verschillende andere psychische stoornissen, onder meer eetstoornissen en somatoforme stoornissen.

Mentaliseren probeert het impliciete en onbewuste meer expliciet en bewust te maken: Wat leeft er in het hoofd van de ander? Hoe ziet de ander mij? Kan ik begrijpen waarom ik reageer zoals ik heb gereageerd? De therapeut neemt een niet-wetende houding aan om de cliënt te bevragen en aan te zetten tot nadenken over het eigen denken en voelen. Bij cliënten met een onveilige hechting wordt het angstnetwerk eerder geactiveerd. Ook in therapie raken deze cliënten gemakkelijk overprikkeld en worden op zo'n moment overvraagd. De 'pauzeknop' biedt de mogelijkheid het gesprek tijdelijk stop te zetten met als doel weer rustig te worden, zodat het reflectie- en affectievermogen weer beschikbaar wordt voor de cliënt. De term *window of tolerance* geeft de grenzen aan waarbinnen het stressniveau van de cliënt moet blijven, wil hij in staat zijn tot mentaliseren.

De MBT hecht, net als de Schematherapie, veel belang aan een goede therapeutische relatie waarin hechting met de therapeut op gang dient te komen. Een belangrijk verschil tussen beide benaderingen is dat de schematherapeut zich niet niet-wetend opstelt, maar juist zeer actief is in het leggen van verbanden om een verklaring te vinden voor (destructief) gedrag. Beide benaderingen streven een toename van het vermogen tot mentaliseren na, maar bewandelen daartoe een andere weg. Onderzoek laat zien dat mentaliseren een belangrijke vaardigheid is die bijdraagt aan (betere) hechting en aan integratie van de persoonlijkheid. Ook draagt mentaliseren bij aan de ontwikkeling van het empathische vermogen, het zelfreflectieve vermogen en de emotionele intelligentie, alle van groot belang voor het menselijk welbevinden (Wallin, 2010; Allen et al., 2008; Hebbrecht, 2015).

Net als de Positieve Psychologie gaat de MBT uit van de adaptiviteit van emoties: mentaliseren is een vermogen dat kan groeien. Het gaat over het kunnen identificeren, moduleren en uiten van emoties in samenspraak met enige mate van rationaliteit, zodat de emoties betekenis kunnen krijgen in de sociale context. Hier kan de verbinding worden gemaakt met het begrip de Gezonde Volwassene; het is die kant van de persoon die greep heeft op impulsen, deze kan remmen en kan begrijpen, en die niet genoodzaakt is te reageren. De Gezonde Volwassene is een persoon met voldoende mentaliserend vermogen, waardoor bijvoorbeeld een stabiele relatie kan worden opgebouwd.

### 2.2.3 Acceptance and commitment therapy

Steven Hayes is de grondlegger van de *acceptance and commitment therapy* (ACT), een therapiestroming gebaseerd op een nieuw model van menselijke cognitie (Hayes, 2005). Hayes is oorspronkelijk opgeleid in de gedragsanalyse en heeft in belangrijke mate bijgedragen aan de wetenschappelijke ontwikkeling van de *relational frame theory* (RFT). Het uitgangspunt van RFT is dat mensen relationeel denken. Dat betekent dat mensen, anders dan dieren, in staat zijn relaties te leggen tussen objecten in onze omgeving, en onze gedachten, gevoelens, gedragsneigingen, en omgekeerd. Door dit vermogen heeft de mens zich uitstekend weten te ontwikkelen. Het heeft ertoe geleid dat we kunnen analyseren, ontwerpen, kennis delen, kunnen leren van het verleden en kunnen plannen voor de toekomst. Het leggen van relaties of verbanden, *relational framing*, is van groot belang om problemen in de buitenwereld te kunnen oplossen. Wanneer we constateren dat het dak lekt, zien we in gedachten reeds het benodigde gereedschap en de wijze waarop we het probleem kunnen oplossen. Voor problemen in de binnenwereld werkt *relational framing* echter averechts, omdat emoties zich niet laten sturen en oplossen. Emoties zijn eenvoudig aanwezig. *Acceptance and commitment therapy* (ACT) stelt dat mensen geneigd zijn hun succesvolle cognitieve strategieën ook in te zetten voor ervaren problemen in de binnenwereld. Wanneer een gedachte opkomt die we niet prettig vinden, betekent het dat we in gedachten een nare situatie uit het verleden of in de toekomst voor ons zien *alsof deze echt is.* Deze situatie willen we ontvluchten door de gedachte, en daarmee de bijbehorende emotie, weg te drukken. Deze strategie werkt mogelijk voor korte duur, maar kost gaandeweg steeds meer psychische energie. Het is te vergelijken met het onder water houden van een ballon. Het lukt misschien even, maar het vraagt veel aandacht en kracht en uiteindelijk komt de ballon toch (dwingend) boven. Accepteren dat de gedachte aanwezig is en niet weggehouden en onderdrukt hoeft te worden, vergt minder energie maar vraagt psychologische flexibiliteit in het omgaan met een nieuwe situatie.

ACT maakt net als de dialectische gedragstherapie onderdeel uit van de derde generatie cognitieve gedragstherapie (Hayes et al., 2006). De vorige generaties legden het accent op rechtstreekse verandering van gedrag, emoties of gedachten. In de derde generatie cognitieve gedragstherapie wordt de nadruk gelegd op het anders leren hanteren van ongewenste gedachten en gevoelens. Niet langer is het uitgangspunt dat een probleem direct dient te worden aangepakt. Het is mogelijk dat het verschijnsel functioneel inactief wordt wanneer we de context, en niet de inhoud, veranderen (Hayes et al., 2006). ACT maar ook de andere nieuwe therapieën nemen bewust een open en aanvaardende houding aan tegenover psychische verschijnselen, ook als deze 'negatief', 'irrationeel' of zelfs 'psychotisch' zijn. Een 'negatieve gedachte' die bedachtzaam geobserveerd wordt, hoeft nog geen negatieve functie te hebben. In een andere context, bijvoorbeeld binnen de context van de vraag of de gedachte waar of niet waar is, kan deze negatieve gedachte wel een negatieve functie hebben. Zo kan de gedachte: *dit is te moeilijk, ik kan dit niet* zeer belemmerend werken wanneer ze voor waar wordt aangenomen. De gedachte kan ook als teken gezien worden van gezonde spanning bij het uitvoeren van een

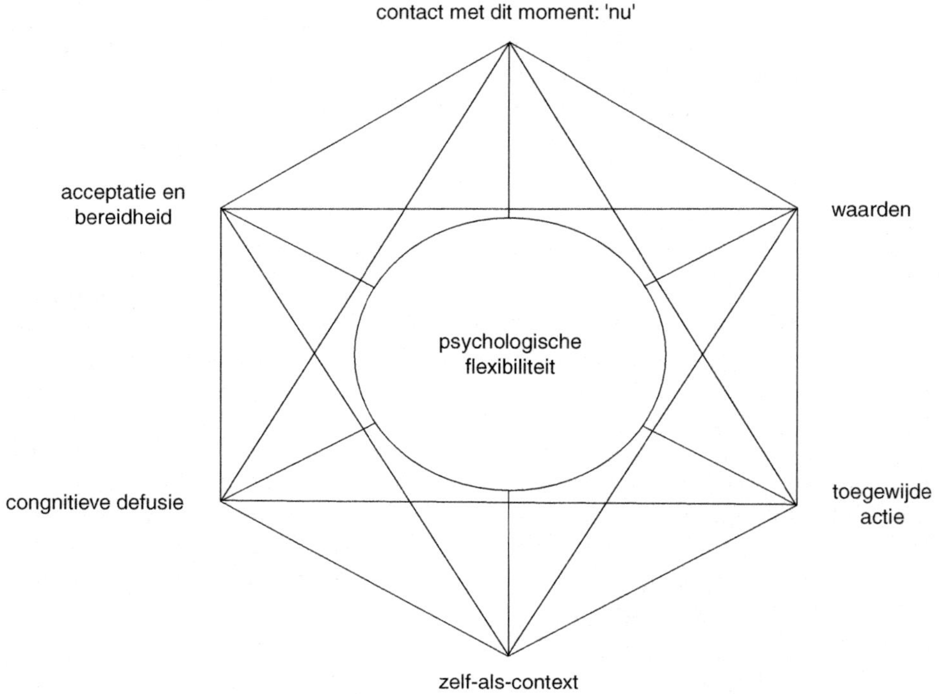


**Figuur 2.2** ACT-hexaflex.

nieuwe of complexe taak, en daarmee als een te verwachten gedachte die ook weer voorbijgaat. De gedachte kan dan worden opgemerkt zonder dat men zich daardoor hoeft te laten bepalen.

Net als DGT beschouwt ACT pijn als een onontkoombaar en alomtegenwoordig verschijnsel in het leven. Om te overleven is het van belang om gevoelig te zijn voor aversieve prikkels, maar onze cognities kunnen de reikwijdte van aversieve gebeurtenissen enorm vergroten (Hayes et al., 2006). ACT stelt dat het van belang is de aanwezigheid van pijn te erkennen, maar disfunctionele vermijdingsstrategieën te doorbreken. Op deze manier kunnen we leren omgaan met pijn en nare ervaringen, zonder dat we vast komen te zitten in gedachtestromen die het functioneren belemmeren en zorgen voor stagnatie in de ontwikkeling. Het doel van ACT is niet om mensen zich beter te doen voelen (dat wil zeggen zonder angst en andere moeilijke gevoelens), maar om mensen te helpen een rijker en zinvoller leven te leiden (Eifert & Forsyth, 2007).

ACT staat voor een algemene benaderingswijze van de praktijk van de hulpverlening die vertaald kan worden naar meerdere probleemgebieden. Centraal staat dat de therapeut cliënten helpt te voelen en te denken wat ze al denken en voelen, zoals het *is*, en hen helpt een richting te kiezen die zij waardevol vinden, *met* hun voorgeschiedenis en hun automatische reacties (Hayes et al., 2006, pag. 34). ACT kent hiertoe zes therapeutische kernprocessen die samen bijdragen aan psychologische flexibiliteit, zie fig. 2.2.

Contact met het huidige moment staat voor de vaardigheid om met aandacht in het hier en nu te zijn. Mindfulness vormt een belangrijk onderdeel van zowel ACT als DGT. In het nu aanwezig zijn, betekent niet gevangen zijn in het verleden, noch bevangen zijn door angst voor de toekomst. In het nu aanwezig zijn, is een voorwaarde om aandacht te kunnen hebben voor het huidige moment. Een tweede vaardigheid is acceptatie, het zichzelf openstellen en plaatsmaken voor pijnlijke gevoelens. Wanneer pijnlijke gevoelens bij het leven horen en onontkoombaar zijn, dan is het van belang deze gevoelens te kunnen aanvaarden, zodat het niet nodig is ertegen te vechten, ervan weg te rennen of erdoor overweldigd te worden. Het gaat erom ruimte te maken voor pijnlijke gevoelens. Dat betekent juist niet dat deze gevoelens moeten worden goedgekeurd of prettig gevonden moeten worden. Een derde vaardigheid is cognitieve defusie. Daarmee wordt het kijken naar het eigen denken bedoeld in plaats van het samenvallen met het eigen denken. Gedachten hoeven dan niet langer dwingend en bepalend te zijn, maar kunnen worden beschouwd als wolken aan de hemel die opgemerkt kunnen worden maar die ook voorbij drijven. Het gaat om de vaardigheid niet volledig op te gaan in de eigen gedachten, maar een stap achteruit te kunnen zetten en naar die gedachten te kijken. Op deze wijze blijft er ruimte bestaan en wordt voorkomen dat men verstrikt raakt. De vierde vaardigheid is zelf-als-context. Wanneer mensen geheel samenvallen met hun zelfbeeld en de inhoud van hun ervaringen, is het niet mogelijk om los te komen en zich te ontzetten. Er moet een plaats worden gevonden vanwaar het mogelijk is te kijken naar het zelf en naar de eigen innerlijke strijd, zonder eraan deel te hoeven nemen (A-Tjak & De Groot, 2008). Dit wordt ook wel genoemd het observerende zelf. Een vijfde aspect van de hexaflex betreft waarden. Om het eigen leven en het eigen gedrag te kunnen sturen en om keuzes te kunnen maken is het van belang te weten welke richting men op wil. Wat is wezenlijk van belang voor iemand, waar wil iemand zich op richten en moeite voor doen? Wat raakt iemand en wat is van belang voor de lange termijn? Symbolen als een kompas of een vuurtoren passen bij waarden en staan symbool voor het wijzen van de weg. De zesde vaardigheid is toegewijde actie. Wanneer duidelijk is welke richting iemand kiest, is het van belang te besluiten stap voor stap te bewegen in deze richting ondanks moeilijkheden die onderweg opduiken. Pas door te handelen naar eigen waarden wordt het leven rijk en zinvol. Alle traditionele gedragsinterventies, zoals het stellen van doelen, exposure en het aanleren van vaardigheden, kunnen hier in het model worden ondergebracht evenals alle vaardigheden die het leven dieper en rijker maken, zoals onderhandelen, assertiviteit, zichzelf troosten en zich verbinden met anderen (Harris, 2010). Steeds staat centraal het doorbreken van disfunctionele vermijdingsstrategieën en het zich richten op waardevolle actie, hoe moeilijk dat soms ook is.

ACT richt zich bij uitstek op het versterken van de Gezonde Volwassene. ACT richt zich niet in eerste instantie op het verminderen van problemen maar op de onderliggende processen waardoor stagnatie optreedt, en stimuleert psychologische flexibiliteit om beter te leren omgaan met de moeilijkheden die het leven per definitie met zich meebrengt. ACT gaat uit van de veronderstelling dat normale psychische processen kunnen leiden tot stagnatie en disfunctioneren en dat deze processen vroeg of laat psychisch lijden veroorzaken. De therapeut gaat een gelijkwaardig, respectvol en echt contact aan met de cliënt. De therapeut kan als model dienen omdat ook de therapeut dezelfde psychische processen kent. Waar helpend voor de cliënt kan de therapeut eigen ervaringen delen over het werken aan vergroting van de psychologische flexibiliteit.

### 2.2.4 Cliëntgerichte therapie

De cliëntgerichte therapie is een vorm van psychotherapie waarin het inzicht van de cliënt in zichzelf centraal staat. Het doel is zelfontwikkeling; de cliënt wordt geholpen tot meer eenheid te komen met zichzelf. Carl Rogers (1902–1987) is de grondlegger van deze vorm van psychotherapie, waarvan hij de beginselen beschreef in de jaren vijftig van de vorige eeuw. Hij ziet de echtheid van de therapeutische relatie als helende kracht en hij is overtuigd van de positieve ontwikkelingskracht die in elk mens besloten ligt. Hij ziet als voornaamste oorzaak voor vervreemding de voorwaardelijke liefde van ouders en belangrijke anderen (Lietaer, 1991). Een therapeutische relatie waarin onvoorwaardelijke acceptatie centraal staat, kan de cliënt helpen om eigen emoties en beleving te integreren.

Rogers opvatting van psychotherapie betreft een expliciet persoonsgerichte benadering die zich richt op de groei en ontwikkeling van de hele persoon, in plaats van op het bestrijden van symptomen. Daarmee is er sprake van een radicale humanisering van de psychotherapie: de focus komt expliciet te liggen op de persoon in plaats van op het probleem. Tot de humanistische psychotherapieën behoren ook de psychodynamische psychotherapieën, existentiële psychotherapie en moderne vormen van cognitieve gedragstherapie zoals ACT. Rogers meent dat ongeacht de vorm van de aanwezige klachten alle cliënten onderliggend hetzelfde probleem hebben. Hij ziet het onvermogen om zichzelf te worden, om in contact te komen met het werkelijke zelf, als universele psychopathologie.

Volgens Van Kalmthout onderscheidt Rogers zich in vier hoofdpunten van alle andere grondleggers van psychotherapeutische stromingen (Van Kalmthout, 1991). Rogers neemt de fundamentele positie in dat de door hem beschreven grondhouding van de therapeut, bestaande uit empathie en een onvoorwaardelijke acceptatie, een noodzakelijke én voldoende voorwaarde is voor therapeutische verandering. Met deze grondhouding wordt veel meer beoogd dan het opbouwen van een therapeutische relatie, zoals door andere stromingen vaak wordt verondersteld. De grondhouding die Rogers voor ogen heeft, vormt de wezenlijke kern van de therapie. De consequentie is dat het gebruik van diagnostische en psychopathologische kaders alsmede de inzet van methoden en technieken door hem principieel worden afgewezen als zaken die afleiden van de therapeutische ontmoeting en die de ruimte inperken voor de uniciteit en eigenstandigheid van de cliënt. Zijn opvatting druiste in tegen de gevestigde psychiatrische en klinisch-psychologische orde die zich juist, en nog altijd, richtte op psychiatrische categorisering. Rogers had een groot vertrouwen in de eigen ontwikkelingsmogelijkheden van de cliënt en wees voor de therapeut een rol als expert af. Hij vond het de taak van de psychotherapeut om de cliënt uit te nodigen om te reflecteren op gevoelens, zonder daarbij een richting op te leggen (non-directief). Ten slotte vond Rogers het van groot belang *experiencing* te bevorderen in plaats van te streven naar beheersen en onderdrukken van een beleving. Een van de doelstellingen van cliëntgerichte therapie is het ervaringsproces van de cliënt te stimuleren en het op een rijkere, flexibeler manier te laten verlopen (Lietaer, 1991). De gedachte is dat juist het openstaan voor ervaringen maakt dat mensen zichzelf beter kunnen leren kennen en begrijpen.

Gezond functioneren beschrijft Rogers als openstaan voor ervaringen, in staat zijn tot bewust leven, kunnen vertrouwen op zichzelf, vrij kunnen uiten van gevoelens, onafhankelijkheid, creativiteit en het inrichten van een rijk leven, *the good life*. Rogers ziet persoonlijkheidsverandering als behorend tot de gewone ontwikkeling naar psychologische volwassenheid. *The good life* ziet hij dan ook niet als bestemming maar als ontwikkelingsrichting. Hij ziet voor mensen die geen optimale jeugd hebben gehad, een meerderheid, mogelijkheden voor persoonlijkheidsontwikkeling in een therapie gericht op het herstellen van het proces van waardetoekenning en acceptatie, en daarmee integratie van het zelf. Wanneer een persoon sterk ontwikkeld is op bovenbeschreven kenmerken, een ervaringsgerichte manier van leven kent en nabijheid aandurft in persoonlijke relaties, spreekt hij over de *fully functioning person* (Rogers, 1961). Hoewel als ideaal beschreven vertoont het concept sterke overeenkomsten met de Gezonde Volwassene vanuit de Schematherapie.

De therapeut vormt in de cliëntgerichte benadering een model voor acceptatie, positieve gezindheid en bereidheid ervaringen te onderzoeken op betekenis. De cliënt kan door het voorbeeld van de therapeut te zien en te volgen leren op een gelijke manier met zichzelf om te gaan. De persoonlijke ontwikkeling van de therapeut vormt daarmee het belangrijkste instrument waarmee de therapeut werkt. Om een dergelijk model te kunnen zijn is goede zelfzorg nodig met aandacht voor eigen grenzen, het mogen opmerken van tekenen van overbelasting, vervreemding of vereenzaming, en acceptatie en mildheid tegenover eigen mogelijkheden en beperkingen. In de therapie wordt gestreefd naar het bereiken en vasthouden van een optimaal niveau van betrokkenheid in de therapeutische relatie: zowel te weinig distantie als te veel distantie kan schadelijk zijn (Lietaer, 1991).

## 2.3 Diagnostiek vanuit de Gezonde Volwassene beschouwd

Net als de beweging van de therapie-integratie is er ook op het gebied van de diagnostiek van psychopathologie een zoektocht aan de gang naar meer algemene patronen die richting geven aan de therapie, de zogenaamde transdiagnostische factoren (Van Heycop ten Ham et al., 2014). Bij ons weten is een beperkt aantal psychologische instrumenten ontwikkeld waarin ruimte is ingebouwd om een beschrijving te bieden van het gezonde functioneren naast de klachten of problemen waarmee de persoon worstelt. Diagnostiek van krachtige kanten is echter van groot belang voor de indicatiestelling en de inhoud van de behandeling. Hierna worden vier instrumenten besproken die alle goed verankerd zijn in theorie en die of reeds zeer bekend zijn en goed onderzocht, of die veelbelovend zijn en nog verder worden onderzocht. Voor zowel klinisch gebruik als voor onderzoek zijn deze instrumenten zeer goed bruikbaar.

### 2.3.1 Vragenlijst naar welbevinden en positieve geestelijke gezondheid

De meeste vragenlijsten over geestelijke gezondheid zijn gericht op klachten en negatieve aspecten van geestelijke gezondheid, zoals psychopathologie en beperkingen in het functioneren. Lamers et al. (2013, pag. 390) geven een overzicht van Nederlandse vragenlijsten die gericht zijn op positieve geestelijke gezondheid. Positieve geestelijke gezondheid wordt in de literatuur verdeeld in emotioneel, psychologisch en sociaal welbevinden (Westerhof & Keyes, 2008). Voor deze deelgebieden bestaan meerdere vragenlijsten die men kan inzetten voor onderzoek en/of de klinische praktijk en die meer of minder goed zijn onderzocht. De keuze voor een instrument wordt natuurlijk in belangrijke mate bepaald door de vraag die men wil beantwoorden. Voor het meten van positieve geestelijke gezondheid als geheel is de *Mental Health Continuum-Short Form* (MHC-SF) de vragenlijst die uitgebreid in Nederland is onderzocht (Lamers et al., 2011). Deze vragenlijst bestaat uit veertien vragen die worden beantwoord op een zespuntsschaal. De Nederlandse versie van de MHC-SF kan zowel gebruikt worden voor de klinische praktijk als voor onderzoek en leent zich goed voor een bredere meting van positieve geestelijke gezondheid. De auteurs benadrukken dat vragenlijsten naar positieve geestelijke gezondheid in combinatie gebruikt dienen te worden met vragenlijsten over psychopathologie, omdat beide verschillende indicatoren zijn van geestelijke gezondheid. Meerdere variaties zijn mogelijk: iemand met een hoge mate aan klachten en beperkingen hoeft niet altijd laag te scoren op ervaren positieve geestelijke gezondheid, en andersom komt het voor dat mensen met weinig klachten en beperkingen een lage mate van positieve geestelijke gezondheid ervaren. Omdat de vragenlijst gevoelig is voor verandering, is het mogelijk te meten in hoeverre het gezond functioneren toeneemt.

### 2.3.2 Temperament en Karakter Vragenlijst

De *Temperament and Character Inventory* (TCI) is ontworpen als een veelomvattend instrument om persoonlijkheid en karakter te meten en heeft brede toepassingsmogelijkheden. Het instrument is ontwikkeld om zowel normale als abnormale (afwijkende) gedragspatronen te meten. De NEO-PI-R is een inhoudelijk sterk vergelijkbaar en daarmee concurrerend instrument dat eveneens valide en betrouwbaar is en in veel landen wordt gebruikt (zie voor verdere informatie over dit instrument de handleiding).

Cloningers Temperament en Karakter en Vragenlijst wordt gebruikt in een brede variëteit van klinische en onderzoeksdoeleinden en is wereldwijd beschreven en onderzocht. Cloninger is bekend om zijn onderzoek op het gebied van erfelijkheid, neurobiologie, de ontwikkeling van persoonlijkheid en persoonlijkheidsstoornissen (Hellinga et al., 2001). De TCI is gebaseerd op zijn psychobiologische model dat probeert onderliggende oorzaken te verklaren voor individuele verschillen in persoonlijkheidstrekken. Binnen de psychologie wordt de persoonlijkheid op vijf domeinen beschreven. Deze *big five* zijn: openheid, consciëntieusheid, extraversie, vriendelijkheid en neuroticisme. Empirisch onderzoek laat zien dat de *big five* persoonlijkheidstrekken consistent zijn over de tijd in zowel interviews, zelfbeschrijvingen en observaties, en worden gevonden over verschillende leeftijden en culturen heen. De TCI kent vier temperamentschalen die aspecten meten van de persoonlijkheid die waarschijnlijk erfelijk beïnvloed worden, automatisch zijn, onbewust de leerprocessen beïnvloeden en al vroeg in de kinderjaren geobserveerd kunnen worden. Daarnaast zijn er drie karakterschalen die verwijzen naar dimensies die op volwassen leeftijd tot volledige ontwikkeling komen, de persoonlijke en sociale effectiviteit beïnvloeden alsmede het verwerven van een bewust zelfconcept (Duijsens & Spinhoven, 2000). De vragenlijst bestaat uit 240 items, verdeeld over zeven hoofdschalen en 25 subschalen (◘ tab. 2.1).

Cloninger stelt dat psychologisch welbevinden afhankelijk is van de mate van ontwikkeling van drie karaktertrekken: van zelfsturendheid, autonomie en zingeving; van coöperativiteit, positieve relaties met anderen; en van zelftranscendentie, persoonlijke groei en zelfactualisatie. Een onderzoek naar verbanden tussen karaktertrekken en aspecten van gezondheid en geluk, laat zien dat zelfsturing sterk gerelateerd blijkt aan geluk, kwaliteit van leven, gezondheid in het algemeen en ervaren sociale steun. Coöperativiteit bleek sterk verbonden met ervaren sociale steun en zwak verbonden met andere maten voor welbevinden. Zelftranscendentie was gerelateerd aan positieve emoties wanneer ook andere karaktertrekken erbij waren betrokken, maar was nauwelijks verbonden met negatieve emoties of andere maten voor welbevinden (Cloninger & Zohar, 2011).

Cloninger is ervan overtuigd dat mensen een natuurlijke tendens kennen tot integratie die leidt tot gezondheid, en dat ziekte ontstaat wanneer een blokkade optreedt. Blokkades kunnen optreden vanuit een erfelijke predispositie die interfereert met de natuurlijke ontwikkeling, vanuit sociaal leren of vanuit ervaringen die uniek zijn voor het individu (Hellinga et al., 2001). Cloningers benadering combineert principes uit de cognitieve gedragstherapie, de cliëntgerichte therapie en de Positieve Psychologie, met diagnostiek van de persoonlijkheid en meditatieve praktijken die oplettendheid en bewustzijn versterken van de cognitieve schema's die onze aandacht en motivatie in verschillende situaties sturen (Cloninger, 2006). In zijn benadering staat de integratie van het bewustzijn van iemands lichaam, gedachten en geest centraal.

**Tabel 2.1** Hoofd- en subschalen van de Temperament en Karakter Vragenlijst (TCI).

| type hoofdschalen | hoofdschalen | subschalen |
|---|---|---|
| temperamentschalen | prikkelzoekend | ontdekkingsdrang<br>impulsief<br>extravagant<br>wanordelijk |
| | leedvermijdend | dwangmatig piekeren<br>onzekerheidsangst<br>verlegen<br>kwetsbaar |
| | sociaal gericht | sentimenteel<br>intimiteit<br>hechting<br>afhankelijkheid |
| | volhardend | |
| karakterschalen | zelfsturend | verantwoordelijk<br>doelbewust<br>vindingrijk<br>positief zelfbeeld<br>goede gewoonten |
| | coöperatief | tolerant<br>empathisch<br>behulpzaam<br>vergevingsgezind<br>gewetensvol |
| | zelftranscendent | zelfverliezend<br>natuurgericht<br>magisch denken |

### 2.3.3 Het ontwikkelingsprofiel

Vanuit het psychoanalytische referentiekader is door Robert Abraham een model ontwikkeld waarin verschillende ontwikkelingsniveaus van het menselijke functioneren worden beschreven. Hij heeft daartoe diverse theoretische invalshoeken bijeengebracht in een overzichtelijk model. Met behulp van een semigestructureerd interview worden concrete gedragingen (denken, voelen en handelen) uitgevraagd en wordt een levendig beeld verkregen van het niveau van psychosociaal functioneren. Met een betrouwbare scoring van de uitkomsten ontstaat een profiel waarin zowel gezonde adaptieve kanten als zwakke en disadaptieve kanten van het functioneren in beeld worden gebracht. Op deze wijze wordt zichtbaar op welke terreinen de persoon adequaat en passend bij de leeftijd functioneert, en op welke terreinen er sprake is van stagnatie in een vroegere ontwikkelingsfase.

Het ontwikkelingsprofiel biedt ondersteuning bij indicatiestelling en advies voor behandeling. Het wordt in de multidisciplinaire richtlijn persoonlijkheidsstoornissen (2008) genoemd als instrument voor structurele persoonlijkheidsdiagnostiek. Het biedt derhalve geen overzicht van psychiatrische symptomatologie en wordt ingezet naast de gebruikelijke methoden voor beschrijvende persoonlijkheidsdiagnostiek. Het ontwikkelingsprofiel kan benut worden als referentiekader waarmee de clinicus zich aan de hand van een intake- of behandelverslag een

beeld kan vormen van adaptieve en disadaptieve aspecten in het functioneren van de cliënt, een sterkte-zwakteanalyse. In teams en in opleidingssituaties kan het ontwikkelingsprofiel als referentiekader eveneens ondersteunend zijn omdat een zoekschema geboden wordt met een gemeenschappelijke taal, hetgeen helpt om het functioneren van de cliënt op verschillende gebieden te herkennen, te begrijpen en te bespreken. Daarnaast kan het ontwikkelingsprofiel worden ingezet als diagnostisch instrument door als clinicus het semigestructureerde interview af te nemen en op deze wijze de adaptieve en disadaptieve patronen in denken, voelen en handelen van de cliënt in kaart te brengen. Op basis van deze beoordeling, die wordt vastgelegd in een verslag, wordt een indicatiestelling en advies voor behandeling opgesteld. Redenen om het ontwikkelingsprofiel als diagnostisch instrument in te zetten kunnen onder meer zijn:
- de gebruikelijke classificatie biedt onvoldoende richtlijnen voor behandeling;
- in de anamnese zijn er aanwijzingen voor steeds terugkerende en invaliderende gedragspatronen;
- voor beoordeling van draagkracht en introspectieve capaciteiten van de cliënt voor inzichtgevende en persoonsgerichte psychotherapie;
- het profiel biedt aanwijzingen voor de veranderingsmogelijkheden en -beperkingen van de cliënt en daarmee de meest passende vorm of het kader van de behandeling;
- bij stagnatie van behandeling en de behoefte aan extra informatie ten aanzien van valkuilen en thema's in de therapeutische relatie.

Onderzoek van Ingenhoven en collega's laat zien dat psychodynamische variabelen en het ontwikkelingsniveau waarop een cliënt functioneert, in tegenstelling tot DSM-IV-diagnoses en ernst van klachten, een belangrijke voorspellende waarde hebben ten aanzien van de duur van de behandeling en voortijdige beëindiging van behandeling (Ingenhoven et al., 2012a).

Het ontwikkelingsprofiel is gebaseerd op de ontwikkelingspsychologie en de gedachte dat ieder individu in het leven een aantal ontwikkelingsfasen doormaakt oplopend in complexiteit en moeilijkheidsgraad. Het ontwikkelingsprofiel kent tien hiërarchisch geordende niveaus van ontwikkeling, gebaseerd op negen ontwikkelingslijnen. Op basis van concreet doorvragen vormt de clinicus zich een beeld van de wijze waarop de cliënt omgaat met ontwikkelingstaken en spanningsvolle gebeurtenissen die bij het leven horen. De zes onderste ontwikkelingsniveaus (structuurloosheid, fragmentatie, egocentriciteit, symbiose, verzet en rivaliteit) verwijzen naar disadaptief functioneren, waarbij primitieve afweer optreedt die een belemmering vormt voor adequaat functioneren. Het zevende en achtste niveau, individuatie en verbondenheid, staan voor adaptief functioneren waarbij rijpere afweer beschikbaar is en de cliënt weet om te gaan met de taken en verantwoordelijkheden die horen bij het dagelijks leven. De twee hoogste ontwikkelingsniveaus, generativiteit en rijpheid, verwijzen naar wijsheid en zingeving en het vermogen zich te verhouden tot de eigen eindigheid. Deze niveaus zullen niet door iedereen bereikt worden.

Naast de ontwikkelingsniveaus worden ontwikkelingslijnen onderscheiden als domeinen waarop de ontwikkeling plaatsvindt. Het gaat om sociale attitudes, objectrelaties, zelfbeeld, normen, behoeften, cognities, probleemoplossend gedrag (twee lijnen) en overige thema's. In het profiel wordt een indruk verkregen van het dominante niveau van functioneren van het individu, gecombineerd met opvallend sterke en minder sterke kanten. Een individu kan voornamelijk op een onrijp niveau functioneren maar op sommige gebieden boven dit niveau uitstijgen. Deze gebieden worden eilandjes van gezondheid genoemd. Het is ook mogelijk dat een individu op een rijp niveau functioneert maar op sommige gebieden of specifieke thema's een stagnatie kent op een vroeger, minder rijp niveau van functioneren. Dat kan bijvoorbeeld verklaren waarom iemand die doorgaans goed functioneert in een specifieke situatie geheel of herhaaldelijk vastloopt.

In het ontwikkelingsprofiel wordt ervan uitgegaan dat het functioneren van een volwassene wordt bepaald door het samenspel tussen bij zijn leeftijd passende (adaptieve) gedragspatronen enerzijds en vroegkinderlijke (disadaptieve) patronen anderzijds. Abraham stelt dat in principe iedere volwassene kenmerken heeft van het kind dat hij is geweest. Het ontwikkelingsprofiel laat zien in welke mate dit het geval is (Abraham, 1993, 1997). De laatste jaren wordt onderzoek gedaan naar de mogelijkheden van het ontwikkelingsprofiel in de vorm van een zelfinvulvragenlijst, de Ontwikkelingsprofiel Vragenlijst (OPV). De vraag is in hoeverre het instrument valide en betrouwbaar is en gezondheid en pathologie voldoende onderscheidend van elkaar in beeld brengt (Ingenhoven et al., 2012b).

### 2.3.4 Schemamodi Inventory

Meerdere auteurs vinden het van belang dat problematiek zo volledig mogelijk in kaart wordt gebracht voordat wordt gestart met Schematherapie (Young et al., 2005; Van Genderen & Arntz, 2005). De bedoeling is dat de problemen van de cliënt zo goed mogelijk kunnen worden begrepen en dat door cliënt en therapeut een gezamenlijke verklaring opgesteld kan worden voor de problematiek in de woorden van de cliënt. Een goede casusconceptualisatie maakt het opstellen van een behandelplan een stuk eenvoudiger en geeft waardevolle aanwijzingen voor het hanteren van de therapeutische relatie (Van Genderen, 2008). Lobbestael beschrijft dat de aanwezigheid van schemamodi op drie verschillende manieren kan worden bepaald. Ten eerste door problematische situaties in kaart te brengen waarin cliënten terechtkomen en het gedrag dat zij daarin vertonen te vertalen naar schemamodi. Ten tweede kunnen modi worden herkend door experiëntiële technieken te gebruiken waarmee de cliënten gedrag horende bij het verleden op het spoor kunnen komen. En de derde methode om modi te bepalen is door middel van zelfrapportagevragenlijsten. Terwijl de eerste twee methoden met name in therapiesessies worden gebruikt, is het gebruik van vragenlijsten zowel geschikt voor therapie- als voor onderzoeksdoeleinden. In de praktijk is het aan te raden deze drie methoden te combineren (Lobbestael, 2008a, b).

Om inzicht te verkrijgen in de aanwezige modi is de Schemamodi Inventory (SMI-1) ontworpen. Het gaat om een zelfrapportagelijst waarin veertien verschillende modi worden onderscheiden. Het betreft zes kindmodi, vijf disfunctionele copingmodi, twee disfunctionele oudermodi en de modus van de Gezonde Volwassene. De SMI-1 bestaat uit 118 items en laat in onderzoek een goede validiteit en interne consistentie zien (Lobbestael, 2008b). De vragenlijst kent tien items die gericht zijn op de Gezonde Volwassene (zie kader). De tien items die verwijzen naar de andere adaptieve modus, het blije kind, bevatten vragen die gaan over gevoelsuitingen, bijvoorbeeld: ik voel me veilig, en: ik voel dat ik bij andere mensen hoor.

**De items uit de SMI-1 gericht op de Gezonde Volwassene**

1. Als er problemen zijn, doe ik hard mijn best om ze zelf op te lossen.
2. Ik kan problemen rationeel oplossen zonder me door mijn emoties te laten overspoelen.
3. Ik weet wanneer mijn emoties te uiten en wanneer niet.
4. Ik kom op voor wat ik wil, zonder daarin te overdrijven.
5. Ik ben in staat om voor mezelf te zorgen.
6. Ik kan leren, groeien en veranderen.

7. Ik kan voor mezelf opkomen wanneer ik vind dat ik oneerlijk bekritiseerd, uitgebuit of misbruikt word.
8. Ik voel dat ik van nature een goed persoon ben.
9. Als het nodig is, maak ik saaie en routinematige taken af zodat ik dingen kan bereiken die ik waardeer.
10. Ik heb een goed beeld van wie ik ben en wat ik nodig heb om mezelf gelukkig te maken.

In een recent onderzoek binnen de patiëntenpopulatie met persoonlijkheidsproblematiek geïndiceerd voor klinische psychotherapie is de SMI-1 gebruikt voor evaluatieonderzoek. Het onderzoek wijst uit dat de hypotheses uit het modusmodel werden bevestigd. De onderzoeksgroep concludeert dat bij deze groep cliënten de kindmodi en de disfunctionele modi afzwakken en de modi van het blije kind en de Gezonde Volwassene toenemen. De verwachting dat Schematherapie een integratie van de verschillende modi bewerkstelligt, lijkt daarmee realistisch (Claessen et al., 2015).

We kunnen concluderen dat de SMI-1 goed gebruikt kan worden voor zowel diagnostiek ten behoeve van de casusconceptualisatie als voor het meten van de effectiviteit van een behandeling door middel van Schematherapie.

## Literatuur

Abraham, R. E. (1993). The Developmental Profile: the psychodynamic diagnosis of personality. *Journal of Personality Disorders: 7,* 105–115.

Abraham, R. E. (1997). *Het ontwikkelingsprofiel: een pychodynamische diagnose van de persoonlijkheid.* Assen: Gorcum.

Allen, J. G., Fonagy, P., & Bateman, A. W. (2008). *Mentaliseren in de klinische praktijk.* Amsterdam: Uitgeverij Nieuwezijds.

A-Tjak, J., & Groot, F. de (2008). *Acceptance & Commitment Therapy: Een praktische inleiding voor hulpverleners.* Houten: Bohn Stafleu Van Loghum.

Bateman, A. W., & Krawitz, R. (2013). *Borderline personality disorder. An evidence-based guide for generalist mental health professionals.* Oxford: Oxford University Press.

Beck, S. (1995). *Basisboek cognitieve gedragstherapie* (2de druk). Baarn: HBuitgevers.

Bohus, M., & Wolf, M. (2009). *Interactives SkillsTraining für Borderline-Patiënten. Manual zur CD-ROM für die therapeutische Arbeid.* Stuttgart: Schattauer.

Bosch, W. van der (2002). In: M. M. Linehan (red.), *Dialectische gedragstherapie bij borderline persoonlijkheidsstoornis. Theorie en behandeling.* Lisse: Swets & Zeitlinger.

Branch, R., & Willson, R. (2010). *Cognitive behavioral therapy for dummies* (2nd ed.). West Sussex: Wiley, Chichester.

Claessen, N., Janssen, W., & Noorthoorn, E. (2015). Persoonlijkheidsintegratie in klinische psychotherapie gemeten met behulp van de schemamodi Inventory (SMI-1). Ongepubliceerd manuscript.

Cloninger, C. R. (2006). The science of well-being: An integrated approach to mental health and its disorders. *World Psychiatry, 5,* 71–76.

Cloninger, C. R., & Zohar, A. H. (2011). Personality and the perception of health and happiness. *Journal of Affective Disorders, 128*(1–2), 24–32.

Duijsens, I. J., & Spinhoven, Ph. (2000). *Handleiding van de Nederlandse Temperament en Karakter Vragenlijst.* Leiderdorp.

Eifert, G. H., & Forsyth, J. P. (2007). *Acceptatie en commitmenttherapie bij angststoornissen. Behandelgids voor het gebruik van mindfulness, acceptatie en waardengerichte gedrags- en veranderingsstrategieën.* Amsterdam: Uitgeverij Nieuwezijds.

Genderen, H. van (2008). Casusconceptualisatie. In: M. F. van Vreeswijk, J. Broersen, & M. Nadort (red.), *Handboek Schematherapie. Praktische gids voor hulpverleners in de ggz* (pag. 283–293). Houten: Bohn Stafleu van Loghum.

Genderen, H. van, & Arntz, A. (2005). *Schemagerichte cognitieve therapie bij borderline persoonlijkheidsstoornis.* Amsterdam: Uitgeverij Nieuwezijds.

Hafkenscheid, A. (2014). *De therapeutische relatie.* Utrecht: De Tijdstroom.

Harris, R. (2010). *Acceptatie en commitment therapie in de praktijk. Een heldere en toegankelijke introductie op ACT.* Amsterdam: Hogrefe Uitgevers.

Hayes, S. C. (2005). *Uit je hoofd in je leven: een werkboek voor een waardevol leven met mindfulness en Acceptatie en Commitment Therapie.* Amsterdam: Uitgeverij Nieuwezijds.

Hayes, S. C., Follette, V. M., & Linehan, M. M. (red.). (2006). *Mindfulness en acceptatie: de derde generatie gedragstherapie.* Amsterdam: Harcourt Book Publishers.

Hebbrecht, M. (2015). De neurobiologie van empathie. In: G. Vanaerschot, N. Nicolai, & M. Hebbrecht (red.), *Empathie. Het geheime wapen van psychiaters en psychotherapeuten* (pag. 43–60). Leusden: Diagnosis Uitgevers.

Hellinga, G., Luyn, B. van, & Dalewijk, H. J. (2001). *Personalities. Master Clinicians Confront the treatment of Borderline personality Disorders.* Northvale NJ: Jason Aronson.

Heycop ten Ham, B. van, Hulsbergen, M., & Bohlmeijer, E. *Transdiagnostische factoren. Theorie & praktijk.* Amsterdam: Uitgeverij Boom.

Ingenhoven, T. J. M., Duivenvoorden, H. J., Passchier, J., & Brink, W. van den (2012a). Treatment duration and premature termination of psychotherapy in personality disorders: Predictive validity of the developmental profile assessing psychodynamic personality diagnosis. *Journal of Psychiatric Practice, 18*, 172–186.

Ingenhoven, T. J. M., Polak, M. G., Van, H. L., & Abraham, R. E. (2012b). *OntwikkelingsProfiel Vragenlijst (OPV)*, versie 1.0. Amsterdam: Stichting Ontwikkelingsprofiel.

Kalmthout, M. van (1991). Overeenkomsten en verschillen van cliëntgerichte psychotherapie met de belangrijkste andere psychotherapeutische stromingen. In: O. de Haas, G. Lietaer, & R. van Balen (red.), *Leerboek gesprekstherapie, de cliëntgerichte benadering* (pag. 479–504). Amersfoort: Acco.

Koelen, J., Eurlings-Bontekoe, L., & Luyten, P. (2014). Mentaliseren. In: B. van Heycop ten Ham, M. Hulsbergen, & E. Bohlmeijer (red.), *Transdiagnostische factoren. Theorie & praktijk* (pag. 279–312). Amsterdam: Uitgeverij Boom.

Lamers, S. M. A., Westerhof, G. J., Bohlmeijer, E. T., Klooster, P. M. ten, & Keyes, C. L. M. (2011). Evaluating the psychometric properties of the Mental Health Continuum-Short Form (MHC-SF). *Journal of Clinical Psychology, 67*, 99–110.

Lamers, S. M. A., Smit, A., & Hutschemaekers, G. J. M. (2013). Het meten van welbevinden en optimaal functioneren. In: E. Bohlmeijer, L. Bolier, G. Westerhof, & J. A. Walburg (red.), *Handboek Positieve Psychologie, theorie, onderzoek, toepassingen* (pag. 388–397). Amsterdam: Boom.

Lietaer, G. (1991). Authenticiteit en onvoorwaardelijke positieve gezindheid. In: O. de Haas, G. Lietaer, & R. van Balen (red.), *Leerboek gesprekstherapie, de cliëntgerichte benadering* (pag. 27–64). Amersfoort: Acco.

Linehan, M. M. (2002). *Dialectische gedragstherapie bij borderline persoonlijkheidsstoornis. Theorie en behandeling.* Lisse: Swets & Zeitlinger.

Linehan, M. M. (2015). *DBT skills training manual.* New York: The Guilford Press.

Lobbestael, J. (2008a). Experimentele studies naar schemamodi. In: M. F. van Vreeswijk, J. Broersen, & M. Nadort (red.), *Handboek Schematherapie. Praktische gids voor hulpverleners in de ggz* (pag. 251–258). Houten: Bohn Stafleu van Loghum.

Lobbestael, J. (2008b). Validatie van de Schema Mode Inventory (SMI-1). In: M. F. van Vreeswijk, J. Broersen, & M. Nadort (red.), *Handboek Schematherapie. Praktische gids voor hulpverleners in de ggz* (pag. 283–293). Houten: Bohn Stafleu van Loghum

Norcross, J. C., & Goldfried, M. R. (2005). *Handbook of psychotherapy integration.* Oxford: University press.

Norcross, J. C. & Lambert, M. J. (2006). The Therapy Relationship. In: Norcross, J. C., Beutler, L. E. & Levant, R. F. *Evidence-Based Practices in Mental Health. Debate and dialogue on the fundamental questions.* (p. 208–218). Washington D.C.: American Psychological Association.

Norcross, J. C. & Lambert, M. J. (2011). Evidence-based therapy relationships. In: J. C. Norcross (red) *Psychotherapy relationships that work: evidence-based responsiveness.* (p. 3–21). New York: Oxford University Press.

Norcross, J. C. & Wampold, B. E. (2011). Evidence-Based Therapy relationships: research Conclusions and Clinical Practices. In: J. C. Norcross (red) *Psychotherapy relationships that work: evidence-based responsiveness.* (p. 423–430). New York: Oxford University Press.

Rogers, C. R. (1961). *On becoming a person*. Boston: Houghton Mifflin.

Vanaerschot, G., Nicolai, N., Hebbrecht, M. (2015). *Empathie. Het geheime wapen van psychiaters en psychotherapeuten*. Leusden: Diagnosis Uitgevers.

Wallin, D. J. (2010). Gehechtheid in psychotherapie. Amsterdam: Uitgeverij Nieuwezijds.

Westerhof, G. J., & Keyes, C. L. M. (2008). Geestelijke gezondheid is meer dan de afwezigheid van geestelijke ziekte. *Maandblad Geestelijke volksgezondheid, 63*, 808–820.

Young, J. E., Klosko, J. S., & Weishaar, M. E. (2005). *Schemagerichte therapie. Handboek voor therapeuten*. Houten: Bohn Stafleu Van Loghum.

# Psychotherapeutische interventies gericht op de Gezonde Volwassene

*Anne-Marie Claassen*

**Samenvatting**

In dit hoofdstuk komt alle verzamelde kennis over de Gezonde Volwassene bij elkaar in het beschrijven van gerichte psychotherapeutische interventies. Een aantal daarvan is duidelijk herkenbaar als specifieke schematherapeutische interventies. De meeste interventievormen zijn bewerkt en aangepast om te werken vanuit gezondheid in plaats vanuit pathologie. Daarnaast zijn er ook interventies toegevoegd vanuit andere therapiestromingen om zo een grote keuze te hebben in het werken met cliënten met een vraag naar het verstevigen en vergroten van de Gezonde Volwassene. In dit hoofdstuk besteden we achtereenvolgens aandacht aan psycho-educatie, psychotherapeutische technieken en de therapeutische relatie.

3

## 3.1 Psycho-educatie

Vanuit de houding van *limited reparenting* en het feit dat veel cliënten geen voorlichting dan wel goede voorbeelden hebben gehad van ouders of verzorgers over gezondheid, is psycho-educatie belangrijk. Een eerste stap is kort uitleg te geven over de functie van emoties. Emoties bieden signalen om te kunnen (over)leven. Wanneer deze signalen heftig zijn, reageren de hersenen met activatie van het freeze-flight-frightsysteem. Vaak kunnen cliënten bij zichzelf nagaan welk type reactie zij vertonen in welke situatie. Het angstnetwerk van de hersenen is gelokaliseerd in de amygdala (zie ook ► H. 1). Dit is een ouder en primitiever deel van de hersenen, dat waarschuwt wanneer er sprake is van dreiging en dat onmiddellijk, zonder tussenkomst van het denken, voorbereidt op handelen. Het nieuwste deel van de hersenen, de prefrontale cortex, is betrokken bij cognitieve en emotionele functies als beslissingen nemen, plannen, sociaal gedrag en impulsbeheersing. Dit worden ook wel executieve functies genoemd. De connectie met emoties laat zich ook zien in de functies van de prefrontale cortex die empathie, zelfreflectie en sociale samenwerking betreffen. Het versterken en verstevigen van de Gezonde Volwassene gaat dus om het werken aan de functies van de prefrontale cortex. De hersenen zijn gedurende het hele leven in ontwikkeling. Vanaf de kindertijd tot aan het dertigste levensjaar wordt als het ware de basis gelegd voor de frontale functies. Eric Scherder, hoogleraar neuropsychologie, doet onderzoek naar deze functies en vertelt er met passie over. Hij geeft aan dat met name activiteiten als sport, muziek maken, luisteren en creativiteit belangrijk zijn om de hersenen te stimuleren in die gezonde functies (Scherder, 2014b). Veel cliënten zijn affectief tekortgekomen en hebben te weinig de mogelijkheid gehad om zich op deze gebieden te ontwikkelen. Het geeft cliënten hoop en stimuleert hun motivatie wanneer hun wordt uitgelegd dat de hersenen elke dag opnieuw kunnen profiteren van beweging, muziek en creativiteit.

Een tweede stap in psycho-educatie is het vertellen over gezondheid en het uitvragen van eventuele misvattingen over gezondheid. Sommige cliënten hebben het idee dat men zich altijd goed moet voelen, of dat anderen zich altijd goed voelen. Wanneer zij zich niet goed voelen, volgt een negatieve evaluatie en vervolgens een extra somber gevoel. Er bestaat dan een grote kans dat deze negatieve emoties in een bepaalde modus vast komen te zitten. De uitleg dat de Gezonde Volwassene natuurlijk wisselt in stemmingen, omdat iedereen (ook de therapeut) nu eenmaal verschillende situaties meemaakt waarop uiteenlopende reacties mogelijk zijn, is vaak een eyeopener voor cliënten. Een andere veelvoorkomende misvatting over gezondheid is dat een mens in balans is of moet zijn. Het zich chronisch uit balans voelen van cliënten met deze misvatting zorgt voor een negatievere evaluatie van emoties dan aan de orde is. De waarheid is namelijk dat we voortdurend streven naar balans, maar dat we die gedurende ons leven nooit zullen bereiken. Wat is bovendien balans? We veranderen voortdurend wanneer we eten, slapen, bewegen, voelen, denken en doen. Verandering is de basis van ons bestaan (Verduin, 2014). Uitleg dat er altijd frustraties in het leven aanwezig zijn van verwachtingen en verlangens, gelardeerd met eigen voorbeelden van de therapeut, is belangrijk om de verwachting over therapie op tafel te krijgen. Vaak denken cliënten dat ze na afloop van de therapie gelukkig zullen zijn, of klachtenvrij. Een realistische visie op een gezond leven en wat de Gezonde Volwassene wel en niet is, tempert deze irreële gedachten.

Een andere waarheid over gezondheid is dat pijn onvermijdelijk is. Sommige cliënten hebben de overtuiging dat anderen nergens last van hebben, nooit ongemak of verdriet hebben. Pijn en verlies behoren onlosmakelijk bij het leven. We zijn allemaal geconfronteerd met pijn en met het overlijden van dierbaren, en zullen dat ook in de toekomst vaker meemaken. Wanneer we dit willen vermijden, geeft het pathologie op zich (Yalom, 2008). Cliënten herkennen dit vaak wel wanneer je voorbeelden geeft van de angst- en paniekklachten en dwangklachten.

Verlies, verdriet en rouw horen bij het leven en vormen belangrijke emoties van de Gezonde Volwassene. De meeste cliënten hebben nooit de mogelijkheid gekregen om goed afscheid te nemen of te rouwen en hebben geen goed voorbeeld gekregen van hoe men verdriet kan hebben.

**Kenmerken van de Gezonde Volwassene**

In de fase van pretherapie voorafgaand aan de behandeling met Schematherapie werd aan de groep gevraagd, na de fase van psycho-educatie, wat men verstond onder de term 'de Gezonde Volwassene'. Het werd door de therapeut op het bord geschreven:

| de Gezonde Volwassene is *wel:* | de Gezonde Volwassene is *niet:* |
|---|---|
| emotioneel | altijd in balans |
| empathisch | ongeduldig |
| regulerend | perfect |
| relativerend | zwart-wit |
| luistert naar behoeften | 1 emotiemodus |
| heeft grip | wanhopig: 'kan het niet aan' |
| is oké met zichzelf | afhankelijk |
| is autonoom | verstrengeld |
| in contact | veroordelend |
| heeft zelfcompassie | streng |
| heeft kracht | |

Een derde belangrijke pijler in de psycho-educatie over de Gezonde Volwassene is uitleg geven over positieve activiteiten (Gilbert, 2010). Plezierige ervaringen en emoties zijn een buffer tegen het ontstaan van destructieve emotionele reactiepatronen. Mensen die regelmatig compassie, vrede, rust, plezier en geluk ervaren, zijn beter bestand tegen onplezierige ervaringen en zijn hierdoor in staat om constructief en wijs te reageren bij tegenslag en bij onplezierige emoties (Hulsbergen, 2014). Het belang van die buffer zal binnen de psycho-educatie vaak terug moeten komen. Cliënten kennen vanuit hun bestraffende modus of veeleisende kant vaak een verbod op het doen van leuke dingen en op genieten. Ernstig ik-zwakke cliënten met weinig gezonde kanten kunnen genieten beleven als een verraad aan zichzelf. Het toestemming geven van de therapeut en het ontdekken of herontdekken van leuke dingen doen, zijn dus erg belangrijk en onderdeel van de Schematherapie. In het *Werkboek Klinische Schematherapie* (Muste et al., 2009) is een lijst met leuke dingen doen in de bijlage opgenomen. Onderstaande lijst komt uit het *Handboek Positieve Psychologie*, pag. 179 (Hulsbergen, 2014):

- Eet regelmatig en zorg ervoor dat je belangrijke voedingsstoffen binnenkrijgt.
- Zorg voor lichaamsbeweging; sport, dans, wandel, fiets.
- Zorg voor ontspanning; doe aan yoga, mediteer, doe af en toe een powernap, neem pauzes.
- Besteed tijd aan wat jou energie geeft.
- Zorg voor (een vorm van) regelmaat in je leven.
- Zorg voor voldoende slaap.

- Zoek mensen op bij wie je je prettig voelt.
- Zorg voor een prettig lichamelijke contact, omhels of vrij met je partner, knuffel je kind of huisdier.
- Doe niet te veel tegelijk.
- Plan leuke activiteiten in je agenda.
- Breng tijd door in de natuur of in de zon.
- Neem tijd voor wat jij belangrijk vindt.
- Zorg voor jezelf als je je niet goed voelt of als je pijn hebt.
- Wees matig met genotsmiddelen als tabak, alcohol, cafeïne en suikers.
- Geniet gerust af en toe van een glas wijn of een gebakje.
- Zorg voor een opgeruimde woonomgeving.

Soms is het voor cliënten een opluchting om dit soort basale waarheden over gezondheid te vernemen. Ze weten het ergens wel, maar het te horen van de therapeut en eventuele groepsleden geeft hen de mogelijkheid om bepaalde emoties weer als normaal te evalueren. Het helpt ze om de pijn die nu eenmaal bij het leven hoort, de zogenaamde schone pijn (► par. 2.4 ACT) toe te laten. De problemen die ontstaan door het vermijden, overcompenseren en zich overleveren aan pijn, vormen het lijden (de vuile pijn). Een disfunctioneel schema vormt het fundament waarop het lijden wordt gebouwd.

## 3.2 Psychotherapeutische technieken

### 3.2.1 De kompaszin

Wanneer het voor de cliënt duidelijk is wat de Gezonde Volwassene wel en niet is en er een realistischer idee is ontstaan over gezondheid, kan een cliënt vaak ook anders kijken naar eigen schema's en modi. Vanuit een negatieve levenservaring ontwikkelt de cliënt een kernovertuiging over zichzelf, de ander en de wereld (Beck, 1995). De negatieve zinnen zijn hardnekkig en rigide; ik ben niets waard (schema: minderwaardigheid); ik zal toch nooit krijgen wat ik nodig heb (schema: emotioneel tekort); ik heb recht op alles wat ik wil (schema: op je rechten staan) (Muste et al., 2009). Iedere cliënt kan vaak voor zichzelf goed benoemen welke zin hun 'gifzin' is. Het egodystoon maken van zo'n zin is belangrijk in de Schematherapie. Een actieve manier om dit te doen is door het formuleren van een kompaszin (Bijl, 2013).

Een kompaszin is die zin die fungeert als tegengif voor de negatieve overtuigingen van de cliënt. De kompaszin is veelal positief geformuleerd, met voldoende kenmerken van de Gezonde Volwassene; hij weerspiegelt de wijsheid van de cliënt, hij geeft steun aan een krachtige kant van de cliënt. De zin helpt het realisme terug te krijgen in situaties waarin de cliënt geneigd is terug te vallen in oude schema's.

**Kompaszinnen**

Een cliënte die in haar jeugd veel van tehuis naar tehuis was gegaan, en in het hier en nu vaak het gevoel heeft op de vlucht te zijn, formuleerde als kompaszin:
*Ik hoef niet weg, ik blijf staan.*
Een cliënt die veel onveiligheid en onvoorspelbaarheid in zijn jeugd kende door een onstabiele moeder en agressieve vader, zette in het hier en nu vaak overcompensatie in als reactie. Hij overschreeuwde zichzelf en zette anderen daarmee op een afstand. Hij formuleerde als kompaszin:

*Ik maak het veilig door in contact te blijven.*
Met name het idee dat hij zelf controle had over zijn eigen veiligheid maakte hem enthousiast om met dit kompas te oefenen in de groepstherapie.
Een cliënte met emotioneel abstinente ouders had zichzelf vanuit haar emotionele tekort veel eisen opgelegd. Ruimte voor genieten of voor de blije-kindmodus stond niet op haar lijstje. Zij formuleerde als kompaszin:
*Wanneer ik geniet, ben ik krachtiger.*
Een cliënte met ADHD-klachten en veel modusswitches had bovendien veel last van een kritische oudermodus. In haar jeugd had ze op emotioneel vlak veel voor haar eigen ouders moeten zorgen. In het hier en nu gaf het zorgen voor anderen een overspannen gevoel. Ze stond iedereen altijd met raad en daad bij. Zij formuleerde na veel wikken en wegen een zin die werkte voor haar, ook al was deze negatief geformuleerd. Haar kompaszin was:
*Ik hoef het niet direct te weten, ik neem de tijd.*

### 3.2.2 Geheugenkaart Gezonde Volwassene

In het boek *Patronen doorbreken* (Van Genderen et al., 2012) worden meerdere mogelijkheden besproken om de Gezonde Volwassene te vergroten. Het werkblad *Mijn gezonde-volwassenemodus* (pag. 109) helpt om deze modus bij jezelf te herkennen in gedachten, gevoelens en gedragingen en te beschrijven. Het werkblad *Veranderen van mijn overlevingsstrategie* (pag. 176) helpt erover na te denken hoe de gezonde-volwassenemodus te hulp kan worden geroepen in plaats van het (bijna) automatisch inzetten van de oude overlevingsmodus. De flashcard of geheugenkaart is een cognitieve strategie binnen de Schematherapie (Young et al., 2005). Deze geheugenkaart kun je niet alleen inzetten om uit een destructieve modus te komen, maar hij kan ook gebruikt worden door duidelijk te maken hoe de cliënt kan blijven kiezen voor gezondheid. De vraag is dan: Waarom is het zo moeilijk om dit gevoel van de Gezonde Volwassene vast te houden? Deze vraag zet cliënten onmiddellijk op een ander been, namelijk dat van de positiviteit, in plaats van te focussen op negativiteit. De cliënt wordt uitgenodigd vanuit de positie van gezondheid te kijken naar verleidingen, ondermijningen en het eventueel optreden van andere modi die verstorend werken voor de Gezonde Volwassene. Het werken met de *Geheugenkaart Gezonde Volwassene* (► kader) zet mensen aan het denken over de vraag, waarom het zo moeilijk is om te kiezen voor gezondheid, kracht en het hebben van een fijne tijd. Het is een benadering vanuit kracht, in plaats van een benadering die vraagt om vechten vanuit de overlevingsmodi.

3

## Geheugenkaart Gezonde Volwassene

***Geheugenkaart Gezonde Volwassene***

**1. Vaststellen van de realiteit:**
Hoewel ik geloof
dat...........................................................................................................
(kompaszin)

Is de realiteit dat
.................................................................................................................
.................................................................................................................
.................................................................................................................
(negatieve neiging/verleiding)

**2. Gedragsinstructie:**
Ook al voel ik de neiging om.............................................................................
(negatieve neiging/verleiding)

Ik kan in plaats daarvan ook...............................................................................
(alternatief gezond gedrag)

**3. Hulpbronnen:**
Wanneer het me niet lukt om..............................................................................
(alternatief gezond gedrag)

Dan ga ik mijn hulpbronnen inzetten, namelijk ....................................................

Bijvoorbeeld:
- imaginatieoefening Gezonde Volwassene
- lezen witboek
- mensen bellen die op de hoogte zijn van de inhoud van deze geheugenkaart
- sporten
- muziek maken of luisteren

Schrijf hieronder je geheugenkaart uit:

**Voorbeeld**

Hoewel ik geloof dat ik krachtiger ben wanneer ik tijd en ruimte neem om te genieten en te ontspannen (kompaszin), is de realiteit dat ik altijd maar in de weer ben met alles wat moet, en ik me druk maak om alles en overal tegenop zie. Ik ben bang voor allerlei rampen wanneer ik niet alert blijf. Ook al voel ik de neiging om in deze actieve en alerte stand te gaan, ik durf veel meer en voel me meer bij machte wanneer ik de tijd neem om te focussen op mijzelf via ontspanningsoefeningen of via de imaginatieoefening rondom rust en een fijne plek.

Wanneer me dit niet lukt, ga ik eerst proberen weer te ontspannen door te wandelen of door muziek te luisteren. Mocht ik nog steeds niet terug zijn in mijn overtuiging dat genieten me meer helpt dan mijn overlevingsstand, dan ga ik als laatste redmiddel mijn man bellen.

Het samen met de cliënt uitwerken van de geheugenkaart Gezonde Volwassene is noodzakelijk om de cliënt uit de eventuele negatieve cirkel te halen van falen. Het checken en goed laten doorvoelen van deze negatieve verleidingen en neigingen is belangrijk. Imaginaire technieken kunnen hierbij van dienst zijn. Het is belangrijk om er uitgebreid samen bij stil te staan om zo de cliënt een doorvoelde keuze te kunnen laten maken voor gezondheid en een fijner leven. Het regelmatig laten terugkomen en checken of de cliënt de geheugenkaart gebruikt, is een concrete manier om die keuze voor gezondheid actief te maken en te houden.

### 3.2.3 Imaginatieoefening Gezonde Volwassene

Het inzetten van de imaginatieoefening voor de Gezonde Volwassene heeft als doel om emoties als acceptatie, kracht, moed, dankbaarheid, mildheid en empathie uit te vergroten en te stimuleren als onderdeel van de gezonde leefstijl. Om deze hulpbronnen beschikbaar te maken kunnen imaginatieoefeningen worden ingezet op die momenten dat de cliënt ervaart dat de keuze voor gezondheid minder krachtig lijkt te worden en er de neiging is om terug te vallen in destructief gedrag. De imaginatieoefening heeft op deze manier veel weg van de *Resource Development Installation* (RDI), het installeren van hulpbronnen vanuit de EMDR (*Eye Movement Desensitization and Reprocessing*; een evidence-based traumabehandeling (Ten Broeke et al., 2008), alsmede van technieken uit de ACT (A-Tjak & De Groot, 2008). De oefening gaat in op de mogelijkheden die de cliënt in zijn leven tot zijn beschikking heeft, in plaats van het uitsluitend aanzetten tot nieuwe patronen.

**Imaginatieoefening Gezonde Volwassene**

1. Aankondiging en voorbereiding van imaginatieoefening.
2. Focus op huidige emotionele toestand; vraag welk woord daarbij past.
3. Vraag of de emotie geaccepteerd of verdragen kan worden.
   Zo niet; laat de cliënt even zuchten, verzitten of de schouders ontspannen.
4. Laat de cliënt zich een fijne plek voorstellen, een plek waar hij zich veilig, ontspannen en geaccepteerd voelt. Laat de cliënt eventueel zijn kompaszin gebruiken om te komen tot een goed gezond volwassen gevoel.
5. Ga vanuit de acceptatie of fijne plek terug naar het moment dat de Gezonde Volwassene actief was of duidelijk aanwezig. Het inzetten van de kompaszin is hier een mogelijkheid. De vraag is dan: Wanneer werd je je deze week bewust van je kompaszin? Welke situatie was een bevestiging van je kompaszin?
6. Vraag om de situatie te beschrijven vanuit het hier en nu en laat de (lichaams)houding aanpassen aan het beeld en de emotie van de Gezonde Volwassene.
7. Vraag om de emotie in de imaginatie een woord te geven. Vergroot eventueel dit gevoel door de cliënt te vragen zijn kompaszin hardop te zeggen en erbij te voelen hoe dat voelt.
8. Laat het gevoel beschrijven in termen van waar in het lijf iets voelbaar is.
9. Laat de cliënt de duim en wijsvinger op elkaar plaatsen op het moment dat het gevoel van de Gezonde Volwassene duidelijk is, om via die weg de volgende keer het fijne en sterke ik-gevoel op te roepen, te herinneren en te versterken.

Het doel van deze imaginatieoefening is focus te blijven houden op gezondheid, kracht en innerlijke wijsheid. Het regelmatig oefenen en laten oefenen helpt de cliënt terug te kunnen vallen op zijn eigen krachtbronnen in tijden van stress en oplopende spanningen.

Er zijn vervolgens drie manieren om deze vorm van imaginatie in te zetten. Het is mogelijk om *rescripting* te doen, er kan een *flashforward* worden ingezet, of de cliënt kan meer in contact gebracht worden met oorspronkelijke wensen en behoeften. Mooie vragen om te stellen na de imaginatieoefening zijn: wat de cliënt heeft geleerd, wat het meest indrukwekkende moment was, wat hij meeneemt vanuit de oefening. Ook op die manier blijft de focus op acceptatie en welbevinden en kan de Gezonde Volwassene groeien en aansturen op inzicht, zelfsturing en zelfcompassie.

### ■ Rescripting

Het is veelal gebruikelijk om binnen de imaginaire rescripting de therapeut als Gezonde Volwassene te laten optreden (Arntz & Jacob, 2011). Toch heeft het voordelen om de cliënt zelf de reparatie te laten doen. De therapeut kan de cliënt helpen om zelf een interventie te bedenken die het kwetsbare kind kan helpen, troosten, beschermen en blij maken. Het inzetten van eigen kracht stimuleert het zogenaamde zelfherstel; de integratie van zelfcompassie en zelfredzaamheid.

Vanuit de imaginatieoefening Gezonde Volwassene kan de therapeut naar situaties in het verleden gaan waarin de cliënt hulp nodig had van een volwassene. De vraag luidt dan of de cliënt op dat moment in de imaginatie iets voor zichzelf kan doen, zijn eigen zorgzaamheid kan inzetten. Er kan ook gevraagd worden naar een recenter verleden, bijvoorbeeld tijdens het therapieproces, waarin de cliënt zich angstig, alleen of onveilig voelde. De vraag die dan wordt gesteld, is welke behoefte op dat moment aanwezig was. Door er in de imaginatie zelf voor te zorgen dat aan deze behoefte tegemoetgekomen wordt, versterkt de cliënt de eigen Gezonde Volwassene. Na de imaginatieoefening kunnen er afspraken gemaakt worden over het inzetten van eigen krachtbronnen op kwetsbare en wanhopige momenten. Ook kunnen afspraken worden gemaakt over het oefenen van de imaginatieoefening Gezonde Volwassene, om zo weer het goede gevoel in of de herinnering aan de oefening op te roepen, zodat de cliënt zijn Gezonde Volwassene weer helder voor ogen heeft. Door de cliënt te laten optreden als zichzelf wordt de integratie bevorderd van de gezonde delen van de cliënt, namelijk die van het kwetsbare kind en de Gezonde Volwassene.

### ■ Flashforward bij angsten en vermijding

Wanneer een cliënt ergens tegenop ziet of een belangrijke situatie wil vermijden, kan ook gebruik worden gemaakt van de imaginatieoefening Gezonde Volwassene. Het gaat om een techniek afkomstig uit de EMDR en het helpt de cliënt zich voor te bereiden op een lastige situatie die gaat komen, zoals een sollicitatiegesprek, een confrontatie met zijn moeder of een andere angstige activiteit die vanuit schema's vermeden wordt. De cliënt formuleert binnen de imaginatie welke moeilijke stap hij gaat maken. Belangrijk is dan om de cliënt die stap te laten formuleren vanuit de Gezonde Volwassene: wat heeft hij nodig, welke krachtbron, om die stap te kunnen maken. De volgende stap is dan om te imagineren dat het lukt om de situatie aan te gaan met die kracht en hulpbronnen. De cliënt moet het zich voorstellen als het afdraaien van een film over de toekomst. Belangrijk is om te blijven vragen wat er nodig is wanneer de cliënt dreigt te stoppen of te mislukken. In een imaginatie is namelijk alles mogelijk en kan de therapeut suggereren dat de cliënt die bepaalde hulpbron echt tot zijn beschikking heeft. Het is ook belangrijk om te benadrukken dat angst een signaal is en bij moeilijke situaties hoort. De Gezonde Volwassene verdraagt dit gevoel en kan het aan. Het is namelijk niet de bedoeling om een cliënt overcompensatie van gevoelens aan te leren. Wanneer de cliënt de situatie in de imaginatie heeft doorstaan, is een afsluitende vraag in hoeverre hij nu ook daadwerkelijk het vertrouwen heeft dat hij deze situatie aankan. In het nabespreken kunnen nog eventuele andere hulpbronnen aan bod komen die maken dat de angst kan worden doorstaan of vermijding van die bepaalde belangrijke situatie wordt doorbroken.

### ■ Oorspronkelijke wensen en behoeften

Vanuit de stappen van de imaginatieoefening Gezonde Volwassene kan de vraag naar eigen wensen en behoeften gesteld worden: Wanneer je nu voor een groot deel van je leven dit gevoel hebt, wat ga je dan doen? Welke wensen heb je die je wilt vervullen? Wat heb je nog meer nodig om dit ook daadwerkelijk te gaan doen? Welke ondermijning en welke gevaren op de weg zijn er? Kijk ernaar en accepteer deze obstakels. Kijk weer met het gevoel van de Gezonde Volwassene: Wat heb je nodig om ook deze obstakels te overwinnen? Ook vragen naar waarden op het gebied van bijvoorbeeld werk, relatie, hobby's en vrije tijd zijn mogelijk: Waar wil je graag aan werken als het gaat om je relatie, je werk, je vriendschappen? Zijn er vanuit dit gevoel ook activiteiten die je zou willen doen maar waartoe je nu veelal niet komt?

De volgende imaginatieoefening (kader) geeft zowel inspiratie als een kennismaking met oorspronkelijke wensen in iemands leven.

**Voorbeeld van een imaginatieoefening Gezonde Volwassene**

Bij het afscheid van de schematherapeut vroeg de groep om een gezamenlijke imaginatieoefening. De therapeut besloot de imaginatieoefening Gezonde Volwassene te doen met behulp van de adaptieve driehoek, die van elke cliënt op een groot vel papier was opgehangen aan de muur. De opdracht was te focussen op het gevoel vanuit die positieve driehoek en de ogen te sluiten, om daarna een woord te geven aan het opgekomen gevoel en na te gaan waar en op welke manier dit gevoel in het lichaam aanwezig was. Suggesties voor die woorden waren bijvoorbeeld: warm, ontspannen of vrij. Vervolgens was de vraag om na te gaan wat men zou willen doen, of altijd al had willen doen, wanneer dit gevoel er zou zijn: Wat komt er dan op? Laat de film draaien en zie jezelf dit doen. De therapeut kon goed zien welke blije en ontroerde gezichten er waren tijdens de oefening. De vraag om te kijken naar wat er in de weg stond, welke ondermijningen er zijn, leverde ongemakkelijke gezichten op, zuchtende cliënten en een enkeling die zijn ogen al open deed.

In de nabespreking mocht men zelf aangeven of men wilde vertellen wat er in de imaginatieoefening was opgekomen. Een cliënte wilde een eigen bedrijf starten in visagie met juist aandacht voor innerlijke schoonheid. De ondermijning kon ze verwoorden als haar moeheid en zich daarin laten zakken. Een andere cliënt imagineerde dat hij tijdens het uitgaan nu wel op een vrouw durfde af te stappen. Hij beschreef het obstakel als een zak met ijsklontjes die hij in zijn gezicht kreeg. De angst voor dat gevoel, de mogelijke afwijzing, houdt hem tegen. Een introverte cliënt durfde te vertellen dat hij op voettocht wilde gaan naar Santiago de Compostella, zonder zijn vrouw.

Het commentaar van de groep was dat het fijne gevoel nu toch ook wel wat weg was. De reactie van de schematherapeut was dat het zicht op die ondermijning en obstakels net zo belangrijk is als het zicht op de wensen. Het geeft inzicht in wat er nodig is om alsnog aan te pakken, in plaats van zonder voorbereiding zo'n stap te maken. De Gezonde Volwassene heeft zicht op verschillende kanten van een wens en heeft daarom weet van de redenen waarom het tot nu toe niet gelukt is om die wens na te streven. In deze realiteit werd er afscheid genomen.

De schematherapeut kreeg maanden na deze (groeps)imaginatieoefening een kaart van een oud-cliënte. Ze schreef dat ze een omslag had gemaakt in haar leven sinds de ervaring in de imaginatieoefening. Ze imagineerde destijds dat ze wilde gaan reizen en liet in de kaart weten dat ze naar Suriname ging voor een paar maanden.

Twee oefeningen waarin de imaginatieoefening ook een plek heeft, zijn interventies die zich richten op dankbaarheid en op een toekomstvisie. Deze oefeningen komen voort uit het *Handboek Positieve Psychologie* (Bohlmeijer, 2014) en passen goed in het werken met de focus op de Gezonde Volwassene. Door deze thema's te koppelen aan de imaginatieoefening Gezonde Volwassene kun je doorwerken op verschillende thema's omtrent het bevorderen van kracht, hoop en verbondenheid.

### ▪ Dankbaarheid

Dankbaarheid is een voorbeeld van een positieve emotie die via imaginatie kan worden opgeroepen en via een schrijfopdracht kan worden uitgewerkt. De therapeut kondigt de oefening aan en laat de cliënt alvast pen en papier klaarleggen op tafel. De vragen na de stappen van de imaginatieoefening Gezonde Volwassene zijn: Wanneer was je dankbaar? Hoe voelde dat? Imagineer waar je was en met wie. Borg het gevoel van dankbaarheid. Bespreek met jezelf dat je dit gevoel kunt oproepen wanneer je zou willen. Neem het gevoel van dankbaarheid mee in het hier en nu.

Vervolgens is de vraag aan de cliënt om te denken aan een persoon in zijn leven die hij dankbaar is, maar dat misschien nooit voldoende of openlijk heeft kunnen uiten. Hij kan in ongeveer vijftien minuten een brief schrijven aan deze persoon waarin hij opschrijft waarom hij diegene dankbaar is.

### ▪ Toekomstverbeelding met schrijfopdracht

Binnen de Positieve Psychologie worden verhalen, de zogenaamde narratieven, ingezet om onder andere creativiteit en hoop te genereren. Verhalen zijn niet alleen aansprekend, ze sturen ook beleving en gedrag. Een verhaal over de eigen verbeelde toekomst maakt mensen bewust van hun mogelijkheden om deze wensen daadwerkelijk in vervulling te laten gaan. Anneke Sools en haar collega's stellen vanuit het Levensverhalenlab van de Universiteit Twente concreet de volgende vragen: Stel je voor dat een aantal positieve wensen, veranderingen en dromen in je leven is uitgekomen. Vertel jouw verhaal van een concrete dag, een specifiek moment, of een concrete gebeurtenis waarin duidelijk wordt hoe je een bepaald probleem hebt opgelost (Sools et al., 2014). Op de website ► http://www.levensverhalenlab.nl/ staan uitgebreide beschrijvingen en voorbeelden van schrijfopdrachten voor toekomstverbeelding. De belangrijkste opdracht is om aan zichzelf te schrijven wat men nu nog niet weet, maar wat de beste tip, oplossing, manier was om te komen tot verandering. Het gaat erom dat mensen een brief aan zichzelf schrijven vanuit de toekomst (► kader). Dat kan elk moment in de toekomst zijn: de week erop, het einde van de behandeling, over vijf jaar of in het jaar 2025. Men wordt gevraagd te beschrijven welke wensen, veranderingen en dromen zijn uitgekomen, en wat de toekomstfantasie dus mogelijk maakte. Het is belangrijk om focus te blijven houden vanuit het gekozen tijdstip en de gekozen plek in de toekomst, totdat de brief klaar is.

**Brief uit de toekomst**

5 februari 2025

Lieve Kathelijne,

Weet je nog, toen je in therapie zat te worstelen met je depressie, onzekerheid, wantrouwen, zinloosheid, je mislukt voelen en je eenzaamheid? Dat voelt nu als een ander leven hè? Gelukkig maar, want je bent nu volop aan het leven met je man, kinderen en huisdieren. Je hebt leuk werk waar je voldoening uit haalt, hebt rust gevonden om je heen en in jezelf. En je geniet.

Het leek tien jaar geleden een utopische gedachte, maar je hebt geleerd om iedere dag bij positieve dingen van jezelf stil te staan, je kwaliteiten te ontplooien en mensen dichtbij te laten komen. Je verdient liefde en intimiteit en het is helemaal niet eng. Blijf steeds in

jezelf geloven en wees dankbaar voor wat je hebt/krijgt. Je hebt lang gedacht dat het zwarte gat en je mislukt voelen het beste en fijnste was, dat was vertrouwd en je hoefde geen verantwoordelijkheid te dragen. Maar je hebt gelukkig ontdekt dat het loslaten van het mislukte zwarte schaap veel fijner is! De positieve mensen en het geluk komen vanzelf naar je toe als je maar wilt. Anderen kunnen jou veel minder kwetsen dan jij jezelf, dat is een belangrijke les die je hebt geleerd.
Ik ben trots op je!
Je lieve toekomstige ik.

### 3.2.4 Witboek en/of ik-boek

Een witboek is een dagboek waarin positieve ervaringen worden verzameld met als doel te leren positief en concreet te denken in plaats van negatief en vaag (zie ook ► H. 9 over de plaats van het witboek in Schematherapie). Het bijhouden van een witboek kan meerdere functies hebben. Een functie kan zijn om feiten te verzamelen en op te schrijven die als bewijs kunnen gelden tegen de kerncognities van een schema. Zo kan de cliënt de complimenten noteren die hij op een dag ontvangt, of de momenten dat een ander contact heeft gemaakt, als bewijs tegen het schema *minderwaardigheid*.

Een andere functie is om nieuw gedrag op te tekenen. De vraag aan de cliënt is dan om bij te houden welk nieuw gedrag hij op een dag heeft ingezet en hoe hij dit voor elkaar heeft gekregen. Een aansluitende functie is om positieve gebeurtenissen op te schrijven. De vraag: wat heb jij gedaan om deze positieve gebeurtenis te laten plaatsvinden? vraagt direct naar de inzet van de Gezonde Volwassene. De cliënt wordt aangezet om te kijken naar eigen motieven, gezond handelen en het effect op anderen.

Het witboek kan ook expliciet ingezet worden om al die momenten vast te leggen dat de cliënt zijn gezonde volwassen kant ervoer. Vaak is het zo, dat een dergelijk boek een wat completer boek of schrift wordt, en dan spreken we over een *ik-boek*. Het ik-boek gaat over de eigen identiteit, de mooie dingen in iemands leven, maar ook de verdrietige kanten. Het is vaak een heel creatief werkboek waar cliënten steun aan beleven en het werkt ook als herinnering aan de vaak intensieve behandeling.

Een aanverwante mogelijkheid voor het gebruik van een schrift of boek is het noteren wanneer de cliënt actief heeft gereageerd op een positief bericht van iemand anders. Vaak denken cliënten bij deze opdracht dat ze een compliment moeten aanvaarden. De opdracht is echter subtieler en vergt actief luisteren en scannen van het verhaal van de ander of er iets positief in is te horen. Hier moet men dan vervolgens op reageren. De opdracht stimuleert de verbondenheid met anderen en verlegt de focus op meer positieve activiteiten.

### 3.2.5 Stoelentechniek met de Gezonde Volwassene

Het werken met de stoelentechniek is in de loop der jaren geëvolueerd. Young heeft deze techniek vanuit de gestalttherapie beschreven en laat cliënten vanuit hun gezond volwassen positie tegen een lege stoel praten. Deze lege stoel representeert het schemadenken (Young et al., 2005). Hij beschrijft met name het belang van de dialoog tussen de Gezonde Volwassene en de andere modi die op lege stoelen worden geplaatst. Door middel van een rollenspel wordt de communicatie in scene gezet. De therapeut speelt in het begin van de therapie de rol van de Gezonde Volwassene.

In de loop van de jaren is het werken met de stoelen, ook vanuit de kennis van psychodrama, geworden tot een herkenbare schematherapeutische techniek (Gilhuis et al., 2014). Het switchen van stoelen, het uit de ruimte zetten van stoelen, het werken met andere objecten dan stoelen, werken allemaal als een symbolische afspiegeling van de communicatie tussen de modi, zoals die zich intern bij de cliënt afspeelt.

Als de stoelentechniek specifiek wordt toegepast om de Gezonde Volwassene te versterken, is het belangrijk om de cliënt zo veel mogelijk op de stoel van de Gezonde Volwassene te laten plaatsnemen. De bedoeling is dat de cliënt leert om met begrip en mildheid naar de modusswitches te kijken en vanuit de Gezonde Volwassene leert in te grijpen wanneer dat nodig is.

### 3.2.6 Stimuleren van leven vanuit waarden

Zoals genoemd bij de psycho-educatie is het belangrijk om een gezond leefpatroon te stimuleren bij cliënten. Door affectieve tekorten in het verleden weten cliënten vaak niet wat een normaal gezond leefpatroon is. Door de huidige problemen wordt er bijvoorbeeld bij depressie niet meer aan sport gedaan, terwijl juist bewegen en hardlopen kunnen bijdragen aan de vermindering van de depressie (Scherder, 2014a). Het navragen of op papier laten uitwerken van de vraag welke sporten er in het verleden werden bedreven, geeft vaak input voor een gesprek over het maken van voornemens op het gebied van bewegen. Het benadrukken van waarden in plaats van doelen geeft meer intrinsieke motivatie, waardoor de cliënt dichter bij zijn (basis) behoeften wordt gebracht. De vraag is dan meer waar iemands behoeften liggen op het gebied van bewegen of wat hij belangrijk vindt, dan wat hij wil bereiken. Deze vragen zijn niet alleen van belang op het gebied van bewegen, maar ook op het gebied van creativiteit en het vergroten van het sociale netwerk.

Door cliënten te helpen hun waarden te formuleren in plaats van doelen, worden ze dichter bij zichzelf gebracht als het gaat om hun eigen wensen en behoeften. Hiermee kan de veeleisendheid worden doorbroken en komen cliënten meer bij hun oorspronkelijke ideeën. Deze wijze van begeleiden is belangrijk bij cliënten met hoge eisen of een veeleisende-oudermodus. Deze waarden uitvragen en ontdekken is evenzo belangrijk op het gebied van werk en opleiding.

## 3.3 De therapeutische relatie en de Gezonde Volwassene

### 3.3.1 Limited reparenting

In Schematherapie vormt de therapeutische relatie het belangrijkste instrument in de behandeling. Het woord 'instrument' dient hierbij niet verkeerd te worden opgevat. De bedoeling is dat de therapeut geen techniek inzet en als persoon op afstand blijft, maar juist dat de therapeut de cliënt echt contact aanbiedt en daarbij zichzelf als persoon laat kennen. Van de therapeut wordt verwacht dat hij warmte, empathie en echtheid kan bieden, zoals beschreven door Carl Rogers als non-specifieke factoren voor effectieve therapie. Het doel is een omgeving aan te bieden die veilig en accepterend is en waarin de cliënt zich kan hechten aan de therapeut. Schematherapeuten vragen de cliënt expliciet feedback te geven over henzelf en over de therapie. Zij nodigen de cliënt uit negatieve gevoelens over de therapie ter sprake te brengen, zodat deze zich niet stapelen en het contact in de weg gaan staan. De therapeut luistert naar de cliënt zonder in de verdediging te gaan en erkent waar nodig gemaakte fouten en biedt verontschuldigingen aan. De therapie is gericht op de ontwikkeling, groei en empowerment van de cliënt. De therapeut sluit daartoe een verbond met het gezonde volwassen deel van de cliënt. Het gaat om dat deel dat de cliënt heeft geholpen om hulp te zoeken bij zijn problemen (Young et al., 2005). Verondersteld wordt dat cliënten stagneren in hun ontwikkeling doordat te weinig is voldaan aan basisbehoeften gedurende de kindertijd, waardoor zij als volwassene kampen met affectieve tekorten. Van een volwassene wordt verwacht dat hij relatief stabiel en productief in het leven kan staan. Dat betekent dat een volwassene goed voor zichzelf dient te kunnen zorgen, zichzelf met compassie kan aanvaarden maar zichzelf waar nodig ook kan aanspreken. Het vraagt ook om goede emotieregulatievaardigheden om niet alleen kennis te kunnen nemen van eigen emoties, maar ook om kennis te kunnen nemen van hetgeen het eigen verstand laat weten. Wanneer cliënten in deze vaardigheden tekorten hebben opgelopen, dient de therapeutische relatie de ruimte te bieden om deze tekorten te herkennen, te begrijpen en waar mogelijk te verminderen door nieuwe vaardigheden aan te leren. De therapeut biedt daartoe een therapeutisch contact van *limited reparenting*. De therapeut heeft zorg voor de cliënt, voor het deel van het kwetsbare kind, maar ook voor het deel van het boze en het ongedisciplineerde kind, alsof het gaat om een ouderschapsrelatie. Arntz en Jacob benadrukken het alsof-karakter, omdat de cliënt immers niet door de therapeut geadopteerd kan worden. De therapeutische relatie kent duidelijke grenzen omdat de therapeut, hoewel hij betrokken is, ook een professional blijft.

De therapeut betrekt dan ook waar mogelijk de Gezonde Volwassene van de cliënt bij de therapie en geeft de cliënt ook verantwoordelijkheid door samen te bespreken hoe het therapeutische proces verloopt en wat mogelijk beter kan. Het gaat in de therapie dan ook steeds om het vinden van een goede balans tussen zorg voor het kwetsbare kind en het aangaan van een sterke verbinding met de realiteit, waarbij de gezonde volwassen kant van de cliënt wordt aangesproken (Arntz & Jacob, 2011). Van de therapeut wordt een grote mate van flexibiliteit verwacht om elke cliënt op een passende wijze tegemoet te kunnen treden. Afhankelijk van de geconstateerde tekorten zal de therapeut de cliënt immers koestering moeten kunnen bieden, ruimte voor autonomie en ervaren competentie, begrenzing zonder bestraffing, echtheid ten aanzien van eigen emoties, en ten slotte ook ruimte voor spontaniteit en spel. Zelfkennis van eigen schema's en eigen copingstijlen is dan ook van groot belang om het contact zodanig aan te kunnen gaan, dat cliënten daarmee het meest geholpen zijn (Young et al., 2005).

### 3.3.2 De empathische confrontatie

De *empathische confrontatie* wordt door Young beschreven als onderdeel van de therapeutische relatie (Young et al., 2005). Een empathische confrontatie wordt ingezet wanneer de therapeut aan den lijve merkt dat hij wordt betrokken in een oud patroon (schema) van een cliënt. Hij noemt het dan ook wel *empathische realiteitstoetsing*. De negatieve herhaaldrang en realiteitsvervorming is voor de cliënt zo sterk, dat zelfs de therapeut last heeft van het ingezette effect. Young geeft aan dat wat er in de therapeutische relatie gebeurt, ook een diagnostische manier van kijken betreft naar de (persoonlijkheids)problematiek. Bijvoorbeeld een wantrouwende cliënt zal vaak testen of iemand betrouwbaar is. De therapeut merkt dan dat hij wordt getest. Een ander voorbeeld is de cliënt met schema-afhankelijkheid die laat merken niet zonder de ander te kunnen. De therapeut merkt hoe moeilijk het is om de cliënt een eigen beslissing te laten nemen. Zo heeft elk schema een bepaalde relationele kleuring. Young beschrijft in zijn *Handboek voor therapeuten* (Young et al., 2005) valkuilen voor de therapeut bij eigen schema's in combinatie met schema's van de cliënt. Hij geeft ook aan dat de houding van een schematherapeut er een is van persoonlijke betrokkenheid: een cliëntgerichte houding van empathie, warmte en echtheid. Vanuit die betrokkenheid kan de empathische confrontatie worden aangegaan op zo'n wijze, dat de cliënt zich gezien voelt in zijn realiteit, ook al is deze gekleurd, om vervolgens de stap te kunnen maken in een herziening van deze vervormde realiteit.

De empathische confrontatie (of realiteitstoetsing) bestaat uit een aantal stappen die niet opeenvolgend hoeven te worden doorlopen. De stappen kunnen in het gesprek met de cliënt op verschillende manieren worden ingevoegd. Het doel is om de cliënt te confronteren met zijn gekleurde visie. Op deze wijze wordt de cliënt gevraagd zich in te leven in de ander. Daarmee wordt het mentaliserende vermogen van de cliënt aangesproken en wordt een beroep gedaan op zijn empathische vermogen. Doordat de therapeut vertelt hoe hij zich voelt, zal de cliënt beseffen dat zijn gedrag effect heeft op de ander en ook op welke manier. Vaak is dit voor cliënten verrassend, omdat ze zich niet of nauwelijks bewust zijn van hun invloed op anderen.

1. De therapeut moedigt de cliënt aan om te vertellen wat er aan de hand is; wat denkt en voelt de cliënt?
2. De therapeut vraagt welk gedrag van de therapeut de cliënt zo heeft doen voelen, denken, doen of handelen.
3. De therapeut toont empathie voor de realistische kanten van de gebeurtenis waarover de cliënt vertelt.
4. De therapeut verontschuldigt zich indien nodig of bespreekt openlijk zijn eigen overwegingen in de beladen gebeurtenis die een schema triggerde bij de cliënt.
5. Wanneer de cliënt zich begrepen voelt, kan het gesprek zich verder richten op de realiteitstoetsing; het herformulering van de beladen gebeurtenis zoals ze recent is voorgekomen.
6. De therapeut toont empathie voor het waarom van de ontstane situatie en haalt daarin de reden van het ontstaan van het getriggerde schema naar voren met een levendig voorbeeld.
7. De therapeut benoemt zijn ongemakkelijke gevoel in de situatie waarin de cliënt reageerde vanuit zijn schema.
8. De therapeut legt een verband naar situaties die zijn ontstaan door gedrag vanuit het schema in het huidige leven van de cliënt, maar waarin niemand hem teruggaf wat voor een akelig gevoel de cliënt hen gaf. Het effect was misschien vermijding of ruzie.
9. De therapeut gaat na of de cliënt besef heeft van het negatieve effect van zijn gekleurde visie vanuit zijn schema.
10. De therapeut benadrukt dat deze strategie vroeger een overlevingsstrategie was en een functie had, maar confronteert de cliënt met het huidige effect op de ander en dus de noodzaak om te veranderen.
11. Nu de cliënt een realistischer kijk heeft op de situatie, is het bij de laatste stap van belang om de Gezonde Volwassene aan te spreken; de therapeut vraagt wat de cliënt anders gaat doen nu hij dit allemaal weet. De therapeut kan ook vragen wat nu de behoefte van de cliënt is.
12. De therapeut laat de cliënt actief en concreet maken wat zijn nieuwe gedrag zal zijn.
13. De therapeut laat de cliënt nadenken over soortgelijke situaties die kunnen ontstaan in de toekomst en laat de cliënt het besluit nemen om het nieuwe gedrag in te gaan zetten. Hij laat daarbij de cliënt ook de valkuilen benoemen.

Het is belangrijk om de empathische confrontatie in te zetten om de Gezonde Volwassene te versterken en aan te spreken. In het gewone dagelijkse leven zal de cliënt met dezelfde negatieve herhaaldrang hetzelfde negatieve effect op de ander hebben. Deze ander zal vaak niet op dezelfde empathische manier reageren, maar de cliënt uit de weg gaan, of met hem in conflict

komen. In alle gevallen is de kans groot op het zie-je-weleffect bij de cliënt: het schema is bevestigd en de cliënt staat verder af van welbevinden vanuit zijn Gezonde Volwassene.

Op verschillende manieren versterkt de empathische confrontatie de Gezonde Volwassene bij de cliënt: de realiteitstoetsing wordt hersteld of vergroot, het empathische vermogen wordt aangesproken en het mentaliserende vermogen wordt aangesproken en vergroot. Het is voor cliënten een eyeopener wanneer de therapeut vertelt wat er in hem omgaat. Ook is het verrassend als de therapeut aangeeft iets niet handig te hebben aangepakt, of dat hij is meegegaan in het schemadenken en -doen en daarop durft terug te komen. De therapeut dient dan tegelijkertijd als rolmodel. Voor cliënten met veeleisendheid is dit louterend. Voor cliënten met wantrouwen is het vertrouwenwekkend.

### 3.3.3 De therapeut als rolmodel voor de Gezonde Volwassene

Zoals al eerder is gesteld, is de therapeut een belangrijk rolmodel voor de cliënt wanneer het gaat om het kunnen integreren van de gezonde kanten. De therapeut treedt op als de zorgende ouder die in voldoende mate tegemoet komt aan de basisbehoeften van de cliënt door te beantwoorden dan wel te begrenzen (Farrell & Shaw, 2012). De therapeut heeft goed besef van de fasen van therapie en welke stappen daarin nodig zijn. Met name in het begin van de therapie zal de cliënt veel last hebben van modusswitches. Het is dan belangrijk dat de therapeut diegene is die de context van tijd en realiteit in de gaten houdt, omdat de cliënt, eenmaal in een modus, dit besef vaak kwijt is.

Een rolmodel zijn betekent ook dat de therapeut zelf allerlei wijsheden rondom welbevinden zal moeten naleven. Zo zal de therapeut goed voor zichzelf moeten zorgen, bijvoorbeeld door voldoende te bewegen en ruimte te maken voor ontspanning. Cliënten zijn vaak onbewust erg gericht op signalen van stress bij de belangrijke ander. Dit kan tot een herhaling van vroegere patronen leiden; de cliënt moet zich aanpassen of beschermen en zet oude, mogelijk destructieve coping in binnen de therapeutische relatie.

Tot slot is het van belang om voldoende zelfcompassie te hebben en te tonen in de eventuele problemen die in de therapie en/of therapeutische relatie zijn ontstaan. De therapeut blijft ook maar een mens en kent ook eigen grenzen. Wanneer het past, is het gebruik van humor ook belangrijk als model voor het verwerken van missers of moeilijkheden in de therapeutische relatie. De therapeut biedt op deze wijze ook een model voor een positieve en gebalanceerde zelfevaluatie (Arntz & Jacob, 2011, pag. 201).

## Literatuur


Arntz, A., & Jacob, G. (2011). *Schematherapie. Een praktische handleiding*. Amsterdam: Uitgeverij Nieuwezijds.

A-Tjak, J., & Groot, F. de (2008). *Acceptance & Commitment Therapy: Een praktische inleiding voor hulpverleners*. Houten: Bohn Stafleu van Loghum.

Beck, S. (1995). *Basisboek cognitieve gedragstherapie* (2de druk). Baarn: Hbuitgevers.

Bijl, L. (2013). Interne notitie: GGZ inGeest, polikliniek psychiatrie, Amsterdam.

Bohlmeijer, E., Bolier, L., Westerhof, G., Walburg, J. A. (2014). *Handboek Positieve Psychologie. Theorie, onderzoek, toepassingen*. Amsterdam: Uitgeverij Boom.

Broeke, E. ten, Jongh, A. de, & Oppenheim, H.-J. (red.). (2009). *Praktijkboek EMDR. Casusconceptualisatie en specifieke patiëntengroepen*. Amsterdam: Harcourt Book Publishers.

Farrell, J. M., & Shaw, I. A. (2012), *Group schema therapy for borderline personality disorder. A step-by-step treatment*. Manual with patient workbook. West-Sussex: Wiley-Blackwell.

Genderen H. van, Jacob, G., & Seebauer, L. (2012). *Patronen doorbreken. Negatieve gevoelens en gewoonten herkennen en veranderen*. Amsterdam: Uitgeverij Nieuwezijds.

Gilbert, P. (2010). An introduction to compassion focused therapy in cognitive behavior therapy. *International Journal of Cognitive Therapy, 3*, 97–112.

Gilhuis, H., Laat, P. de, & Hest, F. van. (red.) (2014). *Psychodrama in de praktijk. Therapie op de vloer*. Amsterdam: Hogrefe.

Hulsbergen, M. (2014). Emotieregulatie: omgaan met onplezierige emoties. In: E. Bolhmeijer, L. Bolier, G. Westerhof, & J. A. Walberg (red.), *Handboek Positieve Psychologie. Theorie, onderzoek en toepassingen* (pag. 169–184). Amsterdam: Boom.

Muste, E., Weertman, A., & Claassen, A. (2009). *Werkboek Klinische Schematherapie*. Houten: Bohn Stafleu van Loghum.

Scherder, E. J. A. (2014a). *Laat je hersenen niet zitten. Hoe lichaamsbeweging de hersenen jong houdt*. Amsterdam: Athenaeum-Polak & an Gennep.

Scherder, E. J. A. (2014b). Bewegen, muziek en het brein. FvB/VvMP congres. Who Borrows from who. Amersfoort.

Sools, A. M., Mooren, J. H., & Tromp, T. (2014). Positieve gezondheid versterken via narratieve toekomstverbeelding. In: E. Bohlmeijer, L. Bolier, G. Westerhof, & J. A. Walburg. *Handboek Positieve Psychologie. Theorie, onderzoek, toepassingen*. Amsterdam: Boom.

Verduin, P. (2013) Grote gezondheid als aangrijpingspunt voor Positieve Psychologie. In: E. Bohlmeijer, L. Bolier, G. Westerhof, & J. A. Walberg (red.), *Handboek Positieve Psychologie. Theorie, onderzoek en toepassingen* (pag. 39–59). Amsterdam: Boom.

Yalom, I. D. (2008). *Scherprechter van de liefde. Tien ware verhalen uit de therapeutische praktijk*. Amsterdam: Uitgeverij Balans.

Young, J. E., Klosko, J. S., & Weishaar, M. E. (2005). *Schemagerichte therapie. Handboek voor therapeuten*. Houten: Bohn Stafleu Van Loghum.

# Zelfcompassie

*Monique Hulsbergen en Elke Smeets*

**Samenvatting**

Dit hoofdstuk gaat over het ontwikkelen van zelfcompassie met het doel de Gezonde Volwassene te versterken en de destructieve modi af te zwakken.

Zelfcompassie biedt bescherming door het versterken van de zelfwaardering, het vergroten van het vermogen onplezierige ervaringen te erkennen, en door het toenemen van gevoelens van veiligheid en verbondenheid. Deze kwaliteiten zijn onderdeel van een actief functionerende, Gezonde Volwassene. Daarnaast zwakt zelfcompassie schaamte en zelfkritiek af. Schaamte en zelfkritiek ondermijnen de Gezonde Volwassene en versterken de destructieve modi, zoals isolement en afwijzing, onvoldoende zelfexpressie, gerichtheid op anderen, en overmatige waakzaamheid en inhibitie.

In dit hoofdstuk wordt beschreven wat zelfcompassie is en worden enkele veelvoorkomende misverstanden uitgewerkt. Vervolgens wordt ingegaan op wetenschappelijk onderzoek en de (klinische) toepassing van compassie-interventies. Het afgelopen decennium is er een toename van onderzoek naar en implementatie van interventies gericht op het vergroten van zelfcompassie bij mensen met uiteenlopende vormen van psychopathologie. De resultaten zijn veelbelovend en wij verwachten dat deze interventies breed ingezet gaan worden in de geestelijke gezondheidszorg.



Bewerkt hoofdstuk uit: Van Heycop ten Ham, B., Hulsbergen, M., & Bohlmeijer, E. Transdiagnostische factoren. Theorie & praktijk. Amsterdam: Uitgeverij Boom.

**Casus**

Kim is 24 jaar en schaamt zich enorm voor de eetbuien die zij sinds een paar jaar heeft. Op haar dertiende was zij te zwaar en werd zij gepest. Het lukte haar destijds om af te vallen, maar nu zij zelfstandig woont, lukt het niet meer om dit vol te houden. De schaamte is zo groot, dat zij mensen vermijdt en niet langer durft deel te nemen aan werkgroepjes van studiegenoten. De huisarts verwijst haar naar een psycholoog omdat ze vastloopt in haar studie. De eerste afspraak bij de psycholoog zegt ze een paar keer af uit angst dat deze haar toch niet zal begrijpen. Als ze uiteindelijk toch op de intake verschijnt, is het de begripvolle houding van de therapeut die haar de ruimte geeft om zich te uiten. Duidelijk wordt dat Kim een erg onveilige jeugd had met een depressieve moeder en alcoholistische vader. Ze heeft niet geleerd om haar emoties te uiten en het eten gaf haar troost. Zo rond haar dertiende ontstond een innerlijke stem die haar steeds bekritiseerde tot op het wrede af (dik varken, je kunt beter dood zijn). Door af te vallen raakte die stem wat op de achtergrond, maar deze innerlijke pestkop is weer volop aanwezig.

## 4.1 Wat is zelfcompassie?

Compassie komt van de Latijnse stam 'com' (met) 'pati' (lijden) en betekent letterlijk: lijden met. Compassie verwijst naar het vermogen om je te laten raken door het lijden van anderen, betrokken te zijn bij de ander, en de wens om dit lijden waar mogelijk te verlichten. We laten onze weerstand tegen emotioneel ongemak los en openen ons hart voor de pijn van de ander (Goetz et al., 2010).

Het blijkt voor de meeste mensen eenvoudiger om compassie te tonen voor een ander dan voor zichzelf. Wanneer een dierbare wordt geconfronteerd met tegenslag, lukt het meestal wel om begrip op te brengen, gevoelens van de ander te erkennen, de menselijkheid van de ervaring te onderkennen en troost of hulp te bieden. Als zij zelf worden geconfronteerd met lijden, tegenslag of falen, is de houding van de meeste mensen naar zichzelf niet erg vriendelijk en begripvol. Vaak wordt er geen ruimte en rust genomen om stil te staan bij wat er gebeurt en accepteren de meeste mensen niet van zichzelf dat zij falen of tegenslag te verduren krijgen. Ook hebben de meeste mensen het gevoel alleen te staan en tegenslag of falen niet als menselijke ervaringen te zien. Germer (2009) beschrijft dit als de 'onheilige drie-eenheid' van zelfkritiek, zelfisolatie en vereenzelviging met het verhaal van het lijden. Zonder het te beseffen wordt het lijden verergerd en ontstaat een opeenstapeling van destructieve emotionele reacties. Met het ontwikkelen van zelfcompassie wordt deze destructieve emotionele reactie doorbroken.

Volgens de Amerikaanse psycholoog en onderzoekster Kristin Neff (2003a) bestaat zelfcompassie uit drie componenten: vriendelijkheid, gedeelde menselijkheid en mindfulness. Mensen die compassievol omgaan met zichzelf, zijn in de eerste plaats *vriendelijk tegen zichzelf* wanneer zij het moeilijk hebben. Wat de oorzaak van het lijden ook is, of het nu door zichzelf komt of door omstandigheden buiten zichzelf, zij behandelen zichzelf op een warme en begripvolle manier. In plaats van zichzelf neer te sabelen met kritiek, geven zij zichzelf de aandacht en de zorg die zij nodig hebben om zich beter te voelen. Dit doen zij vanuit een gevoel van betrokkenheid bij het eigen lijden. Zij behandelen zichzelf op dezelfde manier als ze de mensen zouden behandelen die hen dierbaar zijn. Dat mensen vriendelijk tegen zichzelf zijn, betekent overigens niet dat zij moeilijke ervaringen wegdrukken, maar wel dat ze zichzelf op een meelevende manier ondersteunen. Zij nemen de tijd om zichzelf de vraag te stellen wat ze nodig hebben en erkennen dat iets echt moeilijk voor ze is. Zo voorkomen zij dat ze voorbijgaan aan de eigen behoeften en ontwikkelen zij het vertrouwen om gedrag waar nodig te veranderen. Op deze wijze ontstaat er meer ruimte om te groeien als persoon.

Op het moment dat er sprake is van lijden hebben de meeste mensen de neiging om te denken dat ze de enige zijn die het moeilijk heeft of fouten maakt. Zij voelen zich geïsoleerd en denken dat anderen het veel gemakkelijker hebben. Het besef van *gedeelde menselijkheid* houdt een weten in dat alle mensen te maken krijgen met tegenslagen en faalervaringen. Het is de menselijke natuur om fouten te maken en kwetsbaar te zijn. Dit besef zorgt voor een gevoel van verbondenheid. De pijn die de ene mens voelt in moeilijke tijden, is dezelfde soort pijn die een ander mens voelt. De oorzaak en de omstandigheden zijn misschien anders, maar het proces blijft hetzelfde. Door te erkennen dat veel andere mensen vergelijkbare dingen meemaken, is het mogelijk eenzaamheid te verminderen en tekortkomingen in een breder perspectief te zien.

De *mindfulnesscomponent* van zelfcompassie houdt een opmerkzaamheid in voor het lijden op een gebalanceerde manier. Dit wil zeggen dat er een bereidheid is om aanwezig te zijn bij onplezierige gevoelens, zonder ze te negeren of te overdrijven. Dit is van cruciaal belang voor het ontwikkelen van zelfcompassie, omdat aandacht voor en erkenning van het lijden de eerste stappen zijn naar zorg kunnen bieden op momenten dat dit nodig is. Om te kunnen helen is het eerst belangrijk om te voelen en erkennen wat er speelt. Daarnaast is het belangrijk om de situatie op een evenwichtige manier te bekijken. Mindfulness is een houding waarin zonder oordeel wordt waargenomen wat zich afspeelt. De meeste mensen verliezen al snel de werkelijkheid uit het oog bij falen of tegenslag door de vereenzelviging met de negatieve verhalen die zij over zichzelf vertellen. Ze schieten door. Ze zijn niet enkel teleurgesteld, het hele leven is een teleurstelling. Mindfulness helpt om de werkelijkheid te zien voor wat ze is, niet meer en niet minder. Hierdoor ontstaat een duidelijker en minder gekleurd beeld. Mindfulness biedt de afstand om emoties te verdragen en juist te handelen. Het feit dat mensen in staat zijn om gevoelens te observeren laat zien dat ze deze emoties niet *zijn*, maar ze gewoon *hebben*. Door de werkelijkheid onder ogen te zien op een accepterende manier, kunnen mensen beter leren omgaan met de moeilijke dingen in het leven.

Hoewel de drie zelfcompassiecomponenten conceptueel verschillend zijn, overlappen ze elkaar ook en kunnen ze elkaar beïnvloeden. We geven een voorbeeld. De accepterende houding van mindfulness kan zelfkritiek verminderen en de ruimte geven die nodig is om mensen te herinneren aan de gedeelde menselijkheid. Vriendelijkheid kan de impact van onplezierige gevoelens verminderen, waardoor het gemakkelijker wordt om deze gevoelens op te merken en toe te staan. En erkennen dat falen menselijk is, kan mensen helpen om minder hard te zijn voor zichzelf en zich minder snel te verliezen in een negatief verhaal over zichzelf. Samengevat: zelfcompassie kan dus het best worden gezien als een ervaring die teweeg wordt gebracht door drie interacterende componenten.

## 4.2 Veelvoorkomende misverstanden over zelfcompassie

Het is belangrijk om stil te staan bij de misverstanden over zelfcompassie die vaak worden genoemd door mensen die het advies krijgen om met meer compassie en vriendelijkheid naar zichzelf te kijken.

### 4.2.1 Zelfcompassie is hetzelfde als zelfmedelijden

Onszelf op een compassievolle manier benaderen wil niet zeggen dat we medelijden hebben met onszelf. Mensen met zelfmedelijden zijn geneigd te zwelgen in hun ellende en voelen zich slachtoffer. Ze vergeten dat andere mensen vergelijkbare problemen hebben en hebben het gevoel dat ze de enige zijn met problemen. Ze laten zich meeslepen door hun eigen dramaverhaal en overdrijven hun gevoelens. Hierdoor wordt het moeilijk afstand te nemen van de situatie en tot wijze actie over te gaan. Zelfcompassie zorgt, in tegenstelling tot zelfmedelijden, voor een gevoel van verbondenheid omdat men erkent dat lijden deel is van het mens-zijn. Verder geeft zelfcompassie een duidelijk beeld van de situatie, doordat men opmerkzaam is op gevoelens. Ook leidt zelfcompassie tot handelen om het lijden te verlichten, terwijl zelfmedelijden niet tot wijze acties leidt.

### 4.2.2 Zelfcompassie is een manier om schuld af te schuiven

Zelfcompassie betekent niet dat we geen verantwoordelijkheid nemen voor ons eigen gedrag. Uit onderzoek blijkt dat zelfcompassie juist ervoor zorgt dat mensen eerder verantwoordelijkheid durven te nemen voor hun fouten (Leary et al., 2007). Tekortkomingen worden namelijk niet gezien als een persoonlijk falen, maar als onderdeel van het mens-zijn. Hierdoor voelt het veiliger om fouten toe te geven en hoeven we niet op zoek naar een zondebok buiten onszelf. Het is dus juist een volledig erkennen van gemaakte fouten vanuit een vriendelijke houding jegens onszelf. Dit zorgt ervoor dat mensen leren van fouten en actie ondernemen om, waar mogelijk, fouten te herstellen.

### 4.2.3 Zelfcompassie is gemakzucht

Een van de redenen waarom mensen aarzelen om vriendelijk te zijn voor zichzelf, is de angst om plotseling alles te mogen en geen grenzen meer te hebben. Zelfcompassie betekent dat we het beste voor onszelf willen en goed voor onszelf zorgen. Twee zakken chips opeten omdat we ons slecht voelen, is geen zelfcompassie. Om het onderscheid te kunnen maken tussen zelfcompassie en gemakzucht kunnen we onszelf de volgende vraag stellen: Schaadt dit mij op lange termijn, ja of nee? Als het antwoord 'ja' is, dan is het geen zelfcompassie. Een compassievolle moeder zou haar kind ook niet toestaan enkel ijsjes te eten en niet naar school te gaan. Dat zou gemakzuchtig en verwaarlozend zijn. Zelfcompassie voorkomt juist gemakzucht, omdat het ons in staat stelt te kiezen voor wat goed is op de lange termijn.

### 4.2.4 Zelfcompassie is egocentrisch

Als we onszelf op dezelfde manier behandelen als de mensen die ons dierbaar zijn, zijn we meer verbonden met anderen dan normaal gesproken het geval is. Er zijn weinig dingen meer egocentrisch dan onophoudelijke zelfkritiek. Bij zelfkritiek zijn we zeer op onszelf gericht, wat ons isoleert, terwijl zelfcompassie ons juist verbindt met anderen. We maken onze eigen behoeften niet meer maar ook niet minder belangrijk dan die van anderen.

### 4.2.5 Zelfcompassie is hetzelfde als een hoog zelfbeeld

Zelfcompassie is niet hetzelfde als een hoog zelfbeeld, want mensen met een hoog zelfbeeld zijn niet per se ook compassievol. Korrelboom (2014) beschrijft dat het belangrijkste verschil wellicht is dat zelfwaardering competitiever van aard is: men leidt de eigenwaarde deels af uit de vergelijking met anderen. Bij een hoog zelfbeeld kan er een wankele situatie ontstaan als de persoon geen compassie kan opbrengen voor zichzelf wanneer hij eens niet goed presteert, faalt of wordt geconfronteerd met kwetsbaarheden. Het zelfbeeld daalt sterk in dat geval. Neff (2011) spreekt behalve over zelfcompassie ook over waardering voor zichzelf, waarmee ze doelt op blij kunnen zijn en kunnen genieten van de sterke kanten die je hebt als mens.

### 4.2.6 Als je zelfcompassie hebt, laat je over je heenlopen

Zelfcompassie wordt vaak gezien als soft. Echter, zelfcompassie kan ook zeer principieel zijn door duidelijk 'nee' te zeggen tegen de dingen waar we het niet mee eens zijn of die niet goed voor ons zijn. Als voorbeeld noemen we mensen als: Martin Luther King, Mahatma Gandhi, Nelson Mandela en moeder Theresa. Zij waren opmerkelijke sociale hervormers omdat ze ook 'nee' durfden te zeggen tegen de dingen waarmee ze het niet eens waren. Tegelijkertijd erkenden ze dat alle mensen recht hebben op compassie en gebruikten ze liefde in plaats van boosheid en verwijten om hun standpunt te verdedigen. Dit geldt ook voor zelfcompassie. Soms moeten we streng zijn voor onszelf om te kunnen stoppen met zelfdestructieve gedragingen. Zo lang dit voortkomt uit een gevoel van liefde voor onszelf, spreken we van zelfcompassie.

### 4.2.7 Zelfcompassie ondermijnt mijn motivatie

Anderen trekken de meerwaarde van zelfcompassie in twijfel door te stellen dat we zelfkritiek nodig hebben om vooruitgang te boeken. In dit geval is het belangrijk een onderscheid te maken tussen harde zelfveroordeling en constructieve kritiek. Zelfcompassie neemt afstand van aanvallende, harde taal en probeert ons op een constructieve en aanmoedigende manier feedback te geven over de dingen die we moeten veranderen. Door een milde houding ten aanzien van het maken van fouten of falen, ontstaat er juist ruimte voor het ontwikkelen van het volle potentieel.

Een compassievolle innerlijke stem zou kunnen zeggen: doordat ik de afgelopen zes maanden niet ben gaan sporten, zit ik niet lekker in mijn vel; ik ga vanavond een stukje hardlopen. Dit is veel constructiever en minder kwetsend dan tegen jezelf zeggen: wat ben ik een vetzak geworden, stom van me dat ik het zover laat komen. De eerste innerlijke stem leidt hoogstwaarschijnlijk tot actie, terwijl de tweede innerlijke stem leidt tot zelfmedelijden en inactiviteit. Zelfcompassie geeft feedback over concrete gedragingen in plaats van het zelf aan te vallen en te veroordelen. Hoewel de meeste mensen denken dat zelfkritiek een belangrijke bron van motivatie is, laat onderzoek zien dat het samenhangt met uitstelgedrag en onderpresteren (Powers et al., 2007). Je zou kunnen stellen dat zelfkritiek mensen motiveert op basis van angstgevoelens, terwijl zelfcompassie mensen motiveert op basis van liefde. Een onderzoek bij mensen die wilden stoppen met roken (Kelly et al., 2010) toonde aan dat de mensen die laag gemotiveerd waren om te stoppen met roken meer profiteerden van een compassie-interventie dan mensen die sterk waren gemotiveerd om te stoppen met roken. Dit was een opmerkelijk resultaat en de onderzoekers verklaarden dit met de hypothese dat dit te maken had met het niet-dwingende karakter van de interventie.

## 4.3 Onderzoek naar het effect van zelfcompassie

Er is het afgelopen decennium veel onderzoek gedaan naar de effecten van zelfcompassie op het psychologisch welbevinden. Het boek *Transdiagnostische factoren* (Smeets & Hulsbergen, 2014) geeft een breder overzicht van het wetenschappelijke onderzoek naar zelfcompassie aan de hand van een aantal thema's, zoals: emotioneel welbevinden, coping, motivatie en gezondheid. De onderzoeksresultaten die hierna worden besproken, kunnen interessant zijn voor therapeuten die werken met Schematherapie.

### 4.3.1 Onderzoek bij niet-klinische groepen

Een consistent gedocumenteerde bevinding is dat zelfcompassie samenhangt met een verminderd voorkomen van psychopathologie in niet-klinische groepen. Talrijke studies tonen aan dat zelfcompassie samenhangt met minder gevoelens van depressie, angst en stress (zie Barnard & Curry, 2011 voor een overzicht). Volgens een recente meta-analyse (MacBeth & Gumley, 2012) waarin de resultaten van twintig studies werden geïntegreerd, kan gesproken worden van een sterk effect.

Mensen met meer zelfcompassie rapporteren ook een grotere emotionele intelligentie, wat betekent dat ze beter in staat zijn emotioneel in balans te blijven als ze van de wijs worden gebracht (Heffernan et al., 2010; Neff, 2003; Neff et al., 2007). Zelfcompassie vergroot de veerkracht en verzacht de impact van negatieve gebeurtenissen.

Zelfcompassie kan mensen ook helpen omgaan met schaamte. In een studie van Johnson en O'Brien (2013) werd proefpersonen gevraagd terug te denken aan een gebeurtenis uit hun verleden waarover ze zich schaamden. Vervolgens werd hun gevraagd om op een compassievolle of op een neutrale manier te schrijven over hun ervaring. Resultaten lieten zien dat mensen die op een compassievolle manier hadden geschreven, minder gevoelens van schaamte en negativiteit rapporteerden na afloop dan mensen die neutraal over de ervaring hadden geschreven.

Naast het verzachten van negatieve gemoedstoestanden kan zelfcompassie positieve gemoedstoestanden versterken. Onderzoek laat zien dat zelfcompassie bijdraagt aan gevoelens van welbevinden, geluk, optimisme, dankbaarheid, wijsheid, nieuwsgierigheid, sociale verbondenheid en het nemen van initiatief (Breen et al., 2010; Neff, 2003; Neff et al., 2008; Neff et al., 2007). Daarnaast vertoont zelfcompassie een positieve relatie met gevoelens van autonomie, competentie en verbondenheid (Neff, 2003).

Zelfcompassie heeft een positieve invloed op de wijze van omgang met stressvolle en emotionele gebeurtenissen. Zo liet een studie van Vettese et al. (2011) zien dat zelfcompassie het verband tussen kindermishandeling en emotionele problemen op latere leeftijd medieerde. Deze bevinding laat zien dat zelfcompassie mensen kan helpen bij het verwerken van trauma's uit de kindertijd.

### 4.3.2 Onderzoek bij klinische groepen

Het onderzoek naar de toepassing van zelfcompassie in de klinische setting staat nog in de kinderschoenen. In ◘ tab. 4.1 staat een overzicht van enkele onderzoeken naar het verband tussen zelfcompassie en diverse psychische klachten. De onderzoeken tonen onder meer dat compassie-interventies in uiteenlopende behandelsettings kunnen worden toegevoegd aan bestaande behandelingen en dat dit de effectiviteit van de behandelingen vergroot.

**Tabel 4.1** Overzicht van studies naar het verband tussen psychische klachten en zelfcompassie.

| stoornis | studie | uitkomst |
|---|---|---|
| depressie | Krieger et al., 2013 | Mensen met een depressie ($n$ =142) werden gekenmerkt door een lage mate van zelfcompassie, wat samenhing met een verhoogde mate van piekeren en vermijding. Aangezien piekeren en vermijding de relatie tussen zelfcompassie en depressieve gevoelens medieerde, concludeerde Krieger dat het verhogen van zelfcompassie bij depressie heilzaam is. |
| PTSS | Dahm, 2013 | Hogere zelfcompassiescores voorspelden minder psychopathologie bij 118 oorlogsveteranen die terugkeerden uit Irak en Afghanistan. De mannen met hogere scores konden beter hun leven weer oppakken en hadden minder PTSS-klachten. |
| PTSS | Beaumont et al., 2012 | Een groep van 32 patiënten met PTSS-klachten werd random toegewezen aan cognitieve gedragstherapie of cognitieve behandeling in combinatie met CMT. Het resultaat toont dat CMT een goede toevoeging is en dat hogere zelfcompassie samengaat met een vermindering van angst, depressie en traumagerelateerde klachten. |
| somatoforme stoornissen | Wren et al., 2012 | In een groep van 88 chronische pijnpatiënten hing zelfcompassie samen met een afgenomen mate van catastrofale gedachten over pijn en een betere coping met pijnklachten. |
| psychose | Braehler et al., 2013 | Eerste gerandomiseerde en gecontroleerde studie van groeps-CFT bij 40 mensen op het schizofreniespectrum. CFT in combinatie met treatment as usual ($n$ =22) bleek een veilige en veelbelovende interventie voor herstel na een psychose. Er was bij de experimentele groep een grotere klinische verbetering op depressie en het gevoel van sociale uitsluiting. |
| psychose | Mayhew en Gilbert, 2008 | Een casestudie van drie mensen met auditieve hallucinaties liet zien dat CMT leidde tot een afname van de impact van de negatieve stemmen en tot een afname van angst, depressie, paranoia en zelfkritiek. |
| psychose | Laithwaite et al., 2009 | Een groepsinterventie CMT werd toegepast bij 19 patiënten in een sterk beveiligde klinische setting na het doormaken van een psychose. Significante verbeteringen waren te zien op stemming, gevoel van eigenwaarde en gevoel van sociale waardering. Ook was er een afname van psychische klachten. |
| schizofrenie | Eicher et al., 2013 | Zelfcompassie voorspelde lagere scores op zowel positieve als negatieve symptomen bij 88 schizofreniepatiënten. |
| eetstoornissen | Gale et al., 2014 | CFT werd ingevoegd in een regulier behandelprogramma (cognitieve gedragstherapie) voor 99 mensen met eetstoornissen, gericht op het verminderen van zelfkritiek en schaamte. Er werd een significant effect gevonden. Patiënten met boulimia nervosa profiteerden meer van CFT dan patiënten met anorexia nervosa. |

**Tabel 4.1** Vervolg

| stoornis | studie | uitkomst |
|---|---|---|
| eetstoornissen en lichaamsbeeld | Kelly et al., 2013<br>Wasylkiw et al., 2012<br>Ferreira et al., 2013<br>Albertson et al., 2014 | Zelfcompassie bleek samen te hangen met de ernst van eetstoornispathologie bij 97 eetstoornispatiënten. Meer zelfcompassie was gerelateerd aan minder ernstige eetbuien en minder verstoord eetgedrag. Meer zelfcompassie stond ook in verband met minder lichaamsontevredenheid en preoccupatie met gewicht bij 142 studentes. Daarnaast bleek uit een studie bij 102 eetstoornispatiënten dat zelfcompassie bijdroeg aan de mate waarin patiënten hun lichaam konden accepteren. In een interventiestudie van drie weken werden 98 vrouwen uitgenodigd om dagelijks een zelfcompassiemeditatie te doen. Dit zorgde voor een significante afname in lichaamsontevredenheid en lichaamgerelateerde schaamte en een toename van lichaamswaardering. |
| aan een middel gebonden stoornis | Brooks et al., 2012 | Uit een studie waarin 77 mensen met alcoholafhankelijkheid werden onderzocht, bleek zelfcompassie voor een afname in drankgebruik te zorgen. |
| persoonlijkheidsstoornis | Lucre en Corten, 2012 | CFT werd in een 16-weekse behandeling toegepast om te onderzoeken in hoeverre zelfkritiek en schaamtegevoelens zouden verminderen bij acht patiënten met persoonlijkheidsproblematiek. Er werd een significante afname gevonden van angst, depressie, schaamte en zelfhaat en een significante toename van het vermogen zichzelf te kalmeren. |
| dagbehandeling chronische psychische klachten | Gilbert en Proctor, 2006 | In een pilot werd CMT toegevoegd aan een therapieprogramma voor acht patiënten in een dagbehandeling voor chronische psychiatrische klachten. CMT leidde tot een vermindering van schaamte, zelfkritiek, angst en depressie. |

## 4.4 Klinische toepassing van zelfcompassietraining

In deze paragraaf bespreken we drie groepstrainingen en vervolgens een aanbod waarbij compassie-interventies zijn geïntegreerd in een programma dat is gebaseerd op de Positieve Psychologie. Zelfcompassie-interventies zijn daarnaast te integreren in bestaande effectieve behandelingen. In een klinische setting kan gekozen worden voor een groepstraining naast het bestaande aanbod, bij ambulante behandeling kan gekozen worden voor enkele aanvullende interventies.

### 4.4.1 Drie groepsvormen van zelfcompassie-interventies

- **Mindful self-compassion-programma (MSC)**

Het mindful self-compassion-programma (MSC) werd ontwikkeld door Kristin Neff en Chris Germer (2013), als een vaardigheidstraining voor niet-klinische groepen. Deze training kan worden gebruikt als aanvulling op psychotherapie, omdat het de zelfredzaamheid van patiënten tussen de therapiesessies vergroot.

**Tabel 4.2** Overzicht van het mindful self-compassion-programma.

| planning | onderwerp |
|---|---|
| sessie 1 | algemene kennismaking met MSC |
| sessie 2 | mindfulness: bewust worden van het eigen lijden |
| sessie 3 | liefdevolle vriendelijkheid |
| sessie 4 | ontwikkelen van innerlijke compassievolle stem |
| Stiltebijeenkomst | halve dag retraite |
| sessie 5 | leven volgens je waarden |
| sessie 6 | omgaan met moeilijke emoties |
| sessie 7 | moeilijke relaties transformeren |
| sessie 8 | jezelf en je leven waarderen |

Dit programma is geïnspireerd op de structuur van een regulier mindfulnessprogramma en bestaat uit acht wekelijkse groepsbijeenkomsten van 2,5 uur en een stiltebijeenkomst van een halve dag. Iedere week wordt er stilgestaan bij een ander thema. ◘ tab. 4.2 geeft een overzicht van het programma. MSC is gericht op het aanleren van vaardigheden om moeilijke gevoelens en gebeurtenissen op een compassievolle manier tegemoet te treden. Hoewel het hoofdaccent ligt op het vergroten van zelfcompassie, heeft ook het ontwikkelen van mindfulness een belangrijke plaats in het programma.

Tijdens het programma wordt gebruikgemaakt van een reeks interpersoonlijke oefeningen om het gevoel van gedeelde menselijkheid in de groep te vergroten. Zo delen deelnemers bijvoorbeeld in kleine groepen hoe ze tegen zichzelf spreken wanneer ze teleurgesteld zijn, of doen ze een oefening waarin ze elkaar op een compassievolle manier observeren. Naast interpersoonlijke oefeningen zijn ook formele en informele meditatieoefeningen een belangrijk onderdeel van het MSC-programma. Informele oefeningen die worden aangeleerd, zijn onder andere: op zoek gaan naar een vorm van aanraking die geruststellend werkt op moeilijke momenten (handen op het hart, armen over elkaar vouwen), aanleren van compassievol taalgebruik (Dit is moeilijk voor me, ik mag mezelf eraan herinneren dat lijden menselijk is, wat heb ik op dit moment nodig?), en leren benoemen van emoties in het lichaam. Formele meditaties die worden gebruikt, zijn onder andere: liefdevolle vriendelijkheid, liefdevolle ademhaling, compassievolle lichaamsscan en geven en ontvangen van compassie.

Een belangrijke filosofie van het MSC-programma is het hanteren van een non-fixinghouding. Deelnemers leren moeilijke gevoelens te (ver)dragen in plaats van ze te onderdrukken of vermijden. Daarbij worden deelnemers aangemoedigd om verantwoordelijkheid te nemen voor de zorg en veiligheid van zichzelf. Dit wil bijvoorbeeld zeggen dat men tijdens de oefeningen enkel werkt met situaties die veilig genoeg voelen.

## ▪ Compassion focused therapy (CFT)

De psycholoog Paul Gilbert ontwikkelde compassion focused therapy voor mensen met hoge schaamtegevoelens en zelfkritiek, die het moeilijk vinden om compassie op te brengen voor zichzelf (Gilbert, 2006). Op basis van CFT ontwikkelde hij ook compassionate mind training (CMT), die breder toegepast kan worden. CFT en CMT zijn gefundeerd op evolutionaire, functionele analyses van basale sociale motivatiesystemen (bijvoorbeeld het leven in groepen, groepshiërarchie en het zorgen voor de groep) en verschillende functionele emotionele systemen (zoals reacties op gevaar, het zoeken naar bronnen voor overleving, en staat van kalmering/rust) (Gilbert, 2014).

Een belangrijk onderdeel in CFT en CMT is psycho-educatie over drie emotieregulatiesystemen en de complexiteit van het menselijke brein. Gilbert (2010) beschrijft de mens als het resultaat van evolutionaire ontwikkelingen, waarbij problemen kunnen ontstaan door de interactie tussen nieuwere hersenlagen (cortex) en oudere hersenlagen (hersenstam, limbisch systeem). In de training is veel aandacht voor het leren begrijpen van de neurobiologische reacties op uitdagingen in het leven. Van belang is dat deelnemers leren inzien dat zij zelf geen schuld hebben aan de complexiteit van hun emotionele reacties, maar door oefeningen wel in staat zijn om de samenwerking tussen de hersengebieden te verbeteren.

Onderzoek naar de neurofysiologie van emoties toont aan dat we globaal gezien drie emotieregulatiesystemen kunnen onderscheiden (Depue & Morrone-Strupinsky, 2005). Deze hebben we gemeen met alle zoogdieren, namelijk: een systeem gericht op zelfbescherming (gevaarsysteem), een systeem gericht op zelfbehoud (jaagsysteem) en een systeem gericht op zelfherstel (zorgsysteem of kalmeringssysteem). Bij dieren zijn deze systemen over het algemeen in balans: als er geen gevaar dreigt, de honger gestild is en de voortplanting geregeld is, kan het dier tot rust komen en herstellen. Bij mensen is er vaak een disbalans tussen de systemen en dit komt onder meer voort uit een onderontwikkeld kalmeringssysteem en/of een overontwikkeld jaag- of gevaarsysteem. Er is een duidelijke overlapping van deze systemen met de door Young omschreven destructieve modi. Het ontwikkelen van het zorgsysteem ondersteunt de ontwikkeling van de Gezonde Volwassene. In CFT en CMT leren mensen via verschillende compassie-interventies het kalmeringssysteem te versterken, waardoor de drie emotieregulatiesystemen in balans komen. Voorbeelden van deze interventies zijn: imaginatieoefeningen, mildheidsoefeningen, ademhalingsoefeningen en schrijfopdrachten.

#### ■ Mindfulness-based compassionate living (MBCL)

De psychiater Erik van den Brink en meditatieleraar Frits Koster ontwikkelden een compassietraining voor de ggz als een verdiepingscursus op mindfulness-based stress reduction. MBCL is onder meer gebaseerd op het werk van Paul Gilbert, Christopher Germer en Kristin Neff. De training bestaat uit acht bijeenkomsten van 2,5 uur en een stiltebijeenkomst. Voor een omschrijving van dit programma verwijzen we naar *Compassievol leven – Van mindfulness tot heartfulness* (Van den Brink & Koster, 2012). Van de deelnemers wordt verwacht dat zij al ervaring hebben met mindfulnessbeoefening, veel oefeningen uit MBCL bouwen voort op of hebben gelijkenis met de mindfulnessoefeningen in MBSR (◘ tab. 4.3).

### 4.4.2 Compassie-interventies geïntegreerd

Bohlmeijer en Hulsbergen (2013) ontwikkelden een integratief programma, *Dit is jouw leven,* op basis van inzichten uit de Positieve Psychologie. Compassie loopt als een rode draad door dit programma, met name als het gaat om het accepteren van kwetsbaarheden, het toestaan en doorleven van onplezierige ervaringen en het aangaan van betekenisvolle relaties.

In het gedeelte dat specifiek gaat over compassie integreren zij de inzichten van Neff en Gilbert en zij beschrijven diverse oefeningen om compassie te versterken. De oefening Wakker vriendelijkheid in jezelf aan (► kader) is hiervan een voorbeeld.

**Tabel 4.3** Overzicht van de mindfulness-based stress reduction training.

| planning | onderwerp |
|---|---|
| sessie 1 | drie emotieregulatiesystemen: gevaarsysteem, jaagsysteem en zorgsysteem |
| sessie 2 | stressreacties en zelfcompassie: vechten, vluchten, verstijven en verbinden of vriendschap sluiten |
| sessie 3 | innerlijke patronen: drie basispatronen die geworteld zijn in de drie emotieregulatiesystemen |
| sessie 4 | de compassiemodus: de kwaliteiten en vaardigheden van compassie |
| sessie 5 | zelf en anderen: zelfoverstijgende en relationele kwaliteiten van compassie |
| sessie 6 | het liefst allemaal gelukkig: gedeelde menselijkheid en de waarde van liefdevolle vriendelijkheid, compassie, medevreugde en gelijkmoedigheid |
| sessie 7 | bewogen door mededogen: compassie blijven ontwikkelen in het dagelijks leven |
| sessie 8 | meer vermogen met mededogen: de waarde van compassie voor helende processen in het leven |

**Wakker vriendelijkheid in jezelf aan**

Neem een schrijfblok en schrijf in vijf minuten situaties op waarin je de afgelopen week vriendelijk was tegen jezelf en/of anderen. Het kunnen kleine of grote dingen zijn, alledaagse dingen of uitzonderlijke situaties. Denk bijvoorbeeld aan: je collega vragen hoe het met hem/haar gaat, een compliment geven aan een kind, een ouder iemand helpen met oversteken, opstaan voor iemand in het openbaar vervoer, innerlijk jezelf positief toespreken, een gift doneren voor een goed doel, een zieke collega naar huis brengen, een ouder van een kind met leerproblemen geruststellen, uitgebreid stoeien met de hond, of een bos bloemen meebrengen voor je partner.
Reflecteer wat deze situaties met jezelf en anderen deden. Wat was de reactie van de ander, hoe voelde je jezelf? Reflecteer op de goedheid in jezelf. Wat zeggen deze situaties over jou als persoon?

**Casus**

De behandeling van Kim werd geïntensiveerd toen bleek dat zij suïcidaal was. Ze is tijdelijk opgenomen geweest op een PAAZ en kwam weer in nazorg bij de psycholoog. In een van de gesprekken ervoer zij voor het eerst dat zij zichzelf kon troosten zonder eten. Voorafgaand aan het gesprek was zij erg verdrietig: alle ellende van vroeger was weer aan de oppervlakte gekomen en zij werd er angstig door. De psycholoog stelde een imaginatieoefening voor en vroeg Kim zich voor te stellen dat de personen die haar op dit moment het meest ondersteunen in haar buurt stonden. Kim vertelde dat zij zich bij drie mensen goed op haar gemak voelde: een vriendin die zij ontmoet had op de PAAZ, een tante en de therapeute. Zij was in staat om de vriendelijke gezichten van haar tante en vriendin te zien en kon de meelevendheid ervaren en toestaan. De therapeut gaf verder de suggestie om een gebaar te koppelen aan dit beeld, zoals beide handen op de bovenarmen leggen, of een hand op het hart. Kim huilde en vertelde later dat dit beeld en de aanraking haar de ruimte gaven om het verdriet toe te staan. Ze werd er rustiger door. Kim oefende de week daarna met het beeld en de aanraking en kon zichzelf hiermee troosten en tot rust brengen. Het gaf haar een gevoel van verbondenheid en zij nam die week het initiatief om haar tante en vriendin te vertellen over hun rol in het beeld, waar deze vrouwen hartelijk op reageerden.

## 4.5 Aandachtspunten bij het aanbieden van compassie-interventies

### 4.5.1 De therapeut en het therapeutische milieu

Een compassievolle houding van de therapeut nodigt de patiënt uit weerstand tegen therapie los te laten, emoties toe te staan, schaamte te overwinnen en destructief gedrag te veranderen. Een compassievolle therapeut biedt een veilige omgeving en voelt echt in wat de patiënt naar voren brengt. Hierdoor groeit het vertrouwen bij de patiënt dat hij zich kan uiten. Tevens heeft de therapeut een modelfunctie voor de patiënt in het omgaan met kwetsbaarheden. Een therapeut die zijn eigen kwetsbaarheden niet erkent, zal het lastig vinden om werkelijke compassie op te brengen voor zijn patiënt, laat staan de patiënt te helpen om die te ontwikkelen. Het is belangrijk dat therapeuten zichzelf de vraag blijven stellen in hoeverre ze compassievol zijn voor zichzelf. Zonder deze zelfcompassie kan compassiemoeheid of empathiemoeheid ontstaan (Van den Brink & Koster, 2013). Hulpverleners die eenzijdig begaan zijn met het lijden van anderen, kunnen uitgeput raken. Wij pleiten voor een sfeer binnen teams waarin de eigen kwetsbaarheid getoond kan worden, waarin fouten, onzekerheden en onmacht besproken kunnen worden en waarin de teamleden vanuit een compassievolle houding voor elkaar zorgen. Intervisie is hiervoor natuurlijk een uitgelezen mogelijkheid, maar ook voor de werkgever is hierin een rol weggelegd, want in een omgeving waar veel nadruk ligt op productie en competitie, is het lastig om op tijd aan te geven als er uitputting optreedt of als er fouten gemaakt zijn.

### 4.5.2 Contra-indicaties?

Een ander belangrijk aandachtspunt is dat bepaalde klinische observaties erop wijzen dat sommige mensen niet (direct) profiteren van compassie-interventies en soms juist meer klachten ontwikkelen. Zoals genoemd is er nog te weinig onderzoek gedaan naar de effecten van compassie-interventies bij psychopathologie. Hoewel er toenemend bewijs is dat compassie-interventies werkzaam zijn voor mensen met diverse vormen van psychopathologie, zal de therapeut op dit moment nog moeten afgaan op zijn eigen intuïtie en het verhaal van de patiënt als het gaat om eventuele negatieve effecten. Contra-indicaties zijn naar ons weten niet opgesteld. Gilbert (2010) beschrijft dat bij sommige mensen het ontwikkelen van compassie aanleiding was tot vermijdings- en angstreacties. Dit kan te maken hebben met de kernovertuiging van deze mensen dat er altijd iets slechts volgt als ze zich goed voelen of bij depressieve mensen door een taboe op plezierige gevoelens. Het kan nodig zijn om dan andere interventies te gebruiken om bij te sturen. Daarnaast beschrijft Gilbert dat het versterken van compassie ook aanleiding kan zijn voor verdriet- en rouwreacties bij mensen die in hun jeugd warmte en betrokkenheid hebben gemist (Gilbert, 2009). Er ontstaat dan meer contact met het verlaten, kwetsbare kind. De therapeut zou dan kunnen steunen door een voorbeeld te bieden aan de cliënt van de Gezonde Volwassene.

4

## 4.6 Conclusie

Het ontwikkelen van zelfcompassie als kenmerk van de Gezonde Volwassene heeft tal van voordelen. Uit onderzoek blijkt dat mensen met een hoge mate van zelfcompassie beter kunnen omgaan met tegenslagen, minder angstig en depressief zijn, en een grotere drang hebben om het beste in zichzelf naar boven te halen dan mensen met weinig zelfcompassie. Verder blijkt dat deze mensen ook gelukkiger en optimistischer zijn dan hun tegenhangers. Kortom: zelfcompassie helpt mensen het hoofd te bieden aan moeilijkheden in het leven omdat het hen in staat stelt om zichzelf te troosten en in het moment te blijven zonder dat ze worden meegesleept door emoties. Met andere woorden: het biedt een buffer om niet verstrikt te raken in destructieve modi. Juist in behandelingen waarin het leren reguleren van emoties centraal staat, zoals in Schematherapie, is het van belang om ook interventies gericht op zelfcompassie toe te voegen (Hulsbergen, Bohlmeijer & Berking, 2014). Immers, het opmerken en identificeren van onplezierige emoties kan ertoe leiden dat de intensiteit van de emoties tijdelijk toeneemt. Het aanvaarden van emoties en het besef dat men soms niet in staat is om situaties en bijhorende emoties actief op te lossen, kunnen op korte termijn een gevoel van somberheid versterken. Daarom is het belangrijk compassie te ontwikkelen voor eigen kwetsbaarheden en de emoties die optreden om zo de Gezonde Volwassene te versterken en het kwetsbare kind te verzorgen en troosten.

### Literatuur


Albertson, E. R., Neff, K. D., & Dill-Shackleford, K. E. (2014). Self-compassion and body dissatisfaction in women: A randomised controlled trial of a brief meditation intervention. *Mindfulness*. Published online. doi: 10.1007/s12671-014-0277-3.

Barnard, L. K., & Curry, J. F. (2011). Self-compassion: Conceptualizations, correlates & interventions. *Review Of General Psychology, 15*, 289–303.

Beaumont, E., Galpin, A., & Jenkins, P. (2012). 'Being kinder to myself': A prospective comparative study, exploring post-trauma therapy outcome measures, for two groups of clients, receiving either Cognitive Behaviour Therapy, or Cognitive Behaviour Therapy and Compassionate Mind Training. *Counseling Psychology Review, 27*, 31–43.

Bohlmeijer, E. T., & Hulsbergen, M. L. (2013). *Dit is jouw leven. De effecten van de Positieve Psychologie.* Amsterdam: Uitgeverij Boom.

Braehler, C., Gumley, A., Harper, J., Wallace, S., Norrie, J., & Gilbert, P. (2013). Exploring change processes in compassion focused therapy in psychosis: Results of an feasibility randomized controlled trail. *Britisch Journal of Clinical Psychology, 52*, 199–214.

Breen, W. E., Kashdan, T. B., Lenser, M. L., & Fincham, G. D. (2010). Gratitude and forgiveness: Convergence and divergence on self-report and informant ratings. *Personality and Individual Differences, 49*, 932–937.

Brink, E. van den, & Koster, F. (2012). *Compassievol leven – Van mindfulness tot heartfulness.* Amsterdam: Uitgeverij Boom.

Brink, E. van den, & Koster, F. (2013). Compassie. In: Bohlmeijer, E. et al. (red.), *Handboek Positieve Psychologie. Theorie, onderzoek en toepassingen* (pag. 185–227). Amsterdam: Uitgeverij Boom.

Brooks, M., Kay-Lambkin, F., Bowman, J., & Childs, S. (2012). Self-compassion amongst clients with problematic alcohol use. *Mindfulness*. doi: 10.1007/s12671-012-0106-5.

Dahm, K. A. (2013). *Mindfulness and self-compassion as predictors of functional outcomes of psychopathology in OEF/OIF veterans exposed to trauma.* Dissertation. University of Texas.

Depue, R. A., & Morrone-Strupinsky, B. J. V. (2005). A neurobehavioral model of affiliative bonding. *Behavioral and Brain Sciences, 28*, 313–395.

Eicher, A. E., Davis, L. W., & Lysaker, P. H. (2013). Self-Compassion: A novel link with symptoms in schizofrenia? *The Journal of Nervous and Mental Disease, 201*(5), 1–5.

Ferreira, C., Pinto-Gouveia, J., & Duarte, C. (2013). Self-compassion in the face of shame and body image dissatisfaction: Implications for eating disorders. *Eating Behaviors, 14*(2), 207–210.
Gale, C., Gilbert, P., Read, N., & Goss, K. (2014). An evaluation of the impact of introducing compassion focused therapy to a standard treatment programme for people with eating disorders. *Clinical Psychology and Psychotherapy, 21*, 1–12.
Germer, C. K. (2009). *The mindful path to self-compassion: Freeing yourself from destructive thoughts and emotions*. New York: Guilford Press.
Gilbert, P. (2006). Compassionate Mind Training for People with High Shame and Self-Criticism: Overview and Pilot Study of a Group Therapy Approach. *Clinical Psychology and Psychotherapy, 13*, 353–379.
Gilbert, P. (2009). Introducing Compassion Focussed Therapy. *Advances in Psychiatric Treatment, 15*, 199–208.
Gilbert, P. (2010). *Compassion Focused Therapy: Distinctive features*. London: Routledge.
Gilbert, P. (2014). The origins and nature of compassion focused therapy. *British Journal of Clinical Psychology, 53*, 6–41.
Gilbert, P., & Proctor, S. (2006). Compassionate mind training for people with high shame and self-critisism: Overview and pilot study of a group therapy approach. *Clinical Psychology & Psychotherapy, 13*, 353–379.
Goetz, J. L., Keltner D., & Simon-Thomas, E. (2010). Compassion: An evolutionary analysis and empirical review. *Psychological Bulletin, 136*, 351–374.
Heffernan, M., Griffin, M., McNulty, S., & Fitzpatrick, J. J. (2010). Self-compassion and emotional intelligence in nurses. *International Journal of Nursing Practice, 16*, 366–373.
Hulsbergen, M. L., Bohlmeijer, E. T., & Berking, M. (2014). Emotieregulatie. In: B. van Heycop ten Ham, Hulsbergen, M. L., & Bohlmeijer, E. T. (red.). *Transdiagnostische factoren. Theorie en praktijk*. Amsterdam: Uitgeverij Boom.
Johnson, E. A., & O'Brien, K. A. (2013). Self-Compassion soothes the savage EGO threat system: Effects on negative affect, shame, rumination, and depressive symptoms. *Journal of Social and Clinical Psychology, 32*, 939–963.
Kelly, A.C., Carter, J. C., Zuroff, D. C., & Borairi, S. (2013). Self-compassion and fear of self-compassion interact to predict response to eating disorders treatment: A preliminary investigation. *Psychotherapy Research*, 23, 252–264.
Kelly, A.C., Zuroff, D.C., Foa, C.L. & Gilbert, P. (2010). Who benefits from training in self-compassionate self regulation? A study of smoking reduction. *Journal of Social and Clinical Psychology*, 29(7), 727–755.
Korrelboom, C. W. (2014). Zelfbeeld. In: B. van Heycop ten Ham, M. L Hulsbergen, & E. T. Bohlmeijer (red.). *Transdiagnostische factoren. Theorie en praktijk*. Amsterdam: Uitgeverij Boom.
Krieger, T., Altenstein, D., Baettig, I., Doerig, N., & Holtforth, M. G. (2013). Self-compassion in depression: associations with depressive symptoms, rumination, and avoidance in depressed outpations. *Behavior Therapy, 44*, 501–513.
Laithwaite, H. M. O'Hanlon, P., Collings, P., Doyle, P., Abraham, L., & Porter, S. (2009). Recovery after Psychosis (RAP): A compassion focused programme for individuals residing in high security settings. *Behavioural and Cognitive Psychotherapy, 37*, 511–526.
Leary, M. R., Tate E. B., Adams, C. E., Allen, A. B. & Hancock, J. (2007). Self-compassion and reactions to unpleasant self-relevant events: The implications of treating oneself kindly. *Journal of Personality and Social Psychology, 92*, 887–904.
Lucre, K. M. & Corten, N. (2013). An exploration of group compassion-focused therapy for personality disorder. *Psychology and Psychotherapy: Theory, Research and Practice, 86*(94), 387–400.
MacBeth, A. & Gumley, A. (2012). Exploring compassion: A meta-analysis of the association between self-compassion and psychopathology. *Clinical Psychology Review, 32*, 545–552.
Mayhew, S. & Gilbert, P. (2008). Compassionate mind training with people who hear malevolent voices: A case series report. *Clinical Psychology an Psychotherapy, 15*, 113–138.
Neff, K. D. (2003). The development and validation of a scale to measure self-compassion. *Self and Identity, 2*, 223–250.
Neff, K. D. (2011). *Self-Compassion*. New York: William Morrow.
Neff, K. D., & Germer, C. K. (2013). A pilot study and randomized controlled trial of the mindful self-compassion program. *Journal Of Clinical Psychology, 69*(1), 28–44.
Neff, K. D., Pisitsungkagarn, K., & Hseih, Y. (2008). Self-compassion and self-construal in the United States, Thailand, and Taiwan. *Journal of Cross-Cultural Psychology, 39*, 267–285.

Neff, K. D., Rude, S. S., & Kirkpatrick, K. (2007). An examination of self-compassion in relation to positive psychological functioning and personality traits. *Journal of Research in Personality, 41*, 908–916.

Powers, T., Koestner, R., & Zuroff, D. C. (2007). Self-criticism, goal motivation, and goal progress. *Journal of Social and Clinical Psychology, 25*, 826–840.

Smeets, E., & Hulsbergen, M. L. (2014) Zelfcompassie. In: B. van Heycop ten Ham, Hulsbergen, M. L., & Bohlmeijer, E. T. (red.). *Transdiagnostische factoren. Theorie en praktijk*. Amsterdam: Uitgeverij Boom.

Vettese, L. C., Dyer, C. E., Li, W. L., & Wekerle, C. (2011). Does self-compassion mitigate the association between childhood maltreatment and later emotional regulation difficulties? *International Journal of Mental Health and Addiction, 9*, 480–491.

Wasylkiw, L., MackKinnon, A. L., & MacLellan, A. M. (2012). Exploring the link between self-compassion and body image in university women. *Body Image, 9*(2), 236–245.

Wren, A. A., Somers, T. J., Wright, M. A., Goetz, M. C., Leary, M. R., Fras, A. M., Huh, B. K., & Rogers, L. L. (2012). Self-Compassion in patients with persistent musculoskeletal pain: Relationship of self-compassion to adjustment to persistent pain. *Journal of Pain and Symptom Management, 43*, 759–770.

# Deel 2

# Een integratief model voor de casusconceptualisatie in Schematherapie

*Els Loeb*

**Samenvatting**

In dit hoofdstuk wordt een voorstel gedaan voor een geïntegreerde casusconceptualisatie*, waarin het schemamodel en het modusmodel van de Schematherapie en invloeden van de Positieve Psychologie zijn opgenomen. De behandelaar stelt samen met de cliënt de casusconceptualisatie en het behandelplan op. De casusconceptualisatie is de leidraad voor de behandeling. Stap voor stap wordt de casusconceptualisatie in dit hoofdstuk opgebouwd en verduidelijkt met een casus uit de praktijk.



*Het format van de casusconceptualisatie kunt u opvragen via elsloeb@gmail.com

## 5.1 Schematherapie

Schematherapie is door Jeffrey Young et al., (2005) ontwikkeld als antwoord op de cognitief gedragstherapeutische behandeling van cliënten met persoonlijkheidsproblematiek die door Aaron Beck en zijn medewerkers (▶ www.beckinstitute.org) werd ontwikkeld en onvoldoende verandering in de problematiek van de cliënten teweegbracht. Decennia geleden werd nog gedacht dat persoonlijkheidsproblematiek onveranderbaar was, maar gaandeweg werd duidelijker wat persoonlijkheidsproblematiek in stand houdt en wat de aangrijpingspunten in een behandeling zijn om verandering teweeg te kunnen brengen. De ontwikkeling van methodiek is een, op grond van ervaring en onderzoek, voortgaand proces. Terwijl de methode zich verder ontwikkelt, zien we dat de behandeling steeds breder toegepast en toegankelijk wordt voor verschillende problematieken en in verschillende behandelsettings, zoals bij hardnekkige as-I-problematiek (stemmings- en angstklachten), of in de forensisch-psychiatrische behandeling. Dit geldt ook voor de toepassing van de Schematherapie. De vraag die rijst is: wat maakt dat deze methodiek breder toepasbaar is dan waar ze oorspronkelijk voor is ontwikkeld? In dat licht zijn de ontwikkelingen rond transdiagnostische factoren interessant. Transdiagnostische factoren zijn gemeenschappelijke factoren die achter diverse DSM-gedefinieerde factoren schuilgaan. Deze factoren kunnen verwijzen naar gelijke symptomen, gedragingen, copingstrategieën, cognitieve, emotionele en motivationele factoren, onderliggende overeenkomstige neurobiologische factoren, gelijke behandelinterventies en universele beschermende factoren (Van Heycop ten Ham et al., 2014). In het model van conceptualiseren van de casus dat in dit hoofdstuk wordt voorgesteld, zijn deze transdiagnostische factoren opgenomen.

Schematherapie richt zich op de onderliggende patronen die de klachten in stand houden. Deze patronen worden schema's genoemd. Het uitgangspunt is dat schema's ontstaan in de ontwikkelingsgeschiedenis van de cliënt en alle facetten van het menselijk functioneren in zich hebben, zoals gedachten, gevoelens, gedragingen, herinneringen, beelden, fysieke ervaringen. Schemamodi daarentegen zijn de gevoelstoestanden en copingreacties die ieder mens van moment tot moment ervaart en die al dan niet goed aangepast kunnen zijn (Young et al., 2005). De modi werden ontdekt en benoemd in het werken met cliënten met een borderline persoonlijkheidsstoornis. Deze cliënten hebben een sterke en plotselinge wisseling in (affectieve) toestand en hebben een groot aantal schema's met een grote variëteit aan coping. Dit maakte het noodzakelijk om een model te ontwikkelen dat beter bruikbaar was in het hier en nu en richtte de Schematherapie zich meer op de modi.

### 5.1.1 Het doel van Schematherapie

Schematherapie is bedoeld om via cognitief, gevoels- en gedragsniveau verandering aan te brengen zodat de cliënt voldoende in staat is goed voor zichzelf te zorgen. Dit betekent dat de cliënt op een adequate manier een relatie kan onderhouden met anderen en kan omgaan met verschillende levenstaken. Kortom, het doel is het ontwikkelen van de Gezonde Volwassene. De therapeut helpt om de cliënt te leren om vanuit een disfunctionele modus over te schakelen naar een gezonde modus (Young et al., 2005).

Binnen de Schematherapie wordt verondersteld dat iedereen beschikt over gezonde volwassen kanten. Deze veronderstelling sluit aan bij de Positieve Psychologie: de wetenschap van welbevinden en optimaal functioneren (Seligman & Csikszentmihalyi, 2000). Het uitgangspunt is dat iedereen beschikt over de capaciteiten en het vermogen om zich aan te passen aan veranderende omstandigheden en de omgeving. De één is beter in staat dan de ander om de krachten daartoe in zichzelf aan te boren. Welbevinden omvat volgens Seligman (2011) positieve emoties, commitment, zingeving, verbondenheid en prestatie. Psychopathologie en welbevinden zijn twee te onderscheiden, maar gerelateerde factoren (Keyes, 2005). Het zijn twee dimensies die beide om een eigen benadering vragen. In dit hoofdstuk worden de klacht- en de krachtgerichte benadering met elkaar geïntegreerd. Om de Gezonde Volwassene te ontwikkelen zullen we behalve op de factoren die de problemen in stand houden ook zicht moeten hebben op de factoren die het welbevinden bevorderen, om daarmee het optimaal functioneren van de Gezonde Volwassene te versterken. *'Treatment is not just fixing what is wrong; it is also building what is right'* (Seligman, 2005).

In het schemamodel en het modusmodel van de Schematherapie wordt een hypothese opgesteld over het ontstaan en in stand houden van de klachten en problemen die de cliënt ervaart. Het is bij uitstek een probleemgerichte benadering. De problematiek van de cliënt wordt systematisch in kaart gebracht met behulp van een casusconceptualisatie. De samenhang tussen levenservaringen die hebben bijgedragen aan adequaat gedrag en goed ontwikkelde kanten van de cliënt wordt in deze modellen niet of nauwelijks meegenomen. Het is op deze wijze een eenzijdig model van conceptualiseren. Dit is enigszins opmerkelijk omdat het doel van de behandeling is, het versterken en verder ontwikkelen van de gezonde volwassen kant van de persoon.

In dit hoofdstuk wordt een voorstel gedaan om klacht en kracht te integreren in de casusconceptualisatie. Zo wordt het een model waarin zowel de probleemgerichte benadering als de benadering vanuit de Positieve Psychologie wordt geïntegreerd. Aan de hand van de casus van Janne wordt stapsgewijs de casusconceptualisatie opgebouwd.

**Casus**

Janne is een 39-jarige vrouw en moeder van twee dochters (11 en 13 jaar). Janne heeft vanaf haar vijftiende jaar veel contact gehad met hulpverleners. Tijdens de intake schiet ze gelijk vol en geeft ze aan zich ervoor te schamen dat ze weer aanklopt voor hulp. Janne kan niet tevreden zijn, ze moet altijd meer najagen. Dat patroon begint ze te herkennen. De problemen zijn verergerd sinds zij in haar werk als onderwijsassistente vastloopt. Haar relatie met de vader van haar kinderen is beëindigd. Ze leven gescheiden. Janne voelt zich minderwaardig. Vroeger kon ze ontploffen van boosheid, maar tegenwoordig huilt ze vaker. Aardig zijn is voor Janne hetzelfde als oprecht zijn. Je moet altijd aardig zijn, is haar motto. Als ze aardig is, kwetst ze niemand. Aan de andere kant kan ze iemand die onaardig is snel afschrijven. Dan gaat de deur dicht omdat ze zich niet wil laten kwetsen. Ze ervaart allerlei emoties waar ze geen greep op heeft. Ze merkt dat ze vaak erg open is naar anderen en zou dat beter willen doseren. In relaties met mannen is zij op zoek naar genegenheid, waardoor zij in grenzeloze situaties terechtkomt.
DSM-IV-classificatie na intake:
As I 314.00 ADHD, overwegend onoplettende type
As II 301.90 Persoonlijkheidsstoornis NAO met borderlinetrekken
As III Geen diagnose
As IV Problemen binnen de primaire steungroep
As V GAF score 55

| Krachten: | Klachten: |
| --- | --- |
| veel tegelijk kunnen; goed kunnen plannen en organiseren; zien als er wat is met anderen; door openheid veel lieve mensen om me heen die zichzelf durven zijn; eerlijk; humor; sociaal; werk; thuis. | veel denken; emoties zijn verwarrend; stress/spanningen; huilen; graag goed willen doen, te veel doen en dan voortijdig opgeven; grenzen niet goed kunnen bewaken; te open zijn, te eerlijk; werk; opstaan; relaties. |

**Figuur 5.1** Krachten en klachten van Janne op dit moment.



## 5.2 De casusconceptualisatie

In de casusconceptualisatie wordt een hypothese opgesteld over wat er aan de hand is en wat wel en niet bijdraagt aan de veranderwensen van de cliënt. Het kan gezien worden als een zoekschema: de casusconceptualisatie wordt stap voor stap opgebouwd, waardoor de samenhang tussen de afzonderlijke delen wordt verduidelijkt.

### Van nu naar toen en omgekeerd

De cliënt zoekt hulp omdat op dit moment klachten en problemen worden ervaren. Dit is het beginpunt voor de casusconceptualisatie. Naast datgene waar de cliënt last van heeft, wordt ook datgene waarin de cliënt zijn kracht ervaart in kaart gebracht en weergegeven. Aan de linkerkant van het model staat wat er in het algemeen als positief wordt gelabeld, aan de rechterkant staat wat er in het algemeen als negatief wordt gelabeld.

In fig. 5.1 is weergegeven hoe Janne haar krachten en klachten omschrijft.

Deze krachten en klachten ervaart ze in het *hier en nu*. Aan de andere kant van het tijdsspectrum ligt het begin van het leven: het *toen*. Geprobeerd wordt antwoorden te vinden op vragen als: hoe was de cliënt als kind qua temperament en aanleg? Young et al. (2005) beschrijven een aantal dimensies van emotioneel temperament: labiel – niet-reagerend, dysthymisch – optimistisch, angstig – kalm, obsessief – snel afgeleid, passief – agressief, prikkelbaar – opgewekt, verlegen – sociabel. Een andere vraag is in wat voor gezin is de cliënt opgegroeid, welk beeld heeft de cliënt van zijn opvoeders? Doorgaans gaat het om moeder en vader, maar dit kunnen ook andere belangrijke opvoeders of hechtingsfiguren zijn. Hoe was de sfeer in het gezin, van welke cultuur was er sprake en wat waren de normen en leefregels?

Om zicht te krijgen op de situatie waarin de cliënt is opgegroeid, helpt het om een genogram te tekenen van de gezinssituatie. Een genogram is een schematische weergave van de gezinssituatie. Het genogram van Janne is weergegeven in fig. 5.2. Het onderste bolletje is Janne. Vrouwen worden door een cirkel weergegeven, mannen door een vierkant. Janne is enig kind, haar ouders zijn gescheiden en het contact met haar vader is verbroken. Oma is aanwezig en belangrijk geweest voor Janne. Met verschillende lijnen kunnen de relaties in een genogram worden weergegeven.

Voor Janne ziet het toen eruit als is weergegeven in fig. 5.3.

Tussen het begin van het leven en het nu liggen talrijke levenservaringen. Sommige levenservaringen hebben een waardevolle betekenis gehad in de ontwikkeling van de cliënt en hebben bijgedragen aan het ontwikkelen van functionele patronen en gedrag. Andere levensgebeurtenissen zijn ingrijpend of aangrijpend geweest en hebben bijgedragen aan het ontwikkelen van disfunctionele patronen en gedrag. In de casusconceptualisatie worden puntsgewijs deze ervaringen opgeschreven. Deze levenservaringen worden in het schema tussen toen en nu geplaatst (fig. 5.4).

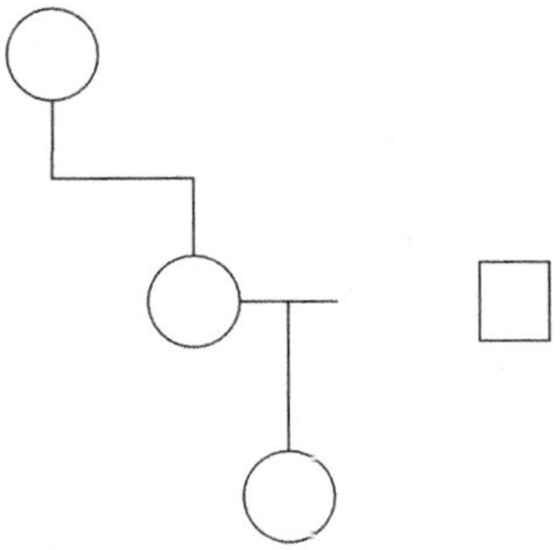

Figuur 5.2 Genogram van Janne.

| als kind: | beeld moeder: | beeld vader: | gezinscultuur/ leefregels: | samenstelling gezin: |
| --- | --- | --- | --- | --- |
| onzeker, veel huilen, rekening houden met anderen, heimwee, gevoelig, bang, sociaal, meerdere vriendinnen | emotioneel, altijd ziek, eenzaam, steunen op mij | veel afwezig, veel werken, klussen, joviaal, erop uit samen, weinig emoties, 'bla, bla, bla' | je moet aardig zijn, je moet anderen niet tot last zijn, je moet oprecht zijn, we hebben het gezellig samen, vader joviaal, twee handen op één buik | 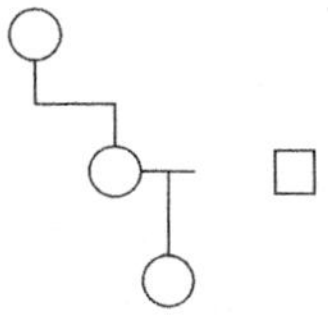 |

Figuur 5.3 Het toen zoals Janne het omschrijft.

Bemoedigende levenservaringen:
- in anderhalf jaar een mbo-4-opleiding gedaan
- twee dochters grootgebracht
- lieve vriendinnen
- super mooi huis
- huishouden runnen met gemak
- dat ik ervoor gekozen heb om in behandeling te gaan

Ingrijpende en aangrijpende levenservaringen:
- moeder ziek, altijd binnen of in ziekenhuis
- vertrek vader op haar 15de jaar
- bij tante moeten wonen
- pestervaringen
- vertrek partners om een andere vrouw

Figuur 5.4 Belangrijke ervaringen in het leven van Janne.

### 5.2.1 Het schemamodel

De informatie die tot nu toe in de casusconceptualisatie is opgenomen, is verkregen uit de anamnese en de biografie van de cliënt. Het is de perceptie van de cliënt, de wijze waarop de cliënt de eigen klachten en problemen presenteert en het beeld dat de cliënt heeft van de eigen levensloop, zichzelf als kind en het gezin van herkomst.

De volgende stap in het opstellen van de casusconceptualisatie is het beschrijven van de patronen aan de hand van de schema's die de cliënt ontwikkeld heeft. Uit verschillende informatiebronnen halen de therapeut en de cliënt de schema's die het functioneren van de cliënt

**Tabel 5.1** De zestien schema's van Young, gekoppeld aan de vijf basisbehoeften.

| basisbehoefte | schema |
|---|---|
| veiligheid en verbondenheid | wantrouwen, misbruik |
| | verlating |
| | emotioneel tekort |
| | sociaal isolement |
| | minderwaardigheid, schaamte |
| autonomie, competentie, identiteitsgevoel | verstrengeling |
| | functionele afhankelijkheid, onbekwaamheid |
| | kwetsbaarheid voor ziekte en gevaar |
| | mislukking |
| | sociale ongewenstheid |
| realistische grenzen | onvoldoende zelfcontrole, discipline |
| | eigen rechten |
| zelfexpressie | zelfopoffering |
| | onderwerping |
| spontaniteit en spel | meedogenloze normen, hoge eisen |
| | emotionele geremdheid |

bepalen. De belangrijkste informatiebronnen zijn de schemavragenlijst, de leergeschiedenis van de cliënt en de wijze waarop de cliënt zich gedraagt in de kamer van de therapeut, inclusief de therapeutische werkrelatie. Ook een heteroanamnestisch interview kan belangrijke informatie toevoegen. Therapeut en cliënt onderzoeken de situaties waarin de cliënt problemen ervaart en kijken of hierin patronen te herkennen zijn. Functieanalyse en betekenisanalyse uit de cognitieve gedragstherapie kunnen hierbij helpend zijn. Een andere manier om deze situaties te onderzoeken is via de diagnostische imaginatie. Dit is een verbeeldingsoefening waarin de cliënt gevraagd wordt zich de problematische situatie in het huidige leven te verbeelden, dat wil zeggen de gebeurtenis weer voor de geest te halen. De gevoelens die verbonden zijn aan dit beeld, zijn de brug naar ervaringen uit het verleden. De cliënt wordt gevraagd het beeld los te laten en het bijbehorende gevoel vast te houden. Vervolgens wordt de cliënt gevraagd om beelden van vroeger op te laten komen. Therapeut en cliënt bespreken de beelden en onderzoeken de betekenis ervan en de mogelijke patronen of schema's die hierin te herkennen zijn.

De Schemavragenlijst (*YSQ, Young Schema Questionnaire*, zie ▶ www.schematherapie.nl) kent zestien schema's. Deze schema's zijn gegroepeerd in domeinen die voortvloeien uit de vijf basisbehoeften van het kind. Young et al. (2005) gaan ervan uit dat schema's ontstaan als gevolg van emotionele basisbehoeften die in de kindertijd niet zijn bevredigd. Het gaat om de volgende basisbehoeften:

1. veilige hechting aan anderen (inclusief veiligheid, stabiliteit, koestering en acceptatie);
2. autonomie, competentie en identiteitsgevoel;
3. realistische grenzen en zelfbeheersing;

4. zelfexpressie: vrijheid om uitdrukking te geven aan gerechtvaardigde behoeften en emoties;
5. spontaniteit en spel.

In de casusconceptualisatie worden de schema's gekoppeld aan de bijbehorende basisbehoeften (◘ tab. 5.1). De cliënt wordt in zijn functioneren gehinderd door onaangepaste patronen, ze zijn disfunctioneel. Tegelijkertijd is er de wens om te weten wat er nodig is om die patronen te veranderen. Immers, weten wat er mis gaat geeft nog geen aanwijzing voor wat nodig is om verandering teweeg te brengen. De basisbehoeften geven dat wel aan. De cliënt heeft, vanuit de verschillende ervaringen in zijn leven, onvoldoende geleerd deze basisbehoeften te vervullen en kan daar nu, in therapie, verandering in gaan aanbrengen.

Omdat de hechtingsrelatie belangrijk is in de ontwikkeling van een kind, worden de schema's met betrekking tot de basisbehoefte *veiligheid en verbondenheid*, ook wel 'veilige gehechtheid' genoemd, los van de andere schema's in de casusconceptualisatie geplaatst. De basisbehoefte veiligheid en verbondenheid is essentieel om als baby in leven te blijven en te kunnen groeien. Ook daarna is deze basisbehoefte essentieel om tot ontwikkeling te kunnen komen, relaties te kunnen onderhouden en daarmee de andere basisbehoeften te kunnen vervullen. We noemen de schema's vanuit de basisbehoefte veiligheid en verbondenheid daarom primaire schema's. De andere schema's noemen we secundaire schema's. De secundaire schema's ontstaan door onvoldoende bevrediging van de behoefte aan autonomie, competentie en identiteitsgevoel, realistische grenzen en zelfbeheersing, zelfexpressie, en spontaniteit en spel. Deze schema's worden ook wel overlevingspatronen genoemd, omdat ze veelal ontstaan als oplossing, de zogenaamde coping in het omgaan met de tekorten in de hechtingsrelatie. Deze secundaire schema's worden dan als oplossing voor het ontbreken van een voldoende veilige hechting gezien. Zo is Janne uit angst in de steek gelaten te worden en het tekort aan emotionele steun en aandacht voor haar ervaringen (primaire schema's) als gevolg van de vele ziekenhuisopnames van haar moeder, goed gaan letten op wat de ander nodig heeft. Zij is zich gaan richten op de wensen van de ander en heel erg haar best gaan doen (secundaire schema's). Dit doet zij ook nog in haar huidige volwassen leven. Deze leerprocessen verlopen onbewust. De coping blijft bestaan in het hier en nu, ook al is die niet meer op deze wijze nodig om zich te beschermen of om het oorspronkelijke probleem op te lossen.

In het eerste domein met basisbehoefte veiligheid en verbondenheid worden vijf schema's onderscheiden: verlating, wantrouwen/misbruik, emotioneel tekort, minderwaardigheid/schaamte en sociaal isolement. Voor de betekenis van de schema's wordt verwezen naar de handboeken Schematherapie (zie ► literatuur). Een kind dat onvoldoende veilige hechting heeft ervaren, kan een of meer van deze schema's ontwikkelen. In de casusconceptualisatie wordt bij ieder schema beschreven wat de betekenis ervan voor de cliënt is, of hoe het gedrag van de cliënt eruitziet. Janne schrijft bij het schema emotioneel tekort: *'Afwezigheid moeder, wonen bij tante, eenzaam.'* Zij schrijft haar vroege ervaringen op en daarnaast het gevoel van eenzaamheid dat zij toen voelde en nu ook kan voelen. Het kan ook zijn dat iemand alleen opschrijft op welke manier hij op dit moment het schema kan herkennen, bijvoorbeeld: *'Niemand ziet me.'*

Cliënten met persoonlijkheidsproblematiek hebben veelal ingrijpende traumatische ervaringen meegemaakt, waardoor de veiligheid en verbondenheid in het geding zijn gekomen. Ondanks deze ervaringen hebben zij zich kunnen ontwikkelen, vrienden gekregen, opleidingen gevolgd en werkervaring opgedaan. De vraag is van belang waar en bij wie cliënten wel veiligheid en verbondenheid hebben kunnen ervaren. Wie was die belangrijke ander die beschikbaar, en sensitief en responsief was? De kwaliteit van de hechtingsrelatie wordt volgens Bowlby (1983) bepaald door de mate waarin de ander emotioneel beschikbaar is en sensitief en

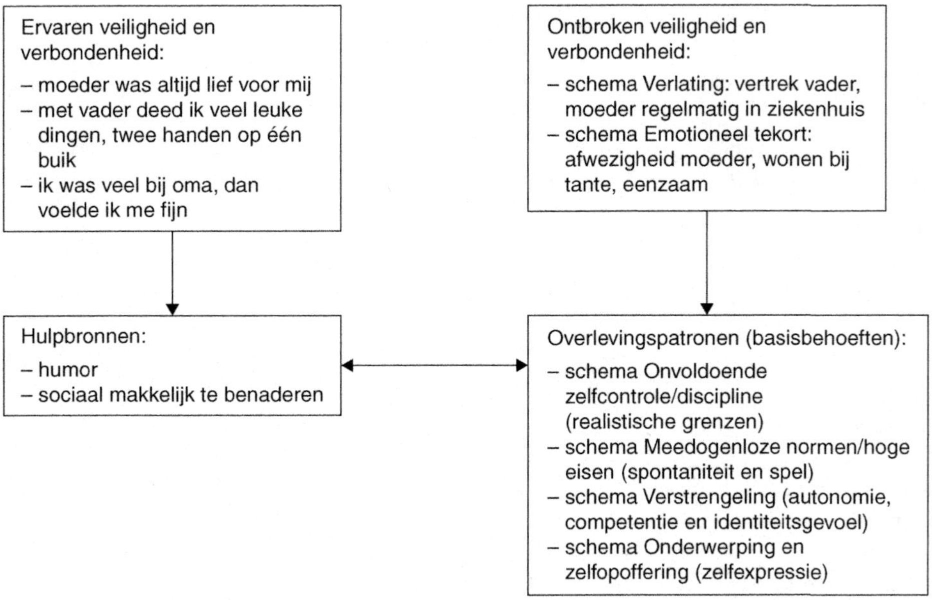


**Figuur 5.5** Het schemamodel van Janne.

responsief reageert op de behoeften van het kind. De ander is sensitief en responsief als het de signalen van het kind opvangt, ze op een juiste wijze interpreteert en er adequaat op reageert.

In de casusconceptualisatie zoals in dit hoofdstuk wordt voorgesteld, wordt naast het gebrek aan veiligheid en verbondenheid ook de ervaren veiligheid en verbondenheid opgenomen. Wanneer, waar en bij wie heeft de cliënt zich gezien en gewaardeerd gevoeld? Dit kunnen bijvoorbeeld grootouders geweest zijn, buren, ouders van een vriendje, de leraar op school, mensen van de sportvereniging etcetera. Op grond van deze ervaringen, de geboden veiligheid en verbondenheid, hebben cliënten hulpbronnen ontwikkeld die zij inzetten in hun leven. Deze positieve ervaringen kunnen gezien worden als positieve schema's, die de cliënt helpen bij het nastreven van wensen en behoeften en bij het tot stand brengen en behouden van relaties en contacten met anderen.

Overlevingspatronen en hulpbronnen zijn beide vormen van coping. Hulpbronnen worden in dit model gezien als constructieve coping die leidt tot constructief gedrag en oplossingen, terwijl overlevingspatronen belemmerend zijn in het nastreven van een of meer basisbehoeften. Overlevingspatronen kunnen ook een teveel zijn van hulpbronnen. Een kwaliteit wordt immers een valkuil als die overmatig wordt ingezet (Ofman, 2007). Om deze relatie aan te geven is in het schema van de casusconceptualisatie een pijl tussen hulpbron en overlevingspatroon gezet (fig. 5.5).

## 5.2.2 Het modusmodel

Na het schemamodel, waarin de patronen onderzocht zijn, wordt er onderzocht wat er in de cliënt omgaat tijdens een gebeurtenis of in een situatie in het hier en nu. Dit wordt gedaan met behulp van het modusmodel. Het modusmodel brengt de innerlijke dynamiek van de cliënt in kaart. Modi zijn gevoelstoestanden en copingreacties waarin de cliënt in reactie op een gebeurtenis 'als vanzelf' terechtkomt en van waaruit wordt gehandeld. Deze reacties kunnen zowel beperkend als verruimend zijn voor de cliënt. Iemand die geëmotioneerd is, kan zich uiten, waarna hij zich gehoord kan voelen (verruimend). Terwijl iemand die van zichzelf vindt dat hij niet mag zeuren, in dezelfde situatie besluit om zich niet te laten horen, met gevolg dat hij zich steeds gefrustreerder gaat voelen (beperkend). De samenhang tussen schema's en modi kan als volgt worden beschreven. Door een trigger (een gebeurtenis, een ervaring) treedt een schema in werking, op grond waarvan iemand in een modus (een toestand) komt, waarop de cliënt reageert (gedrag, coping). De overlevingspatronen van het schemamodel en de beschermers in het modusmodel komen veelal in hun uitingsvorm, in het gedrag, overeen. Een schema, herbergt de (leer)geschiedenis, de herinneringen.

Er wordt van de hypothese uitgegaan dat ieder mens, met of zonder problemen, vier basismodi heeft: de Gezonde Volwassene, de beschermer, de ouder en het kind. Iemand kan geruime tijd vanuit één modus reageren, maar het kan ook zijn dat de modiwisselingen elkaar snel opvolgen. De cliënt kan de modi als een conflict in zichzelf ervaren. In het modusmodel worden de modi van de cliënt samenhangend gegroepeerd. Net zoals bij het herkennen van schema's is het hier ook mogelijk gebruik te maken van een vragenlijst, de Modivragenlijst (*SMI, Schema Mode Inventory*, zie ► www.schematherapie.nl), om te onderzoeken welke inhoud de modi van de cliënt hebben. Andere informatiebronnen zijn het reactiepatroon van de cliënt in actuele of regelmatig terugkerende situaties en het reactiepatroon in de werkrelatie met de therapeut of met de medecliënten in een groep. Het werken met de meerstoelentechniek kan hierbij behulpzaam zijn.

De basismodi krijgen in deze casusconceptualisatie de volgende benamingen:
- de gezonde volwassene;
- het vrije kind;
- de beschermer;
- de ondermijnende ouder;
- het gekwetste kind.

De *Gezonde Volwassene* heeft de taak de innerlijke dynamiek van de cliënt te regelen. Het *vrije kind* is dat deel in de cliënt dat, wanneer er niet te veel spanning of druk wordt ervaren, kan spelen, creatief is en ontspannen kan zijn. De *beschermer* helpt de cliënt om zich staande te houden in moeilijke en stressvolle situaties. Arntz en Jacob (2011) spreken van disfunctionele en functionele modi. De disfunctionele copingmodi (beschermers) brengen zij onder in drie categorieën: overgave, vermijding en overcompensatie, waarmee de kleur van het reactiepatroon wordt weergegeven. In het geval van Janne betekent dit dat als zij zich niet gezien en verdrietig voelt, ze heel boos uit de hoek kan komen. Dit is overcompensatie van de behoefte aan gezien en getroost te worden. In plaats van te krijgen waar zij behoefte aan heeft, is het gevolg dat mensen ook boos worden of afstand nemen van haar. De *ondermijnende ouder* bestaat uit geïnternaliseerde boodschappen van anderen die de vervulling van de wensen en behoeften van de cliënt tegengaan. Het *gekwetste kind* in de cliënt is de kant die behoeften, gevoelens en wensen heeft die regelmatig gefrustreerd zijn en worden.

In de wijze waarop deze basismodi gegroepeerd zijn (◘ fig. 5.6), zijn eerder ontwikkelde modellen te herkennen. Zoals het superego, ego en id in de psychoanalyse. De beschermer kan gezien worden als afweermechanisme. Ook de egoposities, ouder, volwassene, kind van de Transactionele Analyse (Thunnissen & De Graaf, 2013) zijn in het modusmodel te herkennen. In het modusmodel wordt het innerlijk conflict van de cliënt weergegeven en de wijze waarop de cliënt zich presenteert aan anderen op momenten dat hij onder druk komt te staan.

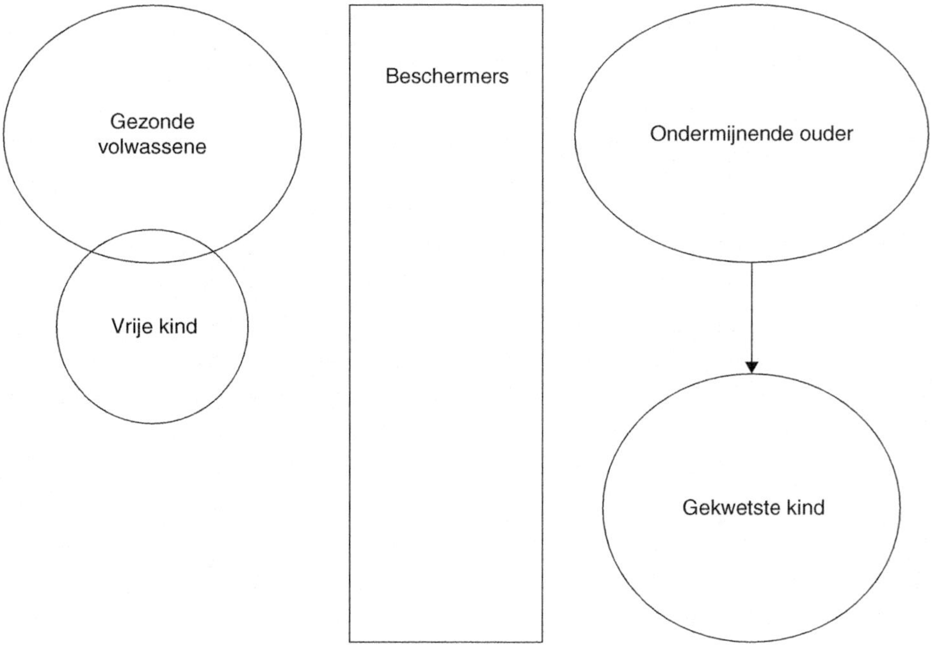


**Figuur 5.6** Groepering van de basismodi ten opzichte van elkaar.

Het is mogelijk om in het modusmodel met de grootte van de 'bolletjes' te spelen en deze de grootte te geven die passend is bij hoe sterk de cliënt deze modi bij regelmaat ervaart.

Het doel van de behandeling is de Gezonde Volwassene te ontwikkelen en te versterken. De Gezonde Volwassene draagt zorg voor het 'gekwetste kind' binnen realistische grenzen en gaat de 'ondermijnende ouder' tegen. Beschermers zijn alleen nodig in zeer stressvolle omstandigheden, zoals bij een plotseling verlies van iemand, om overspoeling door emoties te voorkomen en te kunnen blijven handelen. In het model is het vrije kind bij de Gezonde Volwassene getekend, ervan uitgaande dat het speelse en creatieve kanten in zich heeft, die overeenkomen met een kind dat de wereld in vrijheid kan onderzoeken. Het wenselijke modusmodel ziet er dan uit zoals in fig. 5.7 is weergegeven.

De inhoud en betekenis van de basismodi kunnen worden weergegeven met een, voor de cliënt, passende benaming. Na de ontwikkeling van de modivragenlijst zijn er nog meer gemeenschappelijke benamingen van modi gevonden (tab. 5.2). Een overzicht hiervan en uitleg van de modi zijn te vinden in de handboeken (► literatuur). In het modusmodel kunnen bij de naam de typerende gedachten, gevoelens of gedragingen genoteerd worden.

Als het modusmodel opgenomen wordt in deze casusconceptualisatie, ziet het geheel eruit zoals in fig. 5.8 is weergegeven.

### 5.2.3 De samenvatting

Nu er een schematische weergave is gemaakt van toen naar nu, wordt er een samenvatting geschreven van de casusconceptualisatie. De behandelaar legt de samenvatting voor aan de cliënt. Indien mogelijk wordt de cliënt gevraagd in eigen woorden zijn verhaal op te schrijven. Het is

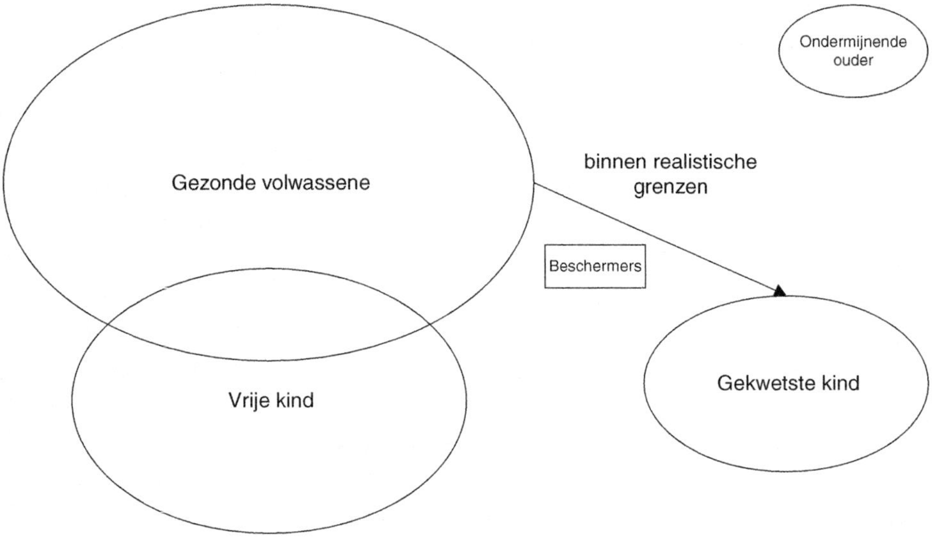


**Figuur 5.7** Het wenselijke modusmodel.

**Tabel 5.2** Indeling modi volgens Arntz en Jacob (2011)

| | | |
|---|---|---|
| disfunctionele-kindmodi | kwetsbaarheid | kwetsbare-, eenzame-, verdrietige-, verlaten-, misbruikte-, vernederde-, minderwaardige-, afhankelijke-kindmodus |
| | boosheid | razende-, boze-, woedende-, koppige-kindmodus |
| | ongedisciplineerdheid | impulsieve-, ongedisciplineerde-kindmodus |
| disfunctionele oudermodi | veeleisendheid | veeleisende-oudermodus |
| | straf | straffende-oudermodus |
| copingmodi | onderwerping, overgave | willoze-, inschikkelijke modus |
| | vermijding | onthechte-beschermer-, vermijdende-beschermer-, boze-beschermer-, onthechte-zelfsusser-modus |
| | overcompensatie-modus | zelfverheerlijker-, aandacht-en-erkenning-zoeker-, perfectionistische-overcontroleerder-, wantrouwende-overcontroleerder-, pest-en-aanval-, bedrog-en-manipulatie-, roofdiermodus |
| functionele modi | geluk | blije-, gelukkige-kindmodus |
| | | gezonde-volwassenmodus |

| als kind: | beeld moeder: | beeld vader: | gezinscultuur/ leefregels: | samenstelling gezin: |
|---|---|---|---|---|
| onzeker, veel huilen, rekening houden met anderen, heimwee, gevoelig, bang, sociaal, meerdere vriendinnen | emotioneel, altijd ziek, eenzaam, steunen op mij | veel afwezig, veel werken, klussen, joviaal, erop uit samen, weinig emoties, 'bla, bla, bla' | je moet aardig zijn, je moet anderen niet tot last zijn, je moet oprecht zijn, we hebben het gezellig samen, vader joviaal, twee handen op één buik | 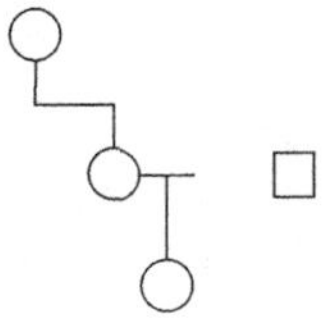 |

Bemoedigende levenservaringen:
- in anderhalf jaar een mbo-4-opleiding gedaan
- twee dochters grootgebracht, super meiden
- lieve vriendinnen
- super mooi huis
- huishouden runnen met gemak
- dat ik ervoor gekozen heb om in behandeling te gaan

Ingrijpende en aangrijpende levenservaringen:
- moeder ziek, altijd binnen of in ziekenhuis
- vertrek vader op haar 15$^{\text{e jaar}}$
- vertrek partners om een andere vrouw
- bij tante moeten wonen
- pestervaringen

Schemamodel

Ervaren veiligheid en verbondenheid:
- moeder was altijd lief voor mij
- deed met vader veel leuke dingen, twee handen op één buik
- ik was veel bij oma

Ontbroken veiligheid en verbondenheid:
- schema Verlating: vertrek vader, moeder regelmatig in ziekenhuis
- schema Emotioneel tekort: afwezigheid moeder, wonen bij tante, eenzaam

**Figuur 5.8** Casusconceptualisatie en modusmodel.

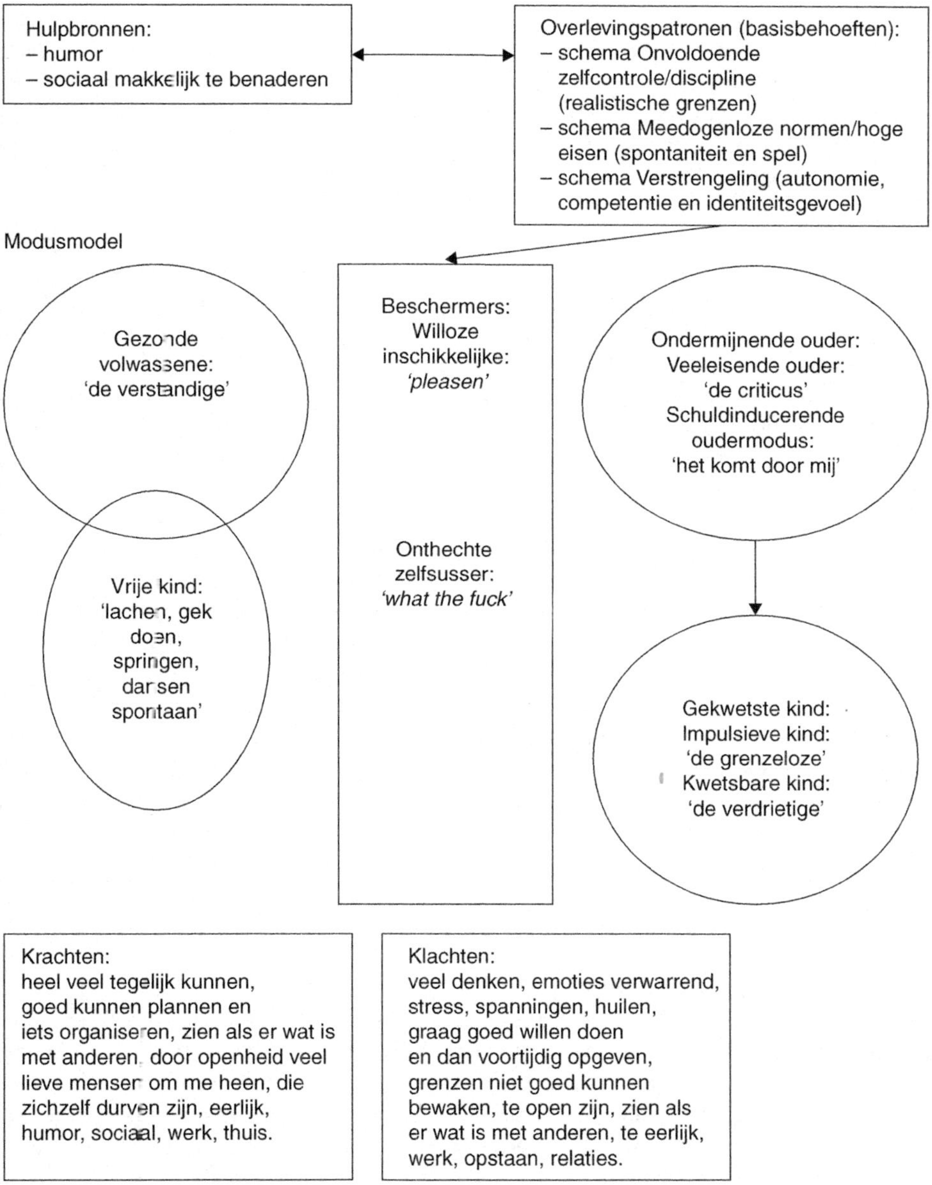


**Figuur 5.8** Vervolg

ook mogelijk om dit samen met de cliënt te doen. De samenvatting, het verhaal, is de hypothese of de context waarmee in de behandeling wordt gewerkt. Het is van belang om met de cliënt overeenstemming te hebben over de casusconceptualisatie en de samenvatting in woorden. Dat is het gezamenlijke uitgangspunt. Het is geen waarheid maar een werkhypothese. Tijdens de behandeling kan nieuwe informatie worden toegevoegd of kan iets worden gewijzigd op grond van nieuwe inzichten.

**Aan Janne wordt de volgende samenvatting voorgelegd:**

'Je was waarschijnlijk een sensitief kind. Je voelde veel aan en kon goed aansluiting vinden bij andere kinderen. Dit gebeurde ook thuis. Je leerde om te gaan met de regelmatige afwezigheid van je moeder door heel erg je best te gaan doen, je te richten op wat de ander nodig heeft en je daarnaar te schikken en de ander het naar de zin te maken. Dat paste ook bij de manier waarop jullie met elkaar omgingen, namelijk liefdevol en joviaal. Het richten op de ander werd versterkt toen je vader jullie verliet. In afwezigheid van je moeder en je vader, was je oma er voor je. Zij was belangrijk voor je, omdat je je bij haar op je gemak voelde. Je leerde je eigen gang te gaan en jezelf te redden. Vaak ging dat goed, maar niet altijd. Dat je je heel onzeker en angstig kon voelen, is door anderen niet altijd gezien. En doordat je je eigen gang ging, heb je mogelijk onvoldoende voor jezelf leren zorgen, waardoor je je nu regelmatig overspoeld en overvraagd voelt. Het omgaan met grenzen is soms moeilijk voor je. Zeker als je negatieve emoties ervaart en daar geen raad mee weet. Je volgt dan te snel je impulsen, waardoor je in situaties terecht kunt komen waar je later spijt van hebt. Door het patroon van je aanpassen en schikken, kon je onvoldoende aangeven wat er in jou omging. Dit herhaalde zich in je partnerkeuzes en de verlatingen die daarop volgden. Je kracht zit erin dat je steeds weer in staat bent contact te maken en vriendschappen te sluiten. Met je optimisme en open instelling breng je met liefde twee dochters groot en heb je plezier in je werk, waarvoor je in anderhalf jaar een mbo4-opleiding afrondde. Met dit alles geef je invulling aan je leven nu en je toekomst.'

## 5.3 Discussie

Het uitwerken van deze casusconceptualisatie kan zowel individueel als in een groep gebeuren. In het Centrum voor Psychotherapie van Pro Persona wordt dit gedaan in een module van acht weken. Iedere week wordt, na het geven van psycho-educatie, een deel van de casusconceptualisatie ingevuld. Het opstellen van de casusconceptualisatie werkt motiverend in de eerste fase van de behandeling. De cliënt krijgt zicht op zijn functioneren en tegelijkertijd wordt uitleg gegeven over hoe veranderwensen mogelijk gemaakt kunnen worden. Met name het modusmodel wordt als aangrijpingspunt in de behandeling centraal gesteld. Cliënten ervaren het als prettig dat er ook gekeken wordt naar hun kwaliteiten en krachten. Ook zij zijn, net als de hulpverleners, eerder op de problemen gericht dan op wat goed gaat. Dit model helpt om het evenwicht hierin te hervinden. In de indeling van de casusconceptualisatie in positieve kanten en negatieve kanten (linker- en rechterkant van het model) schuilt het gevaar van dichotoom denken, terwijl differentiatie juist belangrijk is in de ontwikkeling van de Gezonde Volwassene. In de samenvatting in woorden is het daarom belangrijk ruimte te maken voor deze differentiatie.

In deze casusconceptualisatie is geen analyse opgenomen van de verwachte interactie tussen de cliënt en de therapeut op grond van schema's en modi van de therapeut, omdat dit een werkdocument is van de cliënt. De therapeut kan voor zichzelf deze analyse maken. Dat is aan te bevelen omdat het op tijd herkennen van interacties tussen cliënt en therapeut wenselijk is om vanuit de principes van 'limited reparenting' te kunnen blijven werken. Zo kan de therapeut bijvoorbeeld geneigd zijn erg zijn best te doen. Door te goed voor de cliënt te willen zorgen, kan de autonomieontwikkeling van de cliënt onvoldoende worden bevorderd, omdat de therapeut te weinig eisen stelt aan de cliënt.

Modellen worden ontwikkeld om overzicht te scheppen en hypotheses over verbanden te formuleren. Een model doet altijd af aan de werkelijkheid, die immers complexer is dan het model doet vermoeden. Het versimpelen van de werkelijkheid maakt dat de wereld overzichtelijk wordt en cliënten weer greep krijgen op hun leven. Het hier voorgestelde model kan steeds worden aangepast en bijgewerkt als er nieuwe inzichten ontstaan en is daarmee een goed hulpmiddel bij de behandeling.

## Literatuur

Arntz, A., & Jacob, G. (2012). *Schematherapie. Een praktische handleiding*. Amsterdam: Uitgeverij Nieuwezijds.

Bowlby, J. (1983). *Attachment: Attachment and loss. Volume one*. New York: Basic Books Classics.

Heycop ten Ham, E. van, Hulsbergen, M., & Bohlmeijer, E. (red.) (2014). *Transdiagnostische factoren. Theorie en praktijk*. Amsterdam: Boom.

Keyes, C. L. M. (2005). Mental illness and/or mental health? Investigating axioms of the complete state model of health. *Journal of Consulting and Clinical Psychology, 73*, 539–548.

Ofman, D. (2007). *Hé, ik daar? Ontdek en ontwikkel je persoonlijke kwaliteiten met het kernkwadrant*. Utrecht: Servire.

Seligman, M. E. P. (2005). Positive Psychology. Positive Prevention, and Positieve Therapy. In C. R. Snyder & S. J. Lopez (2005). *Handbook of Positive Psychology*. New York: Oxford University Press.

Seligman, M. E. P. (2011). *Flourishing. A new understanding of happiness and well-being – and how to achieve them*. Boston: Nichclas Brealey.

Seligman, M. E. P., & Csikszentmihalyi, M. (2000.) Positive Psychology. An introduction. *American Psychologist, 55* (1), 5–14.

Thunnissen, M., & Graaf, A. de (2013). *Leerboek Transactionele Analyse*. Utrecht: De Tijdstroom.

Young, J. E., Klosko, J. S., & Weishaar, M. E. (2005). *Schemagerichte therapie. Handboek voor therapeuten*. Houten: Bohn Stafleu van Loghum.

# De Gezonde Volwassene in groepsschematherapie

*Anne Lindenborn*

**Samenvatting**
Groepsschematherapie biedt een ideale mogelijkheid om de Gezonde Volwassene te laten groeien. De taak van de Gezonde Volwassene bestaat uit zorgen voor de behoeften van het kind, begrenzen van overmatige normen en oordelen, en rekening houden met de externe realiteit. Het accent dat in groepstherapie wordt gelegd op cohesie en veiligheid, biedt de mogelijkheid om inzicht te verkrijgen in het eigen functioneren, zicht te verwerven op authentieke behoeften, emotieregulatie te verbeteren en probleemoplossend vermogen te vergroten. In groepen worden oude patronen herhaald, bekende posities opnieuw ingenomen en rollen opgepakt die als het meest eigen worden ervaren. Het gaat om gedragingen die ook problemen met zich meebrengen en de interpersoonlijke effectiviteit belemmeren. In groepsschematherapie kunnen cliënten correctieve ervaringen opdoen en mede daardoor leren weerstand te bieden aan straffende en veeleisende cognities. Deze ervaringen grijpen niet alleen direct in op hechtingsthema's, maar ook op gevoelens van competentie en mastering.

## 6.1 Wat is Schematherapie?

De kern van Schematherapie is dat elk kind een aantal basisbehoeften heeft: de behoefte om geaccepteerd te worden, om geliefd te zijn, om zich te uiten, om onafhankelijk te kunnen zijn, om plezier te hebben, om verzorgd te worden, om vastgehouden te worden en ga zo maar door. Gedurende de kindertijd kan, door allerlei problemen, de vervulling van deze behoeften in het gedrang komen of zelf tekortgedaan worden. Soms waren ouders te kritisch, te overcontrolerend, niet liefdevol genoeg, niet aanwezig genoeg. Soms zijn er omstandigheden die dit verklaren, zoals somatische aandoeningen, traumatiserende omstandigheden, systemische problemen. Vaak zijn er verklaringen voor waarom deze ouders met hun voorgeschiedenis bij hun kind of kinderen onvoldoende passende zorg konden bieden. Soms is het de interactie tussen deze verklaringen en het temperament van het kind. Op zich kunnen alle ouders deze tekorten wel eens vertonen, maar als het op een regelmatige basis voorkomt, jaar na jaar, ontwikkelt het kind vroege niet-adaptieve 'schema's'. Het gaat om niet-functionele ideeën over zichzelf en de wereld om zich heen, ideeën die vervulling van eigen behoeften later in het leven in de weg staan.

Een schema wordt omschreven als een cluster van overtuigingen in combinatie met alle bijbehorende emoties en alle bijbehorende vroege herinneringen. Volgens Young zijn schema's in de basis zelfs vooral emoties en herinneringen waar later cognities aan verbonden worden. Bij cliënten ontstaat een gevoeligheid ten aanzien van hun schema's. Ze zullen daarbij passend anticiperend gedrag ontwikkelen, soms ook ervaringen vervormen zodat deze in overeenstemming zijn met hun schema's. Zo kunnen anderen als kwaadwillend worden waargenomen terwijl dat niet terecht hoeft te zijn (Hellinga et al., 2000). Op die manier leiden schema's op hun beurt tot geleidelijke vervormingen in de richting van de al bestaande overtuigingen, waardoor deze alleen maar meer bestendigd raken.

Het begrip schemamodus refereert aan een set van bij elkaar horende schema's en processen die samen in bepaalde situaties het denken, voelen en handelen van de cliënt bepalen ten koste van andere schema's (Van Genderen & Arntz, 2010). Het gedrag dat mensen vertonen in overstemming met hun schema's leidt op zijn beurt ook weer tot reacties in de omgeving die veelal complementair zullen zijn, en ook zo worden schema's verder versterkt. Het gaat om een proces van inslijten en steeds verder vastraken in niet-helpende overtuigingen en niet-helpende manieren om de vervormende ervaringen die cliënten opdoen te kunnen hanteren. Dit proces heeft veelal verregaande gevolgen voor het vermogen van mensen om emoties te reguleren, gedrag te sturen en te functioneren in betekenisvolle relaties en rollen.

Binnen de Schematherapie wordt nadrukkelijk aandacht besteed aan het met cliënten verhelderen hoe de ontwikkelingsomstandigheden en het eigen temperament cliënten hebben gevormd tot de persoon die ze nu zijn. Tevens wordt besproken over hoe de aanwezige copingstrategieën begrepen kunnen worden als noodzakelijke overleving, maar dat dezelfde copingstrategieën gezien kunnen worden als beperkingen voor het functioneren in het hier en nu, met betrekking tot ontwikkeling, autonomie en gezonde behoeftebevrediging. Het proces van verbetering, groei en herstel kent een aantal kenmerken.

Als evidence-based psychotherapie is Schematherapie opgenomen in de richtlijnen voor de behandeling van persoonlijkheidsstoornissen. De groepsschematherapie is dan ook geïndiceerd voor met name karakterpathologie. Juist de groepssetting biedt directe mogelijkheden om het verstoorde vertrouwen in anderen te herstellen en zo persoonlijke ontwikkeling mogelijk te maken.

### 6.1.1 Wat is groepsschematherapie?

Groepsschematherapie is zoals de naam al aangeeft Schematherapie in een groep. Dat houdt in dat de kernconcepten en interventies, zoals die bekend zijn vanuit de individuele Schematherapieën, ook hier de basis vormen voor de theorie en behandeling. Het verschil is uiteraard gelegen in de toevoeging van een groepsproces, dat de mogelijkheden van het in het hier en nu ervaren van patronen en bijbehorende affecten sterk vergroot en de mogelijkheden biedt voor het opdoen van nieuwe ervaringen. De keuze voor een groepsschematherapieaanbod of individuele Schematherapie wordt niet alleen gestuurd door inhoudelijke overwegingen maar ook door praktische en bedrijfseconomische overwegingen, almede door een voorkeur van de therapeuten zelf. Bij besluitvorming is de vergoedingssystematiek van belang, alsmede de beschikbare behandelcapaciteit in verhouding tot productieafspraken. Daarnaast speelt in belangrijke mate de interesse en expertise van therapeuten mee. Groepsschematherapie is in beginsel complexer om uit te voeren dan individuele Schematherapie, omdat het behandelproces zoveel dynamischer kan worden en het van groot belang is dat de groepsschematherapeuten in staat zijn om de hardcore Schematherapie op een organische, niet-rigide manier in te vlechten in een groepsproces.

Groepsschematherapie kent twee varianten. Een variant bestaat uit wekelijkse groepssessies die gecombineerd worden met wekelijks individuele therapie. Het proces van behandelen wordt dan geborgd in een wekelijkse intervisie waarbij de betrokken therapeuten aanwezig zijn. Deze variant combineert het beste van twee werelden: er is gerichte, betekenisvolle en exclusieve aandacht voor de cliënt met zijn problemen in de individuele therapie. Ook is er in de individuele therapie de ruimte om eventuele crises goed te managen. Daarnaast is er de groepsdynamiek omtrent herkenning, steun van lotgenoten en de mogelijkheid om via leerervaringen van anderen kennis en inzicht over zichzelf op te doen. In de groepsdynamiek ontstaan bekende patronen in het interpersoonlijke functioneren, worden copingstrategieën *on-the-spot* geactiveerd en doen zich talloze oefensituaties voor. De nadelen van deze variant liggen vooral in de mogelijkheid van een onvoldoende samenhangend proces. De cliënt kan de ruimte ervaren om in de individuele therapie ander gedrag te laten zien dan in de groep. Een goede samenwerking tussen de verschillende therapeuten is in deze variant dus van groot belang.

Een andere variant van groepsschematherapie bestaat uit twee groepssessies per week. De behandeling vindt dan alleen in de groep plaats. Het voordeel van deze variant is dat het aanbod meer samenhang heeft omdat dezelfde setting wordt aangehouden. Het nadeel is dat er weinig ruimte kan zijn voor individuele processen en crises. Omdat de groepsleden het echt met de groep moeten doen, kan er meer rivaliteit tussen groepsleden ontstaan en daarmee meer groepsdynamiek. Alleen wanneer daar een bijzondere indicatie voor bestaat, kunnen in deze variant aanvullend individuele sessies aangeboden worden om individuele problemen, crises en dergelijke te bespreken in maximaal twaalf individuele sessies. Het gaat dan bijvoorbeeld om problemen die wanneer ze geen aandacht krijgen deelname aan de groepssessies belemmeren.

In beide varianten is het erg belangrijk de cohesie in de groep te versterken. Juist de gezamenlijkheid, de veiligheid en de gedeelde ontwikkeling vormen een correctieve ervaring ten opzichte van de veelal disfunctionele gezinspatronen die de cliënten tijdens hun ontwikkeling hebben ervaren. De groep is als een nieuwe familie waarin nieuwe en positieve ervaringen kunnen worden opgedaan, en waarin ruimte geboden wordt om emoties te delen en te reguleren, om voor zichzelf op te komen met behoud van relatie, en om adequaat af te stemmen en te herstellen. De groep biedt op deze wijze mogelijkheden tot het opdoen van cruciale positieve ervaringen die de basis kunnen gaan vormen voor adequater functioneren in de toekomst.

Om deze positieve processen vanuit de groepscohesie te laten ontstaan is het nodig dat veiligheid, respect, vertrouwen en zorg door de groepstherapeuten en door de cliënten goed worden gewaarborgd als kernwaarden in de therapie. Dat vraagt in eerste instantie van de groepstherapeuten veel sensitiviteit ten opzichte van alles wat in groepsdynamische zin kan gebeuren qua bedreiging van deze kernwaarden. In tweede instantie is snel reageren belangrijk wanneer de veiligheid en de andere kernwaarden worden bedreigd.

Een interventie hierbij is het noemen van *the elephant in the room*. Als zich iets opmerkelijks, moeilijks, ingewikkelds, onbegrijpelijks of ongepasts voordoet in de groep, is het zaak dit niet te negeren maar het direct een plek in de therapiesessie te geven. Dit gebeurt door het direct te adresseren of, in overleg met de groep, later te agenderen. Soms is het voldoende om het alleen genoemd te hebben. Deze techniek, niet uniek voor Schematherapie, is onontbeerlijk bij het managen van groepsdynamiek die onbedoeld ontstaat wanneer ernaar gestreefd wordt cliënten nieuwe emotionele correctieve ervaringen op te laten doen. Het adequaat hanteren van *arousal* is hierbij van essentieel belang vanwege de mogelijkheid om te blijven reageren vanuit de Gezonde Volwassene in plaats van opnieuw verstrikt te raken in oude destructieve patronen (schema's).

Psychotherapieprocessen zijn het effectiefst als er sprake is van een optimale *arousal*. Analoog aan een krachttraining, waarin men spieren zodanig wil belasten, dat ze worden uitgedaagd zonder dat er blessures ontstaan, geldt ook in psychotherapie dat er voor de cliënt een optimaal spanningsniveau bestaat. Een spanningsniveau dat zodanig uitdaagt, dat er groei kan ontstaan zonder dat het leidt tot een te sterke ontregeling. In individuele, maar zeker ook in groepspsychotherapie kan het optimale spanningsniveau sterk wisselen. In de praktijk betekent dit dat de therapeut spanningsverhogende interventies afwisselt met spanningsreducerende interventies. Salmon Akhtar beschrijft het belang van *affirmative attunement* en *disruptive attunement* door de therapeut. Beide behoren onderdeel te zijn van therapie (Akhtar, 2003). De affirmatieve afstemming is een empathische, begrijpende en soms ook troostende manier van afstemming op de cliënt en zijn behoeften, emoties en worsteling. In het ontregelende (*disruptive*) deel van de interventies worden confrontaties, interpretaties en duidingen bedoeld die juist spanning induceren.

In de *mentalization based treatment* (MBT) wordt een soortgelijke dynamiek beschreven (Bateman & Fonagy, 2004).De therapeut zal afhankelijk van de aanwezige *arousal* spanningsreducerende of spanningsinducerende interventies doen. Om te leren mentaliseren moet de cliënt namelijk niet overprikkeld zijn. Een te hoge arousal heeft een sterk negatief effect op het leervermogen en het helder denken en bemoeilijkt de aanwezigheid van de Gezonde Volwassene. Een te lage *arousal* zal het mentaliserende vermogen niet genoeg bevorderen.

Zo werkt het dus ook in groepsschematherapie waar de therapeuten als volleerde jongleurs aan het werk zijn. Enerzijds zijn er de inhoudelijke onderwerpen die in het hier en nu spelen in de groep, anderzijds is er de spanning van de groepsleden afzonderlijk en de spanning van de groep in zijn geheel. In samenhang met de overkoepelende belangrijke aspecten als cohesie, veiligheid en betrouwbaarheid, worden beide elementen in relatie tot elkaar bezien en waar nodig bijgestuurd.

## 6.2 Fasen in de groepstherapie

In de ontwikkeling van een therapeutisch groepsproces is er sprake van meerdere fasen, waarin steeds een ander onderwerp centraal staat. Door verschillende factoren kan de groep terugvallen in een eerdere fase wanneer onderwerpen uit die fase opnieuw om aandacht vragen. Het is belangrijk om de aspecten van veiligheid, betrouwbaarheid en zorg die horen bij de betreffende fase dan ook opnieuw onder de aandacht te brengen.

### 6.2.1 Cohesie en veiligheid



In de eerste fase van de groep wordt er veel aandacht besteed aan cohesie en veiligheid. Dit wordt gedaan door enerzijds contextueel structurerende elementen te introduceren, zoals groepsregels en afspraken, vorm van de therapie, bereikbaarheid van therapeuten en uitleg over een individueel noodplan om crises te voorkomen.

Anderzijds is er expliciete aandacht voor begrippen als respect, vertrouwen en samenwerking. Het belang hiervan wordt niet alleen benadrukt, maar ook uitgelegd vanuit een gezond ontwikkelingsperspectief. In deze fase wordt in psycho-educatieve zin erkenning en inzicht gegeven aan de veelal disfunctionele gezinspatronen die de groepsleden hebben gekend. Er wordt expliciet aandacht gegeven aan de begrippen van de Schematherapie en de ontstaanswijze van schema's en schemamodi. Uitleg wordt gegeven over basisbehoeften en manieren waarop kinderen en jongeren leren overleven in een onveilige of ongezonde omgeving. Het beschrijven van wat nu eigenlijk gezond gedrag is, legt de basis voor een *mindset* die gedurende de therapie versterkt en ontwikkeld wordt. Deze *mindset* is aan de ene kant gericht op begrip en erkenning van zichzelf vanuit de eigen levensgeschiedenis en zonder enige veroordeling. Aan de andere kant is deze *mindset* ook gericht op eigen mogelijkheden en veranderingen: als volwassene kan men andere keuzes maken gericht op eigen belangen, behoeften en gezondheid.

**Voorbeeld noodplan**
WELKE PROBLEMEN BEDREIGEN JOUW VEILIGHEID?

WAT IS JE BEHOEFTE?

WELK (VEILIG) GEDRAG ZOU TEGEMOET KOMEN AAN JE BEHOEFTEN?

WELKE MODUS IS BETROKKEN?

WAT ZOU JE GEZONDE VOLWASSENE DOEN?

VEILIGHEIDSCONTRACT: Ik neem me voor om eerst bovenstaand gedrag te proberen voor ik iets anders doe. Als me dat niet lukt, dan zal ik contact opnemen met minstens twee crisiscontacten voor ik iets anders doe.

Datum: ______________ Handtekening ______________________________
Getuige ______________________________________________

BELANGRIJKE TELEFOONNUMMERS BIJ CRISIS:
Psychotherapeuten contacten/ Uren van
beschikbaarheid: ..............................................................................
Crisis telefoonnummer: ......................................................................
Andere noodhulp: ..............................................................................

**Figuur 6.1** Voorbeeld van een noodplan.

Een andere manier om cohesie en veiligheid te bevorderen ligt in het versterken van de verbondenheid met de groep door gezamenlijk succesvol moeilijke, emotionele, maar ook leuke, positieve ervaringen door te maken. Het gaat om ervaringen die men gewoonlijk opdoet in een voldoende gezonde familie, maar die cliënten vaak te weinig hebben gehad. Op die manier wordt verbondenheid ervaren in de groep die een nieuwe emotioneel correctieve ervaring vormt. Hierbij worden de therapeuten ervaren als zogenaamde ouders en groepsleden als zogenaamde *siblings*.

Het kernuitgangspunt is altijd het behouden of herstellen van verbinding en veiligheid. Dit geldt zowel binnen als buiten de groep. Voor veiligheid en verbinding buiten de groep wordt het zogenaamde noodplan gemaakt (fig. 6.1). Het noodplan helpt de cliënt om na te denken over het inzetten van gezond gedrag bij oplopende spanning en maakt de cliënt medeverantwoordelijk voor het leren hanteren van deze moeilijke momenten. Hiermee wordt tegelijkertijd de behoefte, het moment waarop deze behoefte op de voorgrond treedt en de richting van gewenste gedragsverandering gemarkeerd.

### 6.2.2 Probleemsamenhang

Een tweede fase binnen de groepsschematherapie richt zich meer op het identificeren van ieders individuele probleemsamenhang. Deze wordt verkregen door de concepten van de Schematherapie en de persoonlijke geschiedenis van de cliënt, in het licht van diens persoonlijke context, in narratieve zin te verbinden met elkaar. Op deze wijze wordt een overzicht verkregen van de schemamodi die op de voorgrond staan en hun onderlinge relaties binnen het eigen verhaal van de cliënt. Hierbij spelen experiëntiële technieken een belangrijke rol.

Het proces van zicht krijgen op wie je bent en hoe je zo bent geworden, vanuit een mild perspectief van begrip en 'ontschuldigen', biedt ruimte om stil te staan bij de affectbeladen gebeurtenissen in iemands leven. Deze ruimte voor stilstaan biedt vervolgens gelegenheid voor het opdoen van helende ervaringen in de groep, omdat dan alsnog erkenning en begrip verkregen kunnen worden.

Gezonde emotieregulatie komt in groepsschematherapie eveneens aan de orde. In de groep wordt door psycho-educatie aandacht besteed aan het belang en de functie van emoties en de manier waarop emoties verankerd zijn in onze neurobiologische systemen. Uitgelegd wordt ook de betekenis van emoties en de manier waarop emoties binnen de persoon elkaar beïnvloeden. Ook wordt besproken hoe emoties tussen mensen een wederzijdse beïnvloedingsdynamiek kennen. Daarnaast biedt de groep ruimte om zicht te krijgen op emotionele differentiatie. Het gaat om het leren (her)kennen van emoties en het leren onderscheiden van verschillende emoties. De groep dient daartoe een veilige omgeving te bieden waar geleerd kan worden van en samen met elkaar. Daarnaast kunnen er groepsoefeningen aangeboden worden die specifiek gericht zijn op het verminderen van affectfobische dynamiek.



### 6.2.3 Interfererende factoren

Relatief vroeg in de therapie moet de focus ook gemeenschappelijke en individuele therapie-interfererende factoren betreffen. Bedoeld worden op de voorgrond staande psychosociale problemen, middelenmisbruik en systeemproblemen. Deze zouden in een pretherapiefase al geadresseerd moeten zijn, maar terugval op deze gebieden vraagt monitoring en waar nodig interventie. Een gemeenschappelijke therapie-interfererende factor is een schemamodus die de veiligheid voor anderen of zichzelf bedreigt. Bijvoorbeeld bij cliënten die een sterke pest-aanvalmodus hebben ontwikkeld, helpt het erg deze te identificeren als coping voor veel meer kwetsbare gevoelens en ervaringen. Op deze manier kan onaangepast en onveilig gedrag weer teruggebracht worden tot de dynamiek van de cliënt en kan het effect op de interpersoonlijke context, de groep, worden verminderd.

**Casus**

Bij de start van een groepssessie gebeurde het dat een cliënte bij binnenkomst de enige lege stoel die naast een groepsgenoot stond (met wie ze minder goed kon samenwerken) optilde en verplaatste. Ze zette de stoel elders in de ruimte, tussen groepsgenoten met wie ze het wel goed kon vinden. Op zo'n moment is er direct sprake van een te adresseren probleem, want respect en veiligheid komen onder druk te staan en het risico op een zondebokdynamiek neemt toe.

De therapeuten benoemen gelijk wat ze zien gebeuren, de zogenaamde *olifant in de kamer*. Door het gedrag te labelen als pest-aanvalmodus, ontstaat de mogelijkheid om het te begrijpen in de context van de problematiek van de betreffende cliënte, zonder te beschuldigen. Het probleemgedrag van de cliënte die haar stoel verplaatste, wordt begrepen als aangeleerd overlevingsgedrag, waardoor de bejegening van de groepsgenoot naast wie deze cliënte niet wil zitten, in een ander, milder daglicht wordt geplaatst. Vervolgens kan de spanning en de angst van de cliënte, maar ook haar onveilige gedrag, worden geïdentificeerd. Door de groep deelgenoot te maken van deze ervaring, waarin de groepsgenoot zich afgewezen of onveilig voelde, en door uit te nodigen om de herkenning van deze ervaringen te delen, kan een dergelijk spanningsvol moment tot een leerzaam en verbindend groepsmoment worden.

Voor bijna alle cliënten die geïndiceerd zijn voor groepsschematherapie geldt dat er sprake is van een straffende- en/of veeleisende-oudermodus. Het gaat om geïnternaliseerde negatieve, kritische en soms ook agressieve boodschappen die cliënten hebben meegekregen en opgeslagen gedurende hun leven. Boodschappen die voor mensen als waarheid aanvoelen en aangeven wat men moet kunnen, wat men waard is en hoeveel eigenheid men mag hebben. Het is van belang dat cliënten zicht krijgen op het veroordelende karakter van deze boodschappen en geholpen worden om tegenwicht te bieden aan zo veel veroordeling. Dit tegenwicht kent twee kanten: een cognitieve en een affectieve kant. De *cognitieve insteek* gaat over het ontwikkelen van bewustwording ten aanzien van de ongepastheid van deze oordelen. Hierbij wordt gebruikgemaakt van de aanwezige kennis over wat gezonde oordelen zijn over anderen. Hoe denken ze bijvoorbeeld over kinderen die ze kennen? Ouders die in de nabije omgeving verkeren, kunnen als voorbeeld dienen, maar ook rolmodellen die aanwezig zijn in sociale media en op televisie kunnen gebruikt worden voor het vergroten en versterken van deze cognitieve bewustwording en uitdaging. De *affectieve interventies* richten zich vooral op het bewust aandragen en inzetten van positieve en helpende boodschappen. Het zijn veelal boodschappen die cliënten te weinig of niet hebben gehoord of meegekregen in hun leven. In de groep en in de eventuele individuele therapie wordt hier expliciet aandacht aan besteed in de vorm van experiëntiële oefeningen.

### 6.2.4 Interpersoonlijke processen en vaardigheden binnen en buiten de groep

In een volgende fase is er meer aandacht voor interpersoonlijke processen en vaardigheden binnen en buiten de groep. In de groep vinden veel en vaak snelle interpersoonlijke processen plaats waarbij emoties soms snel hoog kunnen oplopen. Deze processen worden gemanaged door ze te adresseren en de *arousal* die speelt niet te hoog, maar wel hoog genoeg, te laten oplopen. Deze manier van interveniëren in de groep biedt veel gelegenheid voor cliënten om zich bewust te worden van eigen patronen en manieren waarop ze in het interpersoonlijke verkeer geleerd hebben zich staande te houden. Nieuwe ervaringen met gerichte keuzes om moeilijke interpersoonlijke processen anders aan te pakken, helpen om de differentiatie tussen het zelf en de ander, tussen verschillende emoties, tussen vroeger en nu, helderder te markeren. Het vermogen van de cliënt om relaties aan te gaan, samen te kunnen werken, contactbreuken te herstellen en intimiteit te ervaren en toe te laten, allemaal kenmerken van de Gezonde Volwassene, wordt hierbij aangesproken en gestimuleerd.

### 6.2.5 Identiteitswerk

Geleidelijk aan verschuift zo het accent naar de fase van het identiteitswerk. Centraal staat het leren begrip en inzicht te krijgen in hoe mensen en hun identiteit zich in normale omstandigheden ontwikkelen. In deze fase wordt gewerkt aan een verschuiving van angst voor stilstaan bij zichzelf (vanwege alle affectbeladen situaties die nog onvoldoende aandacht hebben gehad), naar nieuwsgierigheid naar zichzelf. Het ontwikkelen en bestendigen van een autonome identiteit vindt plaats door eigen keuzes te benadrukken rond bezigheden, voorkeuren en stijlen. Het gaat om een proces dat in iedere psychotherapie een rol heeft. Specifiek voor groepsschematherapie zijn er oefeningen die aandacht besteden aan voorkeuren, hoe anderen je zien en wat er wel en niet bij de persoon hoort. Eerder besproken thema's rondom veiligheid, verbondenheid en emotionele differentiatie herbergen uiteraard ook aspecten van identiteitsontwikkeling. Juist het leren kennen van eigen voorkeuren, twijfels, ambivalenties in een veilige en betrokken omgeving, maakt het mogelijk om op een natuurlijke manier zichzelf te leren kennen.

### 6.2.6 Gedragsverandering

In een van de laatste fasen van de groepsschematherapie ontstaat steeds meer doelgericht gedrag. Dit is gedrag dat samenhangt met de nieuwe en gezondere keuzes die cliënten bewust maken en de nieuwe en gezondere manieren van functioneren die ze zijn gaan uitproberen en zich eigen zijn gaan maken. Geleidelijk aan vindt er in deze fase ook een verschuiving plaats van oefenen in de groep naar ervaren buiten de groep in het gewone leven. Het beeld van de veilige en betrokken groep, die ondersteunend en meedenkend is wanneer nodig en waarop teruggevallen kan worden indien gewenst, wordt meegenomen.



### 6.2.7 Afscheid

In de laatste fase krijgt afscheid nemen als normaal onderdeel van het leven ook een duidelijke plaats in de therapie. De rol en functie van rituelen en het gebruik ervan spelen hierbij een belangrijke rol. Het helpt cliënten om de ervaring van de steunende groep symbolisch mee te kunnen nemen. Bij het afscheid van een twee jaar durende therapie (groep en individueel wekelijks) schrijft een cliënte die kampt met een borderline persoonlijkheidsstoornis, welk effect en betekenis de therapie voor haar hebben gehad.

**Casus**

"[…] Vandaag is de afscheidsdag van jou en mij. De dag dat we elkaar de hand schudden na 24 maanden intensief te hebben samengewerkt om MIJN doelen te behalen. Het is lastig voor mij. Ik zou iedere week wel met je in gesprek willen. Maar dat is dan mijn eigen belang, haha! Je hebt de dingen des levens zo duidelijk voor me gemaakt en dat was een zeer goede ervaring. Toch valt deze dag me zwaar. Ik vind het moeilijk om mijn veilige plek, die ik eindelijk beleefde, los te laten en verder te gaan om het geleerde mee te nemen. Maar door al het geleerde weet ik dat ik op mijzelf mag en kan vertrouwen en dat maakt het dragelijk. Ik weet dat het je werk is om mensen op de goede weg te helpen en dat na mij, heel veel mensen baat zullen hebben bij jouw tijd en effort en professionaliteit.
[…]
Nogmaals wil ik bevestigen dat het wel degelijk mogelijk is om te veranderen. Ik kan niemand uitleggen hoe hard ik heb gewerkt aan mijzelf. Hoeveel ik mijn best heb gedaan. Ik ben dicht bij mijzelf gebleven en heb keihard geknokt voor mijzelf en ook voor het kleine meisje in mij. Opgeven was geen optie voor mij, ik wilde van mijzelf gaan houden en mijzelf veilig voelen.
Alle luchtkastelen heb ik langzaam moeten loslaten en jeetje, wat heb ik veel pijn gehad bij het voelen; al het verlies dat ik heb ervaren.
Ik heb geleerd dat het verdriet er mag zijn. It's okay NOT to be OKAY! Het wordt steeds dragelijker om te voelen en ik snap het veel beter allemaal.
Ik ben veranderd in een vrouw die haar kwetsbaarheid mag onderkennen, die meer voor

zichzelf opkomt, zichzelf meer uitspreekt en niet meer vlucht voor de moeilijke dingen des levens, die grenzen weet te stellen.
Ik heb heel goed onthouden dat je een kast niet zomaar kunt optillen, maar dat je die stapje voor stapje moet uitpakken. Wat heb ik zware dingen getild in mijn leven. Maar dat het 'stap voor stap' gaat, ben ik dankzij de therapie ook blijven onthouden. Niet alles tegelijk willen!
Je hebt naar me geluisterd en me veel dingen duidelijk gemaakt. De veiligheid en het veelvuldig in gesprek blijven heeft me enorm geholpen. Ik zie Schematherapie als een heel grote leerschool, een school waar ik absoluut mijn diploma wilde halen.
Ja, het was zwaar en ja, de mensen in mijn omgeving hadden geen idee hoe zwaar. Dat geeft ook niet, want ik ben degene die wil en wilde helen en deze therapie heb ik helemaal voor mijzelf gedaan.
Soms had ik het idee dat ik me moest verdedigen, maar ook dit heb ik kunnen loslaten. Het is mijn gevoel en ik heb eraan kunnen werken, met als doel MIJN gevoel dragelijk te maken. Weliswaar op een sociaalvaardige manier.
Gelukkig ben ik er ook achter gekomen dat niet alleen ik het was die verkeerd of moeilijk gedrag vertoonde. Iedereen vertoont wel gedragspatronen die niet helemaal fair of makkelijk zijn om mee om te gaan.
Ik heb door oefenen, oefenen en nog eens oefenen geleerd hoe met mensen om te gaan zonder over mijn eigen grenzen heen te gaan.
Verder ben ik natuurlijk nog aan het rouwen om het verlies dat ik nooit had willen doormaken. Dat is in stappen gegaan. Boosheid, onmacht en angst hebben daar een grote rol in gespeeld. Het is niet eerlijk om een belangrijk iemand zo te moeten verliezen en het gemis is oprecht en dat mag ook verdrietig zijn. Ik kan het gelukkig ook parkeren.
Uiteindelijk ben ik gaan geloven dat alles wel weer goed komt. Dat ik mijzelf ben met een goed hart en dat ik gelukkig nooit verbitterd ben geraakt en grote dromen blijf dromen.
Ik mag het doen in mijn leven en heb veel tools gekregen die ik kan gaan gebruiken voor de rest van mijn leven. Ik neem de regie!
Ik ben van mijzelf gaan houden en dat was het doel van deze mooie, maar ook zo moeilijke reis..

De beschreven fasen van de groepsschematherapie zijn te vergelijken met het doorlopen van een normale ontwikkeling, waarbij emotieregulatie, interpersoonlijke effectiviteit en identiteitsontwikkeling kernbegrippen zijn. Een betrokken, helpende en liefdevolle context wordt zo veel mogelijk vormgegeven door de groep en de therapeuten. Alle aspecten die hier bijhoren, kunnen worden beschouwd als *limited reparenting*. Het begrip *limited* verwijst naar het aspect dat veranderingen en ervaringen opgedaan in een voldoende veilige omgeving, de vroegere kwetsuren nooit weg kunnen poetsen, maar dat het effect van deze negatieve ervaringen en relaties op het hier en nu wel kan worden verminderd. De groep biedt als een gezond functionerend systeem, met daarbinnen de herkenning en erkenning van zichzelf en anderen, het leren via de anderen en andermans ervaringen, de mogelijkheid voor cliënten om wezenlijke veranderingen door te maken en aan te gaan.

## 6.3 De ontwikkeling van de Gezonde Volwassene in groepsschematherapie

Afhankelijk van de fasen van de therapie en de problematiek van de cliënt heeft de Gezonde Volwassene een wisselend op de voorgrond staande plek en status. Bij aanvang van de therapie staan disfunctionele modi en moeilijk hanteerbare affecten tegen het licht van een affectbeladen geschiedenis nog op de voorgrond. De Gezonde Volwassene is een modus die wordt geïdentificeerd en waarbij het uitgangspunt wordt gehanteerd dat deze zich kan ontwikkelen in de richting van een hoofdrol in het leven van de cliënt. Het gaat om een ontwikkeling richting een toenemend adaptief vermogen die tot een hogere kwaliteit van leven leidt. De Gezonde Volwassene is het resultaat van de integratie die heeft plaatsgevonden op het einde van een succesvolle therapie waarin een cliënt een aanzienlijke verandering heeft doorgemaakt. De Gezonde Volwassene is dan niet langer een modus, maar heeft het niveau van andere modi overstegen en is geïncorporeerd in een meer geïntegreerd zelf. De cliënt is overwegend succesvol in de bemiddeling tussen behoeften, normen, eisen en de realiteit die het dagelijks leven met zich meebrengt.



In eerste instantie is het de gezonde volwassen kant van de cliënt die hulp zocht. Geleidelijk aan groeit de Gezonde Volwassene door reflectie op eigen en andermans functioneren, door begrip voor eigen en andermans geschiedenis en de effecten daarvan op overtuigingen en angsten en door begrip van de ontwikkeling van overlevingsstrategieën en ongezond gedrag. De Gezonde Volwassene draagt het vermogen om dit begrip naast de ervaring van het moment te kunnen plaatsen en deze ervaring niet overmatig beïnvloed te laten worden door oude pijn. Tevens draagt de Gezonde Volwassene het besef van eigenheid en eigenwaarde, het vermogen om emoties te herkennen en te reguleren, zichzelf te troosten en hulp te vragen. Het gaat ook over het vermogen om behoeften te herkennen en na te streven, het vermogen om in het contact met anderen zichzelf te blijven en om te kunnen omgaan met verschillen tussen mensen, de bescherming tegen overmatige normen en oordelen en het vermogen doelgericht op te treden in overeenstemming met eigen wensen en mogelijkheden. Kortom, de Gezonde Volwassene gaat over de integratie van 'het zelf'.

## 6.4 Technieken om de Gezonde Volwassene te versterken in de groep

Farrell en Shaw (2012) beschrijven in hun boek over groepsschematherapie bij borderline persoonlijkheidsstoornissen een aantal technieken die specifiek gericht zijn op de Gezonde Volwassene. Zij beschrijven de Gezonde Volwassene als dat deel van de persoon dat in staat is om cognitief en experiëntieel tegenwicht te bieden tegen schemamodi waar cliënten mee worstelen. De Gezonde Volwassene wordt gezien als het deel van de persoon dat in staat is om te voorzien in de behoeften van het kwetsbare kind, en in staat is om door de onbewuste grenzen te breken van disfunctionele schema's en schemamodi, om zo meer gebruik te kunnen maken van eigen sterke kanten. Farrell en Shaw maken gebruik van schrijfopdrachten die cliënten bewust kunnen maken van deze eigen sterke kanten. Ze maken gebruik van cognitieve technieken zoals de 'taartpunttechniek' om de kwaliteit van de Gezonde Volwassene ten opzichte van andere modi te inventariseren. Vanuit de bewustwording van de Gezonde Volwassene wordt er gereflecteerd op de te verwachten positieve veranderingen wanneer de Gezonde Volwassene een prominentere en consequentere rol in het leven van de cliënt zou krijgen. Zij beschrijven de aanwezigheid van een binnenwereld met begrippen als gevoelens, behoeften, waarden en overtuigingen die eigen zijn en blijven, ook als je in contact met anderen bent. De begrippen die ze hanteren, verwijzen naar een stabiele, geïntegreerde identiteit, met ruimte voor tegenstrijdigheden en temporele consistentie. Deze begrippen komen in belangrijke mate overeen met de voorstellen rondom de classificatie van de ernst van persoonlijkheidspathologie zoals opgenomen in de DSM-V (Skodol et al., 2011). Behalve cognitieve technieken die specifiek zijn gericht op het ontwikkelen van de Gezonde Volwassene, beschrijven ze ook technieken die ze als experiëntieel labelen.

Voorbeelden van experiëntiële technieken voor het ontwikkelen van de Gezonde Volwassene (Farrell & Shaw, 2012):
- Bemoedigende woorden en gedachten gebruiken.
- Met gezonde coping en vaardigheden oefenen.
- Tastbare objecten gebruiken die positieve associaties kennen.
- Herinneringen visualiseren.
- Een positieve toekomst visualiseren.
- Troostende objecten meenemen.
- In de groep wordt stilgestaan bij triggers voor pijnlijke herinneringen voor het kwetsbare kind. Daarna wordt gekeken naar manieren om je voor te bereiden op die ervaringen als ze niet vermeden kunnen worden en worden mogelijkheden geëvalueerd om veranderingen aan te brengen in de situaties die de mate van moeilijkheid zouden kunnen verminderen.

## 6.5 Gezonde Volwassene en welbevinden

Stilstaand bij de zes dimensies van welbevinden (Ryff, 1989) en de ontwikkeling van de Gezonde Volwassene zijn er veel overeenkomsten. Welbevinden richt zich op mechanismen en processen van optimaal functioneren van individuen, van relaties en van samenlevingen, in plaats van focussen op mechanismen van disfunctioneren. Het betreft de dimensies van doelgerichtheid, persoonlijke groei, autonomie, omgevingsbeheersing, zelfacceptatie en positieve relaties. Doelgerichtheid binnen de groepsschematherapie komt naar voren in de aandacht voor het gewenste leven na de therapie, de nadruk op het gevoel van competentie, het belangrijk maken van de basisbehoeften en om zichzelf waarde toe te kennen. Persoonlijke groei wordt geadresseerd door het belang van complimenten, waardering en *limited reparenting* te benadrukken en in te zetten in de groep. Om te groeien is er ruimte nodig waarin ervaring, gevolgd door inzicht, gericht op nieuw gedrag en het opheffen van stagnaties onontbeerlijk zijn. Autonomie is in de Schematherapie een basisbehoefte. Het gaat over de nadruk op ieders eigen behoeften en dynamiek, en het loslaten van de afhankelijkheid van externe waardering of het gevangen zijn in parentificatieprocessen; het zorgen voor belangrijke anderen ten koste van de eigen ontwikkeling. Autonomie wordt steeds groter naarmate de Gezonde Volwassene zich verder ontwikkelt. Het begrip 'omgevingsbeheersing' komt terug in de interpersoonlijke effectiviteit, het leren reguleren van emoties in het contact met anderen, het leren kennen en herkennen van patronen en valkuilen en gezondere manieren van omgaan met complexe situaties. Het belang van zelfacceptatie komt naar voren in het ontwikkelen van een positieve attitude ten opzichte van zichzelf. In de groepsschematherapie wordt er gewerkt aan een verschuiving naar echte zelfwaardering, in plaats van afhankelijkheid van het oordeel van anderen of van de kritische- en veeleisende-oudermodus. Dit proces wordt bevorderd door effectief tegenwicht te leren bieden aan deze modi.

Ten slotte vinden we het belang van positieve relaties terug in het geheel van de context van de groepsschematherapie waarin aan de nadruk op gezonde contacten, toegenomen interpersoonlijke effectiviteit en behoeften meer tegemoetgekomen kan worden. Het gaat om een verschuiving in de richting van wat je als mens nodig hebt, wat je voedt, wat je blij maakt en wie je blij maakt.

## 6.6 Afsluiting



In de afscheidsbrief die de cliënte schreef na afloop van de groepsschematherapie valt terug te lezen wat in haar ogen het effect is van de therapie. Dit effect werd ook door het team gezien in haar steeds gezonder functioneren. Ze leerde oog krijgen voor zichzelf, haar geschiedenis en haar emoties. Ze ging geleidelijk aan zorgen voor die emoties en voor haar eigen behoeften. Door zicht te ontwikkelen op de invloed die haar geschiedenis had op de persoon die ze was geworden en op de copingstrategieën die ze gedurende haar kindertijd had ontwikkeld, ontstond er geleidelijk aan meer ruimte voor mildheid, voor betere zelfzorg en voor zelfsturing in het heden maar ook in de toekomst. Ze maakte gezonde en positieve keuzes rondom relaties en zichzelf. De individuele en groepstherapie hielpen haar hierbij. Voor haar heeft deze therapie wezenlijke betekenis gehad in haar leven. En dat is ook wat therapie en in dit geval groepsschematherapie voor mensen kan betekenen.

Een zo goed ontwikkelingsproces wensen we al onze cliënten toe.

### Literatuur

Akhtar, S. (2003). *New Clinical Realms. Pushing the Envelope of Theory and Technique*. Northvale, New Jersey, London: Jason Aronson.

Bateman, A.W., & Fonagy, P. (2004). *Psychotherapy for Borderline Personality Disorder. Mentalization-based treatment*. New York: Oxford University Press.

Farrell, J.M., & Shaw, I.A. (2012). *Group Schema Therapy for Borderline Personality Disorder. A Step-by-Step Treatment Manual with Patient Workbook*. Malden, MA: Wiley-Blackwell

Genderen, H. van, & Arntz, A. (2010). *Schematherapie bij borderline persoonlijkheidsstoornis*. Amsterdam: Uitgeverij Nieuwezijds.

Hellinga, G., Luyn, B. van, & Dalewijk, H.J. (2000). *Personalities. Master clinicians confront the treatment of borderline personality disorder*. Amsterdam: Boom.

Ryff, C.D. (1989). Happiness is everything, or is it? Exploration on the meaning of psychological well-being. *Journal of Personality and Social Psychology, 57*, 1069–1081.

Skodol, A.E., Clark, L.A., Bender, D.S., Krueger, R.F., Livesley, W.J., Morey, L.C., Verheul, R., Alarcon, R.D., Bell, C.C., Siever, L.J., Oldham, J.M. (2011). Proposed changes in personality and personality disorder assessment and diagnosis for DSM-5. Part I: Description and rationale. *Personality Disorders: Theory, Research, and Treatment*, 2 (1) (Jan),4–22.

# De Gezonde Volwassene in relatie

*Karin Wagenaar*

**Samenvatting**

In dit hoofdstuk wordt beschreven hoe de Gezonde Volwassene zich in een relatie begeeft, waar hij tegenaan loopt en waar hij mee zal moeten omgaan. Dit wordt gedaan vanuit de visie van de *emotionally focused therapy,* die zich baseert op de hechtingstheorie. In de levensloop zijn er diverse ontwikkelingstaken die vervuld moeten worden voordat de stap naar een volgende fase kan worden gezet. Een relatie aangaan is enerzijds ingewikkeld, maar anderzijds ook heel natuurlijk. Mensen zijn sociale wezens en overleven nu eenmaal beter in contact met anderen. In een intieme relatie lopen we echter ook tegen onze eigen kwetsbaarheden aan. De angst om verlaten te worden of niet te voldoen bestaat naast het verlangen naar nabijheid en om bijzonder te zijn voor de ander. Verschillende aspecten van relaties komen aan bod, zoals hechting, grenzen, structuur en loslaten.

## 7.1 Hoe staat de Gezonde Volwassene in een relatie?

De Gezonde Volwassene is in staat om zowel autonoom te zijn als verbonden. Een autonoom persoon heeft een eigen identiteit ontwikkeld, durft eigen keuzes te maken, durft eigen standpunten in te nemen, durft een positie te kiezen binnen de relatie. Een Gezonde Volwassene is ook verbonden: hij durft zich ook te binden en hij is zelf veilig gehecht. Hij durft kwetsbaar te zijn, kan afhankelijk zijn en kan hulp vragen als het nodig is. Hij durft ook klein te zijn, maar tegelijkertijd weet hij dat hij zichzelf daarmee niet verliest en niet opgeeft.

Een Gezonde Volwassene kan zichzelf met enige zelfspot bezien, en hoeft zich niet voortdurend te bewijzen. Hij is iemand die in nood durft te vechten voor zichzelf, en zich kan aanpassen aan de omstandigheden. Hij kan flexibel kan zijn zonder zijn ruggengraat te verliezen. Hij blijft altijd in beweging en past zich aan aan de omstandigheden.

Een Gezonde Volwassene werkt aan zinvolle zaken en heeft een doel voor ogen. Hij kan ontspannen en gespannen zijn over dingen die van belang zijn. In werk betekent dit dat hij zich kan inzetten voor wat gedaan moet worden, en dat hij het doorzettingsvermogen heeft om iets af te maken. Er is een gezonde afwisseling tussen zich inspannen, zich druk maken, maar daarna ook weer loslaten en genieten van het bereikte resultaat. De Gezonde Volwassene zet zich actief in voor de dingen die van betekenis zijn, maar kan ook mislukkingen incasseren en daar verdrietig of boos over zijn. Maar hij kan wel de volgende stap nemen en leren van de mislukking. Hij gaat niet bij de pakken neerzitten en geeft niet op, maar analyseert de situatie in contact met anderen, en durft een volgende uitdaging aan te gaan.

Een Gezonde Volwassene heeft een partnerrelatie die in beweging is; de patronen die in een bepaalde fase ontwikkeld zijn, kunnen weer worden losgelaten en er is een groei mogelijk naar een ander evenwicht. Soms is er in de relatie stagnatie, soms is er stilstand, maar de Gezonde Volwassene kan zich dat realiseren en ernaar kijken, en durft het aan om erover te praten. Soms is er angst, soms is er kwetsbaarheid, soms is er een onvervuld verlangen, maar al deze menselijke dingen zijn deel van het leven en deel van de relatie. Er is een evenwicht tussen de twee partners: soms hangt de balans over naar de ene kant, dan weer naar de andere kant, afhankelijk van wat de partners meemaken en nodig hebben. Als iemand een ouder verliest, is de partner bereid om te steunen en taken tijdelijk over te nemen, zonder dat dit voor altijd de relatie ontwricht. De partners vertrouwen erop dat in rustiger tijden de taken en rollen weer opnieuw verdeeld zullen worden.

Een partnerrelatie is goed voor iedereen, want mensen zijn geprogrammeerd om samen te zijn en om niet alles alleen te moeten doen. Eenzaamheid en isolatie is inherent traumatiserend (Veenvliet, 2013). Alleen zijn leidt tot allerlei klachten over de gezondheid, zeker als het alleen zijn ongewenst is. Voor iedereen, en dus ook voor de Gezonde Volwassene is het van groot belang om zich gezien te voelen en een veilige haven te hebben waar hij naartoe kan in tijden van nood.

Niet iedereen kan alle momenten van de dag tevreden zijn met zichzelf of met zijn of haar partner. Vaak genoeg zijn er breuken in het contact die leiden tot stilte, eenzaamheid en onbegrip. Echter, die breuken zijn te overbruggen en te helen, als ze maar gezien worden als behorend bij de normale eb-en-vloedbeweging in het contact. Als mens zijn we onderhevig aan veel prikkels van binnenuit en van buitenaf waarop we moeten reageren, en soms wordt dat te veel.

## 7.2 De Gezonde Volwassene in zijn levensloop

In de volgende pagina's beschrijf ik hoe een Gezonde Volwassene de verschillende fasen van een partnerrelatie doorloopt. Dat begint met verliefdheid en dating, gevolgd door een hechte relatie, gevolgd door het stichten van een gezin.

In iedere fase moeten nieuwe ontwikkelingstaken vervuld worden om de overgang naar de volgende fase te kunnen maken. Zo zal een zelfstandige volwassene zich voldoende losmaken van zijn gezin van herkomst, een eigen sociaal netwerk opbouwen en financieel onafhankelijk zijn. Pas dan wordt het mogelijk om een eigen partnerrelatie aan te gaan en een gezamenlijke toekomst op te bouwen (Carter & McGoldrick, 1999).

### 7.2.1 Verliefdheid

In iedere levensfase speelt de gehechtheid die we in onze jeugd hebben ontwikkeld een belangrijke rol. We noemen dat onze hechtingsgeschiedenis. Ook het zoeken naar een partner doet iemand vanuit zijn eigen hechtingsstijl. Wie wantrouwig en onveilig gehecht is, durft niet makkelijk op anderen te vertrouwen en zal voorzichtig opereren. Het vinden van een partner zal dan niet makkelijk verlopen. Maar wie daarentegen veilig gehecht is, vol vertrouwen in zichzelf en de wereld, ontplooit makkelijker initiatieven en ontmoet meer mensen. De kans op het vinden van een partner is daarmee aanzienlijk vergroot.

De keus om uiteindelijk een vaste relatie aan te gaan en jezelf toe te vertrouwen aan een ander is spannend. Voor wie dit voorbeeld thuis niet gehad heeft, is het ronduit moeilijk. In een partnerrelatie zijn de romantische verwachtingen aanvankelijk hooggespannen en in de eerste fase van een relatie kunnen we ons op de vleugels van de verliefdheid bewegen en nemen we de partner waar door een roze bril. Later zien we realistischer wie we aan de haak geslagen hebben. Dan begint het aftasten en het afstemmen op elkaar. Verwachtingen moeten getoetst worden, aannames en ideeën moeten uitgewisseld worden en langzamerhand komt er overeenstemming. In deze fase zijn partners veel bezig met het vertellen van hun eigen geschiedenis en welke invloed die gehad heeft op de vorming van hun identiteit (Johnson, 2004, 2013).

**Beginfase relatie**

In de beginfase van hun relatie bezoeken Hans en Joke de ouders van Joke. Hans voelt zich daar een vreemde eend in de bijt. Haar ouders wonen zo anders, als hij gewend is, op een kleine flat met veel mensen die allemaal met elkaar in de kamer zitten. Hij voelt zich niet thuis in haar gezin en voelt zich bekeken. Haar ouders bekijken hem afstandelijk en laten zich niet makkelijk kennen. Ze hebben al eerder een schoonzoon in huis gehad, die uiteindelijk vreemdging en verdween. Ze bekijken het even voordat ze deze schoonzoon met open armen ontvangen. Joke heeft niet zo veel gemerkt van de afstandelijkheid van haar ouders en Hans en Joke krijgen een conflict over de manier waarop hij bij haar ouders is ontvangen.

Deze ouders zijn niet erg open naar buiten, maar wel binnen hun eigen systeem. Joke ervaart haar ouders als open gesprekspartners, maar Hans loopt aan tegen de buitengrenzen van het systeem.

Voor wie onveilig gehecht is als kind, is iedere relatie een spannend avontuur. Je kunt zomaar opnieuw in de steek gelaten worden. Als er een gebrek is aan basaal vertrouwen, kunnen kleine gebeurtenissen al een grote impact hebben. Dit kan leiden tot reacties van boosheid (beschuldigen) of terugtrekking (zwijgen). Als de partner veilig gehecht is, kunnen dergelijke reacties meestal wel goed opgevangen worden.

### 7.2.2 Partnerrelatie

Veilig gehechte partners vertrouwen op elkaars beschikbaarheid als de nood aan de man is. Zij zien hun partner als een hechtingsfiguur, als iemand op wie ze durven te vertrouwen. Veilig gehechte partners committeren zich meer aan hun partnerrelatie en zijn ook veel positiever over de toekomst en het behoud van de relatie dan onveilig gehechte partners (Hazan & Shaver, 1987). Onveilig gehechte mensen worden al bij het begin van een partnerrelatie gehinderd door een emotionele erfenis uit hun gezin van herkomst en dus door hun onveilige hechtingsgeschiedenis. In de relatie komen deze pijnplekken al snel aan de oppervlakte.



**Leren een relatie aan te gaan**

In een prille relatie tussen twee vrouwen, beiden in behandeling voor hun persoonlijkheidsprobleem, is zichtbaar hoe ze worstelen met hun neiging om met elkaar te vervloeien en hoe ze plotseling afstand nemen bij dreigende kwetsuren. De een heeft het verlatingsschema en komt snel terecht in haar modus van onthechte beschermer. De ander heeft het zelfopofferingsschema en komt snel terecht in de modus van straffende ouder. Ze leren tijdens de therapie steeds beter om te verwoorden wat ze in eerste instantie ervaren, ze denken na over de gevolgen van hun actie (bijvoorbeeld de hoorn op de haak gooien) en komen terug op hun acties. Beiden zien dat ze terechtkomen in een destructief patroon waarin de een bang is voor falen en de ander bang is voor verlating. Door dit onder ogen te zien en allebei een stap te zetten om dit patroon in een vroeg stadium te doorbreken voorkomen ze heftige escalaties. Door de EFT-gesprekken hebben ze geleerd om naar hun eigen onderliggende angsten en verlangens te luisteren en die helderder naar elkaar uit te spreken. Ze coreguleren nu hun emoties met elkaar op een constructieve manier. Hun vermogen om na te blijven denken is daardoor vergroot, omdat de stress in de relatie binnen normale perken blijft.

### 7.2.3 Gezin

De keus voor het stichten van een gezin is opnieuw een grote stap. Het vereist aanpassing van beide partners om ruimte te maken voor een nieuw gezinslid (Carter & McGoldrick, 1999). Vaak komt die stap voort uit het gevoel van veiligheid, vertrouwen en geborgenheid bij elkaar. Pas dan is er een situatie ontstaan waarin de partners zich klaar voelen voor de volgende stap en erop vertrouwen dat hun kind veilig kan opgroeien.

Bij de veilig gehechte volwassene is de wens om kinderen te krijgen sterker dan de angst voor de daaraan verbonden verantwoordelijkheden en voor de onzekere toekomst. De rolwisseling van partner naar ouder is ingrijpend. Soms worden er nieuwe en onbekende kanten zichtbaar van de partner. Zo kan een partner bijvoorbeeld een heel bezorgde en controlerende ouder blijken te zijn. De Gezonde Volwassene zal daarvan niet direct in paniek raken, maar zal dit zien in de context van de veranderde rollen. De stijl van opvoeden kan een strijdpunt worden en de jonge ouders moeten daarin hun opvattingen en gedrag op elkaar afstemmen. Openheid in de communicatie, waarin er ruimte is voor elkaars kwetsbaarheden, is dan van groot belang. Uit onderzoek blijkt dat een kind beter opgroeit als de ouders veilig gehecht zijn en in staat zijn om hun verschillen te overbruggen en conflicten op te lossen. De gezinscohesie is in die gevallen groter en de flexibiliteit is ook groter. Daniel (Hughes, 2009), een gezinstherapeut en de ontwikkelaar van de *attachment focused family therapy* benadrukt bovendien dat voor een veilige hechting de speelsheid in het gezin heel belangrijk is. Hij kent daarin een grote rol toe aan *PACE: playfulness, acceptance, curiosity and empathy* (Hughes, 2009). De Gezonde Volwassene zal naast de nadruk op zorgtaken, ook het spelende kind in zichzelf ruimte moeten geven en daarmee de hechtingsband met het kind bevorderen. Een nieuwsgierige accepterende houding van ouders maakt dat het kind zich in al zijn aspecten gezien voelt en kan groeien als persoon.

In deze fase zal veel nadruk liggen op het coördineren van allerlei zorgtaken en zal de aandacht voor elkaar als partners wat naar de achtergrond gaan. De seksualiteit zal in deze fase een andere prioriteit krijgen, maar de Gezonde Volwassene kan zichzelf geruststellen en voldoende zeker zijn van de relatie om te weten dat dit van voorbijgaande aard is. Op het moment dat kinderen zelfstandiger worden en minder fysieke zorg nodig hebben, ontstaat er weer ruimte voor intimiteit met de partner. Als de kinderen het huis uitgaan, is er voor de ouders een hernieuwde kans op verbinding.

Ieder gezin heeft een structuur nodig waarin dingen voorspelbaar worden. Ouders zijn verantwoordelijk voor het scheppen van een veilig opvoedingsklimaat waarin de taken duidelijk zijn en een heldere scheiding aanwezig is tussen opvoeders en kinderen. Het stelt kinderen in staat om, binnen de grenzen die hen gesteld zijn, zich te ontwikkelen tot verantwoordelijke volwassenen.

Om een verantwoordelijke volwassene te worden, hebben kinderen een model nodig, voorgeleefd door de ouders, waarin helder wordt hoe relaties werken. Als zij zien hoe ouders in staat zijn nu onderlinge verschillen te benoemen, te overbruggen of op te lossen, krijgen kinderen een realistisch beeld van relaties. Kinderen worden vooral beïnvloed door wat ze *ervaren* en niet door wat ouders *beweren*. Als ouders verantwoordelijkheid nemen voor de regulatie van hun eigen emoties en daarover met hun kind in gesprek kunnen zijn, leert het kind emoties te herkennen (Siegel, 2012). Het kind zal dan zelf beter in staat zijn om eigen emoties te reguleren.

Congruent zijn in zeggen en doen is het krachtigste middel dat je als opvoeder hebt: zeggen wat je doet en doen wat je zegt, maakt betrouwbaar en geeft veiligheid. In veiligheid kunnen we groeien en creatief zijn, nieuwe dingen bedenken en een stap in de toekomst zetten. De mate van veilige gehechtheid van de ouders voorspelt de mate van exploratie, flexibiliteit en probleemoplossend vermogen bij kinderen (Mikulincer & Shaver, 2007). Als er incongruentie is tussen zeggen en doen, levert dat onveiligheid op voor het kind en zal het kind schema's ontwikkelen om de onvoorspelbaarheid van het ouderlijk gedrag voorspelbaar te maken (Van Vreeswijk et al., 2008).

**Verschuivende balans**

Jeroen, 54 jaar, depressief en gescheiden, is in behandeling vanwege een onderliggende, ontwijkende persoonlijkheidsstoornis. Hij heeft het schema mislukking, minderwaardigheid en sociaal isolement. Hij verwaarloost zichzelf en zijn huis. Daardoor komen de kinderen niet meer bij hem thuis. Hun moeder en zijn ex-vrouw, aanvankelijk sterk en strijdbaar, vindt dat hij zijn rol als vader moet nemen, maar de man raakt steeds meer vast in passiviteit en boosheid. Totdat zijn ex-vrouw zelf een burn-out krijgt en de balans volledig verandert. Zij vraagt hulp en verlichting voor zichzelf, door te vragen of hij zijn huis wil opruimen om

de kinderen te kunnen ontvangen. Zij is toe aan rust! De man reageert voor het eerst niet boos en afhoudend, maar welwillend en zegt toe dat hij de kinderen weer wil ontvangen op zondag. Hij is ontroerd dat hij zijn kinderen binnenkort weer zal zien.
Zijn Gezonde Volwassene neemt het van hem over: hij voelt nu de belangen duidelijk worden als vader, haar belangen als moeder, zijn taak als verantwoordelijke ex-partner en gaat daarin mee om de kinderen een vader te gunnen en zijn ex-partner te ontlasten. Hij wil haar graag ter wille zijn in het belang van de kinderen en heeft er behoefte aan om zichzelf nodig te voelen (en zich zodoende minder overbodig en slecht te voelen). De kinderen reageren opgelucht en kunnen zich weer kind voelen, in plaats van vaders verzorgers.

### 7.2.4 Scheiding en loslaten



Als de relatie niet bevredigend is, het vertrouwen niet groeit, de band niet stevig wordt en de hechting niet ontstaat, dan zal de relatie waarschijnlijk door een van de partners beëindigd worden. Als dit in het begin van de relatie gebeurt, is er waarschijnlijk sprake van een onveilige hechting in de geschiedenis van een of van beide partners. De angstig gehechte partner gaat waarschijnlijk hoge eisen stellen, kritisch zijn, aanklampen en de ander verwijten maken dat hij er nooit is. De vermijdend gehechte partner zal zich gaan verstoppen in zijn werk, in zijn hobby's. Hij zal zwijgen, omdat het zo pijnlijk is om alsmaar die kritiek te moeten horen en zal de relatie opgeven. De basis voor de relatie was niet sterk genoeg en beide partners trekken de conclusie dat dit geen toekomst heeft. Het loslaten kan dan nog redelijk goed verlopen.

Het andere scenario is dat de relatie een tijd goed leek te gaan, maar dat er belangrijke incidenten zijn geweest die samen niet goed opgelost konden worden. In dat geval zijn er bij beiden veel pijnplekken ontstaan en is het heel lastig om elkaar los te laten.

Een van de dingen die we in ons leven moeilijk kunnen aanvaarden is dat mooie dingen ophouden en dat we zaken moeten loslaten. Dat hoort nu eenmaal bij de cyclus van het leven, maar we willen graag controle houden. Een Gezonde Volwassene heeft pijn en verdriet bij afscheid en rouw, en laat dat ook merken. Het is niet zwak of kinderachtig als er tranen vloeien. Veelal groeien we op met het idee dat we sterk en stoer moeten zijn en dat we het leven naar onze hand dienen te zetten. Als dat niet lukt, hebben we daar zelf schuld aan, vinden we. Iedereen moet zijn geluk nastreven en als dat niet lukt, is dat een gebrek van jezelf en zul je nog beter je best moeten doen. Dat jaagt ons op en maakt ons faalangstig en onzeker. Maar een groot deel van ons leven gebeurt ons, overkomt ons, en we dienen te beseffen dat de regelmogelijkheden voor ons geluk slechts ten dele in onze hand liggen en dat we lang niet alles zelf kunnen bepalen. Dat we doodgaan en ziek kunnen worden, is een gegeven van het leven. We zullen daar moeite mee hebben en pijn van hebben, maar het is niet onze schuld en het is niet te voorkomen (Brach, 2003).

## 7.3 Mogelijkheden tot verbetering van de relatie

Waar we zelf wel invloed op hebben, is de manier waarop we in relaties met anderen staan. Onze manier van interacteren kunnen we veranderen en we kunnen onze relaties op een andere manier vormgeven, om daarmee de kans op een succesvolle en gelukkige relatie te

vergroten. Binnen de *emotionally focused therapy* zijn over het succesvol interacteren heldere concepten ontwikkeld.

In *emotionally focused therapy* (EFT) kijken we naar partnerrelaties als een *hechtingsrelatie.* Dat houdt in dat we de emotionele verbinding die mensen met elkaar aangaan als belangrijkste bindmiddel zien. Een relatie is meer dan een verzameling afspraken en een zakelijke overeenkomst, het is een veilige haven om naar terug te keren in tijden van nood en zorg. En een relatie is een plek van waaruit we de wereld verkennen. De emotionele steun die partners bij elkaar kunnen vinden, is een belangrijke overlevingsstrategie. Een partnerrelatie is pas sinds de jaren zestig van de twintigste eeuw volledig een keus vanuit liefde. Daarmee is de druk op de relatie groter geworden. We willen dat alle aspecten in die ene relatie bevredigd worden. Dat maakt dat partners meer van elkaar verwachten en dus ook meer teleurstellingen te verwerken krijgen. We hebben immers allemaal 'recht op geluk'.

Als de wederzijdse hechtingsrelatie verstoord raakt, geeft dat veel stress bij beide partners. De relatie kan dan in een escalerend patroon terechtkomen, waarin beide partners hun pijnplekken voelen en die bij elkaar ook ongewild aanraken. In EFT noemen we dat de *duivelse dialoog.* In de EFT worden die duivelse dialogen tot onderwerp van gesprek gemaakt en de therapeut onderzoekt samen met het echtpaar welke gevoeligheden over en weer geraakt worden die leiden tot de heftige reacties. De therapeut verheldert het cyclische patroon waarin de partners verstrikt zijn geraakt, waarbij elke reactie van de ene partner vooral een allergische reactie van de andere partner oproept. De therapeut werkt aanvankelijk met de secundaire emoties die zich voordoen (afweer) en later met de primaire emoties (hechtingsbehoeften) van het stel. Beide partners moeten daarin bereid zijn om naar hun eigen diepere pijnplekken te kijken die de dialoog steeds opnieuw aanjagen. Wat deed of zei de ene partner waardoor de ander ineens zo fel reageerde? Voelde een van de partners zich niet gezien of niet belangrijk? Of voelde een van de partners dat hij faalde? Young et al. (2005) en Atkinson (2008) beschrijven deze dynamiek in termen van schema's en modi waarin de partners terechtkomen en daardoor een schema bij de ander oproepen. Een echtpaar kan in een interactie terechtkomen waarin de een, vanuit de modus van straffende ouder, de ander voortdurend bekritiseert. De ander trekt zich terug via de modus van onthechte beschermer om zich aan de kritiek te onttrekken. Door deze modi komen ze in een negatieve spiraal terecht die de schema's van beiden waarschijnlijk bevestigen.

In iedere relatie komen momenten voor van contactbreuk of emotionele afstand. Dat is niets bijzonders, maar de mate waarin we in staat zijn om die breuken in afstemming te repareren, geeft de veerkracht van de relatie aan. De Gezonde Volwassene is zeker niet altijd op de ander afgestemd, want hij moet ook dingen voor zichzelf kunnen doen, maar hij zal op een bepaald moment merken dat er een stilte is ontstaan. Op dat moment is een Gezonde Volwassene in staat om zijn verstand te gebruiken en zijn hart te laten spreken: wat is er aan de hand, ben je een beetje stil? Het uitreiken naar de ander om de stilte te overbruggen is een belangrijke vaardigheid, die een relatie sterker maakt. Dit uitreiken naar de ander heeft vooral zin als het gedaan wordt vanuit de eigen behoefte aan de ander. Pas dan voelt de ander dat het om echte nieuwsgierigheid en aandacht gaat, en voelt de ander zich gezien.



**Relatietherapie bij emotioneel tekort**

Een echtpaar meldde zich aan voor partnerrelatietherapie. Beide partners komen uit een gezin waarin ze emotioneel veel tekortgekomen zijn. Ze hebben inmiddels een zoontje van twee jaar oud. Ze komen omdat ze erg veel ruzie maken en elkaar dicht op de huid zitten. Hij voelt zich door haar afgewezen, trekt zich terug en gaat pruilen. Zij voelt zich door hem in de steek gelaten, ze voelt zich alleen staan in de opvoeding van hun zoon en gaat aan hem trekken. Ze wordt dan erg boos en verwijtend. Ondertussen is het zoontje lastig gedrag gaan vertonen en wil hij zich niet meer door zijn vader laten troosten, waardoor de vader onzeker wordt en zich terugtrekt. In de gesprekken zijn we bezig geweest om hun *duivelse dialoog* te onderzoeken en te kijken wat hen triggert om in hun eigen posities verschanst te blijven (hij terugtrekker, zij aanvaller). Ze beginnen te zien hoe ze van de ander iets verwachten zonder dat helder uit te spreken en hoe ze daarin teleurgesteld worden. Hij kan zich als een kleine, teleurgestelde jongen opstellen en zij voelt zich de moeder die hem moet troosten. Het contact tussen hen is dan weg en er is een geladen stilte die uiteindelijk uitmondt in een nieuwe ronde van conflict.

In deze casus werd helder hoezeer beide partners hun oude emotionele tekorten proberen te herstellen in de huidige relatie en dat ze daar gedurende de therapie eigenlijk mooi in slagen.

**Verbinding en heling**

Nadat het destructieve patroon tussen hen helder is geworden en ze dit beter kunnen stoppen of voorkomen, komt er ruimte om oude onderliggende pijn te bespreken. Beiden voelen zich veiliger bij elkaar en het is rustiger in huis. Bij haar komt boven hoezeer ze zich emotioneel verwaarloosd en genegeerd gevoeld heeft, en hoe dit opnieuw bij haar wordt aangeraakt als hij zich in de relatie terugtrekt en haar niet meer aanhaalt. Ze voelt zich dan 'niet bestaand' en waar ze voorheen in een afgesloten gevoelloosheid terechtkwam, voelt ze nu veel verdriet. Het uiten van dat verdriet is voor haar kwetsbaar en nieuw, en heeft een positief effect op hem: hij voelt zich automatisch naar haar toegetrokken en troost haar. Dit zijn de momenten van verbinding en heling in de relatie die we in EFT zoeken. Onderzoek van zijn onderliggende behoeften en verlangens gaven een beeld te zien van een jongen die zich nooit gewaardeerd gevoeld heeft en nog steeds een onvervuld verlangen heeft naar erkenning van zijn ouders. Hij heeft zich altijd moeten aanpassen aan zijn grillige ouders, die voorwaardelijk liefde gaven als hij zich gedroeg zoals zij wilden. Hij is daar wan-

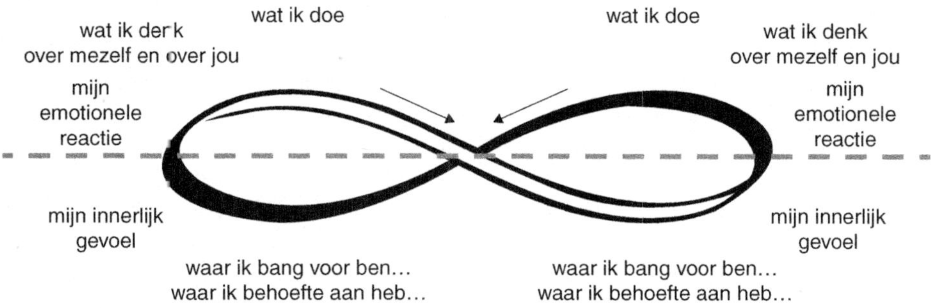


**Figuur 7.1** De relatiecirkel in werking, met gedrag, gedachten, reactieve gevoelens, onderliggende gevoelens, hechtingsangsten en hechtingsbehoeften. Bewerkt naar origineel van Scot Woolley. All rights reserved. Used with persmission.

trouwig en onzeker van geworden en moeilijk grijpbaar in het contact. Hij heeft zichzelf opgeblazen en interessant gemaakt door alsmaar in discussie te gaan, maar begint te voelen dat er een groot verdriet onder zit, dat hij niet toont aan de ander. Doordat hij dit verdriet toelaat, ontstaat er bij haar direct verzachting in haar reactie en raakt ze hem liefdevol aan in sessie. Ze zijn beiden ontroerd en geraakt.

Het overbruggen van de afstand tussen hen komt nu vanuit hun eigen verlangen naar connectie met iemand die kwetsbaar is. Dat is een ingebakken evolutionaire respons die alle mensen hebben: als iemand zich kwetsbaar toont, is de natuurlijke respons een van toenadering en compassie. Daarin wordt de ingebakken goedheid van de mens zichtbaar. De Gezonde Volwassene in jezelf wordt aangesproken, de-escaleert conflicten en ontwapent.

De speelsheid in het contact ontstaat opnieuw als er veiligheid en ruimte is, omdat partners niet gevangen blijven in een rigide rol. In EFT proberen we de vaste posities in de interactiecirkel (in de duivelse dialoog) losser te maken, door de onderliggende pijnlijke gevoelens te erkennen voor jezelf en door die vervolgens te verwoorden naar elkaar (◘ fig. 7.1).

In die verwoording zit de kracht: jezelf durven uitspreken naar de ander, jezelf daarmee kwetsbaar maken, ontwapent de ander en het nodigt uit tot een verbindende respons. Er ontstaat weer lichtigheid en humor. Partners kunnen van een afstandje naar zichzelf kijken en zien hoe absurd ze bezig waren, en hoe het destructieve patroon hen overgenomen heeft. Met enige afstand naar jezelf en de ander kijken maakt mogelijk dat je het gedrag van de ander loskoppelt van de persoon: wat hij *deed,* was niet leuk, maar dat betekent niet per se dat je de persoon ook afwijst. In schematermen zou je kunnen zeggen dat er minder vanuit de modus gereageerd wordt, maar dat een genuanceerde blik mogelijk wordt. De Gezonde Volwassene is hier aan het woord. Conflicten over concrete zaken kunnen dan teruggebracht worden tot de gewone proporties en hoeven niet een bom onder de relatie te worden. Verschillen kunnen ook weer overbrugd worden en betekenen niet altijd het einde van de relatie. Daardoor wordt het mogelijk om verschillen te verdragen. Partners worden minder bang voor conflicten.

## 7.4 De rol van seksualiteit in een relatie

Seksualiteit neemt een belangrijke plaats in een partnerrelatie in. De seksuele vonk die oversprong, was de start van de relatie en maakt dat men zich seksueel aangetrokken voelt tot de ander. In de loop van de relatie zal die heftigheid en obsessieve kwaliteit van de verliefdheid verminderen en zich omvormen in liefde. Daarbij blijft seksualiteit een belangrijk bindmiddel in de relatie. Het maakt dat je je geliefd voelt. Uit onderzoek blijkt dat het elkaar fysiek aanraken een positief effect heeft op ervaren stress (Coan et al., 2006, 2011). Echtparen die afstand voelen en verleerd zijn om elkaar aan te raken, hebben dan ook meer problemen met het reguleren van emoties. Veiligheid in de relatie biedt de basis om ook seksueel actief te zijn en steeds passend bij de fase van de relatie hun seksualiteit mee te laten groeien. In de beginfase is de fysieke aantrekking heel groot en neemt beiden erg in beslag, later zal er actief aandacht en tijd voor ingeruimd moeten worden om seksueel bij elkaar te kunnen zijn. Als er niet meer gevreeën wordt, ervaren echtparen veel relatiestress en wijten zij die problemen voor 70 % aan het gebrek aan seks. Als er wel gevreeën wordt, zeggen echtparen dat hun aandacht veel minder naar de seks uitgaat.

Veiligheid en verbondenheid in de relatie is de bodem waarop we staan en van daaruit kunnen we ons ontwikkelen. Moeite doen om de seksualiteit levend en vitaal te houden is van groot belang, maar ook daarin zijn veel invloeden van buitenaf die we niet allemaal kunnen controleren. Ziekte bij een partner kan de boel aardig op zijn kop zetten en de seksualiteit komt daarmee vaak onder druk te staan. Als er in openheid gekeken kan worden naar de mogelijkheden en onmogelijkheden van seks, dan zijn de partners nog steeds samen en kunnen ze als team onderzoeken hoe ze op een voor beiden bevredigende manier, de seks gaan vormgeven. In de relatie is seksualiteit een belangrijk onderdeel om zich gezien en geliefd te voelen. In EFT komt intimiteit en seksualiteit altijd aan bod in de relatiegesprekken, soms als aanmeldingsklacht, maar vaker ook later in het proces, nadat de ruzies of verwijdering zijn afgenomen en de nabijheid is toegenomen.



## 7.5 Conclusie

Schematherapie en EFT zijn twee benaderingen die gestoeld zijn op de hechtingstheorie en die daardoor goed te combineren zijn. De begrippen vanuit de Schematherapie (modi) en vanuit EFT (posities in de cirkel) liggen in elkaars verlengde. Het verschil tussen EFT en Schematherapie is, dat de focus van EFT ligt op het bevorderen van een nieuwe, veilige interactie tussen de partners *in het hier en nu*. De aanwezige partner wordt ingezet als krachtig middel om de relatie veiliger en steviger te maken, waardoor de partners voor elkaar beter in staat zijn hun emoties te reguleren. Daarmee worden disfunctionele schema's ontkracht en wordt het zelfbeeld bijgesteld. In Schematherapie zal dat vooral plaatsvinden in de relatie met de therapeut en onder andere door middel van imaginaire rescripting. Door in EFT direct met de hechtingsband van de partners te werken, beïnvloeden we ook direct de hechting tussen de partners en hun zelfbeeld.

Binnen het EFT-model wordt niet pathologiserend gekeken. Mensen zijn niet ziek, maar zitten met elkaar in een klem. EFT spreekt de beide partners aan op hun eigen verantwoordelijkheid voor hun deel van de interactie, en werkt ernaartoe dat ieder zijn eigen deel van de interactie op zijn bord neemt, de onbewuste drijfveren en verlangens onder ogen ziet en ze toe-eigent. Het ontrafelen van eigen projecties op de ander en het gaan zien van eigen verlangens en angsten, maakt dat ieder zijn eigen pijn onder ogen krijgt en daar verantwoordelijkheid voor neemt. Het naar elkaar uitspreken van die angsten en verlangens is een kwetsbare, maar lonende interventie die in de ander een zachte respons oproept. Dan ontstaat er ruimte om jezelf te kunnen zijn in verbinding met de ander. Er is immers geen krachtiger therapeutisch en stressverlagend middel dan de liefdevolle respons van de eigen partner.

## Literatuur

Atkinson, T. W. A. (2008). Schematherapie bij relatieproblematiek. In: M. van Vreeswijk, J. Broersen & M. Nadort (red.), *Handboek Schematherapie* (pp. 145–161) Houten: Bohn Stafleu van Loghum.

Brach, T. (2003). *Het leven liefhebben door acceptatie*. Utrecht: Kosmos.

Carter, B., & McGoldrick, M. (1999). Overview: The expanded family life cycle. In: B. Carter & M. McGoldrick (red.), *The Expanded Family Life Cycle: Individual, family and social perspectives* (pp. 1–26). Needham Heights: Allyn & Bacon.

Coan, J. A., Schaefer H. S., & Davidson, R. J. (2006). Lending a hand: social regulation of the neural response to threat. *Psychological Science, 17,* 1032–1039.

Coan, J. A. (2011). The social regulation of emotion. In: J. Decety & J. T. Cacioppo (eds.), *Handbook of social neuroscience* (pp. 614–623). New York: Oxford University Press.

Hazan, C., & Shaver, P. R. (1987). Romantic love conceptualized as an attachment process. *Journal of Personality and Social Psychology, 52,* 511–524.

Hughes, D. A. (2009). *Attachment Focused Parenting. Effective strategies to care for children*. New York: W. W. Norton.

Johnson, S. M. (2004). *Houd Me Vast*. Utrecht: Kosmos.

Johnson, S. M. (2013). *Laat Me Niet Los*. Utrecht: Kosmos.

Mikulincer, M., & Shaver, P. H. (2007) *Attachment in adulthood. Structure, dynamic and change*. New York: Guilford.

Siegel, J. D. (2012). *The whole-brain child. 12 revolutionary strategies to nurture your child's developing mind*. New York: Bantam.

Veenvliet, K. (2013). Risicofactoren voor een laag welbevinden: een onderzoek naar de relatie van eenzaamheid, gezondheidsproblemen en een lage sociaaleconomische status met het welbevinden. Beschikbaar: UTwente, ► http://purl.utwente.nl/essays/64191

Vreeswijk, M. van, Broersen, J., & Nadort, M. (2008). *Handboek Schematherapie: Theorie, praktijk en onderzoek*. Houten: Bohn Stafleu van Loghum.

Young, J. E., Klosko J. S., & Weishaar, M. E. (2005). *Schemagerichte therapie: Handboek voor therapeuten*. Houten: Bohn Stafleu van Loghum.

# De Gezonde Volwassene in het multidisciplinaire team

*Anne-Marie Claassen en Silvia Pol*

**Samenvatting**

Er is al veel geschreven over teams, effectiviteit van teams en wat er kan misgaan in teams. Een conclusie is dat leiderschap een belangrijk aspect is, alsmede het hebben van een visie en een missie, het beschrijven van werkprocessen, samenwerking en evaluatie. Wanneer we deze termen vertalen naar werken in ggz-teams, is het *Model samenhangend behandelen* een goede kapstok om de behandeling van cliënten in een multidisciplinaire setting vorm te geven. Wanneer een team besluit om meer te gaan werken met de Gezonde Volwassene als focus, is het daarom van belang om aspecten als realisme, professionaliteit, zelfreflectie en verbondenheid als team zelf in voldoende mate beschikbaar te hebben. Op die wijze kan het team als rolmodel fungeren en de holding van de setting voldoende waarborgen. In dit hoofdstuk wordt beschreven hoe de context, dan wel het therapeutische milieu, door het team dat functioneert als Gezonde Volwassene, kan worden vormgegeven.

## 8.1 Schematherapie in een multidisciplinaire setting

Sinds de opkomst vanuit Groot-Brittannië en de VS van de therapeutische gemeenschappen en de deeltijdbehandelingen (Claassen, 2014) kennen we in Nederland een rijke traditie om cliënten met complexe problematiek, dan wel persoonlijkheidsproblematiek in een setting te behandelen. Van het begrip setting wordt gesproken wanneer er sprake is van een behandeling binnen een bepaalde context. Claassen en Janzing geven aan dat wanneer de setting bewust wordt ingezet ten behoeve van het behandelen van de psychopathologie van de cliënt, door visie op samenhang tussen mensen, methoden en middelen én voortdurende reflectie op deze samenhang, er gesproken kan worden over een therapeutisch milieu (Claassen & Janzing, 2014). Vanuit deze visie op samenhangend behandelen is het *Handboek klinische Schematherapie* geschreven (Muste et al., 2009). Het boek (en het werkboek voor cliënten) biedt een visie en handvatten om Schematherapie in een multidisciplinaire setting vorm te geven. Het grootste verschil met individuele Schematherapie is dat er gewerkt wordt met een bewust gecreëerde context. En deze context gaat niet alleen over de context van de behandelunit waarbinnen met Schematherapie en de Gezonde Volwassene wordt gewerkt, maar strekt zich ook uit naar samenwerking en samenhang in de gehele ggz-organisatie (Edens & Kerstens, 2009).

Ruim voordat effectstudies in zwang kwamen voor individuele behandelmethoden, werd in Nederland effectonderzoek gedaan naar klinische en later ook dagklinische psychotherapeutische behandeling in het Follow-upproject en het STEP-onderzoek (SKP, 2001; Timman & Groenink, 2008). Het ging om een benchmarkonderzoek (1972–2008) waaraan vrijwel alle milieutherapeutische afdelingen in Nederland deelnamen. Effecten werden na afloop van de behandeling gemeten op klachtniveau, kwaliteit van leven, duur van de behandeling, cliënttevredenheid, kwaliteit van informatievoorziening, inspraak in de behandeling en algehele kwaliteit van de behandeling. Dit onderzoek liet redelijke tot goede resultaten zien voor klinische en dagklinische behandeling, waarbij de resultaten per afdeling aanmerkelijke verschillen vertoonden. Uit dit onderzoek konden geen conclusies getrokken worden over het teamfunctioneren. Wel waren zaken af te leiden over de werkwijze van een team in de resultaten op informatievoorziening, inspraakmogelijkheden en cliënttevredenheid, waarin onderwerpen aan bod komen als tevredenheid met de fysieke inrichting en aankleding van de setting, de kwaliteit van het behandelcontact, bereikbaarheid van therapeuten et cetera. Het STEP-onderzoek voorzag niet in tussenmetingen waarmee monitoring kon worden toegepast op tussentijdse behandelresultaten. De wens om te kunnen monitoren gedurende de behandeling vormde de basis voor het Sceptre-onderzoek, een multicenter effectonderzoek gericht op behandeling van cliënten met persoonlijkheidsstoornissen. Het onderzoek (2003–2011) werd aanvankelijk gericht op individuele behandeling en later ook op groepspsychotherapeutische behandeling. Dit onderzoek liet een redelijk tot goed resultaat zien voor behandelingen uitgevoerd met cluster-b-cliënten (Bartak, 2010). Er is inmiddels een groot aantal publicaties verschenen die alle putten uit de veelheid van onderzoeksgegevens uit deze studie. Door de opzet van het onderzoek is echter niet te achterhalen in hoeverre er sprake was van een samenhangend behandelaanbod binnen een setting. Ook biedt het onderzoek geen zicht op het teamfunctioneren en de invloed daarvan op het behandelresultaat. Het onderzoek laat zien dat psychotherapie gericht op persoonlijkheidsstoornissen effectief is, maar het laat niet zien wat maakt dat er goede resultaten worden bereikt.

Het invoeren van een evidence-based behandeling zoals Schematherapie geeft op zich bij lange na geen garantie voor een goed therapieresultaat. De Haan (2011) schrijft in zijn artikel dat de invoering van een evidence-based behandelmethode vaak wordt onderschat. Hij benoemt de volgende valkuilen:

- De invoering wordt te veel van bovenaf gestuurd, hetgeen weerstand kan oproepen.
- Een individuele behandelmethode kan te ingewikkeld zijn om te kunnen worden toegepast in een multidisciplinair team of bij een zeer complexe doelgroep. Een methode die in een individueel contact werkzaam is, hoeft dat niet per definitie ook te zijn wanneer ze wordt uitgevoerd door een multidisciplinair team.
- Soms is vanuit de theorie onduidelijk welke teamleden of disciplines de methode moeten gaan uitvoeren en ontstaat er concurrentie en rivaliteit of gaat – als beperkende oplossing – het hele team met de methode aan de slag.
- Soms is er onvoldoende draagvlak voor de nieuwe methode binnen het team of de organisatie, worden teamleden ziek of haken af.

Er zijn diverse voorbeelden van afdelingen waarin een nieuwe methode werd toegepast waarbij het team daar onvoldoende op was voorbereid met als gevolg fragmentatie van het team. Hutsebaut et al. (2011) bespreken leerzame ervaringen opgedaan met de invoering van *Mentalization-based treatment* (MBT) bij adolescenten met ernstige persoonlijkheidsstoornissen. Het experiment kende uiteindelijk een hoge prijs: hoog ziekteverzuim, groot personeelsverloop, tijdelijke inperking van het programma, hoge kosten voor de organisatie, ontevreden cliënten, negatieve pers en uiteindelijk het afbouwen van het klinische programma. Zij noemen als aandachtspunten voor het starten van een innovatief behandelproject: beperking van het aantal vernieuwende elementen; liever starten met een nieuw team en een nieuwe cliëntengroep dan aanpassingen maken in een bestaande situatie; analyse van de kans op schadelijke processen; voldoende draagvlak op alle niveaus in de organisatie, zodat tegenslagen ingecalculeerd mogen worden; voldoende supervisie. De auteurs lijken echter voorbij te gaan aan de benodigde aandacht voor de setting en voor het teamfunctioneren die voorafgaat aan het hanteren van een nieuwe methode.

De Haan (2011) stelt dat de nieuwe cognitieve gedragstherapeutische methoden niet de dynamiek van de groep omvatten. Deze methoden zijn in eerste instantie veelal ontworpen voor individuele behandeling en daarna aangepast voor een groepsbehandeling. Arntz stelt dat het toepassen van Schematherapie in een groep een hogere mate van complexiteit met zich meebrengt, onder meer omdat groepsleden vanuit verschillende modi ook reageren op elkaar. De therapeut heeft de taak aandacht te besteden aan de individuen in de groep, maar hij dient ook het groepsproces aandacht te geven (Arntz, 2014). Creatieve groepsprocessen versterken de methode met gemak, maar destructieve processen die kunnen ontstaan door negatieve aspecten in de setting, moeten kunnen worden begrepen en van daaruit kunnen worden bijgestuurd. Dat vraagt kennis van de inrichting van een goede behandelsetting en daarmee van groeps- en teamdynamica. De Haan houdt een sterk pleidooi voor het combineren van aandacht voor de methode en aandacht voor de setting met kennis van groepsdynamica.

## 8.2 Samenwerken in een multidisciplinair team

Het is verleidelijk om te schrijven over wat er allemaal niet goed kan gaan in de multidisciplinaire samenwerking. Hoge productiedruk, reorganisaties, nieuwe behandelprotocollen, bezuinigen op bij- en nascholing, het zijn processen in de huidige ggz die op verschillende niveaus voor veel onrust zorgen. Overlevingsstrategieën van individuele medewerkers drukken op het functioneren van het gehele team en het team als geheel kan verstrikt raken in een overlevingsmodus. Een gevolg kan zijn dat er fragmentatie in teams ontstaat: veel wisselingen, weinig verbondenheid, zwart-witdenken, regressief gedrag van medewerkers en angst voor het verlies van de eigen baan (o. a. Haans, 2006; Janzing, 2009). Hoe minder verbondenheid, hoe meer fragmentatie. Fragmentatie duidt op een gebrek aan veiligheid en *holding*, het vermogen om negatieve gevoelens te dragen, en doet een beroep op meer primitieve afweer. Wanneer een team in een dergelijke situatie verzeild raakt, ontstaat een verhoogd spanningsniveau en komt het gezamenlijk gezond volwassen functioneren onder druk te staan. Het is in deze situatie niet langer haalbaar voor het team om te fungeren als goed rolmodel voor cliënten. Zorg dragen voor een goed behandelresultaat onder deze omstandigheden wordt vrijwel onmogelijk voor zowel individuele medewerkers als voor het team als geheel.

In dit hoofdstuk willen we ervoor pleiten dat elk team zodanig wordt georganiseerd en aangestuurd, dat het voldoende stabiel kan blijven in een veranderende ggz. Dat vraagt om een gezamenlijke visie, het verdragen van negativiteit en verschillen, het zorg dragen voor elkaar en het scheppen van voldoende ruimte om te kunnen blijven reflecteren op het teamfunctioneren. In een team dat werkt met Schematherapie is het belangrijk om begrippen als veiligheid en verbondenheid ook in de onderlinge omgang hoog in het vaandel te houden. Wanneer er geen verbondenheid tussen de teamleden wordt ervaren vanwege te weinig overdracht of gewoonweg door slechte onderlinge verhoudingen, geeft dit geen veilig milieu voor de cliënten. Dit veilige milieu is nodig voor cliënten om te kunnen hechten dan wel te kunnen ontspannen. Vaak zijn cliënten opgegroeid in situaties waarin het onveilig was en moesten cliënten als kind op hun hoede zijn. De aangeleerde overlevings- en beschermende strategieën zijn destijds nodig geweest om die onvoorspelbaarheid te kunnen weerstaan. In een therapeutische setting waarin er met Schematherapie wordt gewerkt is *limited reparenting* het belangrijkste. Dat betekent dat zo veel mogelijk, binnen de mogelijkheden van het behandelmilieu, tegemoetgekomen dient te worden aan de basisbehoeften van de cliënt, ook door middel van begrenzing (*limit setting*). De behandelaren en het team dienen te kunnen optreden *alsof* zij ouders zijn van de cliënten. Voor cliënten kan therapie slechts vruchten afwerpen wanneer er corrigerende ervaringen mogelijk zijn ten opzichte van eerdere leerervaringen. Het is derhalve antitherapeutisch wanneer cliënten in een situatie belanden waarin zij voor de behandelaren en het team moeten zorgen, omdat het hen niet goed genoeg lukt om goed voor zichzelf en de cliënten te zorgen. Het risico op parentificatie van cliënten dan wel fragmentatie van de cliëntengroep is groot wanneer er sprake is van fragmentatie in een team. In zijn boek *Samenhangend behandelen in de GGz* beschrijft Janzing (2009) dat beïnvloeding van de cliënt en zijn overlevingsstrategieën plaatsvindt in een soort 'virtuele ruimte' van de setting. Deze virtuele ruimte is de plek waar de wisselwerking tussen de cliënt en de therapeut, maar dus ook de wisselwerking tussen de cliënt en de setting plaatsvindt. Berkouwer (2004) noemt het de transitionele ruimte en hij beschrijft de volgende kenmerken (overgenomen uit De Haan, 2011):

- veiligheid;
- voorspelbaarheid;
- betrouwbaarheid;
- constantheid in tijd, plaats en ruimte;
- mogelijkheid tot hechting;
- ruimte als uitnodiging;
- ruimte om te veranderen;
- potentiële ruimte om verandering aan te durven gaan.

Een visie op de setting is belangrijk om deze virtuele of transitionele ruimte te kunnen benutten als ruimte voor de cliënt om te veranderen. Pas wanneer een dergelijke visie aanwezig is en gedragen wordt door het gehele team, kan er sprake zijn van samenhangend behandelen.

### 8.2.1 De individuele therapeutische relatie binnen een therapeutische setting

Vanuit de individuele Schematherapie weten we dat het voldoende tot genoeg tegemoetkomen aan de basisbehoeften van de cliënt een essentieel en werkzaam bestanddeel is van de therapie. De therapeutische relatie is erop gericht om veiligheid te bieden om zo destructieve patronen te kunnen doorbreken. Het aangaan van een stabiele en voorspelbare therapeutische relatie is koersen op hechting en op nieuwe hechtingsstijlen bij de cliënt. Kenmerken van een goede schematherapeut zijn allereerst flexibiliteit om de cliënt steeds tegemoet te kunnen komen in basisbehoeften bij wisselende modi, maar ook veilige hechting, autonomie en competentie, realistische grenzen, echtheid in contact en spontaniteit en spel (Young et al., 2005). Het bieden van een duidelijk kader en oprechte betrokkenheid binnen de grenzen van de therapeutische relatie lijkt een goede samenvatting van de vaardigheden die de schematherapeut het meest tot zijn beschikking moet hebben. Daarnaast is het van belang dat hij zicht heeft op zijn eigen schema's. De meeste hulpverleners lijken te kampen met de schema's *zelfopoffering* en *hoge eisen*. De indruk ontstaat dat er onderliggend vaak een emotioneel tekort bestaat in de eigen kindertijd, waardoor een sterke sensitiviteit is ontwikkeld voor de behoeften van de ander (interview met Jeffrey Young in Hellinga et al., 2001). Socialisatie als onbaatzuchtige helper die voorbij gaat aan zijn eigen behoeften, lijkt vaak een rol te spelen bij de keuze voor het beroep van hulpverlener (De Haan, 2011). Door zelf in (Schema)therapie te gaan kan men inzicht verkrijgen in de eigen valkuilen en overlevingsstrategieën, dan wel schema's. In Nederland is leertherapie een vast onderdeel van de postmasteropleidingen tot psychotherapeut en klinisch psycholoog. In de opleiding van andere disciplines is het geen verplicht onderdeel van de opleiding. Dat is echter een gemis wanneer men zich realiseert hoe belangrijk de persoon van de therapeut is voor de effectiviteit van de therapie. Het is enerzijds goed om zelf therapie te hebben ervaren, omdat zelfkennis van zeer groot belang is voor het uitoefenen van het vak. Anderzijds wordt het begrip van de positie van de cliënt vergroot door eigen ervaringen in therapie. Het herkennen van eigen schema's en (destructieve) patronen is belangrijk om onderscheid te kunnen maken tussen persoonlijke en professionele processen. Dynamiek in een team vertoont overeenkomsten met dynamieken in groepen of gezinnen. Wanneer reflectie op eigen functioneren ontbreekt, kunnen samenwerkingsproblemen ontstaan, zowel in het team als in de relatie met cliënten (Cleven, 2009).

**De deur staat altijd open**

Op een deeltijdbehandeling voor angst- en stemmingsstoornissen is een nieuwe, jonge, vrouwelijke psychiater komen werken. Ze heeft de basiscursus Schematherapie afgerond en werkt voor het eerst in een therapeutische setting als hoofdbehandelaar van twee groepen. Als ze niet in gesprek is of een vergadering heeft, staat haar deur open. Wanneer een cliënte uit groep 1 in paniek voor haar deur staat, laat zij haar binnen en gaat het gesprek aan. Aan het einde van de week zijn er drie cliënten in paniek aan haar deur geweest. De psychiater krijgt haar werk niet af en neemt schriftelijk werk mee naar huis om in het weekend verder te werken. De weken daarop verlopen hetzelfde; telkens is er die ene cliënte, maar volgen er daarna meer groepsgenoten die in paniek aan haar deur staan. De psychiater ervaart de druk om zichzelf te bewijzen en zich neer te zetten als een goede hulpverlener en gaat het gesprek aan, ook na vijf uur. Soms laat ze de cliënten in haar kamer komen om gewoon maar even te zitten. Zij werkt dan door achter haar computer. Wanneer de productiecijfers aan het einde van de maand in het team worden gepresenteerd, heeft ze een productieniveau van 110%.

Het voorbeeld laat zien dat het belangrijk is om je bewust te worden van je eigen grenzen en hoe je omgaat met je eigen valkuilen. Daarnaast is het van belang een visie op de setting te hebben als leidraad voor het dagelijks handelen ten aanzien van praktische zaken als het aangaan van individuele gesprekken naast de groep, het omgaan met een paniekaanval, het opendeurbeleid, overwerken en de productienorm. Deze visie legt men vast in een visiedocument, concrete afspraken kunnen worden opgenomen in protocollen. Janzing en Kerstens (2012, pag. 508) spreken over oppervlaktestructuur als het gaat om de structurele en functionele ordening van een groep mensen in een organisatie (bijvoorbeeld een behandelteam) die gericht is op het bereiken van een gemeenschappelijk doel. Het gaat om taakgerichte aspecten die een duidelijke plaats moeten krijgen in het *oppervlaktemanagement*. Hieronder valt onder meer het beschrijven en vastleggen van grenzen die te maken hebben met tijd, ruimte, inhoud en aanwezigheid. Een dergelijke beschrijving kan zowel de nieuwe psychiater als de cliënten een kader bieden waarbinnen gewerkt kan worden. Het grenzeloos beschikbaar zijn kan voor cliënten met complexe angstklachten een herhaling zijn van de eigen opvoeding. In dit geval heeft de cliënte ouders die zelf angstig waren en voortdurend beschikbaar, waardoor de cliënte nooit heeft geleerd om met frustratie om te gaan en weinig autonome stappen heeft kunnen zetten in haar maatschappelijke ontwikkeling. De keuzes van de psychiater bieden in dat geval mogelijkheid tot herhaling van een oud patroon in plaats van ruimte om te komen tot verandering. Het voorbeeld leidt tot vragen over de wijze waarop in het multidisciplinaire team wordt omgegaan met grenzen en de manier waarop men Schematherapie wil bieden bij angst- en stemmingsklachten en hoge eisen. Het begrip *limited reparenting* is hierin van belang. Wat verstaat men hieronder? Zit iedereen met zijn therapeutische houding dan op één lijn? Durft het team ook binnen de limited reparenting grenzen te stellen? Wat gebeurt er wanneer er verschillende interpretaties zijn van *limit setting*, de cliënten begrenzen in hun (destructieve) gedrag waardoor soms zelfs de behandeling beëindigd moet worden? Mogen de opvattingen van individuele therapeuten in een team van elkaar verschillen? Bij deze vragen gaat het niet meer alleen over de inhoud van behandelprotocollen, maar over de manier waarop eenieder daarmee omgaat of zijn eigen interpretatie geeft aan de protocollen. De Haas (2010) beschrijft de wijze van omgaan met een gegeven structuur, het teamproces. Janzing (2009) beschrijft hetzelfde fenomeen als dieptestructuur; het gaat om sociaal-emotionele aspecten in het team, die kanten van het team waar persoonlijke factoren, soms eigen schema's, een rol spelen en die op emotioneel gebied effect hebben op elkaar. In elke groep en in elk team bestaan deze fenomenen en deze zijn van grote invloed op het teamfunctioneren. Wanneer tijd, geld en aandacht wordt besteed aan intervisie, scholing en leertherapie, pleegt men als het ware onderhoud aan het team en de teamdynamiek, het zogenaamde *dieptemanagement*.



## 8.2.2 Samenwerking in het multidisciplinaire team

Janzing (2009) geeft een prachtige beschrijving van de gewenste samenhang tussen de oppervlakte- en dieptestructuur van een team, die een goede aanzet geeft tot het bouwen van een milieu dat gericht is op versterking van de Gezonde Volwassene. Hij schrijft:

» Congruentie tussen oppervlakte- en dieptestructuren wordt aangetroffen in groepen waarbinnen *integrerende interacties* overheersen. Dat zijn die wijzen van omgaan met elkaar die tegemoet komen aan de behoeften van de groepsleden en die zijn afgestemd op de werkelijkheid van de taak waarvoor de groep staat. Niettemin blijven de synthetiserende dynamieken overheersen; de groep valt niet uit elkaar, men kan onlust verdragen, er is onderling plezier, het probleemoplossend vermogen groeit met elke overwonnen crisis. (pag. 62) «

Wanneer de balans tussen oppervlakte- en dieptestructuur wordt bedreigd, kan er sprake zijn van een parallelproces. Parallelprocessen zijn 'verplaatsingen van belevingen, emoties en reacties van de ene tussenmenselijke situatie naar de andere' (Haans, 2006, pag. 7). Het gaat om zich herhalende interactiepatronen die op verschillende niveaus in een organisatie kunnen plaatsvinden, zoals tussen cliëntengroep en team of omgekeerd. Soms zijn deze ook terug te vinden tussen cliëntengroep en intervisiegroep. Het parallelproces hoeft op zich geen positieve of negatieve betekenis te hebben, maar voltrekt zich meestal onbewust. Deze processen hebben ook te maken met de betrokkenheid en binding die mensen aangaan met elkaar en met de cliëntengroepen waarmee ze werken. Wanneer reacties bewust worden gemaakt en begrepen kunnen worden in het licht van parallelprocessen, dan heeft dat een diagnostische en therapeutische waarde (Arendsen Hein, 1998). Wanneer er voldoende Gezonde Volwassene in een team aanwezig is, kan er snel zicht ontstaan op een negatieve herhaaldrang van de cliënten en het effect daarvan op het team, zodat er gezond gehandeld kan worden en niet vanuit onbedoelde automatismen, waardoor negatieve patronen, bestaande schema's, worden bevestigd en cliënten in overlevingsmechanismen worden gedwongen.

Wanneer reacties niet bewust gemaakt worden, kan dat leiden tot een proces van fragmentatie in een team en eventueel ook in de organisatie. Het opmerken van een tunnelvisie kan het team helpen op het spoor te komen van een parallelproces tussen team en cliëntengroep. Hoe vroeger de problematiek van de cliënten waarmee gewerkt wordt, hoe minder mentaliserend vermogen aanwezig is en hoe meer gevoelens kunnen worden uitgeageerd. Bij crisis is er een sterk appel op het team om tot handelen over te gaan zonder eerst voldoende ruimte te nemen voor reflectie en onderling overleg over hetgeen er gaande is (Arendsen Hein, 1998). Parallelprocessen spelen zich onbewust af. Maar een gezond functionerend team kan vanuit reflectie zo'n parallelproces analyseren, zodat het ten bate van de cliëntengroep kan worden ingezet.

**Herziening van het opendeurbeleid**

Het probleem van de jonge psychiater wordt door het team opgemerkt. Ook omdat de andere teamleden bemerken dat het groepsproces in groep 1 als het ware stilligt. Cliënten lijken niet meer te willen investeren in elkaar, ze zijn stil en kijken vol verwachting naar de therapeut. Er wordt opgemerkt dat de groep terug is naar de parallelfase: er wordt opnieuw van de therapeut verwacht om de cohesie en verbondenheid te bevorderen. De groepsleden lijken niet meer met elkaar te communiceren (Hoijtink, 2001). Het team besluit om in de intervisie bij groep 1 stil te staan en te kijken of men elkaar kan helpen om de groep weer naar meer verbondenheid te krijgen. De psychiater wordt uitgenodigd te vertellen over haar overwegingen om de cliënten op haar kamer te laten. Ze geeft aan tegemoet te willen komen aan het appel dat zij ervaart vanuit de paniek van de cliënten. De teamleider schetst vervolgens de kaders rondom individuele gesprekken. Andere teamleden leggen uit wat het effect van haar opendeurbeleid is op de groep. De psychiater geeft aan dat zij geen idee had van het effect, maar het ook deed omdat het op haar vorige werk de gewoonste zaak was. Er wordt besloten dat de psychiater in de groepssessie terugkomt op haar beschikbaarheid en via de empathische confrontatie gaat uitleggen dat de cliënten juist niet veranderen wanneer haar deur open blijft.

Het voorbeeld van de intervisie laat zien dat het belangrijk is om een veilig team te hebben met een teamleider die zorgt voor open communicatie waarin ruimte is om de parallelprocessen te onderzoeken. Een angstige cliëntengroep doet een appel op verzorging door het team en met de komst van een nieuwe collega kan ook het team weer belanden in een beginnende fase van teamfunctioneren. In deze situatie is het begrijpelijk dat de nieuwe collega ingaat op het appel van de cliënten. Het hanteren van de setting met daarin het parallelproces vraagt om het herkennen van een angstige groep en een beginnende collega in een team. Het team dient voldoende geschoold te zijn in groepsdynamische processen en de behandelmethode. Dit laatste gaat dan over kennis van Schematherapie bij een angststoornis. Op deze wijze kan het team de methode toepassen van samenhangend behandelen. Het moet veilig genoeg zijn om te kunnen reflecteren. Reflectie geeft enige mate van afstand van de soms heftige dynamiek die ontstaat met cliënten. Het kan tot inzicht en begrip leiden om zo weer verder te kunnen met elkaar.

Maar wie merkt op wanneer iets niet binnen de grenzen van het behandelmilieu kan? Is een team veilig genoeg om gedrag of beslissingen van collega's aan de kaak te stellen? En wat vraagt het om als Gezonde Volwassenen met elkaar samen te werken? Om voldoende tolerantie en Gezonde Volwassene in het team te houden en te krijgen zijn er collega's nodig die opmerken dat er even een moment moet zijn van distantie aan de staftafel. Wie durft zijn nek uit te steken om het team in een reflectieve stand te krijgen? En wat zijn nu de kenmerken van een veilig en verbonden team?

8

**Kenmerken van een gezond en veilig (Schematherapie)team**

- Een gemeenschappelijke visie op de methode.
- Voldoende reflectieve attitude: bereidheid tot bezinning op eigen handelen in relatie tot de behandelfilosofie (Schematherapie) van de behandelunit.
- Tolerantie voor onzekerheid; we kunnen niet alles verklaren uit het schema- en modusmodel.
- Tolerantie voor en aanwezigheid van verschillen tussen behandelteamleden met betrekking tot denken en voelen in het therapeutische proces.
- 'Grensbewustzijn' in de ruime zin van het woord: weet hebben en onderhouden en benutten van grenzen binnen het behandelmilieu, zoals de grenzen van tijd en ruimte, van stafgroep en patiëntengroep, en van verschillen in taken en verantwoordelijkheden tussen disciplines in het team.
- Voldoende ruimte voor het geven van feedback; intervisie.

Bovenstaande kenmerken zijn gebaseerd op de beschrijving van Janzing over het gezond functioneren van een team (Janzing, 2009). Toegevoegd hebben wij, als het gaat om grensbewustzijn, het weet hebben en respecteren van grenzen binnen een team. Iedere discipline heeft een eigen kennisdomein en draagt een eigen verantwoordelijkheid. Dat betekent dat er in een team onderling verschillen bestaan in taken en functies, hetgeen effectief samenwerken bevordert en territoriumstrijd zo veel mogelijk voorkomt. Van Aken (persoonlijke noot, 2012) voegt ook de ruimte voor feedback toe als kenmerk van een goed functionerend team. Zij benadrukt hiermee het belang voor de acceptatie van en de mogelijkheid tot het geven van feedback. Nitsun (2015) beschrijft helder hoe creatieve en destructieve krachten voortdurend aanwezig zijn in alle groepen. Deze krachten interacteren met elkaar en vullen elkaar aan. Destructieve krachten dienen echter *gecontained* ofwel verdragen en opgevangen te worden, zodat ze geen eigen leven kunnen gaan leiden en onbeheersbaar kunnen worden. Daarvoor is het nodig dat de leider de groep actief helpt om negatieve emoties te bespreken en daardoor te verdragen, om gezamenlijk op zoek te kunnen gaan naar een constructieve manier van omgaan met zichzelf en elkaar. Dit heeft direct effect op het welzijn van een groep en dus ook op een team.

### 8.2.3 Leidinggeven vanuit de Gezonde Volwassene

Leidinggevenden in de ggz staan momenteel onder grote druk, enerzijds doordat ze een hoge productie moeten realiseren en anderzijds doordat ze moeten bezuinigen terwijl hoge kwaliteit wordt verwacht in het werken met cliënten. Leidinggevenden bevinden zich daarbij in het spanningsveld dat bestaat tussen het hogere management en de onrust van het team. Daarnaast is leidinggeven aan een multidisciplinair behandelteam gecompliceerd. Niemand is als leider geboren en gezag komt ons niet zomaar aanwaaien (Vught & Wildschut, 2012). Vanuit de kennis van teamdynamiek zal de teamleider op veel fronten moeten opereren en daarbij heeft hij de volgende vaardigheden zeker nodig: het gebruiken van humor en relativeringsvermogen, zicht houden op verschillen in het team en zorg dragen dat ieder in het team voldoende aan bod komt. Een dienende leider lijkt het meest effectief (Nuijten, 2012). Kenmerkend voor het dienende leiderschap is het zodanig kunnen faciliteren en ondersteunen van een team, dat het doelgericht en productief kan zijn. Dat vraagt een verantwoordelijke houding, een ethische visie, kunnen erkennen van eigen beperkingen, het tonen van moed en een zekere mate van bescheidenheid, waarbij succes aan het team wordt gelaten (Pol, 2013). Het dienende leiderschap vraagt tevens om goed onderhoud van de oppervlaktestructuur en kennis van groepsdynamische processen en de bewegingen die plaatsvinden in de dieptestructuur. Beide terreinen hebben effect op het welbevinden van een team (Bergman et al., 2007; Sandahl, 2006). De teamleider zal dus balans moeten aanbrengen tussen aandacht voor de oppervlakte- en de dieptestructuur van de behandelunit.

De vraag die belangrijk is om als teamleider te stellen is: Wat heeft het team nodig om in voldoende mate te kunnen werken aan de zes kenmerken van een gezond en veilig team? Concreet zal het gaan over het beschrijven, bewaken en evalueren van werkdocumenten waarin de behandelunit beschreven staat. In het bewaken van deze oppervlaktestructuur zal hij met humor en relativeringsvermogen moeten kunnen aangeven dat de praktijk weerbarstig is. Het werken met cliënten met ingewikkelde problematiek laat zich niet volledig vastleggen in protocollen of behandelafspraken. Bovendien is het ook inherent aan de problematiek dat er zogenaamde grensgevechten over regels en afspraken plaatsvinden in het kader van autonomie. Een taak van de teamleider is om tijd en ruimte te maken voor de eventuele onderlinge meningsverschillen over de aanpak binnen de methode. Hierbij zal hij het team moeten leren dat die onderlinge verschillen belangrijk zijn binnen het teamproces.

Van de Loo (1995) beschrijft dat er altijd, ook in groepen waarin op een gezonde manier wordt samengewerkt, een destructief potentieel aanwezig is. Affectie en agressie spelen een hoofdrol in de dynamiek van elke mens, elke groep en daarmee in elke organisatie. Iedere organisatie kent een interne markt waar macht, status, privileges, eer, taken en verantwoordelijkheden verdeeld worden. De kans op destructieve processen is groter in organisaties waarin het product zelf bestaat uit betrekkingen tussen mensen. Het mag duidelijk zijn dat juist in het werken met cliënten en in het werken in de ggz goed leiderschap gevraagd wordt. Van verstoring van samenwerking wordt gesproken als de taakgerichtheid wordt overvleugeld door persoonlijke gevoeligheid. Samenwerkingsproblemen kunnen variëren van mild tot destructief. In dat laatste geval is de samenwerkingsstructuur gedecompenseerd; de samenwerking werkt niet langer adequaat maar is ernstig uit balans.

De Haas, zeer bekend met zowel groepsdynamica als teamcoaching, stelt dat: 'de relationele meervoudigheid een team gevoeliger maakt voor miscommunicatie en ruis dan de dyadische professionele relatie. Teams zijn daarom kwetsbaar voor ontregeling en kunnen gemakkelijk gaan disfunctioneren' (De Haas, 2010, pag. 11–12). Indien er sprake is van een problematisch teamproces, stelt hij op praktische gronden voor het team door te lichten op een balans of disbalans op de volgende dimensies:

**Dimensies van teamfunctioneren**

| | |
|---|---|
| binnen | buiten |
| taak | proces |
| horizontaal | verticaal |
| collectief | individueel |
| beginnend team | gevorderd team |
| effectieve normen | niet-effectieve normen |
| rolfluïditeit | rolfixatie |



Dit overzicht kan voor de teamleider, maar ook voor een teamcoach, dienen als een zoekschema. Als een team zich te veel aan de ene of aan de andere zijde van het continuüm bevindt, wordt een probleem verwacht en behoeft dat aandacht. De Haas ziet teams als zijnde zowel complex als veerkrachtig en daarmee in staat tot zelfreflectie, groei en zelfstandigheid. Toch kunnen teamprocessen ook zodanig vast komen te zitten, dat het goed is een neutrale buitenstaander te laten meekijken en het team te steunen om alsnog tot zelfreflectie te komen, waardoor de stagnatie in de teamontwikkeling kan worden opgeheven. Dit lukt niet altijd. Soms is een team er zo slecht aan toe, dat het niet overleeft. Moeskop (2012) spreekt over regressieve tendensen van een team die specifieke aandacht eisen van de leidinggevende. De wisselwerking tussen management en team vanuit regressieve tendensen kan escalerend werken en de holding- en containmentfunctie (virtuele ruimte) van het team in gevaar brengen. Voor reflectie op de teamdynamiek, met of zonder een teamcoach of supervisor, is een belangrijke rol weggelegd voor de samenwerkingsbespreking. Dit is een bespreking op metaniveau waarin het team in gesprek gaat over zichzelf en de onderlinge samenwerking. Deze vorm van reflectie traint een team in zelfcorrectie en kan helpen om een escalatie van spanningen in de samenwerking te voorkomen (De Haas, 2010).

## 8.3 Het model samenhangend behandelen

Claassen en Janzing (2014) hebben het *model samenhangend behandelen* (◘ fig. 8.1) geïntroduceerd voor multidisciplinair werken in de ggz. In dit model zijn alle in dit hoofdstuk besproken elementen samengevat. Het model is bruikbaar voor elke teamleider die meer uit de setting, zijn team en de methode wil halen.

In het model staat de psychopathologie van de cliënten centraal. Vervolgens wordt er gekeken naar een passende methode, in dit geval Schematherapie. Wanneer een team zich meer wil richten op het bereiken, verstevigen of vergroten van de Gezonde Volwassene, dan zal het een visie moeten ontwikkelen op de verhouding tussen psychopathologie, de benodigde setting en de wijze waarop de methode daarbinnen haar plek kan krijgen. De teamleider zal ruimte moeten inbouwen om het team het gesprek te laten aangaan over de verhouding tussen deze elementen. Er moet gesproken worden over de disciplines die onderdeel moeten uitmaken

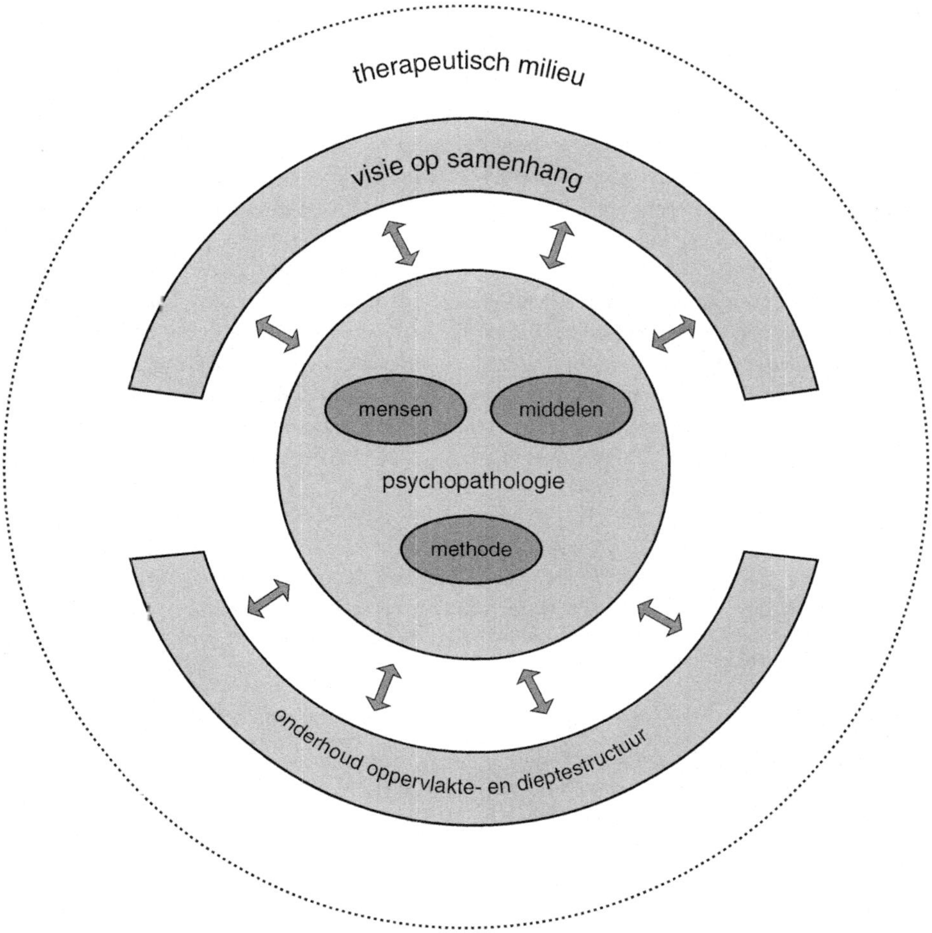


**Figuur 8.1** Model samenhangend behandelen (Claassen & Janzing, 2014).

van het behandelteam, over de benodigde fysieke ruimte en allerlei andere middelen die nodig zijn om een therapeutisch milieu neer te zetten. Wanneer besluiten genomen worden over de oppervlaktestructuur, dienen deze in werkdocumenten beschreven te worden. Voor het onderhoud van de oppervlaktestructuur zijn structureel ingeplande beleidsvergaderingen nodig. De dieptestructuur vraagt om een betrokken leider die oog heeft voor zowel het team als geheel als voor de afzonderlijke teamleden. Daarnaast is een voldoende professionele houding van belang, waardoor regressie wordt tegengegaan en gerichtheid op de taak de bestaansreden van het team kan blijven. De teamleider draagt zorg voor het bieden van voldoende ruimte en tijd voor reflectie op het eigen functioneren in zowel intervisie als in een samenwerkingsbespreking.

## 8.4 Conclusie

Er is veel onderzoek gedaan naar 'het perfecte team' door de onderzoeksgroep van Belbin. Met name de conclusie dat er psychologische diversiteit aan de staftafel moet zijn en een positieve houding ten opzichte van dit verschil van aanpak en beleving, maakt dat een team als een fijn team kan worden bestempeld. In zo'n fijn team is er dus ruimte voor ieders creativiteit en visie (Kloppenburg et al., 2009). De conclusie is dat samenwerken zeker niet perfect hoeft te of zelfs kan verlopen, maar dat er sprake dient te zijn van voldoende tolerantie voor verschillen, zodat een breed spectrum van belevingen en meningen kan worden besproken. De link naar de Gezonde Volwassene ligt in deze beschrijving voor de hand. Het gaat kort samengevat over het kunnen verdragen, het kunnen verbinden en het kunnen reflecteren aan de staftafel. Voldoende inzet vanuit de Gezonde Volwassene biedt de beste garantie voor een gezamenlijk gedragen visie waarin ruimte blijft voor ontwikkeling. En ruimte voor ontwikkeling blijkt goed te voorspellen wanneer iemand tevreden is in zijn team. Een tevreden team zal effect hebben op de gewenste veiligheid en verbondenheid in het therapeutische milieu, de virtuele ruimte waarin cliënten kunnen werken aan verandering binnen de setting. Een belangrijke taak is weggelegd voor de teamleider wanneer het gaat over het waarborgen van de samenhang tussen de taak en het proces, tussen de oppervlakte- en dieptestructuur. En dus een veilige ruimte voor het team om te kunnen reflecteren op de processen tussen staf en cliënten in het therapeutische milieu.



## Literatuur


Arendsen Hein, M. (1998). Overdracht- en tegenoverdrachtverschijnselen in behandelteams. In: T. J. C. Berk et al. (red.). *Handboek Groepspsychotherapie* , pag. E6.1 -E6.17. Houten: Bohn Stafleu van Loghum.

Arntz, A. (2014). Groepsschematherapie voor Borderline Persoonlijkheidsstoornis. Lezing op NVGP-congres, 14 november 2014.

Bartak, A. (2010). *On the effectiveness of psychotherapy in personality disorders*. Amsterdam: Academisch Proefschrift, UvA.

Bergman, D., Arnetz, B., Wahlström, R., & Sandahl, C. (2007). Effects of dialogue groups on physicians work environment. *J Health Organ Manag, 21*, 27–38.

Berkouwer, A. Y. (2004). *Handboek psychoanalytische setting. Anatomie van een plek*. Amsterdam: Boom.

Claassen, A. (2014). 'De groep moest het doen'. Een interview over de geschiedenis van de deeltijdbehandeling in Nederland met Frits van Hest en Roelof Wolters. *Groepen, 9* (3), 27–35.

Claassen, A., & Janzing, C. (2014). Het effect van Samenhangend Behandelen. Introductie van een model voor multidisciplinair werken in de GGz. *Groepen, 9* (4), 25–38.

Cleven, C. (2009). De individuele medewerker in een team. In: C. Cleven. *Teams in welzijns- en gezondheidszorg*. Houten: Bohn Stafleu van Loghum.

Haan, C. G. de. (2011). De methode: wondermiddel of loden last? Over de invoering van nieuwe *evidence based*-methoden bij complexe problematiek. *Groepen, 6*(3), 17–28.

Haans, T. (2006). *Parallelprocessen in organisaties. Begrippen, herkennen en aanpak. Werken met groepen*. Houten: Bohn Stafleu van Loghum.

Hellinga, G., Luyn, B. van, & Dalewijk, H. J. (2001). *Personalities. Master clinicians confront the treatment of borderline personality disorders*. London: Jason Aronson.

Hoijtink, T. A. E. (2001). *De kracht van groepen. Normen en rollen*. Houten: Bohn Stafleu van Loghum.

Hutsebaut J., Bales, D., Kavelaars, M., Gerwen, J. van, Bussbach, J. van, & Verheul, R. (2011). Implementatie van een behandelmodel voor persoonlijkheidsgestoorde adolescenten. *Tijdschrift voor Psychotherapie, 37*(3), 162–176.

Edens, W., & Kerstens, J. A. (2009). Het milieutherapeutische arrangement voor klinische Schematherapie (pag. 59–77). In: E. Muste, A. Weertman, & A. Claassen (red.) *Handboek Klinische Schematherapie*. Houten: Bohn Stafleu van Loghum.

Janzing, C. (2009). *Samenhangend behandelen in de GGz*. Assen: Van Gorcum & Comp.

Janzing, C., & Kerstens, J. (2012). *Werken in een therapeutisch milieu. Naar samenhangend behandelen in de GGz*. Houten: Bohn Stafleu van Loghum.

Haas, W. de. (2010). *Groepsbegeleiding en groepsbehandeling in de gezondheidszorg*. Soest: Nelissen.

Kloppenburg, M., Schoor, J., & Groen, R. van der. (2009). *Leve het verschil. Beter samenwerken, beter presteren*. Den Haag: Sdu Uitgevers bv.

Loo, E. L. H. M. van de. (1995). Destructieve processen in organisaties. *Groepspsychotherapie, 29*(3), 84–88.
Moeskops, O. G. M. (2012). De veerkracht van Groepen. *Management en Organisatie, 6*(2), 20–40.
Muste E., Weertman A., & Claassen, A. (red.). (2009). *Handboek Klinische Schematherapie*. Houten: Bohn Stafleu van Loghum.
Nitsun, M. (2015). *Beyond the Anti-Group. Survival and transformation*. Sussex: Routledge.
Nuijten, I. (2012). *Echte leiders dienen. Voor leiders die het verschil maken*. Den Haag: Sdu uitgevers bv.
Pol, S. M. (2013). *Ik ben geweldig! Of toch niet? Over gezond en problematisch narcisme*. Amsterdam: Boom.
Sandahl, C. (2006). Group Supervision for managers. *International Journal of Group Psychotherapy, 1*, 127–134.
SKP (2001). *Resultaatonderzoek in de klinische psychotherapie*. Terugblik op 25 jaar resultaatonderzoek.
Timman, R., & Groenink, A. (2008). *STEP-Benchmark onderzoek*. Rotterdam: Erasmus Universiteit.
Vught, M., & Wildschut, M. (2012). Het leiderschapsinstinct. In: M. Vught, & M. Wildschut (red.), *Gezag. Wetenschap van macht, gezag en leiderschap* (pag. 25–56). Utrecht: Bruna.
Young, J. E., Klosko, J. S., & Weishaar, M. E. (2005). *Schemagerichte therapie. Handboek voor therapeuten*. Houten: Bohn Stafleu van Loghum.

# Het behandelplan: de Gezonde Volwassene ontwikkelen

*Els Loeb*

**Samenvatting**

Na het maken van de casusconceptualisatie (► H. 5) stelt de behandelaar het behandelplan op. In het behandelplan worden de doelen van de behandeling geformuleerd. In dit hoofdstuk wordt het proces van het ontwikkelen van behandeldoelen beschreven. In het behandelplan wordt tevens beschreven met welke technieken en interventies de doelen worden nagestreefd. Schematherapie kent veel technieken en interventies. Een techniek die gebruikt kan worden om de Gezonde Volwassene gedurende de hele behandeling te versterken, is het bijhouden van een dagboek. In dit dagboek, dat het *witboek* wordt genoemd, wordt de adaptieve driehoek of cognitieve triade volgens Beck (1976, 2014), bevestigd. Stapsgewijs wordt uitgelegd hoe de adaptieve driehoek of cognitieve triade wordt ontwikkeld. Aan de hand van de casus van Janne, die ook in ► H. 5 wordt gevolgd, worden de behandeldoelen en het witboek verduidelijkt.

## 9.1 Het behandelplan: van hulpvraag naar behandeldoelen

Een cliënt die in behandeling komt, heeft wensen en wil iets veranderen aan zijn huidige functioneren. Een wens is echter nog geen doel. Wensen zijn grenzeloos en komen voort uit authentieke verlangens en behoeften, zoals de wens van cliënte Janne om warmte en liefde te ontvangen. Het nastreven van een doel met behulp van een plan maakt dat wensen uit kunnen komen. Na het maken van de casusconceptualisatie (► H. 5) worden de behandeldoelen en het behandelplan opgesteld. Er wordt een relatie gelegd tussen de hulpvraag (de wens) van de cliënt en de casusconceptualisatie. In de casusconceptualisatie vinden we de aangrijpingspunten voor verandering (de doelen). Bij de aangrijpingspunten kunnen vervolgens technieken en interventies worden gekozen om de gewenste verandering te bewerkstellingen (het plan).

**Casus**

Janne is een 39-jarige vrouw en moeder van twee dochters (11 en 13 jaar). Janne heeft vanaf haar vijftiende jaar veel contact gehad met hulpverleners. Tijdens de intake schiet ze gelijk vol en geeft ze aan zich ervoor te schamen dat ze weer aanklopt voor hulp. Janne kan niet tevreden zijn, ze moet altijd meer najagen. Dat patroon begint ze te herkennen. De problemen zijn verergerd sinds zij in haar werk als onderwijsassistente vastloopt. Haar relatie met de vader van haar kinderen is beëindigd. Ze leven gescheiden. Janne voelt zich minderwaardig. Vroeger kon ze ontploffen van boosheid, maar tegenwoordig huilt ze vaker. Aardig zijn is voor Janne hetzelfde als oprecht zijn. Je moet altijd aardig zijn, is haar motto. Als ze aardig is, kwetst ze niemand. Aan de andere kant kan ze iemand die onaardig is, snel afschrijven. Dan gaat de deur dicht omdat ze zich niet wil laten kwetsen. Ze ervaart allerlei emoties waar ze geen greep op heeft. Ze merkt dat ze vaak erg open is naar anderen en zou dat beter willen doseren. In relaties met mannen is zij op zoek naar genegenheid, waardoor zij in grenzeloze situaties terechtkomt.
DSM-IV classificatie na intake:
As I 314.00 ADHD, overwegend onoplettende type
As II 301.90 Persoonlijkheidsstoornis NAO met borderlinetrekken
As III Geen diagnose
As IV Problemen binnen de primaire steungroep
As V GAF score 55

**De hulpvraag**

Janne vertelt in de intake dat zij altijd terugvalt in dezelfde gevoelens en patronen. Ze zit in de ziektewet en haar relatie is onlangs verbroken. Het confronteert haar met hoe het bij haar gaat en ze wil het graag anders aanpakken. Janne beschrijft dat ze veel behoefte heeft aan warmte en liefde en dat ze misschien wel gered wil worden. Zij heeft de wens zelfstandiger te worden, beter met kritiek om te kunnen gaan, beter haar grenzen te bewaken, minder bevestiging van anderen nodig te hebben en zich minder verantwoordelijk te voelen voor anderen. Zij wil graag duidelijke toekomstdoelen hebben.

Het verminderen van klachten is altijd een wens van de cliënt. Tot nu toe heeft het behandelen van klachten onvoldoende effect gehad. Klachten kunnen in stand blijven als gevolg van onderliggende patronen en dynamiek die in de casusconceptualisatie, het schemamodel en het modusmodel, worden weergegeven. De verwachting en de hoop is dat, als onderliggende patronen en dynamiek veranderen, klachten als gevolg hiervan zullen verminderen. Klachtreductie kan het effect zijn van behandeling met Schematherapie, maar is niet het doel.

Cliënten met hardnekkige problematiek ervaren, als gevolg van hun problematiek, vaak problemen op meerdere levensterreinen, waardoor zij onvoldoende hun doelen op deze terreinen kunnen verwezenlijken. Het verbeteren van het functioneren is van groot belang voor het welbevinden van de cliënt, maar ook voor de deelname aan het maatschappelijk leven en voor de reductie van zorgkosten. Het is daarom van belang het functioneren op de verschillende levensterreinen bij de start van de behandeling in kaart te brengen. Welke wensen heeft de cliënt ten aanzien van de verschillende levensgebieden en wat zijn de eigen levensdoelen?

De hulpvraag van Janne is niet concreet en zal eerst verduidelijkt moeten worden. Klachten, wensen, vaardigheden (coping) en levensdoelen zijn allemaal onderdeel van haar oorspronkelijke hulpvraag.

### 9.1.1 Levensdoelen

Om de levensdoelen te bepalen wordt eerst onderzocht welke waarden de cliënt heeft. In de *acceptance and commitment therapy* (ACT) wordt veel aandacht besteed aan het begrip waarde (A-Tjak et al., 2008; Hayes et al., 2006). Waarden helpen om richting te geven aan langetermijndoelen. Een doel stellen helpt bij het nastreven van de waarde. Een doel dat wordt bereikt, is helpend in de goede richting, namelijk in het nastreven van de waarde. In dat verband wordt ook wel gesproken over waardegerichtheid in plaats van doelgerichtheid.

Na het benoemen van wat persoonlijke waarden zijn op verschillende levensterreinen, bekijkt de cliënt of zijn activiteiten overeenkomen met de waarde die hij hecht aan het levensterrein. Het volgende format (◘ fig. 9.1) kan gebruikt worden om levensdoelen te bepalen.

**Levensdoelen**

1. Geef per levensgebied op een schaal van 0 tot 10 aan hoe belangrijk deze levensgebieden voor je zijn.
2. Geef aan in hoeverre je de vrijheid voelt en de mogelijkheden ziet om deze waarde zoals je hebt aangegeven, na te streven op een schaal van 0 tot 10.
3. Zet een uitroepteken achter de levensgebieden waarbij de waarde overeenkomt met de mate waarin je dit nastreeft. Omcirkel de levensgebieden waarbij dat niet het geval is.
4. Schrijf per levensgebied op wat je wilt ontwikkelen en in de toekomst wil bereiken. Blijf realistisch!

### 9.1.2 Aangrijpingspunten en behandeldoelen

Na het benoemen van de levensdoelen worden de behandeldoelen geformuleerd. Het algemene doel van Schematherapie is het ontwikkelen, versterken en vergroten van de Gezonde Volwassene. Claassen en Pol (2014) definiëren de Gezonde Volwassene als volgt:

> » De Gezonde Volwassene zet zijn psychische vermogens in om zichzelf vrij te maken van oude destructieve patronen om zo in voldoende mate te kunnen streven naar bevrediging van zijn basisbehoeften als zelfstandig en verantwoordelijk functionerend persoon in een positieve verbondenheid met zichzelf en zijn omgeving. «

| | | |
|---|---|---|
| werk/carrière | maatschappij/sociale positie | opleiding/leren |
| vrienden/sociaal leven | leefomgeving | ontspanning/vrije tijd |
| familie | | lichamelijke verzorging/gezondheid |
| ouderschap | intieme relaties | zingeving/geloof/spiritualiteit |

**Figuur 9.1** Format ter bepaling van levensdoelen.

Dit sluit aan bij de zelfdeterminatietheorie van Ryan en Deci (2000), die drie fundamentele behoeften benoemen. Bannink (2009) noemt dit het ABC, dat nodig is om gelukkig te worden:

- autonomie (A): de vrijheid om keuzen te maken die passen bij wie we zijn;
- betrokkenheid (B): ons verbonden voelen met anderen;
- competentie (C): het idee dat we goed zijn in wat we doen.

Dit komt overeen met de basisbehoeften veiligheid en verbondenheid en autonomie, identiteit en competentie van de Schematherapie. Naast deze fundamentele behoeften kent de Schematherapie ook de basisbehoeften zelfexpressie, spontaniteit en spel en realistische grenzen.

Na het bepalen van de persoonlijke levensdoelen onderzoekt de cliënt met behulp van de therapeut welke aangrijpingspunten er in de casusconceptualisatie zijn om belemmerende patronen te doorbreken en beschikbare hulpbronnen te benutten. Uitgangspunt hierbij is dat de coping (overlevingsmodi of beschermers) niet helpend is en voorkomt dat cliënt zijn basisbehoeften vervult. Geïnternaliseerde boodschappen (ondermijnende-oudermodi) zijn belemmerend in het onderzoeken en leren kennen van de wensen en behoeften (kindmodi). Traumatische ervaringen of andere levenservaringen kunnen gevoelens oproepen en samen met de betekenis die cliënt hieraan heeft gegeven, de ontwikkeling van de Gezonde Volwassene in de weg staan. De behandeldoelen worden aan de ene kant gericht op het verminderen van deze belemmerende en instandhoudende factoren en aan de andere kant op het inzetten van de hulpbronnen. De cliënt wordt geholpen met het doorbreken van destructieve patronen, zodat hij in staat is zijn levensdoelen te verwezenlijken.

Het modusmodel toont wat nodig is om de Gezonde Volwassene en het vrije kind te ontwikkelen. De behandeldoelen zijn:

1. de beschermers (overlevingsmodi) alleen nog in te zetten als dat nodig is;
2. de ondermijnende-oudermodi egodystoon te maken door ze te bevechten en te stoppen;
3. zorgen voor de gekwetste-kindmodi binnen realistische grenzen.

## 9.2 Fasen in de behandeling en de Schematherapeutische technieken

De behandeling kan op grond van deze indeling in drie fasen worden onderverdeeld. Per fase wordt een behandeldoel vanuit de positie van de Gezonde Volwassene geformuleerd. Om de cliënt het behandeldoel makkelijk te laten onthouden, wordt hem gevraagd een kort motto te bedenken.

In de eerste fase wordt de focus gericht op de disfunctionele coping, de beschermers en de overlevingspatronen. Gedrag dat ongewenst is, omdat het slechte zelfzorg is, beschadigend of gevaarlijk. Voorbeelden van disfunctionele coping zijn bijvoorbeeld: gamen, automutileren, zichzelf overschreeuwen of zich sociaal terugtrekken.

**De eerste fase van de behandeling**

Janne (fig. 9.2) richt zich in de eerste fase van de behandeling op de onthechte zelfsusser, de afleidingzoeker en de willoze inschikkelijke, de pleaser. Zij wil stoppen met het gebruik van alcohol omdat: "ik er erg ongelukkig van word, omdat ik dan in gevaarlijke situaties beland en me de volgende dag van alles kwalijk neem en alles opblaas." Haar motto wordt: *Zorg dragen voor mijzelf en minder voor de ander*. In plaats van alcohol te gebruiken gaat zij de eerste tijd niet meer naar feestjes, plant zij activiteiten met mensen die geen alcohol

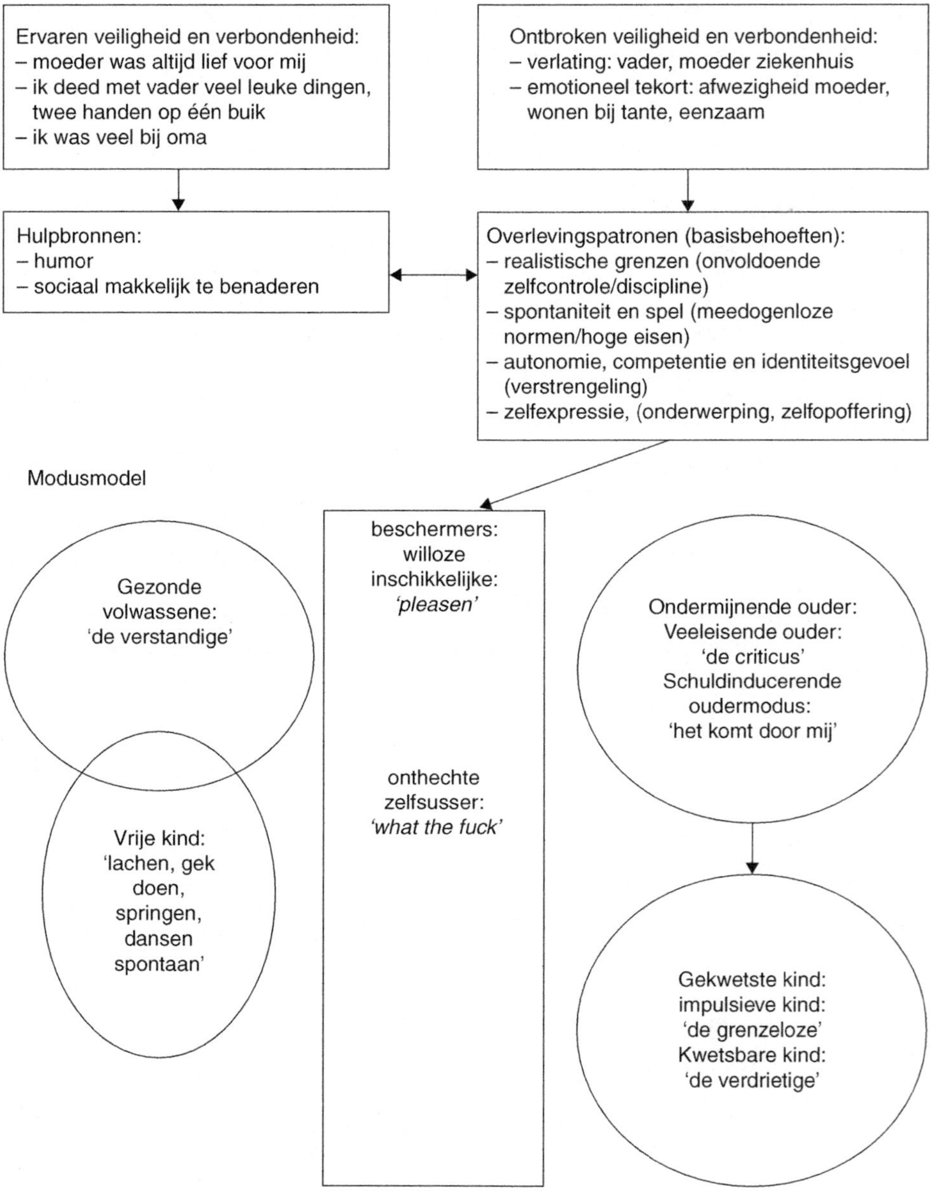


**Figuur 9.2** Casusconceptualisatie (schema- en modusmodel) van Janne.

drinken in haar bijzijn en zet zij ideeën op papier voor rustige activiteiten die zij thuis kan doen. In de verschillende groepstherapieën onderzoekt zij wat de voor- en nadelen zijn van deze coping en ontdekt zij op welke momenten zij deze coping toepast. Met behulp van haar hulpbronnen ontwikkelt zij alternatief gedrag.

Wanneer de disfunctionele coping afneemt en de cliënt meer beschikt over functionele coping, komt er ruimte voor het conflict tussen de ondermijnende-oudermodus en het gekwetste kind. In deze fase, de middenfase of de verdiepingsfase van de behandeling, komen traumatische en andere levenservaringen als vanzelf meer naar voren in de therapie. Het is een fase waarin aandacht wordt gegeven aan pijn, verdriet en gemis. De cliënt wordt gevraagd om vanuit de positie van de Gezonde Volwassene een behandeldoel te formuleren voor deze fase en dat in een kort motto samen te vatten.

**De tweede fase van de behandeling**

In deze fase richt Janne (◘ fig. 9.2) zich op het schema *emotioneel tekort (basisbehoefte veiligheid en verbondenheid) en verlating* in combinatie met de behoefte aan realistische grenzen. Janne ontdekt dat ze erg kritisch op zichzelf is geworden en zich heel erg verantwoordelijk is gaan voelen als gevolg van de afwezigheid van haar ouders op verschillende momenten tijdens haar opvoeding. Haar moeder werd regelmatig in het ziekenhuis opgenomen en haar vader verliet het gezin plotseling toen zij 15 jaar was. Zij heeft toen emotionele steun en sturing gemist. Haar motto voor deze fase luidt: *Ik doe ertoe en ik mag botsen met de mensen om me heen.*

Na het bewerken van de levensgebeurtenissen en het gemis komt er ruimte voor de toekomst. De cliënt leert hoe hij voor zichzelf kan zorgen. De groei van de Gezonde Volwassene maakt het mogelijk de levensdoelen te gaan realiseren. In de derde en laatste fase van de behandeling wordt een link gelegd tussen de therapiedoelen en de levensdoelen. De cliënt zet de Gezonde Volwassene in om zijn levensdoelen na te streven. De cliënt herkent wanneer hij in zijn oude valkuilen of patronen stapt en leert zichzelf te herpakken. Het is een periode waarin de cliënt veel oefent met nieuw gedrag en zijn levensdoelen heroverweegt, keuzes maakt en plannen opstelt.

**De derde en laatste fase**

Janne (◘ fig. 9.2) legt contact met haar werk en gaat enkele uren per week aan de slag. Zij wil graag een relatie en zij besluit, juist nu ze nog in behandeling is, te gaan daten, zodat ze in de veilige omgeving van de behandeling kan bespreken wat ze meemaakt en ervaart. Haar motto is: Ik ben een mooi mens en ik doe ertoe.

De ontwikkeling van de Gezonde Volwassene wordt bevorderd wanneer de belemmerende en/of instandhoudende factoren, zoals die in de casusconceptualisatie geformuleerd staan, verminderd of opgeheven worden. Korrelboom en Ten Broeke (2014) stellen dat de analyses, samen met de literatuur en DSM-classificatie, de weg naar het doel wijzen en gelijk grenzen stellen aan wat haalbaar is. De haalbaarheid in de therapie wordt onder andere bepaald door de beschikbare tijd. Dit betekent dat er keuzes gemaakt moeten worden en dat het raadzaam is cliënten waar mogelijk gereedschap vanuit de methodiek aan te bieden waarmee ze na beëindiging van de behandeling zelfstandig toekomstige problemen kunnen oplossen.

### Drie technieken

De Schematherapie kent drie soorten technieken: cognitieve technieken, experiëntiële technieken en gedragstechnieken.

De *cognitieve technieken* bestaan uit de technieken die zijn ontwikkeld in de cognitieve gedragstherapie. Het doel van cognitieve technieken is de cliënt bewust te laten worden van zijn gedachten en opvattingen en waar deze disfunctioneel zijn en de problematiek in stand houden, ze uit te dagen en bij te stellen.

De *experiëntiële technieken* komen uit de hoek van de cliëntgerichte therapie (Gendlin, 1989) en de psychodrama (Gilhuis et al., 2014). Twee technieken worden in de Schematherapie veelvuldig gebruikt: de meerstoelentechniek en de imaginatie. Bij deze technieken gaat het erom te ontdekken welke basisbehoefte niet is vervuld en daar erkenning aan te geven.

De *gedragstechnieken* zijn ontwikkeld in de cognitieve gedragstherapie en hebben als uitgangspunt het uitvoeren van gedrag. Handelen leidt tot nieuwe ervaringen. Het doel van vooropgezet gedrag kan zijn een cognitie te wijzigen, een gedragsexperiment (Bennett-Levy et al., 2010) uit te voeren, angst te verminderen door exposure (Korrelboom & Ten Broeke, 2014), vaardigheden te trainen, assertiviteit te oefenen, zelfcontroleprocedures in te zetten, of het zelfbeeld te verbeteren met behulp van de module COMET (Korrelboom & Ten Broeke, 2014). In de Schematherapie worden cliënten aangemoedigd om de Gezonde Volwassene meer in te zetten in hun dagelijks leven. Het kan daarom belangrijk zijn om in de therapiesessie gedrag te oefenen en plannen te maken voor gedrag buiten de therapiesessie. Zolang de cliënt nog onvoldoende Gezonde Volwassene heeft ontwikkeld, zal de therapeut vanuit de gedachte van *limited reparenting* de cliënt adviseren, helpen en stimuleren het gewenste gedrag uit te voeren.

Deze drie technieken kunnen in iedere fase van de behandeling worden ingezet en sluiten goed aan bij de fasegerichte subdoelen. De drie technieken richten zich op zowel het denken, het voelen als het handelen, maar hebben elk een ander vertrekpunt. Dit geldt ook voor de fasegerichte subdoelen. In de eerste fase, waarin het onderzoeken en het bewerken van de coping aan de orde is, zal het vertrekpunt vaak de cognitie zijn. Het onderzoeken van de voor- en nadelen van de coping is een eerste stap in het motiveren van de cliënt om te veranderen. Een meerstoelenoefening (experiëntiële techniek) kan de cliënt helpen om meer inzicht te krijgen in het effect van de coping op zijn emotionele leven, waarna het effect van alternatief gedrag als coping onderzocht kan worden (gedragstechniek). Het is een vaardigheid van de therapeut om flexibel om te kunnen gaan met deze technieken.

In de verdiepingsfase van de behandeling komt de focus te liggen op de emotionele behoeften van de cliënt. Hiervoor zijn de experiëntiële technieken zeer geschikt. Na het doen van een ervaringsgerichte oefening zal steeds gevraagd worden: Wat betekent dit voor je (cognitieve betekenisverlening)? Wat neem je hieruit mee, wat ga je doen (gedrag)?

In de laatste fase van de behandeling handelt de cliënt vanuit het gezond-volwassenperspectief en doet allerlei ervaringen op, die vervolgens in de therapie kunnen leiden tot het bewerken van deze ervaringen met cognitieve technieken (welke betekenis geef ik aan deze ervaring en is dat terecht?), experiëntiële technieken (welke modi remmen me af en hoe kan ik dat veranderen?) en gedragstechnieken (laten we het eens naspelen en hoe kan het anders?).

## 9.3 Het witboek: versterken van de Gezonde Volwassene

Het doel van de behandeling met Schematherapie is het ontwikkelen, versterken en vergroten van de Gezonde Volwassene. Tijdens iedere fase van de behandeling is dit het overkoepelende doel, de rode draad van de behandeling. Een middel om dit overkoepelende doel voor ogen te blijven houden kan het gebruik van het *witboek* zijn. Dit is een dagboek dat de cliënt bijhoudt en waarin hij ervaringen en hoe hij heeft gehandeld vanuit de Gezonde Volwassene beschrijft.

Uit onderzoek blijkt dat er een verschil is tussen mensen die een optimistische of juist een pessimistische kijk hebben op gebeurtenissen (Seligman, in: Bannink, 2009). Er worden drie dimensies genoemd waarop mensen hun ervaringen beoordelen:

- globaal – specifiek;
- stabiel – tijdelijk;
- internaliserend – externaliserend.

Optimistische mensen kennen een prettige gebeurtenis toe aan globale, blijvende (stabiele) en interne (aan hun eigen handelen toe te schrijven) factoren. Vervelende gebeurtenissen kennen zij eerder toe aan specifieke, tijdelijke en externe factoren. Optimistische mensen zullen dus eerder tegen zichzelf zeggen dat ze het goed gedaan hebben, dan mensen met een pessimistische instelling. Het aanleren van optimisme is van belang, omdat iemand die meer effect toekent aan het eigen handelen, meer vertrouwen ontwikkelt en eerder verwacht zelf invloed te hebben op een positieve uitkomst dan iemand met een pessimistische instelling. Het is daarom van belang dat de cliënt in zijn dagboek (witboek) positief ervaren gebeurtenissen leert toe te schrijven aan globale, stabiele en internaliserende factoren en niet aan specifieke, tijdelijke en externaliserende factoren.

**Het witboek**

Janne schrijft in haar witboek dat ze op bezoek is geweest bij vrienden en dat ze een heerlijke avond heeft gehad, zonder een druppel alcohol te drinken.
Deze ervaring is bevestigend, omdat Janne haar labelt als: op bezoek gaan bij vrienden (globaal), ze een gevolg is van Jannes keuze (internaliserend) om geen alcohol te drinken (stabiel). Janne is hier tevreden over. Dit zou niet het geval zijn als zij zou denken dat het aan deze vrienden ligt (specifiek) die deze avond geen alcohol schonken (tijdelijk) en dat mogelijk de volgende keer wel gaan doen (externaliserend).

In een dagboek wordt betekenis gegeven aan wat ervaren is. Alles wat we doen, geven we betekenis. Aan wat we zien, wat we horen en wat we voelen. Gedachten komen in ons op en we denken na over onze ervaringen. Wat we bewust waarnemen, geven we betekenis. In de cognitieve therapie worden er drie niveaus onderscheiden. Het eerste wat we denken als we iets waarnemen, wordt de automatische gedachte genoemd. Daaronder liggen aannames, onderliggende opvattingen die we ons in de loop van het leven eigen hebben gemaakt op grond van observaties, ervaringen en boodschappen van anderen. Deze aannames worden onderliggende opvattingen of leefregels genoemd. Onder deze aannames liggen de kernopvattingen over onszelf, de ander en de wereld daaromheen. Beck (1976, 2014) noemt dit de cognitieve triade. Beck ontwikkelde deze cognitieve triade toen hij werkte met mensen die depressief waren.

Deze cognitieve triade, waarin de kernopvattingen staan waarmee we in de wereld treden, zijn bepalend voor de manier waarop we waarnemen. Cliënten met hardnekkige persoonlijkheidsproblematiek hebben vaak disfunctionele opvattingen over zichzelf, de ander, de wereld/de toekomst. Daarom wordt dat ook wel de disadaptieve cognitieve triade genoemd.

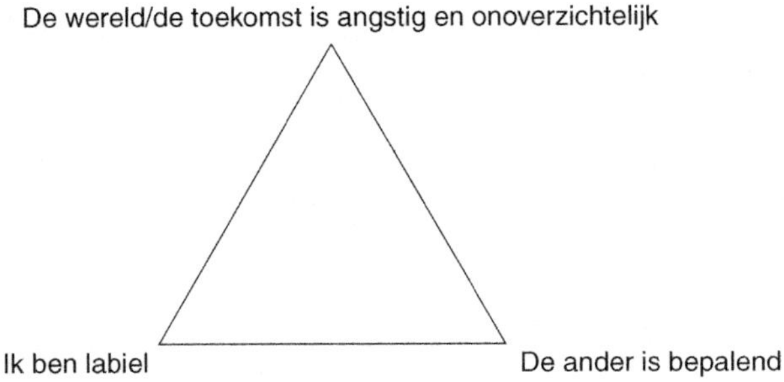


**Figuur 9.3** De cognitieve triade van Janne aan het begin van de behandeling.



**De cognitieve triade**

Janne verwoordt in deze eerste cognitieve triade (fig. 9.3) hoe weinig greep zij heeft op haar leven. Ze voelt zich kwetsbaar. Zij laat zich bepalen door de ander. Binnen het toekomstbeeld dat zij heeft, is er weinig ruimte om zich te ontwikkelen. Door deze gekleurde bril kijkend zal Janne alles wat ze meemaakt betekenis geven. Zo is zij makkelijk te beïnvloeden als zij naar feesten gaat. Ze gaat mee met mannen die seks met haar willen hebben, gebruikt drugs en alcohol. Ze laat zich bepalen, met gevolg dat ze zichzelf kwijtraakt en het onoverzichtelijk voor haar wordt. Om met de angst die dat oproept om te kunnen gaan laat ze een dealer drugs bezorgen en bevestigt zij de kerncognities van deze driehoek.

In dit voorbeeld van Janne wordt duidelijk hoe de negatieve kernopvattingen haar coping, zoals terug te vinden in de casusconceptualisatie (beschermers en overlevingspatronen), in stand houdt.

De cognitieve triade is onderdeel van de schema's van de cliënt en herbergt de boodschappen van de ondermijnende-oudermodus. Het zijn disadaptieve gedachten die een destructieve uitwerking hebben. Een Gezonde Volwassene heeft adaptieve kerncognities die gebaseerd zijn op een positief zelfbeeld, voldoende vertrouwen in anderen en een open blik op de toekomst. De cognities van een Gezonde Volwassene leiden eerder tot een constructieve beoordeling van eigen gedrag dan tot een negatieve beoordeling.

Naast de andere technieken en interventies die gebruikt worden tijdens de behandeling, is het zinvol om te werken aan het inslijten van een adaptieve cognitieve triade in de ontwikkeling van de Gezonde Volwassene. Het witboek kan als een rode draad in de behandeling gebruikt worden. Alles wat bijdraagt aan de ontwikkeling van het gezond volwassen beeld van zichzelf, de ander en de wereld/toekomst wordt in het witboek opgeschreven. De cliënt verzamelt steeds meer bewijsmateriaal waaruit blijkt dat deze cognitieve triade 'waar' is. Deze bewijzen helpen de cliënt met deze 'nieuwe bril' ervaringen op te doen.

De therapeut en de cliënt zoeken vanuit de disadaptieve cognitieve triade naar de wenselijke, adaptieve cognitieve triade. Hoe wil de cliënt over zichzelf, de ander en de toekomst denken? Wat is nodig om zich te kunnen richten op zijn levensdoelen? Wat gaat er veranderen in het leven van de cliënt als deze cognitieve triade geloofwaardig voor hem is?

In fig. 9.4 is weergegeven hoe Janne haar adaptieve cognitieve triade formuleert.

Janne ervaart bij deze cognitieve triade dat zij richting kan geven aan haar eigen leven. Zij neemt het stuur in handen door haar Gezonde Volwassene te versterken ('ik-zin'), door een ander te respecteren met zijn gevoelens en wensen zonder daar meteen op te moeten reageren ('de

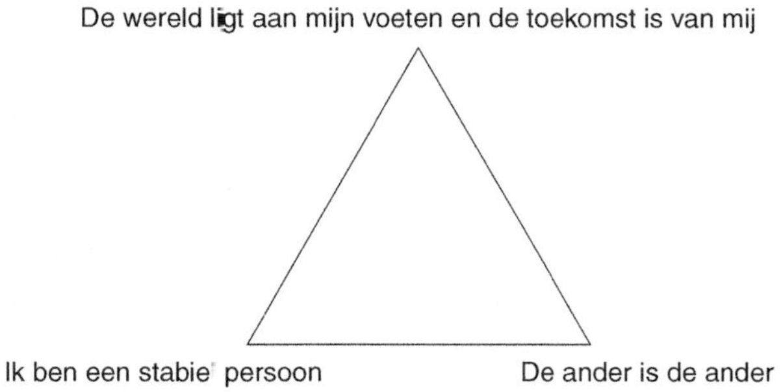


**Figuur 9.4** De adaptieve cognitieve triade van Janne.

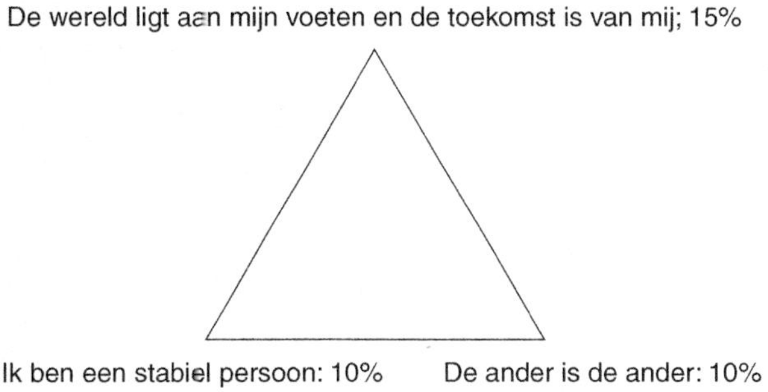


**Figuur 9.5** De geloofwaardigheid van de adaptieve cognitieve triade bij aanvang van de behandeling.

ander-zin') en door ruimte te maken voor haar eigen keuzes ('wereld/toekomst-zin'), waarmee ze haar autonomie bevordert.

De cliënt wordt gevraagd om dagelijks in het witboek te schrijven en bij iedere cognitie uit de adaptieve cognitieve triade op te schrijven welke voorvallen die dag bewijzen dat deze cognities kloppen. In het begin zal de cliënt hulp nodig hebben van zijn omgeving en de therapeut om deze bewijzen te vinden. De cliënt is niet gewend om op deze manier naar zichzelf te kijken. Dit vraagt van de therapeut enige volharding. Cliënten, en ook therapeuten, zijn vaak probleemgericht, waardoor het bijhouden van het witboek gemakkelijk vergeten kan worden. Het is belangrijk de cliënt erop te wijzen dat naast prettige ervaringen ook moeilijke of minder aangename gebeurtenissen positieve ervaringen kunnen zijn en bewijsmateriaal kunnen opleveren voor de adaptieve cognitieve triade.

Om de ontwikkeling enigszins meetbaar te maken wordt de cliënt na het maken van de adaptieve cognitieve triade gevraagd in procenten uit te drukken hoe geloofwaardig deze gedachten zijn. Bij iedere evaluatie kan dit herhaald worden.

Figuur 9.5 laat zien hoe geloofwaardig deze cognities voor Janne waren bij aanvang van de behandeling.

### Voorbeelden uit Jannes witboek

Bewijzen voor 'Ik ben een stabiel persoon':

- Gisteren wilde ik vanuit de verkeerde modus Joost appen. Ik was me hier bewust van en heb dit niet gedaan. Ik mag best appen, maar alleen vanuit mijn Gezonde Volwassene.
- Irritatie uitgesproken naar vriendin.

**Figuur 9.6** De geloofwaardigheid van de adaptieve cognitieve triade aan het einde van de behandeling.

- Excuses aangeboden voor mijn gedrag vorige week.
- Ik heb geen alcohol gedronken.
- Ik merk dat als ik voor mezelf opkom, ik vaak niet eerst meer zenuwachtig ben (trillerig en meerdere gedachten).

Bewijzen voor 'De ander is de ander':
- In de trein. Carla en Harold vragen mij: 'Kom je niet bij ons zitten?' Ik zei: 'Ik vind dit al dichtbij genoeg.' Niet aardig per se doen voor anderen!
- Tegen mama gezegd dat ik liever alleen thuis blijf.
- Irritatie uitgesproken naar vriendin.
- Moeite met Nadia, merk dat ik in mijn 'zonder-dat-ze-wat-gaat-zeggen-ga-ik-voor-haar-zorgenmodus' schiet, mijn 'majoor-Bosshardt-modus'. Ik heb dit besproken met Nadia.

Bewijzen voor 'De wereld ligt aan mijn voeten en de toekomst is van mij':
- Autorijlessen genomen.
- Ik ben weer lichtelijk aan het dromen over de toekomst: straks als ik kan autorijden, wil ik reizen.
- Familiedag georganiseerd, ben er erg tevreden over.

Aan het eind van de behandeling wordt de cliënt gevraagd in welke mate hij gelooft in de adaptieve cognitieve triade en vervolgens kan de ontwikkeling worden besproken.

Voor Janne is de geloofwaardigheid van deze cognities aan het einde van de behandeling gestegen, zoals fig. 9.6 laat zien.

## 9.4 Discussie

Het formuleren van behandeldoelen is niet makkelijk. In de handboeken wordt daar weinig aandacht aan besteed, terwijl het een onderdeel van de methodiek is. Met dit hoofdstuk hoop ik een bijdrage te leveren aan de training van (psycho)therapeuten in het formuleren van behandeldoelen. Het doel van de cliënt is nog geen behandeldoel. Een behandeldoel is gericht op het opheffen van belemmerende, instandhoudende factoren en het inzetten van bevorderende factoren, zodat de cliënt weer in staat is zijn eigen doelen na te streven. Als de cliënt meer zelfvertrouwen wil ontwikkelen, is het nodig te onderzoeken wat maakt dat het de cliënt ontbreekt aan zelfvertrouwen. Wanneer dit via een casusconceptualisatie duidelijk is geworden, kan het behandeldoel gericht worden op het opheffen van deze belemmering.

Het stellen van doelen geeft hoop en richting. De cliënt is bij aanvang van de behandeling onvoldoende in staat richting te geven aan zijn leven. Volgens Bode en Arends is er een positieve relatie tussen doelen en welbevinden (In: Bohlmeijer et al., 2013, pag. 140). Het formuleren, hebben en nastreven van persoonlijke doelen zorgt voor commitment aan de behandeling en bevestigt het gevoel van zinvol bezig zijn. Het gevoel doelen te kunnen bereiken betekent dat iemand controle kan uitoefenen en richting kan geven aan zijn daden. Het naderen van een doel werkt belonend en wordt als positief ervaren. Daarom zijn subdoelen belangrijk, zij leveren op korte termijn succeservaringen op.

Het is voor de cliënt en de therapeut een uitdaging het witboek te blijven bespreken. Zowel de cliënt als de therapeut zijn veelal geneigd zich te richten op de problemen die zich voordoen in het leven van de cliënt. Een goed evenwicht hierin is niet vanzelfsprekend, er zal naar gezocht moeten worden. Het bespreken van het witboek levert een positief gevoel op. Positieve emoties zijn belangrijk. Dit geldt niet alleen voor cliënten, maar zeker ook voor therapeuten, op wie een groot emotioneel appel wordt gedaan in het werken met Schematherapie gericht op persoonlijkheidsproblematiek en hardnekkige as-I-problematiek.

## 9.5 Tot slot

De volgende tekst is een introductie van de Schematherapie die Janne voorafgaand aan haar behandeling als informatie kreeg.

**Wat mag je verwachten van de behandeling?**

Als je in behandeling komt, heb je klachten. Je zoekt hulp om van je klachten af te komen. Als je in behandeling gaat, weet je niet wat je te wachten staat. Hoe kun je dan doelen stellen?
Je weet in ieder geval wat je niet meer wil, je wil van je klachten af. Welke wensen heb je, hoe ziet je leven er anders uit als je deze klachten niet meer hebt?
Een wens is nog geen doel. Wensen zijn grenzeloos en komen voort uit authentieke verlangens. De Franse schrijver Antoine de Saint-Exupéry schreef in de vorige eeuw al: “Een doel zonder een plan is slechts een wens.” Welke wensen wil je in deze periode van je leven, tijdens deze behandeling aanpakken? Je behandeling heeft een beperkte tijdsduur. Je zult keuzes moeten maken. Vanuit je wensen stel je je doelen. Dit doe je door antwoord te geven op de vraag ‘Wat?’ Hierna maak je een plan. In het plan staat het antwoord op de vraag ‘Hoe?’ Een wens wordt dus een doel als je er een plan bij opstelt.
In Schematherapie zijn we gericht op het (verder) ontwikkelen van de ‘Gezonde Volwassene’. De centrale vraag is: Wat verandert er in jouw leven als jouw ‘Gezonde Volwassene’ zich beter ontwikkelt? Op welke levensterreinen kun je dan beter uit de voeten (levensdoelen)?
Als je weet wat je wil doen in je leven, kun je aan de hand van de casusconceptualisatie onderzoeken wat je belemmert in de ontwikkeling van de ‘Gezonde Volwassene’ en daarmee het nastreven van je levensdoelen. Therapiedoelen richten zich op het opheffen van de belemmeringen om je levensdoelen te bereiken.
Als je je therapiedoelen hebt geformuleerd, kun je een plan van aanpak maken. We maken in de Schematherapie gebruik van meerdere technieken. Iedere techniek grijpt in op

deelaspecten van de mens. In alles wat we doen, kunnen we vier aspecten herkennen, namelijk: denken (1), voelen (2), handelen/doen (3), spiritualiteit/zingeving (4). Het zijn de 4 G's van menselijk handelen: gedachte, gevoel, gedrag en geloof.
Een van de technieken die we je willen aanreiken, stelt de wijze waarop je denkt over jezelf, de mensen om je heen en de wereld en de toekomst bij. Wat ons onderscheidt van dieren, is betekenisverlening. Aan alles wat we doen en voelen geven we betekenis. Als diepgewortelde patronen ons denken bepalen, kun je ervan uitgaan dat als je je ideeën over jezelf, anderen en de wereld of de toekomst niet bijstelt, er weinig verandering kan komen in de wijze waarop je in het leven staat. Daarom maken we samen met jou een driehoek waarin staat naar welk beeld van jezelf je wilt toe werken, naar welk beeld van de mensen om je heen en naar welk beeld van de wereld en/of de toekomst. Hierna houd je een dagboek bij, het witboek, waarin je alle gebeurtenissen opschrijft die deze beelden bevestigen. Zo verzamel je je eigen bewijzen en zul je gaan geloven in de zinnen die nu nog zo veraf staan.

## Literatuur




A-tjak, J., & Groot, F. de (red.) (2008). *Acceptance & Commitment Therapy. Een praktische inleiding voor hulpverleners.* Houten: Bohn Stafleu van Loghum.

Bannink, F. (2009). *Positieve psychologie in de praktijk.* Amsterdam: Hogrefe.

Beck, A. T. (1976). *Cognitive therapy and the emotional disorders.* Madison: International Universities Press.

Beck, A. T., Davis, D. D., & Freeman, A. (2014). *Cognitive Therapy of Personality Disorders.* New York: Guilford Press.

Bennet-Levy, J., Butler, G., Fennell, M., Hackman, A., Mueller, M., & Westbrook, D. (2010). *Gedragsexperimenten in cognitieve therapie. Handboek.* Amsterdam: Pearson.

Bohlmeijer, E., Bolier, L., Westerhof, G., & Walburg, J. A. (2013). *Handboek Positieve Psychologie. Theorie, onderzoek en toepassingen.* Amsterdam: Boom.

Claassen. A., & Pol, S. (2014). *De Gezonde Volwassene: van modus naar mens. PsychoPraktijk 4.* Houten: Bohn Stafleu van Loghum.

Gendlin, E. (1989). *Focussen. Gevoel en je lijf.* Haarlem: De Toorts.

Gilhuis, H., Laat, P. de, & Hest, F. van (red.) (2014). *Psychodrama in de praktijk. Therapie op de vloer.* Amsterdam: Hogrefe.

Hayes, S. C., Stroshahl, K. D., & Wilson, K. G. (2006). *ACT. Een experiëntiële weg naar gedragsverandering.* Amsterdam: Harcourt Book Publishers.

Korrelboom, K., & Broeke, E. ten (2014). *Geïntegreerde cognitieve gedragstherapie. Handboek voor theorie en praktijk.* Bussum: Coutinho.

Ryan, R. M., & Deci. E. L. (2000). Self-determination theory and the facilitation of intrinsic motivation, social development, and well-being. *American Psychologist, 55,* 68–78.

# Sociotherapie en de Gezonde Volwassene

*Tineke van Herksen*

**Samenvatting**

Sociotherapie biedt bij uitstek mogelijkheden om de positie van de Gezonde Volwassene te bevorderen en te versterken. Het werkterrein van de sociotherapie is het ontwikkelingsgericht begeleiden van groepen in samenwerken en samenleven. Het vakgebied is specifiek gericht op verbetering van het dagelijks functioneren op praktische terreinen, zoals zelfzorg, wonen, werken en sociaal contact. Er wordt gewerkt aan bewustwording van lang ingesleten, disfunctionele gedragspatronen in zowel groepsmomenten als in individuele contacten. In een therapeutisch milieu worden cliënten uitgenodigd zich op een meer functionele en gezonde wijze te verhouden tot zichzelf en tot de sociale omgeving. Het milieu fungeert als een sociaal oefenveld waarin geëxperimenteerd kan worden met nieuw gedrag. Sociotherapeutische interventies zetten direct aan tot groei van de Gezonde Volwassene zoals deze wordt beschreven in de Schematherapie, maar ook tot bewustwording en versteviging van de al aanwezige eigen kracht, waarmee de koppeling wordt gemaakt met de Positieve Psychologie.

## 10.1 Het ontstaan van sociotherapie als nieuwe benadering in de psychiatrie

De benadering van mensen met abnormaal gedrag is in de loop der jaren sterk veranderd. Tucht en dressuur hebben in de vorige eeuw plaatsgemaakt voor het inzicht dat de dynamiek tussen mensen, die ontstaat als gevolg van samenleven en samenwerken, mogelijkheden biedt voor ontwikkeling (De Weerd et al., 2013). Rond 1930 ontdekte men dat uitdaging, het dragen van verantwoordelijkheden, meer vrijheid en het aangaan van persoonlijke relaties van invloed waren op het verbeteren van de psychische toestand van patiënten. Dit inzicht leidde tot de opkomst van de milieutherapie. Rond 1950 ontstond in Frankrijk een meer activerende therapie, die men *sociothérapie* noemde. De Nederlandse arts Hendrik van der Drift stelde dat het ontplooien van de persoonlijkheid van de patiënt, het leren uiten van gevoelens en het aangaan van contact met andere mensen centraal moesten komen te staan (Oosterhuis, 2008). Eugene Carp, hoogleraar psychiatrie, schreef in 1954 het eerste boek over sociotherapie. Hij stelde destijds dat sociotherapie méér is dan het inslijpen van sociale gedragspatronen, het diende gefundeerd te zijn en samen te gaan met psychotherapeutische uitgangspunten. Piet Jongerius, psychiater en leerling van Carp, beschreef sociotherapie als de instelling of attitude van de arts ten opzichte van zijn patiënt: medemenselijk en sociaal bewogen zijn met de ander (Jongerius, 1963). Hij maakte onderscheid tussen directieve en non-directieve sociotherapie, waarbij een houding wordt beschreven die we tegenwoordig steunend/structurerend noemen versus ontregelend/confronterend.

Met de opkomst van het therapeutisch milieu veranderde het werkgebied van verplegers. In plaats van afdelingen met tot wel zestig patiënten onder leiding van een verpleegkundig afdelingshoofd, creëerde men groepen van tien patiënten met een vaste verpleger als begeleider. Het verplegend personeel hield zich het meest (in directe zin) bezig met deze groepen, maar de titel sociotherapeut was in deze tijd alleen voorbehouden aan de leider van het sociotherapeutische team, dat wil zeggen de psychiater of de psychotherapeut. Jongerius stelde dat zij het meest geschikt waren om deze taak uit te voeren. Niet lang daarna werden verplegers (sociaal) psychologisch geschoold en kregen evenals de groepswerkers met een sociale opleiding de titel sociotherapeut. De toename van verpleegkundigen en sociaal werkers die werkten als sociotherapeut werd door deskundigen zowel aangemoedigd als bekritiseerd. Onduidelijkheid over het werkgebied en het interventieterrein werkte kritiek in de hand. Inmiddels worden veel behandelingen multidisciplinair ingericht waarin sociotherapie haar plaats heeft en de kracht van de (nog jonge) discipline wordt erkend. Niet voor niets wordt sociotherapie vaak omschreven als het cement in de behandeling van de cliënt (Van Pinxteren & Grotenhuis, 2009).

## 10.2 Werken in een therapeutisch milieu

Nu we de discipline in beeld hebben, wordt in deze paragraaf verder ingegaan op het werkveld van de sociotherapeut in het therapeutische milieu. Beschreven wordt welke onderdelen hij daarbinnen voor zijn rekening neemt en wat zijn connectie is met psychotherapie en Schematherapie.

### 10.2.1 Het werkveld

Sociotherapie wordt toegepast in verschillende zorginstellingen die vallen onder de grotere noemer *geestelijke gezondheidszorg*. De sociotherapeut heeft zijn werkveld in de psychiatrische zorg, psychosociale zorg, jeugdzorg, dak- en thuislozenzorg, verslavingszorg en in de forensische zorg, zoals bij een terbeschikkingstelling (tbs). Het therapeutische milieu wordt al naargelang de zorgbehoefte van de doelgroep verschillend ingericht. De attitude van de sociotherapeut is afgestemd op de draagkracht van en de doelstellingen voor de doelgroep. Voorstelbaar is dat in een milieu met meer kwetsbare mensen de nadruk ligt op steunen en structureren, terwijl in psychotherapeutische milieus waar men de afweer wil bewerken, eerder ontregelend wordt gewerkt.

### 10.2.2 Het psychotherapeutische milieu

Omdat het in dit boek gaat over de versterkende interventies ten behoeve van de Gezonde Volwassene, beperken we ons in deze paragraaf tot sociotherapie in het psychotherapeutische milieu. Hier is nog onderscheid te maken tussen een klinische en een dagklinische behandelsetting. In grote lijnen is hier de benadering van de sociotherapeut hetzelfde, maar doordat cliënten in de klinische setting ook de avond en nacht doorbrengen op de afdeling en alleen de weekeinden thuis zijn, is er veel minder 'verdunning' in het contact met medegroepsgenoten en sociotherapeuten. Waar cliënten in de dagklinische setting doorgaans 3 à 5 dagen aanwezig zijn, iedere dag reizen en 's avonds in hun eigen omgeving doorbrengen, blijven zij meer in contact met de 'gewone' buitenwereld en moeten zich daartoe blijven verhouden. De setting, zowel klinisch als dagklinisch, is te vergelijken met een hogedrukpan, waarbij in de klinische setting de druk om het samenleven en samenwerken aan te gaan, vele malen groter is dan in de dagkliniek. Bij het indicatiestellingsonderzoek wordt de inschatting gemaakt welke setting het best aansluit bij de hulpvraag van de cliënt. Hierna maken we voor het beschrijven van sociotherapie in het therapeutische milieu geen onderscheid tussen klinisch en dagklinisch en wordt het milieu in het vervolg aangeduid als (dag)klinisch.



### 10.2.3 Spelers in het sociale oefenveld

Een therapeutische gemeenschap (milieu) kan gezien worden als een afspiegeling van de totale maatschappij, met soortgelijke eisen, verantwoordelijkheden en mogelijkheden (Janzing & Kerstens, 2012). Het therapeutische milieu faciliteert het sociale oefenveld waar cliënten zich in contact met zichzelf, groepsgenoten en stafleden bewust kunnen worden van hun lang ingesleten, (dis)functionele gedragspatronen. Een therapeutisch milieu heeft altijd een uitgangspunt, een grondhouding of principe van waaruit het gehele behandelteam werkt. Alle disciplines, 'de spelers', hebben een eigen plaats en taak in dit milieu. Over het algemeen bestaat het multidisciplinaire team uit een klinisch psycholoog en psychiater (beide professies dragen het hoofdbehandelaarschap en beoefenen in deze setting groepspsychotherapie, hierna benoemd als de discipline psychotherapie), sociotherapeuten, vaktherapeuten, een maatschappelijk werker en een systeemtherapeut. Met name de psychotherapeut en de sociotherapeut bemoeien zich actief met het vormgeven en hanteren van het leefmilieu, waarbij de sociotherapeut van die twee het meest lijfelijk aanwezig is. Zij werken in vergelijking met de andere disciplines het meest direct samen, zowel in de verschillende therapieonderdelen als daarbuiten voor afstemming. Voor het gehele multidisciplinaire team geldt dat het van groot belang is dat men weet waar ieders werkterrein begint en eindigt en dat men rekening houdt met disciplinegrenzen. In het bijzonder geldt dat voor de psychotherapeut en de sociotherapeut. In hun dagelijkse bemoeienis met cliënten in het milieu kan de samenwerking gemakkelijker 'schuren' en is het een grotere uitdaging die zuiver te houden. De psychotherapeut of hoofdbehandelaar bewaakt de rode draad in de behandeling en begeleidt de cliënt in het onderzoeken van het verleden, voor zover nodig om het heden beter te begrijpen. De sociotherapeut zorgt ervoor dat het in de behandeling voldoende gaat over het hier en nu. Het gaat erom dat de cliënt zicht krijgt op de noodzaak van een gezonde basis en dat hij werkt aan onder meer goede zelfzorg, wonen, werken, vrije tijd, sociale contacten, financiën.

### 10.2.4 Hechting en reparenting

Een ideaal therapeutisch milieu biedt ruimte om te voorzien in de emotionele basisbehoeften, te weten: een veilige hechting (veiligheid en verbondenheid), autonomie, realistische grenzen, competentie en identiteitsgevoel, zelfexpressie en spontaniteit en spel (Van Vreeswijk & Broersen, 2006). De sociotherapie neemt, waar nodig, een *limited reparenting*-rol op zich en fungeert als een externe Gezonde Volwassene, met het doel dat de cliënt te zijner tijd deze Gezonde Volwassene kan internaliseren, zodat beter in eigen basisbehoeften kan worden voorzien en de cliënt meer zelfredzaam wordt (Young et al., 2005).

Limited reparenting is niet alleen voorbehouden aan de sociotherapie, alle teamleden vervullen deze rol op een eigen manier, afhankelijk van de taak en functie. Zo gaat psychomotorische therapie over het zorg dragen voor fysieke veiligheid, psychotherapie is verantwoordelijk voor het geheel van de behandeling en sociotherapie richt zich met name op wat zich dagelijks in het leefmilieu afspeelt. Intensieve behandeling in een therapeutisch milieu biedt een uiterst belangrijke interventie, namelijk een interventie op het niveau van hechting. Contact kan door cliënten als heel spannend of zelfs bedreigend worden ervaren en wordt beter verdragen wanneer het contact verdeeld kan worden over meerdere teamleden, ieder met zijn eigen (vak) benadering en zijn persoonlijke contactname.

## 10.3 Sociotherapie, 'gedoe' of dynamiek?

Het therapeutische milieu wordt 'neergezet' door het multidisciplinaire team. Er wordt gewerkt vanuit een duidelijke beleidsvisie, afgestemd op de in behandeling zijnde doelgroep en een daarbij passende grondhouding alsmede interventiestrategieën. In het therapeutische milieu worden drie interventiestrategieën onderscheiden (Kok, 1981):

1. Eerstegraadsstrategie: het scheppen en in stand houden van (voorwaarden voor) een leefmilieu waarin cliënten zich kunnen handhaven/ontwikkelen.
2. Tweedegraadsstrategie: het methodische groepswerk.
3. Derdegraadsstrategie: het per cliënt gericht bijkleuren van de eerste- en tweedegraadsstrategie.

In deze paragraaf wordt verder ingegaan op deze interventiestrategieën, de benadering van de sociotherapie en de invloed daarvan op de ontwikkeling van de Gezonde Volwassene.

### 10.3.1 De eerstegraadsstrategie

Vergelijkbaar met een gezinssituatie is het belangrijk dat de plek waar behandeling plaatsvindt veilig en uitnodigend is. Dat wil zeggen dat de indeling van de ruimtes, de kleuren en de meubelen en inventaris zijn afgestemd op de behoefte van de groep. De kaders moeten helder zijn, grenzen moeten bewaakt worden voor wat regels en afspraken betreft, de dagplanning moet in orde zijn en inconsequenties moeten worden opgemerkt. In de thuissituatie is het de ouder die hiervoor de verantwoordelijkheid draagt, in de behandelsituatie is het de sociotherapeut die deze essentiële ouderrol vervult. Dit betekent dat de sociotherapeut zich als '*the good enough mother*' steeds afvraagt of de bovengenoemde milieu-elementen zorg en aandacht nodig hebben. Hij grijpt in waar nodig, hij kan uitleggen aan cliënten waarom goede zorg belangrijk is en hij stimuleert hen om hier zelf medeverantwoordelijk voor te worden zodra zij daaraan toe zijn.

Een eetkamer moet hygiënisch zijn, sfeervol, zodat hij uitnodigt om te eten, ruimte bieden voor sociaal contact en omdat er vaak veel mensen tegelijkertijd bij elkaar zijn, geen onnodige extra prikkels geven. De keuken moet functioneel en overzichtelijk zijn, corveegroepen moeten in relatief weinig tijd een hele leefgroep bedienen. Een therapieruimte heeft rust nodig om de aandacht noch af te leiden van het gesprek, noch van de dynamiek van de persoon zelf en van de groep. Een huiskamer mag een ontmoetingsplek zijn waar men elkaar aan het begin van de dag ziet, of waar je je even kunt terugtrekken om afstand te nemen. Er moet plaats zijn om rustig te werken, alleen of samen.

**Goed ingerichte ruimtes**

Bij Scelta, expertisecentrum voor persoonlijkheidsproblematiek, hebben we onlangs opnieuw mogen nadenken over kleuren en inrichting van de ruimtes en zijn we bijzonder trots op het resultaat. Een cliënt reageerde op de renovatie als volgt:
"Ik voel me hier welkom, niet weggestopt als een patiënt buiten de maatschappij, maar gezien als gelijkwaardig persoon die zich mag ontwikkelen in samenwerking met mijn groep en de staf."



### 10.3.2 De tweedegraadsstrategie

Het therapeutische milieu is een sociaal oefenveld voor de cliënt. Zet een groep individuen bij elkaar en er ontstaat al snel 'gedoe'. Juist in dat 'gedoe' ziet de sociotherapeut zijn werkterrein, omdat hierdoor volop geleerd kan worden. Overvraging maakt onveilig, maar zonder frustratie geen ontwikkeling. Een te glad lopende samenwerking waarin geen problemen lijken te bestaan, kan in werkelijkheid een herhaling van vroegere patronen zijn. De angstige cliënt die bijvoorbeeld altijd optrekt met de meest bedreigende persoon in de groep, controleert op deze manier de spanning door haar dicht bij zich te houden en te sussen waar hij kan. De bedreigende persoon blijft rustig en de angstige cliënt hoeft minder bang te zijn. Ogenschijnlijk verloopt de samenwerking in de groep dan prima, maar in werkelijkheid wordt er niets geleerd of erger, cliënten worden opnieuw bevestigd in hun schema's.

Door het vormen van allerlei samenwerkingsverbanden in het leefmilieu, worden cliënten uitgedaagd om het contact aan te gaan met anderen. Samenwerking is daarvoor onmisbaar. De spanning die ermee gepaard gaat, is niet te vermijden en bruikbaar. Sociotherapie heeft hier als externe Gezonde Volwassene de taak om de dynamiek op te merken en te duiden, voor zowel het individu als de groep. Hij ziet de cliënt in zijn worsteling om die gezonde samenwerking aan te gaan. Hij moedigt hem aan de oude controleagenda stukje bij beetje los te laten, helpt hem gedrag, gevoelens en gedachten te ontwarren en leert hem onder woorden te brengen wat zijn eigen behoeften en wensen zijn. Daarnaast stimuleert hij hem om de eigen, al aanwezige kracht te (h)erkennen en in te zetten, te leren focussen op wat goed gaat en laat dit zien aan hem. Op deze wijze kunnen cliënten oefenen met nieuw gedrag en vertrouwen leren krijgen in zichzelf en de ander.

### 10.3.3 De derdegraadsstrategie

In een gezin wordt geen kind met hetzelfde temperament geboren en geen ontwikkeling verloopt hetzelfde. Het is aan de ouder om oog te hebben voor ieder kind als individu. De leefgroep wordt wel beschouwd als een gezin, waarbij het team kan worden ervaren als een ouder die helpt voorzien in de emotionele basisbehoeften. De sociotherapie ziet hierop toe in het dagelijks contact met cliënten. Het is belangrijk dat de sociotherapeut oordeelvrij helpt onderzoeken wat er nog ontwikkeld moet worden om het een volgende keer opnieuw te proberen. Dit vraagt een flexibele, open, toegankelijke en nuchtere houding ten opzichte van het milieu, de groep en het individu.

De vormgeving van het milieu en de interventies op de verschillende niveaus vragen een constant oplettende houding van het multidisciplinaire team en in het bijzonder van de sociotherapie. Het 'speelveld' moet steeds in goede conditie gebracht worden, zodat cliënten zich erdoor uitgenodigd voelen om aan zichzelf te werken. Hoe de sociotherapeut dit in de praktijk van alledag vormgeeft, wordt beschreven in de volgende paragraaf.

## 10.4 Sociotherapie en de groei tot Gezonde Volwassene

Cliënten met persoonlijkheidsproblemen vertonen gedrag dat een 'antwoord' is op het beeld dat zij hebben van zichzelf en de wereld om hen heen. Ze hebben ermee leren overleven. Dit gedrag is ingesleten sinds de vroege kindertijd en is moeilijk te veranderen.

Echter, op grond van dit oude gedrag zijn cliënten op meerdere levensgebieden vastgelopen. Het omgaan met zichzelf en anderen is onder spanning komen te staan en vaak is er in meer of mindere mate sprake van problemen op het gebied van wonen, werken, vrije tijd, zelfzorg, sociale contacten, financiën, et cetera. Wanneer cliënten worden uitgedaagd te experimenteren met nieuw gedrag, wordt tegelijkertijd gevraagd het oude gedrag los te laten. Dit kan worden ervaren alsof er iets wezenlijks wordt afgepakt. Het oude gedrag maakte bepaald niet gelukkig, integendeel, maar het was wel vertrouwd. Cliënten moeten voor nieuw gedrag op zoek naar de eigen oprechte behoeften en verlangens. Dat heeft tijd nodig. Sociotherapie stimuleert cliënten om hun ontwikkeling weer op te pakken en te vertrouwen op eigen mogelijkheden. Sociotherapie versterkt de Gezonde Volwassene door uit te leggen, de weg te wijzen en te steunen bij het zetten van stappen richting de gewenste kwaliteit van leven.

In deze paragraaf wordt een aantal therapieonderdelen uitgewerkt die begeleid worden door sociotherapie. Deze onderdelen zullen per instelling anders genoemd worden en kunnen dan ook als voorbeeld gelezen worden. In de voorbeelden worden fictieve namen gebruikt.

### 10.4.1 De dagopening

Aan het begin van de dag ontmoeten de cliënten elkaar en maken ze de overgang van vrije, ongestructureerde tijd naar deelname aan het programma. Er wordt op tijd begonnen, de deur gaat dicht en het lampje aan. De groep is compleet met de dan aanwezige cliënten. Wanneer een cliënt te laat is, om welke reden dan ook, is hem hiermee de toegang ontzegd en kan hij pas in een volgend therapieonderdeel weer aanhaken. Dit wordt bij het begin van een behandeling vaak als kinderachtig of te streng ervaren, later ontwikkelt zich het besef dat dit belangrijk is en bewaken cliënten deze regel zelf. De duidelijkheid van de tijd geeft structuur en daarmee veiligheid. Eenmaal begonnen wordt er niet meer gestoord. Het maakt duidelijk dat je als groepslid gemist wordt en het raakt aan de basisbehoefte om te leren omgaan met realistische grenzen en met zelfbeheersing. In het eerstvolgende therapieblok wordt het te laat komen geproblematiseerd en wordt samen met de cliënt gezocht naar de oorzaak en/of naar wat hij nodig heeft aan vaardigheden om een volgende keer wel op tijd te zijn.

De sociotherapeut heet iedereen welkom en maakt ruimte voor mededelingen die van belang zijn voor het verloop van de dag. Dit kan gaan over afwezigheid van teamleden, groepsleden, veranderingen in het programma, afspraken, uitslagen van gesprekken die buiten de groep hebben plaatsgevonden enzovoort. In het kort vertelt iedereen over de afgelopen dag(en), wat zich heeft voorgedaan en hoe het op dit moment met de persoon gaat. Hiermee wordt het contact gemaakt en op elkaar afgestemd. Cliënten worden gestimuleerd woorden te geven aan hun gedrag, gevoelens en gedachten.

**De dagopening**

Sari is stil en houdt zich de hele dagopening op de achtergrond in de hoop dat de rest van de groep de tijd wel vol zal maken. Snel kijkt ze op de klok, nog twee minuten te gaan. Jan, haar groepsgenoot blijft maar praten, terwijl het belangrijkste echt wel gezegd is. Maar zolang hij praat, gaat de tijd mooi voorbij. Ze rommelt wat aan haar veters in de hoop dat ze niet opgemerkt wordt. Omdat Sari nog maar net begonnen is met therapie en de groep kennelijk niet in staat is om Jan te begrenzen, neemt de sociotherapeut de rol van de Gezonde Volwassene op zich. Hij bedankt Jan voor zijn verhaal en nodigt Sari uit ook gebruik te maken van de dagopening om daarmee ook goed voor zichzelf te zorgen.



### 10.4.2 De lunch

De lunch is een vast onderdeel in het therapieprogramma waarbij sociotherapie aanwezig is. De bijeenkomst wordt gezamenlijk geopend met ruimte voor mededelingen, het noemen van de afwezigen en het voorstellen van nieuwe cliënten aan de leefgroep. Cliënten die moeite hebben met discipline, of zich vanuit hun eigen gevoel van tekortkomen niet kunnen voorstellen dat ze gemist worden, nemen dit onderdeel vaak niet serieus. Het is aan de sociotherapeut dit steeds opnieuw uit te leggen en belangrijk te maken. Er is gekozen voor een moment stilte waarin men oefent om met de aandacht in het moment te zijn, om vervolgens de overgang te maken van de drukke therapieochtend naar de maaltijd waarin er aandacht is voor het eten en het contact aan tafel. In de opstelling is gekozen voor tafels met zes zitplaatsen, waarmee ruimte wordt gelaten om laagdrempelig contact te maken met cliënten buiten de eigen therapiegroep. De sociotherapeut neemt deel aan de gesprekken, maar het is belangrijk dat hij daarbij voldoende afstand houdt. Cliënten hebben soms moeite met deze vrije ruimte en stellen te persoonlijke vragen om hiermee de afstand te verkleinen, zich niet realiserend dat deze afstand functioneel is voor hun eigen therapieproces. Voor de sociotherapeut is dit een mooi en bruikbaar 'spel', waarin hij steeds afweegt wat passend is en waarin hij op tijd de aandacht weer verlegt naar het contact tussen de aanwezigen aan tafel. De maaltijd biedt veel oefenruimte voor cliënten. Het gaat onder meer over budgetbeheer, verantwoording daarover afleggen, onderling afspraken maken over wat er ingekocht wordt, omgaan met mogelijke kritiek van de andere groepen, zorg besteden aan lekker eten, samen delen, durven vragen om aanpassing, bijvoorbeeld bij een dieet, of om de boter aan de andere kant van de tafel, een praatje maken, een groepsgenoot of jezelf begrenzen. Sociotherapie stuurt bij op gedragsniveau en kan daarbij een voorbeeld zijn waardoor cliënten corrigerende ervaringen op kunnen doen.

**Stil aan tafel**

Frank zit al een tijdje aan tafel te wachten tot hij eindelijk kan beginnen. Zijn groep is er nog niet. Zijn groepsgenoten hebben aandacht voor Anne, bij beeldende therapie had ze gehuild. Frank had het niet opgemerkt en was maar vast gegaan. Franks groep schuift nu ook aan en na een moment stilte kan er begonnen worden. Bert vraagt aan Frank waarom hij zo snel er alleen weg was gegaan, Frank reageert verbaasd, de therapie was toch afgelopen? Hij richt zich op zijn stapel boterhammen en eet stug door. Bert geeft het op en het wordt ongemakkelijk stil aan tafel. Frank lijkt niet op te merken wat er gebeurt. Bert kijkt naar de sociotherapeut en naar Anne, maar zegt niets meer. De sociotherapeut merkt de stilte op en vraagt of iemand iets wil zeggen daarover. Bert zegt het jammer te vinden dat Frank zich op deze manier buiten de groep plaatst. Hij wordt gemist als groepsgenoot. Nu heeft ook Frank aandacht, maar hij is nog steeds verbaasd over het feit dát hij gemist wordt. De sociotherapeut legt uit aan Frank dat zijn groepsgenoten hier een uitnodiging doen, dat ze contact met hem willen en vraagt hem eens te overwegen of hij hierop in zal gaan. Hij geeft ook erkenning dat dit moeilijk voor Frank kan zijn omdat zijn afwerende houding een functie heeft. Hij kan ermee gaan experimenteren en kijken wat het hem oplevert. Franks Gezonde Volwassene wordt gestimuleerd om tegenwicht te bieden aan zijn modus van de afstandelijke beschermer.

### 10.4.3 Maatschappelijke re-integratie

Steeds wanneer er een nieuw groepslid komt, wordt er een voorstelronde gedaan. Omdat doorgaans op meerdere gebieden problemen zijn ontstaan, is het vaak schaamtevol om daarover in een groep te moeten vertellen. Het regelmatig delen van de verhalen zorgt echter voor (h)erkenning en acceptatie. De verhalen veranderen naarmate doelen gehaald worden omdat de cliënt al belangrijke stappen heeft gezet. De cliënten bepalen zelf aan welke praktische doelen wordt gewerkt. Sociotherapie ziet erop toe dat de gekozen doelen in lijn zijn met de afspraken in de behandelovereenkomst. Vaak moet de groep geremd worden, omdat men geneigd is te snel naar de oplossingen te zoeken, waarmee voorbij wordt gegaan aan de worsteling en de behoefte van deze groepsgenoot. Het blijft een uitdaging voor de groep om elkaar zonder oordeel te bevragen, eerst te luisteren en zich pas daarna zo nodig een oordeel te vormen. De eigen disfunctionele modi kunnen een rol spelen en het maken van gezonde keuzes in de weg zitten.

**Voorbeeld**

Een cliënt geeft aan dat hij veel te druk is. De groep komt meteen met de oplossing om kruizen te zetten in de agenda om op die manier meer tijd voor zichzelf te krijgen.

In dit voorbeeld gaat men eraan voorbij dat druk zijn de functie heeft om heftige gevoelens van bijvoorbeeld angst te vermijden. Wanneer dit opeens niet meer mag omdat met steun van de groep rust aanbrengen als doel wordt gesteld, dan staat de cliënt meerdere momenten in de week bloot aan die heftige angst. Hij zal het dan snel opgeven en is vervolgens een faalervaring rijker.

Het is belangrijk haalbare doelen te stellen die op korte termijn bereikt kunnen worden, zodat de slagingskans groot is. Als een stap niet is gelukt, wordt opnieuw oordeelvrij gekeken naar wat nodig is om een volgende keer wel te slagen. Mist de cliënt een vaardigheid, zijn er andere mensen bij betrokken en is met hen niet goed afgestemd, waren de emoties te heftig en moet hier eerst bij andere therapieën aandacht aan besteed worden? Er moet soms nog veel werk verzet worden voordat iets kan slagen. Succeservaringen zijn belangrijk voor het gevoel van competentie, dat de groei en ontwikkeling van de Gezonde Volwassene zal bevorderen. Cliënten met persoonlijkheidsproblemen laten hun gedrag veelal bepalen door hun emoties. Zo worden impulsaankopen gedaan, wordt post niet opengemaakt of wordt er niet gekookt omdat ze zichzelf geen goede maaltijd waard vinden. De Gezonde Volwassene maakt goede keuzes, zorgt voor welbevinden, is verstandig, is bereid werk te verzetten, gaat verantwoordelijkheden niet uit de weg, zorgt voor zichzelf en gaat verbinding aan met anderen. Daarnaast is het belangrijk dat succeservaringen mogen tellen. Wanneer een cliënt steeds met zijn aandacht elders is, beklijven deze positieve ervaringen niet. Sociotherapie is erop gericht 'groot' te maken wat goed gaat.

Bij maatschappelijke re-integratie gaat het om de volgende onderwerpen:

- zelfzorg,
- wonen,
- sociale contacten,
- financiën,
- opleiding en werk,
- vrije tijd.

10

### Zelfzorg

Bij goede zelfzorg gaat het onder meer om hygiëne, voldoende nachtrust, een goede balans tussen inspanning en ontspanning, middelengebruik, er verzorgd uitzien, gezond eten, voldoende beweging, zorg inschakelen als dat nodig is, dus bijvoorbeeld op tijd naar de dokter gaan.

### Wonen

Een goede woonomgeving is veilig genoeg, het is er warm en comfortabel, er is ruimte om te ontspannen en leuke dingen te doen. Er liggen geen grote stapels achterstallig werk die je er continu aan herinneren dat je tekortschiet, maar het is er ook niet te opgeruimd, er moet geleefd kunnen worden. Het mag een plek zijn waar je anderen uitnodigt en die een eigen sfeer heeft. Cliënten kunnen de sociotherapeut als voorbeeld nemen die deze rol vervult in het leefmilieu. Door onderwerpen te bespreken kunnen cliënten ontdekken wat hen van activiteiten weerhoudt, wat eigen wensen en behoeften zijn in het wonen en ze kunnen gebruikmaken van de ervaring van anderen.

### Sociale contacten

Bij sociale contacten is het belangrijk dat cliënten zicht krijgen op het eigen sociale netwerk. Onveilige en onbetrouwbare contacten die groei en ontwikkeling in de weg staan, kunnen worden gestopt of meer op afstand worden gezet. Betrouwbare en goede contacten kunnen worden opgezocht en dichterbij gehaald. Cliënten leren contacten te onderhouden en in relaties te streven naar gelijkwaardigheid. Bij het onderhouden van contact gaat het om leren communiceren over de eigen behoeften in het contact in de vorm van wensen maar ook van grenzen. Het gaat tevens om leren communiceren over wat de ander nodig heeft in het contact. Onderwerpen zijn het aanleren van sociale vaardigheden, het omgaan met normen en waarden, het zich houden aan regels en afspraken, het geven en ontvangen van feedback, het hanteren van conflicten, het maken van excuses als dat nodig is en het bewust worden van de effecten van het eigen gedrag op anderen.

### Financiën

Voor dit onderwerp geldt dat er gezorgd moet worden voor rust en overzicht. Als er schulden zijn waar een cliënt niet meer zelfstandig uitkomt, dan is het belangrijk dat te erkennen en hulp te vragen bij instanties. Op die manier neemt de cliënt verantwoordelijkheid op zich en kan erger worden voorkomen. Daarnaast komt het ook voor dat cliënten te veel controle willen uitoefenen, te strak omgaan met geld en zichzelf hiermee te veel (bijvoorbeeld plezierige dingen) ontzeggen. De juiste balans is hier het sleutelwoord.

### Opleiding en werk

Bij opleiding en werk gaat het er onder meer om dat er weer perspectief wordt ervaren. Hoop en optimisme zijn nodig om te kunnen ontwikkelen. Cliënten hebben vaak al veel teleurstelling gehad omdat ze opleiding en werk niet konden vasthouden. Bij de terugkeer naar werk is het belangrijk dat de inzichten die verkregen zijn in de behandeling over eigen mogelijkheden en beperkingen worden meegenomen bij de keuzes die worden gemaakt voor de toekomst.

### Vrije tijd

Bij vrije tijd gaat het over tijd doorbrengen met jezelf en met anderen en over een goede balans tussen in- en ontspanning. Het gaat om een evenwicht tussen moeten en willen, en ruimte maken voor spontaniteit en plezier. In het algemeen zijn mensen vaak geneigd zich sterk te richten op onplezierige gevoelens en alle zaken die nog moeten. Bij cliënten met persoonlijkheidsproblemen is deze neiging mogelijk nog sterker aanwezig. Voor de ontwikkeling van de Gezonde Volwassene is het belangrijk dat er ook ruimte gemaakt wordt voor passie en talent, en dat men op zoek gaat naar bezigheden die energie geven in plaats van vragen.

**Een eerste stap**

Melle had vorige week afgesproken dat hij zich zou aanmelden bij de vrijwilligerscentrale om hiermee de eerste stap te zetten richting werk. Hij had zelf aanvankelijk een veel groter doel gesteld, namelijk vrijwilligerswerk doen, maar met behulp van de groep was het inzicht ontstaan dat dit te hoog gegrepen zou zijn en dat niet de grootte van de stap maar de haalbaarheid het belangrijkste is. Hij had toegestemd, al vond hij het wel magertjes. Maar nu moet hij vertellen dat hij ook deze kleinere stap niet heeft kunnen volbrengen, hij heeft zich niet aangemeld. Hij is kwaad op zichzelf en schaamt zich. Hij komt op deze manier nooit aan een baan. De sociotherapeut begeleidt de groep om oordeelvrij te achterhalen wat er in de weg heeft gestaan om dit doel te behalen. Na een tijdje wordt duidelijk dat Melle wel gezocht heeft op het internet, maar niet heeft doorgezet. Hij was in paniek geraakt bij de gedachte dat hij weer moet gaan werken en de uitnodiging van een vriend om online te gamen had hij graag aangenomen. Daarna is het aan zijn aandacht ontsnapt, hij ziet het nu pas weer voor het eerst. Hij vertrouwt de groep toe dat hij veel angst ervaart bij dit thema. Hij heeft heel nare dingen meegemaakt bij zijn vorige werk waar hij nog helemaal niets over verteld heeft. Melle heeft al eerder het inzicht opgedaan dat hij te snel handelt vanuit zijn strenge normen en dan voorbijgaat aan wat het met hem doet. Het voelt kwetsbaar dat iedereen met hem meedenkt, maar hij voelt zich ook gesteund. Er ontstaat een groepsgesprek over pesten en je niet gesteund voelen door je collega's. Hij krijgt (h)erkenning en de stap wordt nog iets kleiner gemaakt. Hij gaat eerst informatie verzamelen en dit terugbrengen in de groep. Voor aanmelden is het nu nog te vroeg. Zijn Gezonde Volwassene werd aangesproken en gestimuleerd om te gaan zorgen voor het kwetsbare kind en om de bestraffende ouder te neutraliseren.

### 10.4.4 De dagsluiting

Aan het einde van de dag wordt de dag afgesloten. Hier wordt de overgang gemaakt van de vaak intensieve therapiedag naar de vrije tijd, afhankelijk van de setting binnen of buiten de kliniek. Hier wordt gestimuleerd de aandacht te richten op het hier en nu, de dag zo goed als mogelijk af te ronden om daarna de overgang te maken naar de eigen omgeving. Het is een oefening in afstand nemen van emoties, te ervaren dat emoties niet hoeven te overspoelen en 'geparkeerd' kunnen worden om ze eventueel later weer aandacht te geven. Er wordt door de sociotherapeut een appel gedaan op goede zelfzorg. Kan de cliënt na een intensieve therapiedag ruimte maken voor ontspanning, kan hij iets aardigs doen voor zichzelf, is de spanning dragelijk en is het veilig deel te nemen aan het verkeer?



**De tijd nemen**

Lotte is op het laatste moment de therapieruimte binnengekomen, haar jas nog aan. Ze is er wel klaar mee voor vandaag, nog snel even de dagsluiting en dan wegwezen. De sociotherapeut vraagt haar haar jas uit te doen. Hij nodigt haar uit de tijd te nemen om de dag goed af te sluiten. Ze vindt het allemaal maar onzin en vraagt of hij het nou echt nodig vindt om hier moeilijk over te doen. Hij moet maar blij zijn dat ze er is, maar als de therapeut het dan zo nodig vindt.., ze kwakt de jas op de grond. De sociotherapeut geeft als gezonde externe volwassene erkenning voor haar boosheid, zonder te bestraffen blijft hij bij zijn mening dat de jas uit moet tijdens de dagsluiting, geeft haar de tijd om iets meer tot rust te komen en nodigt haar uit later in de dagsluiting nog iets te zeggen over wat er is voorgevallen. Hiermee stimuleert hij Lotte contact te maken over wat haar boos heeft gemaakt in plaats van anderen af te stoten met haar gedrag.

In deze paragraaf zijn de belangrijkste therapieonderdelen waarmee sociotherapie zich specifiek bezighoudt in de behandeling genoemd met daarbij de concrete interventies die de sociotherapie doet ter bevordering van de Gezonde Volwassene.

## 10.5 Samenwerking met het multidisciplinaire team

In dit hoofdstuk is eerder geschreven over sociotherapie als het cement in de behandeling. Hiermee wordt duidelijk hoe sociotherapie een verbindende kracht heeft en stevigheid geeft aan de behandeling. Maar het is ook goed te noemen dat sociotherapie niet op zichzelf staat. De discipline is van grote waarde in de behandeling, maar wat moet je met cement als je geen stenen hebt om mee te bouwen. Met andere woorden: de kracht is gelegen in de wisselwerking met het multidisciplinaire team. In deze paragraaf beschrijven we hoe dit vorm krijgt en tevens bindend werkt voor zowel het team als de cliënten.

### 10.5.1 De overdracht

Zoals omschreven in de vorige paragraaf, is sociotherapie verantwoordelijk voor verschillende programmaonderdelen, zelfstandig of als cotherapeut in gestructureerde en ongestructureerde momenten. Wanneer hij een groep heeft gezien, is het zijn taak een overdracht te doen aan de volgende therapeut die de cliënten gaat zien, en hij krijgt ook een overdracht terug na afloop. Hij blijft op deze manier voldoende op de hoogte van wat er speelt op zowel individueel als groepsniveau. Het sociotherapiekantoor vergelijken we wel eens met de verkeerstoren op Schiphol, waar informatie gehaald en gebracht wordt, om zodoende goede leiding te kunnen geven aan de wirwar aan processen die gaande zijn. Evenals voor een ouder in een gezin is het niet te doen en evenzo niet gezond om alles te willen weten, maar cliënten ervaren het als goede zorg dat bij iedere nieuwe therapie niet hetzelfde verhaal verteld hoeft te worden, ze kunnen verder waar ze waren gebleven. Op deze manier ervaart een cliënt *holding*, hij voelt zich gezien en gehoord. De sociotherapie vangt een cliënt op wanneer hij aangedaan een therapie verlaten heeft, of aan het einde van de dag niet weet hoe hij de avond en nacht moet doorkomen. Het is belangrijk voor de overige disciplines dat ze hierop kunnen rekenen. Zou de sociotherapie dit niet waarborgen, dan zouden collega's hun therapie niet maximaal kunnen inzetten en cliënten navenant minder profiteren. Hiermee vervult sociotherapie een centrale rol en wordt een enorm appel gedaan op hen door zowel teamleden als cliënten.

### 10.5.2 Weerstand moet

In het therapeutische milieu wordt het kader geformuleerd door het gehele team waarbinnen de therapie moet plaatsvinden. Regels en afspraken worden opgesteld en daarmee de grenzen bepaald. Sommige elementen liggen vast, bijvoorbeeld de aanvangstijd van een therapie en het budget voor het eten. Andere elementen in het milieu, zoals omgang met elkaar, de boodschappenlijst en zorg voor het leefmilieu, laten veel meer ruimte voor eigen invulling. Duidelijke afspraken en regels zorgen voor veiligheid en holding, maar geven ook gelegenheid om ertegenin te gaan. Met het veranderen van de groepen ontstaan ook nieuwe ideeën over het samenleven en samenwerken op de afdeling. Als bewaker van de cultuur heeft de sociotherapeut hier een essentiële taak. Het is belangrijk dat hij oog houdt voor de grote lijn, maar daarbinnen flexibel weet om te gaan met regels en afspraken en cliënten de gelegenheid biedt om invloed hierop uit te oefenen. Het gesteggel over regels is functioneel en de centrale rol van sociotherapie, zo dicht op het leefmilieu, maakt dat dit ook kan. Wanneer een team of cliënten de neiging hebben alles te willen vastleggen, zou dit kunnen duiden op een te grote behoefte aan veiligheid, die ontwikkeling in de weg staat.

### 10.5.3 Zicht op dynamiek

Doordat de sociotherapeut de meeste contacturen doorbrengt met cliënten, heeft hij goed zicht op de sfeer in de groep. Juist in dat gewone contact is heel goed zichtbaar wat er speelt in de groep(en). Zijn cliënten gericht op samenwerken met elkaar en het team of juist niet, maakt men contact met elkaar of worden mensen gepest en buitengesloten? Behalve dat de sociotherapeut hier de grenzen hanteert en ingrijpt waar nodig, krijgt hij hiermee informatie die van wezenlijk belang is voor het overleg aan de teamtafel. Wanneer bijvoorbeeld structureel het budget wordt overschreden, kan dit duiden op onderliggende boosheid in de groep. Er moet dan ruimte gemaakt worden om deze boosheid bespreekbaar te maken, zodat dit verder uitgewerkt kan worden met de groep. Het is voor het team onmisbare informatie, waarmee het steeds een inschatting kan maken in welke fase een groep zich bevindt en welke strategie het zal kiezen voor de periode erna, met als doel dat de groep zich als geheel kan ontwikkelen en daarmee ook het individu.

### 10.5.4 Voldoende holding

Cliënten met ernstige persoonlijkheidsproblematiek hebben doorgaans veel moeite om een samenwerkingsrelatie aan te gaan. Ze zijn eerder geneigd deze te beschadigen. Vooral in het begin worden deze cliënten op grond van ervaringen uit het verleden vaker getriggerd. Zij lopen weg uit therapie, maken zich te afhankelijk, krijgen ruzie met groepsgenoten of de therapeut, of ontwijken door zich af te zonderen. De eigen bekende overlevingsstrategieën worden begrijpelijkerwijs door cliënten aangegrepen om de behandeling door te komen. De sociotherapeut heeft hier doorgaans snel zicht op en maakt hier expliciet ruimte voor. Hij gaat zonder oordeel het gesprek aan, geeft de cliënt complimenten voor het feit dat hij contact maakt, stelt gerust, helpt de situatie in proporties te zien en stimuleert om daarna het contact weer te herstellen, en het zojuist verkregen inzicht aan te wenden voor de therapie. Een begrenzing kan voor cliënten als een ultieme afwijzing voelen, terwijl sociotherapie juist begrenst om het contact te behouden. Dit vraagt om geduld en uitleg. Daarnaast geeft zij het vertrouwen aan cliënten dat ze hier doorheen zullen komen, maakt groot wat goed gaat en stimuleert om door te zetten. Iedere crisis heeft immers de kans op ontwikkeling in zich. De sociotherapeut heeft hier een prachtige en tegelijkertijd kwetsbare rol. Hij zoekt steeds naar de mate waarin contact mogelijk is, niet te veel en niet te weinig. Hij steunt de cliënt daadwerkelijk met zichzelf aan het werk te gaan en verbinding aan te gaan met de behandeling en de behandelaren. Op deze manier wordt hechting gestimuleerd en kunnen corrigerende ervaringen worden opgedaan, waarmee een cliënt verder kan met de behandeling en uiteindelijk ook met zijn leven.



## 10.6 Conclusie

In dit hoofdstuk is beschreven op welke wijze sociotherapie bijdraagt aan de ontwikkeling van de Gezonde Volwassene, welke plaats hij daartoe inneemt in het therapeutische milieu en in het multidisciplinaire team en hoe hij een verbindende taak heeft voor zowel het team als de cliënten. Voor iedere 'speler' in het therapeutisch milieu is het van belang dat sociotherapie zichtbaar is.

In de huidige, veranderende zorg is het op zijn minst zorgelijk te noemen dat in veel instellingen de functie sociotherapie uit het functiehuis verdwenen is. Dit doet absoluut geen recht aan de bijzonder krachtige werking die deze therapievorm heeft. Het is daarom van belang dat we de discipline, tegen de stroom van de ambulantisering in, op de kaart houden en zichtbaar blijven maken. Met de vraag om mee te schrijven aan dit boek kreeg ik de geweldige kans om dit vanuit de discipline zelf te doen. Onze collega's, Denise de Weerd, Suzanne Slaa en Eelco

Muste, hebben daarin al eerder een belangrijke stap gezet met het schrijven van het *Handboek Sociotherapie*.

Naar mijn mening is het tijd voor een volgende stap: het doen van onderzoek naar de werking van sociotherapie. Het is belangrijk dat we als discipline gaan zorgen voor de noodzakelijke wetenschappelijke onderbouwing en dat we het voortbestaan van het vak niet langer laten afhangen van de enthousiaste sociotherapeut die over zijn vak vertelt.

## Literatuur

Janzing, C., & Kerstens, J. (2012) *Werken in een therapeutisch milieu*. Houten: Bohn Stafleu van Loghum.

Jongerius, P. (1963). *Sociotherapie in de psychiatrische kliniek. Een systematisch geïntegreerde toepassing*. Assen: Van Gorcum.

Kok, J. F. W. (1981). De residentie als orthopedagogische organisatie. In: J. D. van der Ploeg (red.), *Jeugd (z)onder dak, Deel 1*. Alphen a/d Rijn: Samson.

Oosterhuis, H. (2008). *Verward van geest en ander ongerief. Psychiatrie en geestelijke gezondheidszorg in Nederland 1870–2005*. Houten: Bohn Stafleu van Loghum.

Pinxteren, P. van, & Grotenhuis, L. (2009). Onmisbaarheid van sociotherapeuten in de deeltijdbehandeling. *Groepen, 4*(3), 20–23.

Vreeswijk, M. van, & Broersen, J. (2006). *Schemagerichte therapie in groepen. Cognitieve groepspsychotherapie bij persoonlijkheidsproblematiek. Handleiding voor therapeuten*. Houten: Bohn Stafleu van Loghum.

Weerd, D. de, Slaa S., & Muste, E. (2013). *Handboek Sociotherapie*. Amsterdam: SWP.

Young, J., & Klosko, J. (2002). *Leven in je leven*. Amsterdam: Harcourt.

# De Gezonde Volwassene verstevigen in beeldende therapie

## Meer een gevoeld dan gedacht proces

*Suzanne Haeyen*

**Samenvatting**
Beeldende therapie biedt veel mogelijkheden om de Gezonde Volwassene te verstevigen omdat via beeldende therapie de mogelijkheid ontstaat om in contact te komen met eigen gevoelens en behoeften en die van anderen.

In dit hoofdstuk worden beeldend therapeutische interventies beschreven die, via een meer gevoeld dan gedacht proces, specifiek en direct insteken op de integratie en groei van de gehele persoon, waarbij een koppeling wordt gemaakt tussen de Gezonde Volwassene, als bekend begrip uit de Schematherapie, en de Positieve Psychologie, waarin gefocust wordt op welbevinden, kracht en versterken van positief affect. Het gaat hierbij bijvoorbeeld om het uitdrukken van de belevingswereld, weer kunnen spelen, oefenen met loslaten van perfectionisme en stilstaan bij sensorische gewaarwordingen.

Beeldende therapie draagt zodoende bij aan het zich bevrijden van destructieve patronen om in voldoende mate te kunnen streven naar bevrediging van basisbehoeften als zelfstandig en verantwoordelijk functionerend persoon in een positieve verbondenheid met zichzelf en zijn omgeving.

## 11.1 Inleiding

Het doel van Schematherapie is het vergroten en versterken van de Gezonde Volwassene. Momenteel is de gedachte dat wanneer je de destructieve modi uitschakelt en je de therapeutische relatie goed neerzet, de Gezonde Volwassene bij de cliënt steeds meer naar de voorgrond zal treden. Young stelt: 'Het is de bedoeling dat de patiënt, naar het voorbeeld van de therapeut, een modus van de Gezonde Volwassene internaliseert die schema's kan bestrijden en tot gezond gedrag kan inspireren' (Young et al., 2005). De Gezonde Volwassene wordt in dit boek niet benaderd als modus, maar als de geïntegreerde persoon die de cliënt is. De hier gehanteerde definitie luidt:

> » De Gezonde Volwassene zet zijn psychische vermogens in om zichzelf vrij te maken van oude destructieve patronen om zo in voldoende mate te kunnen streven naar bevrediging van zijn basisbehoeften als zelfstandig en verantwoordelijk functionerend persoon in een positieve verbondenheid met zichzelf en zijn omgeving (Claassen & Pol, 2014). «

In de literatuur staat er weinig beschreven over specifieke interventies voor het vergroten of verstevigen van de Gezonde Volwassene. Een therapie die in de (poli)klinische praktijk wordt ingezet in de behandeling van persoonlijkheidsstoornissen, is beeldende therapie. In dit hoofdstuk wordt ingegaan op hoe beeldende therapie, één van de vaktherapeutische disciplines, interventies kan bieden die specifiek en direct insteken op de integratie en groei van de gehele persoon en welke interventies geschikt lijken. In de uitwerking was de Positieve Psychologie (Bohlmeijer et al., 2013a, b) een belangrijke inspiratiebron. Dit omdat deze naast het gebruikelijke klachtgerichte karakter van behandeling focust op welbevinden, kracht en versterken van positief affect. Deze benadering sluit goed aan op een brede maatschappelijke trend om meer te denken in termen van de kracht van de cliënt, in plaats van een eenzijdig gericht zijn op vermindering van de klacht van de cliënt.

## 11.2 Beeldende therapie en Schematherapie

Beeldende therapie is een behandelvorm voor mensen met psychiatrische stoornissen en psychosociale problematiek, waarbij methodisch gebruikgemaakt wordt van een ervaringsgerichte werkwijze. Systematische inzet van werkvormen, materialen en technieken in de genoemde disciplines zijn het voertuig voor de beroepsuitvoering. De problematiek van de cliënt komt al doende naar voren en leidt tot ervaringen die effect hebben op de problematiek. Het doel is om op zowel emotioneel als cognitief gebied verandering te bewerkstelligen. Verandering kan inhouden ontwikkeling, of juist stabilisatie en/of acceptatie. Ook kunnen we verandering zien op sociaal en lichamelijk gebied. De beeldend therapeut diagnosticeert in zijn vakgebied. Hij levert een bijdrage aan de behandeling door het herkennen, beïnvloeden en veranderen van gedragingen (FVB & GGZ Nederland, 2012). In beeldende therapie wordt gewerkt met beeldende materialen en technieken met een accent op materiaalbeleving en –hantering, en met vormgevingsprocessen. In beeldende therapie gaat het in de kern om ervaren, uiten en emotioneel ordenen van gevoels-, gedachte- en reactiepatronen via het beeldend medium. Zo kunnen cliënten inzicht krijgen en komen tot corrigerende ervaringen. Dit gebeurt via ontdekken, improviseren, experimenteren en gericht vormgeven of intuïtief handelen in het moment. Al doende kunnen cliënten tot betekenisvolle beelden en ervaringen komen. Cliënten beleven beeldende therapie veelal als een rechtstreekse weg naar diepere gevoelslagen, hetgeen hen confronteert met zichzelf en hun eigen patronen in denken, voelen en handelen binnen een relatief veilige situatie. Cliënten ervaren beeldende therapie als veilig, gedoseerd en een manier om gevoelens te bereiken met betrekking tot hun therapeutische ontwikkeling (Haeyen, 2011a). De materialen, technieken, kleuren en beelden bieden tal van specifieke mogelijkheden binnen beeldende therapie. Het gaat in beeldende therapie om creativiteit; dit heeft niets te maken met het leveren van esthetische prestaties, maar behelst het durven spelen met mogelijkheden, flexibel zijn, meerdere oplossingen bedenken en uitproberen. Cliënten met een gestagneerde ontwikkeling hebben hier vaak moeite mee. Hun geestelijke veerkracht is afwezig, laag of sterk verminderd. Zij zitten vast in hun patronen van voelen, denken en handelen en voelen geen ruimte om te mogen onderzoeken. Creatieve vermogens zijn dan als het ware in een slaapstand geraakt of geblokkeerd. In beeldende therapie wordt geprobeerd om deze creativiteit opnieuw te voeden, te prikkelen en te ontwikkelen. De ontstane werkstukken maken deze processen als het ware zichtbaar en concreet.

In de praktijk van de behandeling van persoonlijkheidsstoornissen is te zien dat er binnen beeldende therapie gebruik wordt gemaakt van Schematherapie en dat er op steeds meer plekken, zowel binnen klinische, dag- en ambulante behandeling op een dergelijke manier gewerkt wordt. Inhoudelijk deskundigen en de landelijke multidisciplinaire richtlijn voor de behandeling van persoonlijkheidsstoornissen gaan ervan uit dat beeldende therapie geïntegreerd kan worden in, en een goede aanvulling is op Schematherapie (Giesen-Bloo & Haeyen, 2007, 2008, 2011a, b; Schweizer et al., 2009; Tongeren, 2010; Vreeswijk et al., 2008) In beeldende Schematherapie kunnen verschillende ingangen worden gekozen. Zo kan uitgegaan worden van de schemadomeinen of van de modi. Er kan ook direct, semidirect of indirect met de schematerminologie gewerkt worden. Eigen beleving kan worden verbeeld en er kunnen ervaringen worden opgedaan tijdens het beeldend werken. In beeldende therapie kunnen verschillende modi worden getriggerd. Er kan vormgegeven worden aan en gereflecteerd worden op *modi*, in zichzelf of in contact met anderen. Hierbij wordt gekeken naar het verleden van de persoon maar blijft het gevolg in het hier-en-nu centraal staan. Qua taalgeving en betekenisverlening biedt de schematheorie duidelijke beelden in de vorm van de modi en in het proces van het beeldend werken zijn de schemadomeinen zeer herkenbaar. Beeldende therapie sluit goed aan bij Schematherapie omdat de Schematherapie gebruikmaakt van experiëntiële behandeltechnieken. Experiëntiële technieken (zoals imaginatie, rollenspel en de meerstoelentechniek) zijn ook bekend uit de beeldende gestalttherapie, ofwel de *Gestalt art therapy* (Amendt-Lyon, 2001; Rhyne, 1970; Schweizer et al., 2009) of uit de beeldende therapie in breder perspectief. Deze technieken worden gebruikt om gevoelens en gedachten te gaan ervaren en uiten, verduidelijkt te krijgen, om verbanden te leggen tussen recente gebeurtenissen en ervaringen of belevingen uit de kindertijd en om schema's op te sporen. Een nieuw schema kan zich dan gaan vormen op basis van wat ervaren wordt. Omdat de informatie niet zozeer bewust en verbaal wordt aangeboden maar door een non-verbale ervaring, zijn de nieuwe representaties die zijn ontstaan meer gevoeld dan gedacht (Arntz en Bögels, 2000). Uit een recent multicenter onderzoek (Bamelis et al., 2014) blijkt dat Schematherapie waarin gebruik werd gemaakt van experiëntiële oefeningen effectiever was dan Schematherapie waarin vooral het gesprek centraal stond en uitleg werd geboden zonder inzet van oefeningen.

Er is in meerdere centra onderzoek gedaan naar beeldende Schematherapie. De bevindingen van een groep van 48 patiënten die na een imaginatieoefening binnen beeldende therapie een vragenlijst invulden, bevestigen positieve effecten en laten zien dat het beeldende aspect wezenlijke zaken toevoegt. Ook werd gevonden dat de blije-kindmodus en de Gezonde

Volwassene toenamen, terwijl de veeleisende ouder, het razende kind en het kwetsbare kind afnamen (Haeyen, 2007, 2011a; Schweizer et al., 2009). In een pilotstudie ($n = 10$) als onderdeel van een drie jaar durende RCT ($n = 120$) bij zeven tbs-klinieken werden significante resultaten gevonden voor de effectiviteit van vaktherapie, waaronder beeldende therapie, in het uitlokken van *emotional states* bij cliënten met een cluster-B-persoonlijkheidsstoornis (Van den Broek et al., 2011). De interventie vond plaats gedurende 3 maanden. Het zou goed zijn wanneer verder onderzoek wordt uitgevoerd gericht op de effectiviteit van beeldende therapie en de relatie tussen beeldende therapie en het verstevigen van de Gezonde Volwassene.

## 11.3 Gezonde ik-functies in beeldende therapie

Arntz en Jacob (2012) betrekken in de beschrijving van de Gezonde Volwassene 'gezonde ik-functies'. Deze gezonde ik-functies betreffen het kunnen maken van gezonde keuzes en streven naar welbevinden voor zichzelf, maar ook voor anderen. In de volgende paragrafen worden verschillende gezonde ik-functies gerelateerd aan hoe beeldende therapie kan bijdragen aan het versterken hiervan.

### 11.3.1 Persoonlijkheidsintegratie en vorming van het zelfbeeld

In beeldende therapie wordt het innerlijk door middel van het beeldend werk zichtbaar, tastbaar en concreet. Dit kan een bewust of onbewust proces zijn, waarbij de uiteindelijke betekenis altijd in samenspraak met de cliënt wordt vastgesteld. Gevoelens worden bereikt en men komt tot toename van samenhang en integratie binnen de persoonlijkheid. Integratie en fragmentatie spelen zich af op een diep niveau van de persoonlijkheid. Persoonlijkheidsintegratie ontstaat bijvoorbeeld doordat tegengestelde gevoelens, gedachten en gedragingen bij elkaar kunnen komen in één samenhangend beeld. Het beeldende werkstuk bevestigt hetgeen er is, of maakt onbelichte kwaliteiten zichtbaar. De ontwikkeling in het therapeutische proces wordt zichtbaar in het beeldend werk en het is mogelijk om erop terug te grijpen. Zelfreflectie vindt plaats aan de hand van het beeldend werk en de beeldende oefeningen (Haeyen, 2011b). Zo wordt in beeldende therapie gewerkt aan het verbeteren van het zelfbeeld, dat zich afspeelt op een wat hoger niveau in de persoonlijkheid. Dit gaat deels over samenhang maar vooral over inhoud, een positief of negatief zelfbeeld. Het beeldend product maakt afstand nemen mogelijk. Hierdoor kan men zichzelf en de eigen dynamiek, de eigen patronen beschouwen aan de hand van een concreet werkstuk of een reeks werkstukken. Men kan het werkstuk, als drager van datgene wat dwarszit en bezighoudt, mogelijk loslaten of wegleggen. Men kan er iets (deels) mee afsluiten door het achter te laten. Men kan oefenen in het anders omgaan met zaken en ervaren hoe het is om het anders te doen. Door bovenstaande aspecten wordt gestimuleerd dat men zichzelf als *een geheel* en als *steeds dezelfde persoon* ervaart, ook al worden er heftige emoties geraakt, een kenmerk van psychisch gezonde mensen. Mensen met een borderline persoonlijkheidsstoornis bijvoorbeeld, kunnen geheel in beslag worden genomen door een heftige emotie en zichzelf daarin verliezen. In dat geval kan het gevoel van continuïteit in de eigen persoon verstoord raken (Young et al., 2005). Het volgende werkstuk (◘ fig. 11.1) en het bijbehorende citaat laten zien hoe een verstoorde, negatieve lichaamsbeleving wordt onderzocht en hoe een meer positieve ervaring wordt opgezocht in het beeldend werken via interventies gericht op de tactiele ervaring en het vormgeven aan een positiever zelfbeeld.

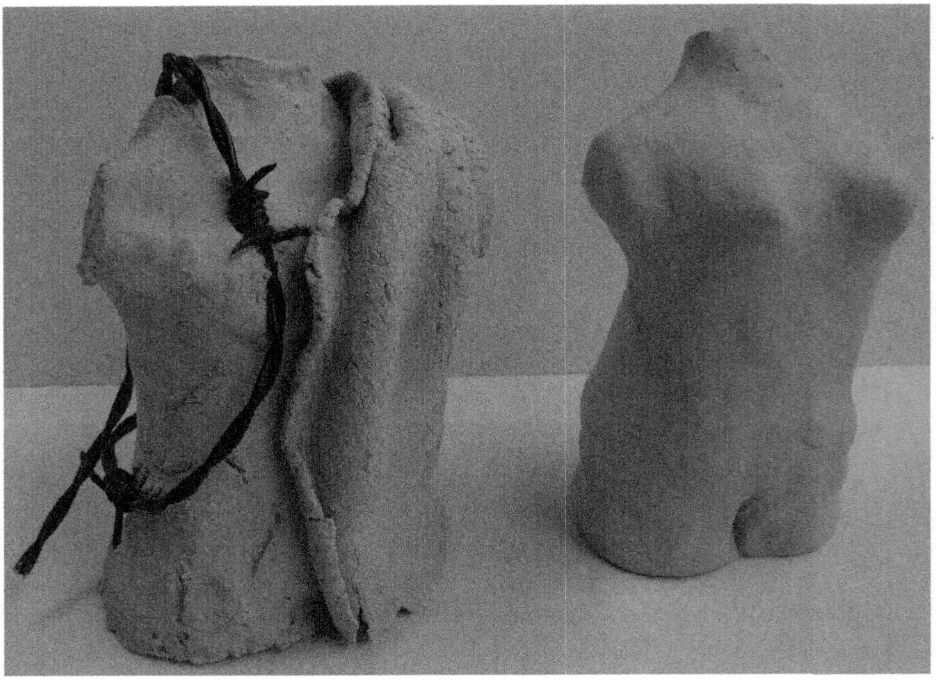

**Figuur 11.1** Torso's.



» Ik heb deze torso's gemaakt om bij beeldende therapie uiting te geven aan mijn lichaamsbeleving. De eerste torso heb ik bewerkt met prikkeldraad om mijn beschadigd voelen te verbeelden, daarna ben ik de uitdaging aangegaan om de opdracht opnieuw te maken maar nu met liefde en zelfcompassie voor mijn lichaam. « (vrouw, 30 jaar)

De interventie die de beeldend therapeut hierbij inzette, betrof het bij de tweede variant 'blind' laten werken van de cliënt. Dit betekende hier dat de cliënt de klei bewerkte en vormgaf aan haar torso met haar handen in een donkere plastic zak, waardoor zij niet kon zien wat haar handen maakten. Dit brengt de cliënt meer bij de tactiele ervaring en biedt de cliënt minder controle. De cliënt bewerkte de klei bewust zacht, liefdevol en mild. Tijdens het werken werd deze cliënt geraakt doordat ze deze andere manier van werken werkelijk doorvoelde en besefte hoe ongewoon dit voor haar was. Toen ze haar werkstuk uit de zak haalde en dus kon zien, kwam haar kritische kant, haar bestraffende/kritische-oudermodus om de hoek kijken. Ze uitte zich kritisch over de vorm: "Lelijk en breed, precies zoals ik naar mijn lijf kijk." In de nabespreking werd er stilgestaan bij het proces van het maken, naar de ervaring en bij het verschil in wat er gebeurde toen ze haar werk kon zien. Besproken werd welke verschillende modi actief waren/zijn en wat nieuw en positief was, namelijk dat zij nu iets mocht voelen, dat zij mild aan haar eigen torso kon vormgeven en dat emotie er mag zijn. Ook werd gevalideerd dat zij dit experiment durfde aan te gaan.

### 11.3.2 Gezonde emotieregulatie

Verondersteld wordt dat de Gezonde Volwassene door bewustwording kan worden versterkt. In beeldende therapie kunnen gemoedstoestanden getriggerd worden door wat er gebeurt. Oude ervaringen komen soms spontaan op aan de hand van de appelwaarden van materialen en werkvormen. Hierbij stilstaand komt bewustwording tot stand: Wat wordt precies geraakt? Waar komt dit vandaan? Hoe kan of wil ik daarmee omgaan? Een psychisch gezonde persoon kan meerdere gemoedstoestanden tegelijk ervaren; kan zowel boosheid als verdriet gewaarworden en daarover reflecteren. Er is sprake van een integratie van diverse gevoelstoestanden die samen adequaat zijn in de betreffende situatie; het gaat om een flexibel en bewust reageren (Young et al., 2005). Men wordt niet overspoeld door negatieve gevoelens bij kleine problemen (Van Genderen et al., 2012). Het volgende citaat laat zien hoe emoties die verbonden zijn aan vroegere ervaringen, getriggerd worden en hoe hierop gereflecteerd kan worden.

» Het voelen van klei vind ik akelig. Ik ga dan druk praten om het voelen te vermijden… Ik wil er eigenlijk zo snel mogelijk bij vandaan. Ik heb mezelf uitgedaagd om er toch langer bij stil te staan. Toen heb ik een stapeling van losse stukken gemaakt. Dat past bij hoe ik voel dat de laatste tijd zaken me te veel worden. Het stapelt zich op…

De klei vind ik lastig omdat ik er vies van word en dat voelt heel naar. Dat brengt me terug bij vroeger. Van mijn moeder mocht ik nooit vies worden en als dat dan toch gebeurde, dan was het mis… dan kreeg ik slaag. Ik denk dat die angst van toen nu getriggerd wordt, nu ik er zo over nadenk en bij stilsta. « (man, 42 jaar)

### 11.3.3 In contact komen met eigen gevoelens en behoeften en die van anderen

Beeldende therapie is sterk gericht op aansluiten en afstemmen op behoeften en mogelijkheden van de cliënt: Wat vind je prettig? Wat zou je kunnen doen? Waarin kun je experimenteren en spelen met mogelijkheden? Wat zijn je (on)mogelijkheden en hoe kun je daarmee, of ondanks dat, tot voor jou betekenisvolle vormgeving komen? Positieve uitdaging vormt de basis voor verdere ontwikkeling. Via beeldend therapeutische interventies wordt het primaire proces van zintuiglijke ervaringen aangesproken. Het is nog geen taal en dat hoeft ook niet direct. Taal is een abstractie. Thema's kunnen via dit primaire proces verkend worden zonder direct talig aangesproken te zijn. Het specifieke, beeldend therapeutische middel heeft een directheid in het aanspreken van dit primaire proces. Zo kan bijvoorbeeld een behoefte aan troost (■ fig. 11.2) vorm krijgen door het werken met zachte materialen. Er kan in dit proces een emotionele doorwerking plaatsvinden doordat de behoefte vervuld wordt door de beeldend therapeutische manier van werken. Men spreekt dan ook wel van een reconstructieve werkwijze of een corrigerende, emotionele, subjectieve ervaring. Sommige cliënten kunnen het ervaringsgericht werken erg spannend of moeilijk vinden, bijvoorbeeld cliënten met persoonlijkheidsproblematiek die ervaringen en emoties vaak vermijden uit angst voor controleverlies. Zij voelen dan, ondanks dat dit heel relevant kan zijn voor hun therapeutisch proces, juist een hoge drempel om uitgenodigd te worden ervaringen 'aan te gaan'. Door de aangeboden beeldende oefeningen, individueel of in groepsverband, wordt de cliënt zich bewust van eigen gevoelens en behoeften en die van anderen. Door zicht te krijgen op de eigen coping ontstaat ruimte voor een keuze tot anders reageren. In het beeldend werken tijdens beeldende therapie wordt ruimte

**Figuur 11.2** Troost.



geboden voor het contact krijgen met kindmodi. Kindmodi kunnen worden opgeroepen door emotionele reacties op materialen en werkvormen, door het appel op spelen. Beschermende modi zijn bijvoorbeeld te herkennen wanneer er sprake is van vlak of gevoelsarm beeldend werk of andere manieren waarbij het vermijden van voelen bewust of onbewust centraal staat. Oudermodi komen naar voren doordat bijvoorbeeld de cliënt mogelijk streng en bestraffend naar het eigen werk kijkt: het werkstuk wordt veroordeeld, niet goed genoeg bevonden. Er kan geoefend worden in het bestrijden van de eisende en straffende ouder. Gevoelens en uitingen die samenhangen met kindmodi kunnen gevalideerd, erkend en belangrijk gemaakt worden. De Gezonde Volwassene staat in contact met zijn eigen gevoelens en behoeften en met die van anderen. Hij kan zijn eigen gevoelens en behoeften goed inschatten, evenals die van anderen, en weet daartussen een goed evenwicht te vinden (Van Genderen et al., 2012).

» Al tijdens de driedaagse (deeltijd) vroeg een sociotherapeut me, toen ik eens overstuur was, wat ik nodig had 'Weet ik veel?!' riep ik uit. Ik wist het ook écht niet, voelde me alleen maar intens stuurloos en verloren. 'Troost?', opperde hij toen. (...) Troost. Zo simpel kan het zijn. Maar dat was nooit in me opgekomen, want ik werd als kind niet getroost en ik vroeg daar ook niet om, omdat ik stellig geloofde dat ik een aansteller was die geen troost verdiende.

Ik moest 39 worden en drie jaar beeldende therapie hebben om voor het eerst het kind in mij, dat zich zo alleen voelde, te omarmen. En het was vreselijk eng, dat te doen. Confronterend.

Pas toen ik dit werk maakte, het omarmde kind met een stukje tekst uit een brief, begon ik haar serieus te nemen, en daarmee ook mijn verleden. Het valt niet meer te ontkennen dat er verschrikkelijke dingen zijn gebeurd.

(...) Mij wérkelijk getroost voelen is nog lastig. Maar de therapeut moedigt me aan, en het voelt al goed om eens iets anders te produceren, iets milders dan het meestal destructieve werk dat ik normaal gesproken maak. « (vrouw, 39 jaar)

### 11.3.4 De gezonde interne dialoog

In beeldende therapie kunnen verschillende kanten van de persoon worden verbeeld en met elkaar in relatie worden gebracht. De dialoog tussen de verschillende kanten in zichzelf kan zowel letterlijk als figuurlijk plaatsvinden, bijvoorbeeld door te vragen naar wat de verschillende kanten van de persoon ten opzichte van elkaar communiceren: "Als deze kleifiguren (waarvan de ene bijvoorbeeld de boze-kindmodus verbeeldt en de ander de bestraffende ouder) iets tegen elkaar zouden kunnen zeggen, wie zou er dan iets zeggen en wat zou hij zeggen?" Dit soort nabespreking waarbij men heel dicht bij de beeldende beleving blijft, is vaak verrassend treffend. Het kunnen aangaan van een interne socratische dialoog wordt gezien als specifiek bewijs voor de aanwezigheid en de groei van de Gezonde Volwassene. In recent onderzoek naar het effect van beeldende therapie volgens cliënten komt de interne dialoog die tot stand komt via het beeldend werken, expliciet naar voren (Haeyen et al., 2015). Cliënten geven aan dat zij in beeldende therapie een andere dynamiek ervaren dan in andere therapieën, waarin bijna altijd gewerkt wordt via directe interactie. Interacties volgen elkaar dan relatief snel op en men raakt soms in beslag genomen door gedachten over de communicatie zelf. Cliënten ervaren het proces in beeldende therapie als geleidelijker en rustiger. In beeldende therapie is er, zeker bij individuele werkvormen, meer concentratie op zichzelf en meer ongestoorde innerlijke dialoog mogelijk. Daardoor ontstaat meer overzicht en controle. Er kan door deze andere dynamiek in beeldende therapie soms juist meer en/of beter contact gemaakt worden met diepere gevoelslagen. Soms is er, juist vanwege dit appel, sprake van angst voor gevoelens en angst voor controleverlies. Door het verbeterde contact met diepere gevoelslagen, door het opzoeken van de gezonde interne dialoog, kan een stabieler zelfgevoel ontstaan en een beter contact met zichzelf en anderen. Om regie te krijgen over de andere modi is het belangrijk dat de Gezonde Volwassene de kwetsbare-kindmodus bevestigt en troost, grenzen stelt aan de boze-kindmodus en de bestraffende-oudermodus neutraliseert (Muste et al., 2009).

### 11.3.5 Realiteitstoetsing en inschatting van situaties, conflicten, relaties

Het werken met ervaringsgerichte, beeldend therapeutische interventies vraagt steeds om een proces van betrokken raken en participeren aan de ene kant en het weer 'eruit stappen', afstand nemen en reflecteren aan de andere kant. De cliënt wordt daardoor aangezet tot contact maken met zichzelf, met wat er speelt en met anderen. Dit terwijl het direct daarna gaat om afstand kunnen nemen van zichzelf, kijken naar wat er gebeurt en daar een standpunt over innemen. Juist door dit proces van betrokken raken en afstand nemen komt de cliënt tot ontwikkeling. Bij dit afstand nemen komt de realiteitstoetsing concreet aan de orde. De cliënt die bij aanvang van de therapie al roept: 'ik kan dit niet, ik ben niet creatief!' wordt geconfronteerd met het feit dat er toch iets ontstaan is dat waarschijnlijk toch ook eigenheid laat zien. In een groepssituatie werkt dit het sterkst. De groepsleden kunnen elkaars werkstukken zien in al hun verscheidenheid, in de voor de persoon karakteristieke eigenschappen ervan. Wat men maakt, vertoont immers altijd wel een eigen stijl of handschrift. Realiteitstoetsing en inschatting van situaties, conflicten, relaties komt tevens concreet aan de orde in allerlei beeldende samenwerkingsvormen. Er wordt in (sub)groepen gewerkt aan een werkstuk, hetgeen iedere deelnemer op de proef stelt qua omgaan met elkaar, met mogelijk verschillende belangen en voorkeuren. De werkvormen kunnen zo gearrangeerd worden, dat specifieke aspecten daarin aan bod komen. Zo kan een werkvorm gericht zijn op een harmonieuze samenwerking, op het omgaan met autonomie versus gezamenlijkheid en het omgaan met conflicten. Het experimenteren hiermee en het constructief oplossingsgericht werken worden gestimuleerd. Op een heel praktisch niveau gaat het om het organiseren van en aandacht hebben voor de werkomgeving binnen de werkrelatie met de therapeut en de medegroepsleden.

Door de beeldende-therapiesituatie kunnen oude onaangepaste schema's aan de oppervlakte komen. Deze schema's zijn ontstaan doordat de basisbehoeften van een kind werden bedreigd. Het werken aan bewustwording van deze oude destructieve patronen wordt doorgaans bemoeilijkt door blokkades in de vorm van vervreemding of isolatie van het affect. Door cognitieve vervorming, bepaalde copingreacties (overgave, vermijden en overcompenseren) en inadequate leefpatronen treedt een verminderd contact op met de eigen emoties (Young et al., 2005). In beeldende therapie wordt het affect opgezocht en worden vervormingen of niet-constructieve copingreacties op de proef gesteld en zo mogelijk gecorrigeerd. ◘ Fig. 11.3 en het bijbehorende citaat laten zien hoe bewustwording van emoties via beeldende therapie kan ontstaan en hoe de cliënt hier vervolgens met meer afstand naar kan kijken.

» Ik ging in therapie omdat ik diep depressief was. Alles was vlak en ik wilde alleen nog maar dood. Vreemd genoeg klaarde na lange tijd groepstherapie mijn stemming een beetje op, maar mijn gevoelsleven bleef vlak, of eigenlijk non-existent, ik voelde me hooguit 'wel oké', of 'niet zo fijn'.

Boos en verdrietig was ik nooit, dat mocht ik niet van mezelf. Angst bestond überhaupt niet. En als die emoties er al waren, herkende ik ze niet als zodanig. Ik voelde mij niet altijd op mijn plek tussen mijn groepsgenoten, die – emotioneel gezien – de hele dag op scherp leken te staan.

Tot ik op een dag doodmoe was en tijdens beeldende therapie, of eigenlijk tijdens het nabespreken van ons werk, boos werd op iemand uit mijn groep. Vóór die dag vroeg ik me af: wat doe ik hier, ik maak wel iets, maar dóe ik ook echt wat?, maar opeens viel het kwartje en besefte ik dat ik me die dag in mijn werk had afgereageerd op zijn houding. Zo was boosheid de eerste emotie die ik herkende. En die vervolgens om schijnbaar niets meerdere keren per dag opvlamde. Ja, toen herkende ik me wél in mijn groepsgenoten… Een leven lang ontkennen van

**Figuur 11.3** Emotielandschap.

gevoelens had tot gevolg dat er daarna heel heftige uitschieters waren. Zelfs blij zijn was (en is) gevaarlijk, omdat dat onbekende materie is, waar ik niet mee om weet te gaan. Dit werkstuk geeft de eeuwige schommeling weer. Mijn stemming wisselt nog steeds meerdere keren per dag, maar sinds ik emoties herken en weet dat boosheid en angst er mogen zijn en ook weer (langzaam) wegtrekken, gaat het in een vloeiender beweging, in plaats van – vaak oncontroleerbare – hevige pieken en dalen. « (vrouw, 52 jaar)

### 11.3.6 Op een volwassen manier plezier en behoeftebevrediging nastreven

In beeldende therapie gaan klachtgericht en krachtgericht werken voor een groot deel hand in hand. De combinatie van affiniteit met de activiteit, schilderen, tekenen of ruimtelijk vormgeven (kracht), en ook klachtgericht te werken. Er wordt klachtgericht gewerkt door te oefenen met dat wat lastig is, door stagnaties te verhelpen door letterlijk en figuurlijk weer in beweging te komen. Werken met doelen en uitdrukken van een veelal beladen binnenwereld kan zo tegelijkertijd kracht- en klachtgericht zijn. Beeldend werken in therapie kan ook gewoon plezier en ontspanning behelzen. Wanneer cliënten starten vanuit hun affiniteit met beeldend werken, kunnen zij al snel vanuit hun comfortzone terechtkomen in een ontwikkelzone. Kenmerkend voor beeldende therapie is dat ze beschikt over spelmatige methoden, werkvormen en technieken die heel dicht bij ervaring uit de dagelijkse werkelijkheid kunnen staan, maar waarmee ook in alsof-situaties zodanig afstand kan worden genomen, dat de ervaring toegankelijk en oproepbaar wordt. Verbeelding, imaginatie, fantasie en spel kunnen ruimte bieden voor het durven te exploreren in therapie. Door gradaties van afstand en nabijheid in te zetten is het mogelijk cliënten te activeren op een veilige manier met hun doelen aan de slag te gaan. De beeldend therapeut zoekt naar een manier van interveniëren die de cliënt aanspreekt, zijn kracht benut, de draagkracht bevordert en die tegelijk aansluit bij het behandelplan. Hierdoor kan spelplezier ervaren worden, terwijl men indirect, via spel- of alsof-situaties, aan problemen werkt. In therapie zijn heeft dan een luchtigheid en gaat gepaard met een positief affect, naast de zwaarte van het probleem of de klacht.

## 11.4 Specifieke beeldend therapeutische interventies

In de voorgaande paragrafen werden de verschillende gezonde ik-functies gerelateerd aan hoe beeldende therapie kan bijdragen aan het versterken hiervan. In de komende paragrafen komen de specifieke beeldend therapeutische interventies om de Gezonde Volwassene te versterken op een concreter niveau aan bod.

### 11.4.1 Interventies gericht op zelfacceptatie en het trainen van compassie

"Dit is wat je maakt, dit is van jou. Kun je het – ten eerste – laten bestaan/heel laten?" Zelf iets scheppen gaat vaak gepaard met onzekere gedachten, dat is vrij normaal. Echter, bij mensen met persoonlijkheidsstoornissen kunnen deze grote vormen aannemen. Zij kunnen soms hun eigen product nauwelijks verdragen, neigen ernaar het weg te gooien, het onverschillig achter te laten of er in devaluerende termen over te spreken tijdens het nabespreken, dat vaak in de groep gebeurt. Zij worden uitgedaagd zorg te dragen voor hun eigen werkstuk, het voorzichtig op te bergen of zelfs te koesteren. Interventies zijn steeds gericht op *oordeelvrij* kijken, het omgaan met eigen hardnekkige patronen van zelfkritiek en bewustwording van zelfdevaluerende gedachten door deze te signaleren tijdens het proces en in de nabespreking.

Door het proces en de nabespreking worden problemen met zelfacceptatie en zelfcompassie zichtbaar. In het handelingsproces en in de nabespreking kan geoefend worden met het anders omgaan hiermee en er kan inzicht in ontstaan.

Concreet kan dit betekenen dat men een gedeelte kiest waarover men het minst ontevreden is, en dit zelf gaat *inlijsten*. Of het kan betekenen dat de negatieve stem die men in zichzelf ervaart, wordt vormgegeven. Dan kan deze *'kwelgeest'* een gedaante krijgen. Door er dan met afstand naar te kijken en door deze met anderen te delen ontstaat vaak een net wat andere kijk hierop. Men realiseert zich hoe bepalend de manier van kijken is en waar die vandaan komt, of men kan nu eens van iets meer afstand naar het eigen werk kijken. Waar men eerder met de negatieve stem samenviel, fuseerde, kan men daarna zelf meer afstand nemen van die gedachte. Men noemt dat defuseren.

### 11.4.2 Interventies gericht op het uitdrukken van de belevingswereld

Dit kan gaan om het actuele moment, de hier-en-nu situatie, of om de belevingswereld over een langere periode, bijvoorbeeld in de vorm van een beeldende uitwerking van het levensverhaal.

Een focus op het *hier en nu* is bijvoorbeeld gericht op het versterken en/of vermeerderen van positieve ervaringen. Dit kan onder meer door vorm te geven aan een positief dagboek. Positieve feedback, bijvoorbeeld in de vorm van door anderen voor de persoon gekozen afbeeldingen, kan hiervan deel uitmaken. Men is vaak erg blij met de positieve feedback van anderen. Men durft er vaak niet actief om te vragen, maar men heeft er juist wel behoefte aan. Een werkvorm die dit als het ware opdraagt, verschaft de ruimte, 'legaliseert' om het toch te vragen.

Het *levensverhaal* vormgeven is, zo blijkt in de praktijk, ook een krachtige interventie. Men kan een beeldende levenslijn vormgeven waarop de gehele ontwikkeling van geboorte tot nu wordt vertaald in lijn, vorm en kleur en waarbij de betekenis van verschillende periodes wordt uitgedrukt. Daaruitvolgend kan gewerkt worden aan het inzoomen op een bepaalde, betekenisvolle periode. De beelden die hierbij naar voren komen, kunnen op persoonlijke wijze worden vormgegeven. Naast de focus op ingrijpende, negatieve periodes is het, zeker in het kader van het versterken van de Gezonde Volwassene, ook belangrijk om aandacht te geven aan de belangrijke, positieve ervaringen uit het verleden. Zo wordt het levensverhaal meer in balans beschouwd.

Men kan ook (gedeelten van) het levensverhaal in het teken zetten van herschrijven/herlabelen, zoals dit gedaan wordt in Schematherapie.

De aandacht kan ook gericht zijn op wat nog gaat komen, op wat men zich voorstelt of wenst over enige tijd. Zo kan een *toekomstbeeld* vormgegeven worden om creativiteit en hoop te genereren zoals dit ingezet wordt binnen de Positieve Psychologie. Of men maakt een drieluik aan de hand van de thematiek verleden, heden, toekomst. Dit kan benaderd worden als een zogenaamd *strenghts assessment* (Delleman, 2014) waarbij de cliënt vormgeeft aan een overzicht van de krachtbronnen van zichzelf. Dit kan eventueel nader gestructureerd worden door het uit te splitsen naar verschillende levensdomeinen. In de tijdcategorieën verleden, heden, toekomst krijgen vroegere en huidige krachtbronnen hun plaats, evenals wensen en aspiraties voor de toekomst. Dit kan dus, anders dan hoe Delleman het beschrijft, ook in beelden worden uitgewerkt. Niet iedere cliënt kan zich immers even goed in woorden uitdrukken en er zijn ook cliënten die met hun woorden hun gevoelens niet kunnen bereiken. Daarvoor biedt het beeldend werken deze cliënten een andere ingang.

Het volgende citaat laat zien hoe door middel van een interventie verschillende aspecten van bovenstaande zaken aan de orde komen: oefenen met het veranderen van een gedragspatroon en de neiging tot zelfdevaluatie, uitdrukken van de eigen actuele belevingswereld en oefenen met zelfcompassie.

» Ik werk graag in de zak omdat ik dan ook niet afgefakkeld kan worden op het resultaat! Dan kan ik er niks aan doen. Doordat ik het niet kan zien, kan ik vrijer werken. Wat ik gemaakt hebt, wat er ontstaan is, is een soort zee-egelskelet. Dit verbeeldt hoe leeg ik me vaak voel.. Ik kan tevreden zijn met het beeld, ook al zie ik wel wat er nog niet "helemaal goed aan is". «
(vrouw, 25 jaar)

### 11.4.3 Beeldende mindfulnessoefeningen

Beeldende mindfulnessoefeningen kunnen bij voorgaande werkvormen steeds een goede opstap zijn om stil te staan bij zichzelf. Door deze oefeningen wordt men zich meer gewaar en meer bewust van eigen lichaam, gevoelens en gedachten via een direct appel op de zintuiglijke ervaringen. Beeldend werken en de beeldende materialen stimuleren het helder waarnemen en de tactiele en lichamelijke beleving. Het gaat er hierbij om, om met volledige, niet-oordelende overgave op een taak of activiteit gericht te zijn. De oefeningen zijn gericht op de beleving in het hier en nu, niet op de geschiedenis van de cliënt. Voorbeelden van deze oefeningen zijn: gericht waarnemen van het geluidseffect van papier scheuren, of van het vloei- en mengeffect bij het aanbrengen van verdunde inkt op vochtig papier. Ook kan het gaan om aandachtig tekenen naar de waarneming of het werken vanuit concentratie en beweging (Schweizer et al., 2009).

### 11.4.4 Imaginatieoefeningen

Imaginatieoefeningen bieden een kader om te werken met concrete, persoonlijke ervaringen en om onderliggende schema's te onderzoeken. Na imaginatie wordt de stap gemaakt naar het

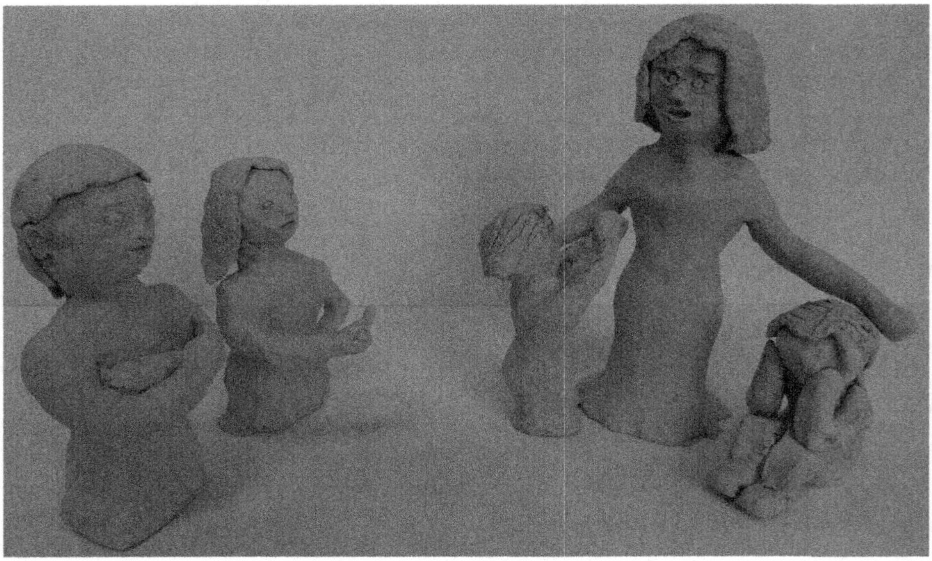

Figuur 11.4 Modi-opstelling.



vormgeven van innerlijke beelden in een externe vorm door deze in materiaal vorm te geven. Dit maakt het mogelijk om deze innerlijke beelden eerst te doorvoelen, dan te verankeren, vervolgens te bevestigen en om er daarna op te kunnen reflecteren. De vormgeving aan datgene wat tijdens de imaginatie is opgekomen, voegt de mogelijkheid toe om zelf keuzes te maken en om afstand te nemen, en roept op tot hernieuwde reflectie op de ervaringen. Hierbij gaat het om het kunnen (onder)scheiden van heden en verleden, maar ook om het zien van verbanden tussen heden en verleden (Haeyen, 2007). Om de Gezonde Volwassene te versterken zal de oefening dus ook gericht zijn op het ontwikkelen van nieuw gedrag. De Gezonde Volwassene wordt met name gezien als de modus die vanuit problemen en pathologie, verstandige keuzes maakt om tot verandering te komen. Tijdens de imaginatie stelt men zich bijvoorbeeld beelden voor bij het optreden als de volwassene van nu in de lastige situatie waarin men als kind in de klem zat. De Gezonde Volwassene neemt daarin de behoefte van het kind serieus en neemt op een gezond volwassen manier regie over de situatie. Wanneer deze beelden tot stand komen en op een eigen manier beeldend worden uitgedrukt, kan dit erg versterkend en verankerend werken.

### 11.4.5 Beeldend vormgeven van de verschillende modi

Het beeldend vormgeven van de verschillende modi is vaak erg verhelderend. Niet alleen qua aard van de modus zelf, maar ook in de manier waarop zij zich onderling tot elkaar verhouden. Dan kan letterlijk met de gemaakte modibeelden worden geschoven tot zij in een juiste verhouding tot elkaar staan. Zie voor een voorbeeld fig. 11.4 en het bijbehorende citaat. Zo werkend heeft het wel iets weg van een rollenspel of van de meerstoelentechniek, maar ook heeft het veel overlap met de (beeldende) gestalttherapie (▶ par. 11.2). Er kan namelijk door het zo 'uit elkaar' te plaatsen gewerkt worden met de onderlinge dialoog. Wat zeggen verschillende modi tegen elkaar? Wat zou je kunnen antwoorden vanuit modus x of y? Dit wordt dus gebruikt om gevoelens en gedachten te gaan ervaren en uiten, verduidelijkt te krijgen, om verbanden te leggen tussen recente gebeurtenissen en ervaringen of belevingen uit de kindertijd en om schema's op te sporen. Een nieuw functioneel schema kan zich gaan vormen op basis van datgene waarmee geëxperimenteerd wordt en wat ervaren wordt.

» Op zoek naar de Gezonde Volwassene… een allesbehalve eenvoudige zoektocht! Er speelt zoveel in mijn hoofd. Elke modus heeft wel zijn eigen stem en mening. Om hier wat meer greep op te krijgen heb ik de uitdaging opgepakt om elke modus die voor mij speelt, vorm te geven in een beeld van klei. De bestraffende ouder, die met zijn straffende vinger altijd klaar staat met kritiek en scherpe veroordeling. De dominante, onthechte beschermer, ogenschijnlijk onaantastbaar en sterk. Het kwetsbare kind dat zijn armen uitstrekt voor troost en liefde maar geen waardering ontvangt. En het boze kind dat niet mag laten zien dat het er ook is en daardoor de boosheid binnen in zichzelf opslaat. Zo heeft elke figuur zijn eigen verhaal.

Maar dan… welke rol en plek krijgt de Gezonde Volwassene in dit geheel? Hoe zou ik het graag willen? Het belangrijkste waar de Gezonde Volwassene voor mij voor staat, is zelfcompassie. Te midden van al die strenge en veroordelende gedachten, is dat het waar ik naar op zoek ben. Een liefdevolle ouder bij wie de kindmodi tot hun recht mogen komen, boos mogen zijn, of verdrietig. Een beschermer die de kindmodi beschermt tegen de bestraffende ouder en de onthechte beschermer. Op de foto kun je ze nog wel zien in de opstelling, maar dan aan de zijlijn. Ik wil erkennen dat ze er nu eenmaal zijn, maar ik wil ze veel minder ruimte geven. Ze zullen er wellicht altijd zijn, maar nu is hun rol te bepalend, ze hebben te veel regie.

Ik merk dat, nu ik een tastbaar beeld heb van mijn modi en de rol van de Gezonde Volwassene, het me beter lukt om me weer te richten op waar ik naartoe wil. Als het even niet lukt en ik verval in de rol van de bestraffende ouder, is het heel helpend om de Gezonde Volwassene voor ogen te houden die zoveel compassie uitstraalt. Het helpt me om duidelijk te krijgen welke modus er eigenlijk aan het woord is en om van daaruit te kunnen visualiseren wat de Gezonde Volwassene hierover zou zeggen of hoe deze hiermee om zou gaan. « (vrouw, 35 jaar)

### 11.4.6 Interventies gericht op het ontwikkelen van patronen die bij de Gezonde Volwassene passen

De problematiek is veelal terug te zien in hoe die vormgegeven wordt. Zo zijn hierin patronen te herkennen die bijvoorbeeld rigide, vol van hoge eisen of juist impulsief en ongestructureerd zijn. Wanneer deze patronen in verband staan met de problematiek en aansluiten bij de doelen die men zich stelt, dan biedt dit mooi oefenmateriaal. Een andere manier van vormgeven kan worden uitgedaagd. Bij een rigide patroon kan, in kleine stapjes, de spontaniteit van de cliënt uitgedaagd worden door het werken met materiaal dat vloeiend of ongestructureerd is van aard, zoals klei, verf en ecoline. Ook in werkvormen kan men variëren en spontaniteit uitdagen door te werken met beperkte tijd, of toevalstechnieken zoals eenmalige afdrukken. Cliënten die last hebben van perfectionisme worden uitgedaagd de eisen aan zichzelf te verlagen, tevreden te zijn met wat bereikt is in beperkte tijd et cetera. Dit gebeurt ook doordat men ziet hoe anderen daar soms heel anders mee omgaan. Een ongestructureerd, onbegrensd patroon kan worden uitgedaagd door eisen te stellen aan planmatigheid, omgaan met tijdbeperking en het komen tot meer gestructureerde beelden (bijvoorbeeld door gebruik te laten maken van herkenbare, gestructureerde vormen in plaats van amorfe vormgeving).

Bij een gezond volwassen patroon hoort ook eigen keuzes maken. Een patroon van afhankelijkheid en/of zelfverwaarlozing is voor veel cliënten met een persoonlijkheidsstoornis niet vreemd. In het beeldend werken moeten zij direct ook eigen keuzes maken, hebben zij zelf de regie over het vormgevingsproces. Het past ook bij gezond volwassen gedrag dat men kan spelen, oefenen met loslaten en stilstaan bij sensorische gewaarwordingen. Tijdens het individuele proces van iets maken kan dit gestimuleerd worden, maar dat kan ook juist in de beeldende samenwerking met anderen (bijvoorbeeld in een tweetal of in de groep). Wanneer de cliënt neigt tot zelfisolatie, is het meedoen, participeren erg belangrijk. Aan de kant zitten werkt uiteindelijk niet. Tijdens het gezamenlijk beeldend werken is het appel op meedoen groot.

### 11.4.7 Interventies gericht op limited reparenting

*Limited reparenting* kan geboden worden door interventies met inzet van zachte materialen, door het gebruik van steunende werkvormen en door het aannemen van een troostende rol in de samenwerking door de therapeut. Doordat de therapeut steeds materiaal, werkvormen en experiëntiële technieken tot zijn beschikking heeft, is de relatie minder direct van cliënt tot therapeut maar verloopt die ook via het medium. Het medium zelf speelt een belangrijke rol, het roept reacties op en geeft structuur, feedback en troost en werkt dus op het vlak van *reparenting* zonder verlies van de eigen verantwoordelijkheid van de cliënt.

## 11.5 Conclusie



Beeldende therapie kan bijdragen aan het ontwikkelen van de Gezonde Volwassene omdat het bij uitstek gericht is op aansluiten bij en afstemmen op behoeften van de cliënt. Vragen die gesteld worden zijn: Wat vind je prettig? Wat zou je kunnen doen? Waarin kun je experimenteren en spelen met mogelijkheden waarin de positieve uitdaging de basis vormt voor verdere ontwikkeling? Wat zijn je (on)mogelijkheden en hoe kun je daarmee of desondanks tot voor jou betekenisvolle vormgeving komen? In beeldende therapie gaan klachtgericht en krachtgericht werken voor een groot deel hand in hand. Krachtgericht werken door uit te gaan van affiniteit met de activiteit, het schilderen, tekenen of ruimtelijk vormgeven en klachtgericht werken door te oefenen met dat wat lastig is, door stagnaties te verhelpen door letterlijk en figuurlijk weer in beweging te komen. Dus werken met doelen en uitdrukken van een veelal beladen binnenwereld kan tegelijkertijd krachtgericht en klachtgericht zijn. Beeldende therapie heeft de capaciteit om de kracht van de cliënt te versterken, om ervaringen van *flow* en positieve emoties op te wekken, en om betekenisgeving en positieve emoties tot uitdrukking te brengen (Wilkinson & Chilton, 2013).

In beeldende therapie vinden activiteiten, ervaringen en effecten plaats die aanspreken op een handelings- of ervaringsniveau dat wel wordt aangeduid als: voor, naast en voorbij de woorden. De therapeut ziet, maar ook de cliënt ziet en ervaart binnen de therapiesituatie mogelijkheden en verbanden die vaak moeizaam in algemene taal zijn te vatten. De non-verbale ervaringsachtergrond die een persoon in zijn leven opbouwt, is vergaand bepalend voor zijn gedragsrepertoire, voor zijn manier van affectief ervaren en cognitief kaderen en interpreteren van gebeurtenissen met betrekking tot hemzelf en de omgeving. Deze vaak diepgewortelde ervaringen probeert de beeldend therapeut via gerichte interventies opnieuw te voeden, te prikkelen of uit te dagen tot alternatieven. Juist door de ingang op het handelings- of ervaringsniveau komen deze ervaringen soms eerder binnen bereik en is van daaruit ontwikkeling naar een Gezonde Volwassenemodus mogelijk op een meer gevoelde dan gedachte manier.

De beeldend therapeut kan met cliënten die geen motivatie of duidelijke hulpvraag hebben, of die weerstand tegen het gaan ervaren hebben, aan het werk gaan door gebruik te maken van motiverende technieken en van de indirecte aspecten die het medium biedt. De beeldend therapeut beschikt over een breed palet aan middelen en technieken om te kunnen afstemmen, maar ook om sturende schema's of modi aan te kunnen raken, in de ervaring te brengen en waar mogelijk tot een bijkleuring of verandering te brengen. Via beeldend therapeutische interventies wordt breder ingegrepen dan alleen op de klacht of het probleem. De kracht ligt in het gebruikmaken van de mogelijkheden die de cliënt al heeft, van onbewuste bekwaamheid van de persoon en zijn vermogen tot spel, bewegen en creativiteit. Creativiteit kan in dit licht ook beschouwd worden als het vermogen van de Gezonde Volwassene tot flexibiliteit en het vinden van verschillende probleemoplossingen. Dit proces verloopt veelal via een niet-talige weg, meer gevoeld dan gedacht. Dit breder aanspreken van beeldende therapie op sterke, gezonde en volwassen kanten van de persoon heeft een bekrachtigende werking die goed aansluit bij een therapeutisch principe als *empowerment* en het welbevinden van de cliënt dat centraal staat in de Positieve Psychologie.

» The creative adult is the child who has survived. « (U. Le Guin, 2014)

## Literatuur

Amendt-Lyon, N. (2001). Art and creativity in Gestalt therapy. *Gestalt Review, 5*(4), 225–248.

Arntz, A., & Bögels, S. (2000). *Schemagerichte cognitieve therapie voor persoonlijkheidsstoornissen*. Houten: Bohn Stafleu van Loghum.

Arntz, A., & Jacob, G. (2012). *Schematherapie. Een praktische handleiding*. Amsterdam: Uitgeverij Nieuwezijds.

Bamelis, L. L. M., Evers, S. M. A. A., Spinhoven, P., & Arntz, A. (2014). Results of a multicenter randomized controlled trial of the clinical effectiveness of schema therapy for personality disorders. *The American Journal of Psychiatry, 171*, 305–322.

Bohlmeijer, E., Westerhof, G., Bolier, L., Steeneveld, M., Geurts, M., & Walburg, J. (2013a). Over de betekenis van de positieve psychologie: Welbevinden: van bijzaak naar hoofdzaak? *Psycholoog (nov 2013)*, 49–59.

Bohlmeijer, E., Bolier, L., Westerhof, G. J., & Walburg, J. (2013b). *Handboek positieve psychologie: Theorie, onderzoek en toepassingen*. Amsterdam: Boom.

Broek, E. van den, Keulen-de Vos, M. E., & Bernstein, D. P. (2011). Arts therapies and Schema Focused therapy: A pilot study. *The Arts in Psychotherapy, 38*, 325–332.

Claassen, A., & Pol, S. M. (2014). De Gezonde Volwassene: van modus naar mens. *Psychopraktijk, 6*(4), augustus, 19–22.

Delleman, O. (2014). Positieve psychiatrie als visie voor de praktijk van de GGZ. *Magazine voor GGZ en Verslavingszorg/MGV, 69*(3), 16–23.

FVB & GGZ Nederland (2012). *De GZ-vaktherapeut. Beroepscompetentieprofiel. Uitgave van GGZ Nederland, brancheorganisatie voor geestelijke gezondheidszorg en verslavingszorg*. Zwolle: Elpos press.

Genderen, H. van, Jacob, G., & Seebauer, L. (2012). *Patronen doorbreken, negatieve gevoelens en gewoonten herkennen en veranderen*. Amsterdam: Uitgeverij Nieuwezijds.

Giesen-Bloo, J., & Haeyen, S. (2008). Technieken in schematherapie. In: M. F. van Vreeswijk, J. Broersen, & M. Nadort, *Handboek Schematherapie. Theorie, praktijk en onderzoek*. (pag. 93–105). Houten: Bohn Stafleu van Loghum. Translated in 2012: The Wiley-Blackwell handbook of schema therapy. Theory, research, and practice. West Sussex UK: John Wiley & Sons, Ltd.

Guin, U. Le (2014) Quote ► www.goodreads.com/quotes/181685-the-creative-adult-is-the-child-who-has-survived, datum van raadplegen 02-07-2014.

Haeyen, S. (2007). *Niet uitleven maar beleven. Beeldende therapie bij persoonlijkheidsproblematiek*. Houten: Bohn Stafleu van Loghum.

Haeyen, S. (2008). *Richtlijntekst m.b.t. drama-, muziek- en beeldende therapie. In MDR, Landelijke Multidisciplinaire Richtlijn voor de behandeling van persoonlijkheidsstoornissen*. Utrecht: Trimbos Instituut.

Haeyen, S. (2011a). *De verbindende kwaliteit van beeldende therapie. Effecten van beeldende therapie in de behandeling van persoonlijkheidsstoornissen & introductie van een beeldende therapie vragenlijst.* Antwerpen: Garant Uitgevers N. V.

Haeyen, S. (2011b). Vaktherapie. De kracht van de ervaring. In T. Ingenhoven, A. v. Reekum, B. v. Luyn, & P. Luyten *Handboek borderline persoonlijkheidsstoornis* (pag. 215–227). Utrecht: De Tijdstroom.

Haeyen, S., Hooren, S. van, Hutschemaekers, G. (2015). Perceived effects of art therapy in the treatment of personality disorders, cluster B/C: A qualitative study. The Arts in Psychotherapy 45, 1–10.

Muste, E., Weertman, A., & Claassen, A. (2009). *Handboek Klinische Schematherapie.* Houten: Bohn Stafleu van Loghum.

Rhyne, J. (1970). The Gestalt Art Experience. In: J. Fagan, & L. L. Shepherd (ed.), *Gestalt therapy now: Theory techniques applications* (pag. 274–284). New York: Harper & Row.

Schweizer, C., Haeyen, S., Henskens, B., Rutten-Saris, M., & Visser, H. (2009). *Handboek Beeldende Therapie, 'Uit de verf'.* Houten: Bohn Stafleu van Loghum.

Tongeren, C. (2010). 'Dichterbij gevoelens komen, daar gaat het zowel bij schemagerichte als beeldende therapie om'. Aan het woord; interview met Suzanne Haeyen. *Psychopraktijk, 2*(5). Themanummer Schematherapie.

Vreeswijk, M. F. van, Broersen, J., & Nadort, M. (red.) (2008). *Handboek voor schematherapie. Theorie, praktijk en onderzoek.* Houten: Bohn Stafleu van Loghum.

Wilkinson, R., & Chilton, G. (2013). Positive art therapy: Linking positive psychology to art therapy theory, practice, and research. *Art Therapy: Journal of the American Art Therapy Association, 30*(1), 4–11.

Young, J. E., Klosko, J. S., & Weishaar, M. E. (2005). *Schemagerichte therapie. Handboek voor therapeuten.* Houten: Bohn Stafleu van Loghum.

# Werken met modi in schemadrama

*Liesbeth Bijl en Jop te Kiefte*

**Samenvatting**

In dit hoofdstuk laten we zien hoe kennis vanuit psychodrama en systeemtherapie samenkomt in de Schematherapie. We noemen het schemadrama en hebben een grondmodel uitgewerkt van waaruit we de Gezonde Volwassene helpen te groeien. Door te werken met het grondmodel leert de cliënt doorleefde keuzes te maken om uit negatieve patronen en schemagestuurd gedrag te stappen. De groep en de therapeuten zijn hierbij helpend vanuit de houding van erkennen, liefhebben en begrenzen.

## 12.1 Historie van het grondmodel

Binnen de afdeling Persoonlijkheidsstoornissen waar wij werken, kwam in 2010 de opdracht een ambulante schemagroep op te zetten, vanuit meerdere disciplines. Wij waren onmiddellijk enthousiast om er geen praatgroep van te maken: meer doen en ervaren dan praten over voor cliënten! Wij wilden cliënten in actie brengen.

Het modusmodel van Young et al. (2005) en Van Genderen en Arntz (2010) hebben wij met aanpassingen geprojecteerd op de grond van het dramalokaal. Het doel was om al meebewegend te onderzoeken en te ordenen wat er zich in het hoofd van een cliënt afspeelt in een bepaalde situatie. De innerlijke kant komt letterlijk op de vloer te staan en die wordt op die manier zichtbaar, tastbaar en levendig.

Echter, de termen die Young gebruikt voor alle modi, zijn vatbaar voor veel misinterpretaties en misverstanden. De Schematherapietermen 'boos kind' of 'straffende ouder' verwarren cliënten vaak. Ook de termen voor de verschillende beschermers (Van Genderen, 2012) kregen wij niet goed werkbaar op de plattegrond. Onderscheid maken tussen gevoelens en gedachten is een hele klus voor cliënten met persoonlijkheidsproblematiek. Ook de basisemoties van bang, boos, bedroefd en blij lopen voor cliënten vaak door elkaar, laat staan dat differentiatie ervaren in sterkte binnen emoties dan wel modi beschikbaar is voor hen.

Om niet in ingewikkelde taal dan wel betekenisverleningsdiscussies te komen en om de plank niet volledig mis te slaan in werken met cliënten, hebben wij de modi sterk vereenvoudigd. We noemden het *het grondmodel.*

Onze samenwerking en de reacties van de cliënten tijdens het ontwikkelen van deze schemadramagroep maakten ons steeds enthousiaster. De cliënten kregen houvast, ze begrepen het model intuïtief en herkenden snel de mogelijkheden die het gaf om er in de praktijk mee te werken. In eerste instantie werkten we met een link naar de schemadagboekkaarten die de cliënten op cognitief niveau hadden ingevuld. In het grondmodel werd het niet alleen op papier maar ter plekke zichtbaar voor anderen, in beweging met het eigen lichaam. Dat is een nieuwe ervaring. Later gingen we ook meer in het grondmodel 'spelen' en zetten we het in als *rescripting.*



**Inspiratie**

Een cliënte noemde zichzelf: egoïstisch, dom, lui, hebzuchtig, wraakzuchtig en sadistisch. Om erachter te komen wat zij precies met deze termen bedoelde, vroeg ik haar te vertellen hoe ze zou zijn als ze niet al deze "eigenschappen" had. Ze zou dan met liefde en gemak alles voor anderen doen, geslaagd zijn in het leven, onvermoeibaar haar liefde, kennis en middelen inzetten voor haar familie; allerlei gebeurtenissen vergeven en loslaten en empathie opbrengen.
Zij had ongeveer drie banen tegelijk (zelf aan de universiteit studeren, werken voor inkomen en haar broers, zussen en moeder behoeden voor allerlei onheil). Wat zij 'ijverig' noemde, was een recept voor burn-out. Lui was ze, als ze niet meer kon van oververmoeidheid. Altruïstisch betekende met liefde en gemak iets voor anderen doen. Iets voor zichzelf verlangen was egoïstisch en daarover werd zij boos op zichzelf en vond ze zichzelf waardeloos en sadistisch.
Duidelijk werd ons dat zij niet bang, boos, bedroefd of blij mocht zijn en dat woorden door een verschillende achtergrond en leergeschiedenis, een heel verschillende betekenis kunnen krijgen.

De modi boos kind en straffende ouder halen cliënten vaker door elkaar. Cliënten mochten veelal geen boosheid op een ouder of ander voelen en straften zichzelf hiervoor, uit onmacht over de situatie of omdat ze straf goed kennen als (tegen)actie van ouders. Elke cliënt geeft eigen betekenissen aan woorden, afhankelijk van hun eigen geschiedenis. Wij willen een term 'boos kind' niet verdacht maken. Boosheid is namelijk legitiem om te voelen. Echter, een emotioneel verwaarloosd kind ziet dat niet als een optie. Onderscheid leren maken tussen de toen niet gevoelde boosheid, die zeer begrijpelijk (en goed) was, maar in het heden op dezelfde wijze doorgevoerd de cliënt in de problemen brengt, is lastig. Boosheid kan namelijk in het hier en nu een gevoel zijn om je te waarschuwen bijvoorbeeld wanneer iemand over je grens gaat.

Als cliënten boosheid voelen, is dat dan een boos kind? Of is het boze kind een gevoel van vroeger, waar ze toen niets mee konden en nu iets mee moeten? Er is een gebrek aan handelingsrepertoire voor het omgaan met boosheid. Boosheid kent vaak een negatieve lading en boosheid kan vaak pas worden herkend en erkend wanneer men zich razend voelt. Op zo'n heftig moment is boosheid ook een moeilijke emotie om mee om te gaan. Een beschermmodus is vaak reeds vroeg ontstaan en was van belang om te overleven, omdat er geen andere reactie beschikbaar was destijds als kind. Nu zit de beschermmodus in de weg, maar het is wel een vertrouwde modus. Is de modus dan boos kind of straffende ouder? Beschermmodus, straffende modus en boosheid als passende emotie moeten uit elkaar worden gehaald. Terwijl boosheid een noodzakelijke en waarachtige emotie is, klinkt 'boos kind' te veel als een multi-interpretabele term. Is het goed, of is het niet goed? Wat moet de cliënt eigenlijk met de emotie boosheid, zo die al herkend wordt?

Zo werkte het ook met de termen 'verdrietig kind' en 'angstig kind'. De basisemoties zijn onontwikkeld terrein voor veel van onze cliënten. Wat zij verdriet noemen, kan ingehouden boosheid zijn, en lachen kan een verdraaide vorm van angst zijn. De emotionele verwaarlozing toont zich in het niet kunnen differentiëren tussen emoties en in het niet kunnen onderscheiden van een bepaalde sterkte in emoties.

Angst niet voelen maakt je ongevoelig voor zaken die je wél serieus moet nemen. Boosheid niet voelen maakt dat je niet voelt wanneer je grenzen moet stellen. Bedroefdheid niet mogen ervaren, kropt je pijn op en maakt je verdraagzaamheid onbetrouwbaar, en vertroebelt het gevoel voor het met plezier dingen doen. Blijdschap niet voelen maakt dat je niet voelt wat je leuk vindt, waardoor je vervlakt. In dat geval gaat men niet meer op zoek naar prettige en helende stimulansen. Als deze gevoelens je geen informatie geven, doe je jezelf te kort.

Ook de term 'bestraffende-oudermodus' werkte niet voor ons. Ouders stuur je niet weg, daar is onze aangeboren loyaliteit niet zomaar toe bereid. De straffende kant kan een signaalfunctie hebben en die moet (h)erkenbaar zijn om mee te werken en meer op afstand te leren krijgen.

## 12.2 Schematherapie en psychodrama: een interessante samenwerking

Psychodrama is ervaringsgericht (experiëntiële methode) en verzorgt op een actieve manier en via interactie, het opdoen van nieuwe ervaringen via het fysiek uitproberen in de diverse rollen (o. a. Gilhuis et al., 2014).

Kenmerkend voor psychodrama is dat je alles wat je in jezelf wilt onderzoeken, kunt neerzetten en uitspelen op de speelvloer met behulp van voorwerpen en/of groepsleden. De innerlijke kanten van de protagonist (hoofdrolspeler) komen letterlijk op de vloer te staan. De verhalen van de hoofdrolspeler worden tastbaar en levendig. De persoonlijke verhalen worden concreet ruimtelijk en inhoudelijk zichtbaar gemaakt door groepsleden die een rol vertolken in het verhaal of de scène.

De belangrijkste technieken zijn dubbelen, spiegelen en rolwisselen. Allemaal bedoeld om de protagonist gevoeld inzicht te geven.

Bij psychodrama wordt gebruikgemaakt van ontwikkelde rollenspelen, waarmee de werkelijkheid wordt verbeeld, de zogenaamde rollentheorie. In de rollenspelen worden de relaties, de rollen en de interacties tussen mensen en hun belangrijke anderen als het ware gedramatiseerd in een spel. Door te spelen worden gedachten en gevoelens gegenereerd, in narratieve termen wordt er gesproken over geëxternaliseerd (Combs & Freedman, 1996), die het materiaal vormen voor exploratie, reflectie en internalisering in een psychotherapeutisch proces. Bij voorkeur wordt er gewerkt in een groep.

Karakteristiek voor psychodrama is dat deze methode:

- meer op doen en ervaren is gericht dan op praten;
- zich ervoor leent om in psychologische zin breed en diep te exploreren;
- ook naar de toekomst kan exploreren;
- dosering van ontwikkelingstempo en intensiteit mogelijk maakt;
- in verschillende therapeutische referentiekaders gebruikt kan worden;
- aansluit bij moderne opvattingen over de rol die emoties en cognities spelen bij gedrag.

Bij Schematherapie zijn de experiëntiële technieken onder andere de meerstoelentechniek, *rescripting*, imaginatieoefeningen en de therapeutische relatie in de vorm van *limited reparenting*. Voor het vergroten van de Gezonde Volwassene kunnen deze experiëntiële technieken ingezet worden (Young et al., 2005). Van Dun (2014) heeft een mooi hoofdstuk geschreven over psychodrama en Schematherapie waarin hij ingaat op rollenspelen en ensceneringen. Deze technieken worden ook ingezet in het werken met het grondmodel.

12

### 12.2.1 Schemadrama

Het therapieblok schemadrama zien wij als een combinatie van imaginaire rescripting met de meerstoelentechniek in de vorm van psychodrama. Belangrijke verschillen tussen imaginaire rescripting en deze vorm van psychodrama zijn dat we werken in en met een groep, dat we de modi hebben bewerkt en gebruiken in een model van de rollentheorie (psychodrama) en dat de theorie van de actie onze basis is voor ervaringen. We maken gebruik van zowel cognitieve, emotionele als gedragsaspecten in de stappen die we (laten) maken in deze therapievorm.

De Gezonde Volwassene vergroten is het doel. De weg is het proces dat we in de schemadrama helpen te doorlopen. De cliënt moet eerst zicht ontwikkelen op en gaan ervaren wat er allemaal intern meespeelt in de dynamiek die het zo lastig maakt om zomaar de Gezonde Volwassene te versterken.

Leren hoe de Gezonde Volwassene te vergroten is vooral niet blijven steken in het uiteenrafelen van hoe de verschillende modi tot stand zijn gekomen, elkaar afwisselen en in stand houden, maar een repertoire ontwikkelen voor het versterken van de Gezonde Volwassene. Dit kan met de gestructureerde manier waarop we in ons grondmodel met psychodramatechnieken werken. Het is een manier om cliënten te laten experimenteren met de wijze waarop de diverse rollen zich manifesteren, en hen te laten oefenen met het in interactie brengen van de rollen binnen het grondmodel.

We willen een emotioneel corrigerende ervaring bieden. Dit houdt in dat de therapeut een cliënt zowel op gedragsniveau iets helpt uitvoeren, als een corrigerende gedachte leert vinden

**Figuur 12.1** De inrichting van onze dramatherapieruimte.

die past bij een (gezonde) emotie, zonder in een oud emotiespoor vast te lopen. Daarvoor is het beschikbaar krijgen van een krachtige opererende Gezonde Volwassene nodig. Een cliënt met een niet goed functionerende gezonde volwassen kant, heeft hulp nodig in het leren vergroten van dat deel. Binnen het therapieblok schemadrama gaat het erom daarvoor een oefenmodel te bieden.

## 12.3 Het grondmodel binnen schemadrama

Het grondmodel waarmee gewerkt wordt binnen het blok schemadrama is ontwikkeld als gevolg van het gebruiksongemak van alle 18 schema's en 14 modi, en het heeft zich ontwikkeld zoals in het voorgaande is beschreven. Er wordt gewerkt in de dramatherapieruimte (fig. 12.1), maar men kan ook andere therapieruimtes gebruiken om het grondmodel neer te zetten.

Wij werken met de volgende rollen:

- De vier basisemoties (boos, bedroefd, bang, blij), die in onze ruimte worden gerepresenteerd door de vier rode blokken.
- De beschermer is een (blauwe) stoel op wieltjes en kan negatief en positief ingezet worden ten opzichte van de basisemoties.
- De straffende kant is een vaste (zwarte) stoel.
- Het kompas is een grote (groene) oefenbal en heeft de functie van steun geven aan de speler.
- de Gezonde Volwassene is een langwerpige (groene) mat.

- De hoepel is de fysieke ervaring van het naarste moment van de gebeurtenis die zal worden gereconstrueerd en gerescript.

Wij willen actieve groepsleden en daarom is het een groepsaanbod waar individueel in de groep gewerkt kan worden met een eigen gestructureerde inbreng. Veiligheid is erg belangrijk als basisvoorwaarde en wordt mede bepaald door deze vaste, herkenbare en eenvoudige vorm voor kwetsbare deelnemers. Nodig is een ruimte om te leren experimenteren, waar stabiele afspraken en grenzen gelden die zorgen voor een veilige sfeer, waar optimaal respect is voor ieders eigen tempo en mogelijkheden.

**Start van een sessie**

De groepsleden leggen een groene mat midden in de ruimte neer. Deze vertegenwoordigt de Gezonde Volwassene. Rechts van deze mat leggen ze vier blokken neer die de emoties, boos, bang, verdriet en blij vertegenwoordigen.
Tussen de mat en deze blokken komt een verrijdbare bureaustoel te staan die de beschermer moet voorstellen. Links van de groene mat leggen de groepsleden een grote groene oefenbal neer, die het kompas (helpende gedachten) voorstelt. Iets daarvoor komt een hoepel te liggen. Deze vertegenwoordigt de fysieke sensorische feiten van het moment dat wordt uitgewerkt. Links achteraan komt een zwarte stoel te staan: de straffende kant.
Zo staat op de vloer het hele grondmodel (topografie van het aangepaste modimodel).
De groepsleden gaan aan één kant zitten. Dan meldt zich iemand aan die wil werken en deze cliënt treedt samen met de therapeut naar voren in het grondmodel. De cliënt gaat vertellen over een situatie. De therapeut stuurt eropaan om naar één moment binnen die situatie toe te gaan. Het is te vergelijken met een situatie uitgeschreven in een schemadagboekkaart. De cliënt kiest dan een moment uit die situatie.

12

## 12.4 Integreren van interne rollen

Het doel is om de innerlijke rollen te leren kennen en uiteen te rafelen, om ze daarna te integreren en daarmee de Gezonde Volwassene sterker te maken en de regie te geven.

Je zou kunnen zeggen dat we de emoties 'heropvoeden' (*reparenting*) door ze:

- te erkennen;
- lief te hebben;
- te begrenzen.

De *rescripting* wordt daarmee al ingezet, doordat cliënten vroeger voor niet-adequaat gefaciliteerde emoties een beschermer hebben ingezet. In hun verleden waren de mogelijkheden er niet (voldoende) om de beschikking te krijgen over emoties als een geïntegreerd deel van de gezonde volwassen kant en deze te gebruiken of te verdragen, al naargelang de context. De Gezonde Volwassene moet leren de regie te houden. Dat kan ook door een beschermer in te zetten (en niet de beschermer de baas te laten zijn) om zo nodig en indien gepast of gewenst, sociaal handig te kunnen opereren en geen onnodige schade op te lopen.

Ook leren wij dat steun vragen of toelaten een normale vaardigheid is. Vandaar dat de oefenbal een rol heeft in het grondmodel. Ook wordt gebruikgemaakt van de kompaszin die iedere cliënt voor zichzelf heeft gemaakt.

Het uit elkaar halen van de diverse rollen helpt om de dynamiek die als overleving goed heeft gewerkt, te ontwarren en tegelijk de beperkte houdbaarheid ervan te ervaren en nu zelf te leren sturen.

Wij gaan ervan uit dat:

- de Gezonde Volwassene regie moet hebben over of de betekenis moet herkennen van:
  - de basisemoties (boos, bang, blij en bedroefd) die nodig zijn om te leven;
  - de beschermer, om regie over te leren krijgen, omdat je anders blijft steken in 'overleven';
  - de straffende kant, die alleen een signaalfunctie heeft (verder geen rol laten spelen);
  - het kompas als steunende kant, als kompaszin en empowerment;
  - het regie leren geven aan wat positief bijdraagt binnen een bepaalde context;
- het belangrijk is om last te gaan krijgen van de beschermer als verstoorder van de Gezonde Volwassene. Wat de beschermer opvoert, is veelal de oude tactiek om:
  - het ongemak van omgaan met emoties te verdoezelen;
  - het ontvangen van steun onbereikbaar te maken;
  - vermijding in stand te houden;
  - ruimte te geven aan zelfdestructief gedrag (straffende kant zijn gang laten gaan);
  - contact maken te verstoren;
  - emoties onduidelijk over te brengen;
- het kompas dient als richtinggever. Je bereikt niet het noorden op een kompas, maar je kunt je er telkens weer naar richten. Deze positieve richting is dus een steun die veel cliënten hebben moeten ontberen.

**Het werkproces in een sessie**

Een cliënt beschrijft in eigen woorden een situatie waar 'spanning' op zit en waar hij een dilemma ervaart op gedrags-, cognitief of emotioneel niveau. Dit wordt beschreven als een klein filmpje waarin de problematische interactie met een ander tot uiting komt. Dan proberen we één moment te pakken, waarop de spanning hoog is en vragen we om in de hoepel te stappen en te vertellen wat er in het lijf voelbaar is als wordt stilgestaan bij dat moment. Daarna wordt gevraagd om te kijken of er een rol in het grondmodel is die daarbij past. De cliënt gaat daar staan en staat stil bij wat er gebeurt. We staan stil bij de vraag of de rol klopt en bij de ervaring: schiet het gevoel weg en komt er een andere rol meer in aanmerking? Kortom, we brengen de cliënt binnen het model in beweging en stellen vragen om te verhelderen welke informatie daardoor vrijkomt over de interne rollen die op het grondmodel zijn aangeduid.

De groepsleden aan de kant kunnen, als de cliënt lijkt te stagneren of volgens hen iets overslaat, in het grondmodel stappen en dubbelen (gestructureerde actie). Dit maakt de houding van de rest van de groep heel actief in het proces.

De kracht van de experiëntiële methoden is de emotioneel correctieve ervaring. Praten over is niet genoeg voor cliënten, zij zijn vaak non-verbaal (of pre-verbaal) tekortgekomen, of de betrekking van een boodschap vertoonde discrepantie met de inhoud ervan. Cliënten hebben vaak zelf geen tekst bij wat de oorzaak was van hun disfunctioneren. Er is geen andere ervaring om het mee te vergelijken. Die kan nu juist een experiëntiële techniek wel bieden.

**Voorbeeld van een sessie**

De groep komt op tijd naar binnen en gaat in een cirkel zitten. Er wordt eventuele afwezigheid doorgegeven voor de komende keer. Gekozen kan worden voor een warming-up om het lichaam los te maken en contact te maken met elkaar. Daarna gaan we over naar het grondmodel. Aan de groepsleden wordt gevraagd een situatie van de afgelopen week voor ogen te nemen waarin men het moeilijk had en die men graag met ons zou willen onderzoeken. De groepsleden leggen het grondmodel op de vloer en gaan dan aan één kant zitten.

Dan meldt een cliënte zich aan die aan het werk wil gaan en zij treedt samen met de therapeut naar voren in het grondmodel. De cliënte begint te vertellen over een situatie. De therapeut stuurt eropaan om naar één moment te gaan. De cliënte kiest het moment dat ze wil uitwerken. De therapeut leidt haar naar de hoepel en vraagt haar te stoppen met praten. Hij laat haar zich concentreren op wat er destijds in dat moment in haar lichaam gebeurde. Zij mag woorden geven aan wat de fysieke feiten zijn. De therapeut zorgt ervoor dat zij geen niet interpreteert of veroordeelt. Cliënte weet met ondersteuning te melden dat zij dan enige lichtheid in haar hoofd waarneemt, maar ook wat aanspanningen in haar nek en schouders. De therapeut vraagt de cliënte uit de hoepel te stappen met de vraag waar die lichtheid bij zou kunnen passen. De therapeut nodigt haar uit vooral wat rond te lopen en bij de verschillende rollen te gaan staan om te onderzoeken of die lichtheid daarbij past. De cliënte probeert wat uit en komt uiteindelijk bij haar beschermer, want deze lichtheid zorgt ervoor dat zij niets meer voelt. De therapeut vraagt vervolgens om op de gezonde-volwassenemat te komen staan met de vraag of dat klopt, dat ze daar veel last van heeft en dat dat haar beperkt. Ze bevestigt dat, deze toestand herkent zij bij veel situaties. De therapeut vraagt hoe dat voor haar is vanuit deze gezonde-volwassenepositie. 'Niet leuk', antwoordt zij.

Vervolgens vraagt de therapeut welke emotie dat teweegbrengt. De cliënte weet het onmiddellijk en gaat achter de basisemotie angst staan. De therapeut vraagt wat haar zo angstig maakt. 'Omdat ik mijn mening niet mag geven, want als ik dat doe, krijg ik een pak slaag.' Vervolgens vraagt de therapeut wie er voor deze gedachten zorgt. Dat weet ze ook heel snel en gaat achter de straffende kant (de zwarte stoel) staan en zegt: 'Hou je gedeisd, je bent niets waard.' De therapeut nodigt haar uit om weer terug te gaan naar de positie van de Gezonde Volwassene en vraagt haar of dit allemaal klopt. De cliënte beaamt dit. Vervolgens vraagt de therapeut hoe het is om dit aan de groep te laten zien? 'Dat is heel spannend',zegt ze en merkt dat zij al weer aan het wegraken is. De therapeut bedankt haar en zegt dat het wegraken te zien is als grens voor het nu.

Het voorbeeld van een sessie (▶ kader) laat zien hoe er met de modi-opstelling in het grondmodel wordt gewerkt. Er wordt voortdurend teruggegaan naar de positie van de Gezonde Volwassene en er wordt altijd mee geëindigd. Doordat de interne dynamiek zo zichtbaar wordt, kan de therapeut zien in welke mate de cliënt participeert in dit onderzoek en daar zijn interventies op afstemmen.

Wanneer een cliënt al meer vertrouwd is met deze werkvorm, kan hij ook dubbels ontvangen. Dit houdt in dat iemand uit de groep kan opstaan en achter een van de rollen kan zeggen, wat hij zelf voelt (emoties en fysieke feiten) of denkt (stem of straffende rol). De cliënt mag vanuit de gezonde-volwassenepositie zeggen of de aangeboden dubbel klopt. Zo ja, dan vragen wij hem het in eigen woorden vanuit die positie te herhalen. Klopt het niet, dan is de vraag wat de tekst wel zou mogen zijn, en wordt deze tekst ook uitgesproken in eigen woorden. Zo gaan cliënten ervaren dat een dubbel nooit fout is. De therapeut moedigt iedereen aan zo veel mogelijk te dubbelen. Bij de hoofdrolspeler wordt altijd gecheckt of hij de dubbel wel of niet wil hebben. Op deze manier krijgen we een heel interactieve sessie, waarin de cliënt vanuit de gezonde-volwassenepositie steeds kan oefenen om de regie te nemen over de rollen. Dit oefenen wordt ook nog eens bevorderd door de toepassing van de rolwissel: het letterlijk wisselen van rollen. Zo kan de cliënt voelen en stilstaan bij hoe hij zojuist is omgegaan met een deel van zichzelf.

In het grondmodel kunnen cliënten met hulp van therapeuten en medegroepsleden onderzoeken wat het verschil is tussen een emotie, gedachte of gedrag. De vraag is dan bijvoorbeeld waar 'triest' thuishoort. Hoort triest bij boosheid, angst of verdriet? Of geeft het een houding aan die destijds het meest hielp om met rust gelaten te worden, maar die nu contact met de Gezonde Volwassene blokkeert en dus een beschermer is te noemen? Is triestheid een manier om het verschil tussen boosheid en de straffende kant zichtbaar te maken? Mogelijk representeert triestheid een gedachte die bij de zwarte stoel hoort (ik ben een loser).

Het onderscheid tussen de straffende kant (de zwarte stoel) en de beschermer ligt met name in de mate van (zelf)destructiviteit. De beschermer moet ook zinvol en positief ingezet kunnen worden, zolang de regie maar bij de Gezonde Volwassene blijft liggen voor het inzetten van de beschermer. Het is belangrijk de straffende kant te herkennen als automatische (destructieve) gedachte, of gedrag dat ondermijnt en zich heel divers presenteert, niet alleen een straffende ouder, maar ook daarvan losgekoppeld en destructief in welk opzicht ook. De straffende kant wordt veelal ervaren als boos op zichzelf en daarmee is het zo belangrijk deze te onderscheiden van de gezonde emotie boos.

## 12.5 Schemadrama en het versterken van de Gezonde Volwassene

Het werken met het grondmodel in schemadrama heeft veel mogelijkheden om te werken met ernstige problematiek. Cliënten hebben vaak emotieregulatieproblemen en last van destructief copinggedrag. Zij kunnen stapsgewijs aan de slag met de volgende onderdelen van schemadrama.

- **Leren stilstaan bij het lichaam**

In de hoepel leert men de lichamelijke signalen te herkennen van wat een bepaalde interactie met je (lijf) doet. Het is vaak heel moeilijk oordeelvrij te beschrijven of en waar er spanning zit, tinteling of een drukkend gevoel. De cliënten leren meer onderscheid te maken tussen emoties, gedrag en gevoelens.

- **Beschermer herkennen**

Het erkennen, leren liefhebben en begrenzen van beschermend gedrag kan helpen vertrouwen te ontwikkelen in contact houden met emoties, en meer en meer vertrouwen te krijgen in het herkennen van en omgaan met die emoties die vroeger niet ervaren konden worden. Het is de bedoeling dat men last krijgt van de beschermer door eerst dit gedrag (drinken, dissociëren, televisiekijken, gamen et cetera) en allerlei zogenaamde gevoelens (wazig voelen) en gedachten (rationaliseren, piekeren, automatisch afkeurende teksten, verontschuldigingen) te leren herkennen. Emoties zijn geen beschermer, want de beschermer is gedrag met de bedoeling de Gezonde Volwassene het contact met de emoties te onthouden. De beschermer komt voort uit het gemis aan vertrouwen in het herkennen van en het omgaan met de emoties.

### Basisemoties herkennen

Differentiëren tussen emoties en binnen de emoties de verschillende sterkten kunnen herkennen. Elke emotie helpt om een idee te krijgen wat ermee te doen valt als de Gezonde Volwassene de regie heeft, ook over de beschermer.

Het herkennen van boosheid is vaak lastig voor cliënten. Wanneer een cliënt boosheid herkent, maar zegt dat hij boos is op zichzelf, noemen wij dat destructief en egostraffend. Dit betreft dus de straffende kant en is een andere rol. Die energie moet minder aandacht krijgen, maar zoals zo vaak, iets wat je weg probeert te drukken, komt steeds hardnekkiger terug. Het is belangrijk om die straffende kant, die destructieve energie genereert, te herkennen. Die negativiteit willen we niet. Dus leren wij de cliënten deze als signaalfunctie goed te herkennen en het onderscheid te gaan maken tussen boosheid (een gewone emotie) of (boze) beschermer of straffende kant.

Vervolgens helpen we cliënten met de vragen die hen helpen uit te zoeken wat ervoor nodig is om een ander repertoire te leren ontwikkelen en hanteren. Rechtstreeks uiten van boosheid kan, als de emotie vroeg wordt herkend (irritatie in plaats van razernij), dienen als motor om in actie te komen. Dat geeft regie en versterkt de Gezonde Volwassene.

Bedroefdheid of verdriet kan in het ene geval een lading boosheid camoufleren, maar ook een aangeleerde vorm zijn van angst uiten. Angst kan ook een coping zijn om boosheid niet te voelen. Blijheid kan in clowneske vorm een masker zijn voor andere emoties, een beschermer dus.

### Positieve aandacht richten

Door het kompas actief in te zetten en te gebruiken. Contact met zichzelf houden in interactie met anderen is beter op te brengen wanneer er positieve energie is, en men deze ook kan herkennen. De steunende kant is belangrijk om te ontwikkelen en meer tekst en repertoire te geven. Het is vaak hard nodig om cliënten te helpen hier actief aandacht aan te geven. Slechts met het vergroten van de steunkant is de straffende kant te verkleinen en kan de Gezonde Volwassene meer regie krijgen.



### Regie vergroten

Door de Gezonde Volwassene te versterken door meer repertoire op te bouwen. Zo nodig door bewust gebruik te maken van het positieve deel van de beschermer om een situatie in het nu te overleven en weer zo snel mogelijk zelf als Gezonde Volwassene de regie terug te nemen om de informatie uit de emoties serieus te nemen en te gebruiken.
Een kind dat niet boos heeft mogen zijn en geen ervaring heeft opgedaan, noch cognitief noch emotioneel noch op gedragsniveau, hoe met boosheid om te gaan, kan zichzelf de schuld gaan geven van de eigen onmacht en richt zijn boosheid dan op zichzelf. De emotie kan hoog opgelopen, omdat de emotie niet herkend wordt. Vervolgens spat het eruit en kan dan meteen ook weer een schaamtevolle interactie zijn of inadequaat binnen de context. Mogelijk roept het zelfs weer straf op.

Wij zijn er met het schemadrama op uit cliënten te helpen deze emotie nu (alsnog) te leren (h)erkennen, liefdevol te bejegenen en te begrenzen. In het model doen we aldus een rescripting door cliënten binnen het model een andere ervaring te laten hebben. Vanuit compassie en (h)erkenning, liefdevolle bejegening inclusief begrenzing van de rollen, worden deze meer geïntegreerd in de Gezonde Volwassene en deze versterkt daardoor.

## 12.6 Therapeutische houding van de therapeut en groep: erkennen, liefhebben en begrenzen

We geven onze cliënten voor hun eigen zoektocht de begrippen *erkennen, liefhebben* en *begrenzen* mee. Wij geven dit concreet vorm door in het groepswerk te letten op het opnieuw aanbieden van de psychologische basisbehoeften.

De behoeften van veiligheid, voorspelbaarheid en betrouwbaarheid geven we op verschillende manieren en niveaus weer. De therapeut loopt aldoor naast de cliënt die werkt, moedigt de cliënt aan, respecteert het tempo van de cliënt en checkt en bevestigt telkens stappen. De therapeut zal vanuit de limited-reparentinghouding als een ouder ervoor waken alle uitingen van een cliënt te erkennen, lief te hebben en te begrenzen, zowel emoties, gedrag als gedachten. De therapeut verdraagt de pijn en kan het hebben, zonder af te haken of weg te lopen. De therapeut zal niet boos worden of liegen. Transparantie, humor, eerlijkheid en leiding zijn zichtbaar en belangrijke inzet van de therapeut. We grijpen alleen in (begrenzen) als de straffende kant te veel macht krijgt.

Alle emoties worden verwelkomd en mogen er zijn: er bestaan geen goede of slechte emoties, gewenste of ongewenste emoties. Emoties zijn er, komen en gaan, kunnen zich met meerdere tegelijk melden en verdwijnen ook weer vanzelf. Deze houding laat zich het beste omschrijven als *mindful*. Helpende gedachten vanuit het kompas (kompaszin) kunnen gecreëerd worden met behulp van de therapeut of groepsleden.

We zijn elke week op een vaste plek met vaste rituelen en met hetzelfde grondmodel aanwezig bij de groep. Mocht dit anders zijn, dan leggen we uit waarom iets afwijkt. We staan open voor vragen en houden onze eigen koers (begrenzen). De aan- of afwezigheid van therapeuten en groepsleden is op tijd gecommuniceerd. Er is geen fysiek geweld of negatieve bejegening en de gebruikelijke, andere groepsregels (bijvoorbeeld privacy) worden gehandhaafd.

De twee therapeuten zijn en doen verschillend, maar zijn het wel met elkaar eens, vragen hulp aan elkaar of bevragen elkaar als ze elkaar niet volgen. Zij zijn daarin goede rolmodellen.

**Voorbeeld van een sessie**

Martijn meldt zich voor werken met het grondmodel en in overleg met de groep wordt besloten hem deze ruimte te geven. Hij geeft aan veel schaamte te voelen en niet te weten hoe hij hiermee om moet gaan. De therapeut volgt hem hierin en besloten wordt om met behulp van het grondmodel te onderzoeken hoe hij een opening kan maken om in therapie te vertellen over een aantal van deze schaamtevolle momenten in zijn leven. Deze worden gevisualiseerd met een blok op de vloer.

De therapeut leidt hem naar zijn fysieke waarnemingen (de hoepel) van nu in relatie tot de verhalen die bij het moment horen. Martijn merkt dat hij veel moeite heeft om zijn benen op de grond te houden. Hij merkt verder pijn in zijn rug en ook dat zijn ademhaling hoog zit. De therapeut nodigt hem uit om op de groene mat van de Gezonde Volwassene te gaan staan, om hem de gelegenheid te geven om beter te gaan staan en zijn ademhaling lager te krijgen. Dat lukt hem geleidelijk. Tussendoor klaagt hij over zijn neiging om 'uit te checken'. In zijn vorige ervaringen in het grondmodel had hij al begrepen dat wegraken een van zijn beschermers is. Deze speelt nu op, wanneer hij op randje staat om een vroegere ervaring te vertellen.

Na overleg met Martijn stimuleert de therapeut de groepsleden om vooral dubbels te geven als zij denken te zien dat hij weer uitcheckt. In het vervolg van dit schemadramaspel wordt dit een aantal keren gedaan. Hierna wordt tijd genomen om weer in te checken.

De therapeut steunt Martijn om nog niet te gaan vertellen, maar nodigt hem uit de beschermer te gaan leren begrijpen. Martijn gaat hiermee akkoord. Hij kiest een groepslid om de rol van beschermer te vertegenwoordigen. Martijn verbeeldt de beschermer door tegen de mat te staan en zich heel groot te maken. De cotherapeut speelt het alter ego van Martijn. De rolspeler van de beschermer doet dat exact na. Martijn kijkt vanaf de groene mat, als zijn Gezonde Volwassene. Het klopt zoals de beschermer staat. De therapeut grijpt in en stelt voor om de beschermer wat verder weg te zetten om meer ruimte te maken voor een dialoog. Na het bepalen van de juiste afstand merkt Martijn dat hij meer kan ademhalen en er weer meer bij is. Hij doet verschillende pogingen en uiteindelijk kan hij tegen de beschermer zeggen: "Je hebt ervoor gezorgd dat ik niet echt iets hoefde te voelen. Je beschermde mij voor de pijn."
De therapeut past een rolwissel toe en laat het alter ego (de cotherapeut) exact zeggen wat Martijn zo-even zei. Martijn, nu in de rol van zijn beschermer, geeft aan niet onder de indruk te zijn: "Het is te slap, te rationeel. Er zit geen passie in."
Weer terug op de groene mat, als de Gezonde Volwassene ziet hij dat ook in. Hij kan het niet opbrengen om het met meer overtuiging te zeggen. Het lukt hem nog niet om zijn beschermer te bedanken (erkennen van zijn bestaan). Hij merkt ook op dat zijn straffende kant hem parten speelt en hem nog te veel onderuithaalt. Hij concludeert dat zijn plan om zijn verhaal te vertellen nog te vroeg komt.
Geëindigd wordt met het vanuit de Gezonde Volwassene weer contact maken met de groepsleden. Hij heeft dit verhaal mogen laten zien hier. Hij heeft steun gevoeld van de dubbels. Dat deed hem heel goed, ondanks allerlei spanningen. Hij ziet zijn beschermer minder als vijand, maar ziet dat hij hem nog erg veel nodig heeft als een deel van zichzelf.



In dit voorbeeld is gebruikgemaakt van het oefenen met de Gezonde Volwassene door ademhalen en aarden, het bewustmaken dat hij de Gezonde Volwassene zelf in kan zetten, vormgeven van de relatie met de beschermer, contact laten maken met de beschermer, de beschermer contact laten maken met de Gezonde Volwassene, erkennen van de beschermer, de dynamiek tussen de Gezonde Volwassene en de beschermer visueel maken voor zichzelf en de groep, en de schaamte begrijpen.

## 12.7 Verschillende vormen om te werken met het grondmodel

Naast het versterken van de Gezonde Volwassene kan het grondmodel ook gebruikt worden als speelse warming-up met de volgende opzet en vragen:

- Welke beschermers heb je afgelopen weekend ingezet? Wat vind de Gezonde Volwassene daarvan? Vertel welke 'noodzaak' er was vanuit de positie van de beschermer.
- Welke gevoelens leefden er in je tijdens de groepstherapie vanochtend?
- Welke steunende opmerking heb je deze week ontvangen?

Het grondmodel kan ook worden gebruikt om je fysiek los te maken door door het model te lopen. De groepsleden lopen dan door elkaar in het grondmodel en telkens wanneer er iemand op de gezonde-volwassenemat gaat staan, moet er een groepslid achter het kompas gaan staan en een positieve opmerking maken over die groepsgenoot. Deze mag vervolgens alleen zeggen: "Ja, ik weet het."

Bij de opdracht om het grondmodel neer te leggen met elkaar, kan er ook stilgestaan worden bij welke rol eenieder heeft neergelegd, en welke mogelijke bedoeling daarachter zit.

Bij een afscheidsritueel mag iedereen vanuit de rollen terugblikken op de afgelopen therapieperiode, met de Gezonde Volwassene als verantwoordelijk regisseur en daarmee woordvoerder van de overige rollenmodi.

Niet zelden gebruiken we het grondmodel als reflectie op een schemadrama van de week ervoor.

**Voorbeeld van een sessie**

Peter wil reflecteren op het schemadrama van de week daarvoor en kiest het moment dat de rolspelers fysieke toenadering vinden. Hij herinnert zich dat hij helemaal voorover gebogen zat en zijn adem inhield, verstijfd.
In het model zet hij zichzelf achter de beschermer en beargumenteert dat met: "Als je verstijfd bent en voorover zit, laat je niets toe." Dan krijgt hij een dubbel: "Dat verstijven zegt me eigenlijk dat ik het erg spannend vond en me bang maakte ook fysiek contact te krijgen." "Ja daar zit wel wat in," zegt Peter en gaat achter het blok angst staan. "Ja dat klopt eigenlijk wel, maar," haast hij zich te zeggen, "het is ook blijdschap!" en gaat achter het blok blij staan. Hij wordt gestimuleerd om daar een beweging bij te maken en kwam gelijk op het voorover gaan staan: "Ja, ook nieuwsgierig zijn."

## 12.8 Tot slot

Wij hebben met schemadrama een nieuwe methode ontwikkeld die goed werkbaar en overdraagbaar is en als experiëntiële therapievorm een toevoeging is voor de Schematherapie.

De modi zijn in een werkbare vorm vanuit de rollentheorie (psychodrama) aangepast en vereenvoudigd. Het is een actiegerichte methode die niet blijft hangen in het analyseren van oud gedrag, maar nieuw repertoire oplevert en greep geeft op oude patronen en hoe die te doorbreken. Er wordt nieuw repertoire doorvoeld toegevoegd aan het magere repertoire en als nieuwe coping tegenover oude reactiepatronen, waar veel van onze cliënten zich door belemmerd weten in hun groei.

Praten over wordt vermeden en de cliënt blijft baas in eigen betekenisverlening. Vanuit een houding van erkennen, liefhebben en begrenzen loopt de therapeut mee en richt de cliënt op het opdoen van een corrigerende emotionele ervaring en helpt op die manier zijn Gezonde Volwassene te versterken.

**Voorbeeld van een sessie**

Guido heeft reeds een schemadagboekkaart ingevuld en wil deze toetsen en ervaren in het hier en nu. Hij kan goed analyseren en nadenken, maar doen en experimenteren is lastig. Hij isoleert zich in het leven.
Guido kiest als moment een telefoongesprek op zijn werk waarin iemand hem een dwingend verzoek doet. Hij staat onwennig en onbeholpen op de vloer. De therapeut begeleidt hem door naast hem te gaan staan en hem naar de cirkel te begeleiden. De therapeut vraagt de cliënt zich te concentreren op het desbetreffende moment, vraagt hem niets meer te zeggen maar naar zijn lichamelijke ervaring te gaan: "Wat nam je waar in je lichaam op dit moment?" Guido denkt na, kijkt omhoog en zegt: "Ik ga bewijzen dat ik het

goede antwoord weet, ik kan jou aan." De therapeut benadrukt dat het gaat om fysieke feiten. Oordelen, analyses en plannen mogen achterwege gelaten worden. Ook legt hij uit dat het een moeilijke overgang is, van verhaal naar lichaam. Dankzij de duidelijke kaders van de therapeut en de aanmoediging durft de cliënt een nieuwe poging te doen. "Druk op mijn borst", perst hij eruit, "alsof het ingedrukt wordt... en ingetrokken schouders."
De therapeut vraagt hem uit de cirkel te komen om te kijken of die druk op zijn borst een mogelijke relatie heeft met een van de andere rollen binnen het model. De therapeut moedigt de cliënt aan om zich door het model heen te bewegen en verschillende rollen te toetsen. De therapeut loopt mee en blijft in de buurt. Guido komt uit bij angst en zegt: "Ja! Dit hoort erbij. Hij gaat me pakken." De therapeut haakt hierop in en vraagt hem bij welke rol deze gedachte hoort. Guido weet het gelijk en gaat achter de straffende kant staan en benoemt de gedachte: "Jij bent niks waard, je hebt geen rechten en je moet inschikken."
De therapeut doet een nieuwe interventie: "Ik snap dat die uitspraken je bang maken. Heb je ook een idee hoe je daarop reageert in gedrag? Hoe ziet dat eruit?" Guido aarzelt. De therapeut herinnert hem aan zijn verstarde ogen en vastgezette kaken. "Nee, primair verstar ik wel, maar in gedrag schiet ik gelijk in de ander alles geven. Later heb ik daar dan weer spijt van."
Omdat van tevoren de afspraak gemaakt is de situatie in tien minuten via dit model te onderzoeken, vraagt de therapeut tot slot aan Guido om op de groene mat (de Gezonde Volwassene) te gaan staan en vraagt hem: "Hoe is het om dit hier aan ons te laten zien?" Guido zit echter nog midden in zijn verhaal en zegt: "En als ik alles heb opgestuurd, vraag ik me af of het wel verstandig is. Ik heb er spijt van en ben vooral boos op mezelf." De therapeut onderbreekt hem: "Daar kunnen we een volgende keer op doorgaan, we hadden tien minuten afgesproken. Ik wil daarom graag terug naar de laatste vraag en probeer bij het beantwoorden contact te maken met je groepsgenoten." (De therapeut merkt op dat Guido uitsluitend contact maakt met hem en oogcontact met de groep vermijdt.) De therapeut stimuleert Guido de ruimte rond te kijken en benoemt een gevoel van schaamte, maar zegt daarnaast: "Het is eruit, ergens heb ik het toch toegelaten om dit te laten zien."
Hierna volgt een korte *sharing* binnen de groep. Tijdens deze sharing kunnen cliënten verwoorden wat zij geleerd hebben van deze inbreng, wat zij herkend hebben en wat zij hebben (mee)gevoeld. Dit maakt mede dat Guido ook hoort dat schaamte bij een aantal groepsgenoten ook meespeelt. Hij leert hierdoor dat hij hierin niet alleen is.
Het is expliciet de bedoeling eigen ervaringen bij de sharing na het drama in te brengen en niet een evaluatie te geven van wat degene die een inbreng had, heeft gedaan. Ook geen adviezen of andere goedbedoelde opmerkingen over het net gedane werk. We zeggen: "Laat degene die net gewerkt heeft even met rust. Wie wil er iets zeggen over wat er met hem of haar gebeurde tijdens dit werk?"



## Literatuur


Combs, G., & Freedman, J. (1996) *Narrative therapy: The social construction of preferred realities*. New York: W.W. Norton & Company.

Dun, P. van (2014). Schematherapie en psychodrama. In: H. Gilhuis, P. de Laat, & F. van Hest. *Psychodrama in de praktijk. Therapie op de vloer* (pag. 235–249). Amsterdam: Hogrefe Uitgevers.

Genderen, H. van, & Arntz, A. (2010). *Schematherapie bij borderline persoonlijkheidsstoornis*. Amsterdam: Uitgeverij Nieuwezijds.

Genderen, H. van, Jacob, G., & Seebauer, L. (2012). *Patronen doorbreken. Negatieve gevoelens en gewoonten herkennen en veranderen*. Amsterdam: Uitgeverij Nieuwezijds.

Gilhuis, H., Laat, P. de, & Hest, F. van (2014). *Psychodrama in de praktijk. Therapie op de vloer*. Amsterdam: Hogrefe Uitgevers.

Young, J. E., Klosko J. S., & Weishaar, M. E. (2005). *Schemagerichte therapie. Handboek voor therapeuten*. Houten: Bohn Stafleu van Loghum.

# De Gezonde Volwassene in muziektherapie

*Irene van Sprang*

**Samenvatting**

Muziektherapie biedt als specifieke discipline een zeer directe ingang om integratie te bevorderen en psychologische flexibiliteit te vergroten. Binnen een dagklinische setting voor mensen met persoonlijkheidsproblematiek waarin gewerkt wordt met Schematherapie, kan muziektherapie ingezet worden om te werken aan het verstevigen van de mens als Gezonde Volwassene. In dit hoofdstuk wordt beschreven hoe methodische toepassing van muziek in therapie verwantschap kent met de visie en technieken vanuit de Positieve Psychologie. Muziektherapie biedt ervaringsgerichte interventies die emotioneel, psychisch en sociaal welbevinden stimuleren en mensen kunnen helpen om te gaan met de complexe tegenstellingen in zowel henzelf als het dagelijks leven.

## 13.1 Inleiding

Schrijven over de kracht van muziek lijkt een onmogelijke en ook haast platvloerse opgave. Het is juist de kracht van muziek dat zij raakt op een manier die we nauwelijks onder woorden kunnen brengen. De zeggingskracht van muziek is de muziek zelf en alle verantwoording, woorden en begrippen kunnen slechts globaal benaderen wat mensen innerlijk ervaren tijdens het beluisteren en het maken van muziek.

Zo geldt ook voor muziektherapie dat zij weliswaar nauw samenwerkt met andere disciplines, maar een eigen identiteit kent die niet beschreven kan worden in termen van de cognitieve gedragstherapie. De muzikale ervaring gaat aan het praten en redeneren over die ervaring vooraf en is in die zin niet-verbaal en niet-cognitief. Lang voordat we nadenken over muziek, rollen de tranen ons over de wangen of hebben we zin om een dansje te maken. Binnen muziektherapie wordt vanuit dit voelen en ervaren naar het denken en handelen van de mens gekeken.

Muziektherapie draagt bij aan de ontwikkeling van de Gezonde Volwassene zoals in dit boek beschreven.

» De Gezonde Volwassene zet zijn psychische vermogens in om zichzelf vrij te maken van oude destructieve patronen, om zo in voldoende mate te kunnen streven naar bevrediging van zijn basisbehoeften als zelfstandig en verantwoordelijk functionerend persoon in een positieve verbondenheid met zichzelf en zijn omgeving. « (Claassen & Pol, 2014)

De methodische hantering van een aantal elementen en effecten van muziek vormt een therapeutische kracht die we in dit hoofdstuk willen beschrijven en verduidelijken.

Het analoge-procesmodel verklaart hoe kenmerken van muziek overeenkomst vertonen met psychologische processen. In ons dagelijks taalgebruik maken uitdrukkingen als 'de gevoelige snaar raken' en 'van slag zijn' al iets van deze analogie duidelijk. Vanuit de muziek wordt verteld welke emoties er spelen en of iemand in balans is. Als we iets 'toonaangevend' noemen, vinden we het richtinggevend en als ergens 'muziek in zit', geloven we erin. Muziek is een kracht. Bij ieder contact met die kracht komen we er anders uit dan we erin zijn gegaan. Onverwacht kan zij ons raken tot in het diepst van de ziel. Sterker nog, door luisteren, zingen of spelen ontdekken wij onszelf. Wij zijn onze muziek.

13

**Een cliënte over haar psychotherapeutische proces in muziek**

»Terugkijkend naar mijn kinderperiode en mijn volwassen leven kan ik zien dat muziek een heel belangrijke rol heeft gespeeld in mijn leven en altijd onlosmakelijk verbonden is geweest met emotie.

Muziek is in veel moeilijke situaties een uitlaatklep geweest. Als ik moest zwijgen en nergens naartoe kon met mijn verhaal, was er het zingen en later de dwarsfluit. Hoe pijnlijk was het dan ook te merken dat door de depressie en alle regeltjes die ik had bedacht waar mijn muziek aan moest voldoen, het onmogelijk was geworden om muziek te maken.

Muziek is emotie, is voelen… en dat had ik nu juist heel vakkundig toegedekt. Dat hier echter de sleutel lag voor voorzichtig herstel, wist ik ergens maar al te goed. Maar het was zo kwetsbaar, zo waardevol dat ik het doodeng vond daaraan te beginnen.

En daar is de zoektocht eigenlijk begonnen. Voor mij was een grote drijfveer dat ik weer heel graag wilde zingen en fluiten. De stappen die ik daarvoor moest zetten, waren vooral het loslaten van oordelen en de talrijke regeltjes. Proberen te starten vanuit het hier en nu en niet vanuit het presteren. Luisteren naar de muziek en toelaten van de emoties die

naar boven komen. Vooral het loslaten van het oordelen bleek ontzettend lastig te zijn. Het moest goed zijn, mooi klinken, zonder fouten en in de maat… dat de dwarsfluit meteen aan zijn klank laat merken hoe je stemming is en vooral of je aandachtig bezig bent, was af en toe enorm frustrerend.
Langzaam heb ik geleerd om muziek niet meer te zien als een vijand of mijn dwarsfluit als een verrader. Ik heb geleerd om me weer open te stellen voor mijn emoties. Nu de regeltjes (en daarmee de starheid) vervielen, kon ik muziek maken weer zien als ontspanning en was het weer leuk. Zelfs uit de maat spelen en iets geks doen in de groep behoorde tot de mogelijkheden!
Buiten de therapiesessies merkte ik dat ik sneller doorhad wanneer ik in de bestraffende modus zat en was ik beter in staat dit tijdig bij te sturen. Het heeft ervoor gezorgd dat ik meer dingen spontaan kan doen.
Ik zing weer! Mijn dwarsfluit is nog steeds een spiegel van mijn ziel en we hebben dan ook een beetje een haat-liefdeverhouding, maar ook dat, en dat weet ik zeker, komt weer goed.«

## 13.2 Ouverture: kennismaking met muziek als kracht

Enkel geluidstrillingen in de lucht die elkaar met zekere regelmaat opvolgen. En toch zet het mensen in beweging en in hun kracht. Het mysterie muziek laat wetenschappers niet los. Om een tipje van de sluier op te lichten speurt menigeen naar overeenkomsten en analogieën met verschijnselen in het eigen vakgebied. Een van de verklaringstheorieën over de kracht van muziek vraagt hier onze aandacht: het analoge-procesmodel.

### 13.2.1 Het analoge-procesmodel

Veel muziektherapeuten in de ggz werken vanuit het analoge-procesmodel (Smeijsters, 2006). Dit model vindt zijn oorsprong in de muziekwetenschap, maar is mede gebaseerd op het werk van de psycholoog Daniel Stern. In zijn ontwikkelingspsychologie beschrijft hij *vitaliteitsaffecten*. Hij doelt daarmee op wat mensen al naargelang persoonlijkheidstype en stemmingswisselingen aan verschillen laten zien in onder meer dynamiek en tempo. Qua denken, voelen en handelen kunnen deze verschillen zich uiten in bijvoorbeeld een versnelde gedachtestroom, een explosieve woede, een stil verdriet of een vertraagde beweging. Vitaliteitsaffect kan in muzikale begrippen worden beschreven als tempo, dynamiek of timbre. Vertaald naar Schematherapie kunnen in de manier waarop cliënten omgaan met muziek zich diverse modi manifesteren. Zo is in een lied snel duidelijk dat bijvoorbeeld de modus van het eenzame kind (verstild) zeer verschilt van de modus van het razende kind (hard en ongeordend), van de modus van onthechte beschermer (solistisch), of van de modus van de bestraffende ouder (bijvoorbeeld staccato, kort, in de maat). Analoog geredeneerd kunnen tempo, dynamiek en klankkleur een muziektherapeutische duiding krijgen: deze elementen laten zien op welke manier iemand zich met vallen en opstaan probeert te verhouden tot de felheid van het leven, ofwel *the rhythm of life*.

Een uitwerking van de analoge-procestheorie is te danken aan Antonio Damasio (1995). Als neurobioloog verzet hij zich tegen een eenzijdige cognitieve kijk op de mens. 'Ik denk, dus ik ben' vindt hij een grote vergissing. 'Ik voel, dus ik ben' klopt volgens hem beter. In plaats van een denkend dier is de mens – zoals ieder ander organisme met een complex zenuw- en hersenstelsel – tot in de vezels van zijn bestaan gericht op overleven en samenleven. Empathie en compassie sturen ons aan, de rede volgt. Damasio stelt dat de menselijke persoon in lagen is opgebouwd. Onderaan en binnenin bevindt zich ons eigenste zelf, door hem *kernbewustzijn* genoemd. Dit deel registreert wat zich in het hier en nu aan ons presenteert. Een laag erboven ligt het *autobiografische zelf* als een wandelend archief van onszelf. We zijn een leven lang bezig dit aan te maken en te raadplegen. Al de waarnemingen, ervaringen en emoties die ons maken tot de persoon die wij zijn, dragen wij hierin met ons mee.

Deze beide vormen van bewustzijn krijgen klank en vorm in de muziek. Ze brengen tot uiting wat er aan overlevingsdrang en inlevingsvermogen in ons is. Juist op muziek doen mensen een beroep wanneer ze van stemming willen veranderen, contact willen maken en in actie willen komen (Juslin & Sloboda, 2001). Muziek gaat aan taal en cognitie voorbij. Binnen muziektherapie wordt vanuit dit voelen en ervaren naar het denken en handelen van de mens gekeken.

## 13.3 Muziek als therapeutische kracht

### 13.3.1 Integratie en welbevinden

Hoewel muziek als een geheel klinkt, is ze uit veel verschillende elementen opgebouwd. Dynamiek, tempo, melodie, harmonie, ritme en klankkleur zijn bepalend voor de manier waarop de muziek uiteindelijk als geheel vorm krijgt. Zo kunnen we een lied sneller, lager en harder zingen dan het origineel dat ons bekend is. Ook bij die verandering van vorm blijft de muziek als geheel intact. De mogelijkheid om in muziek bepaalde elementen voortdurend te herhalen, bijvoorbeeld een maatslag, terwijl andere elementen wisselen, maakt een combinatie van eenheid, structuur, verandering en verrassing mogelijk.

We zagen al hoe muzikale en psychologische processen samenkomen. Die analogie brengt met zich mee dat als de mens zijn muzikale vormgeving verandert, zijn denken, voelen en handelen mee veranderen. Het kunnen uitdrukken van (hevige) psychologische processen en tegelijk het ervaren van de veilige eenheid van muziek, helpt de cliënt om te spelen met zowel houvast als verandering en stimuleert hierin uitdagingen aan te gaan. Voor de therapeut is er veel ruimte om naar de cliënt te luisteren en bij hem of haar aan te sluiten. De muziek is als het ware een helpende derde in het contact.

13

Dit biedt veel mogelijkheid de Gezonde Volwassene in de muzikale ontmoeting toe te laten en deze met mildheid en compassie invloed uit te laten oefenen op de eigen beleving. Op deze wijze kan nieuwe, positieve ervaringskennis worden opgedaan. Deze kennis beïnvloedt direct de ervaringen in het zelfbewustzijn, die weer een beslissende rol spelen bij sociaal gedrag.

De wijze waarop muziek in staat is om deze complexiteit te bevatten, maakt muziek tot een grote therapeutische kracht om integratie en welbevinden, nodig voor gezonde volwassenheid, te bevorderen. In dit hoofdstuk besteden we aandacht aan twee methodes van muziektherapie waarbinnen ruimte geboden wordt voor het opdoen van nieuwe ervaringen: de receptieve en de actieve muziektherapie, waarin het respectievelijk gaat om muziek beluisteren en muziek maken.

**Een cliënte over haar ervaring met muziektherapie**

»Aanvankelijk was muziektherapie de therapie die ik het minst leuk en het moeilijkst vond van alle non-verbale therapieën. Bij de muziekoefeningen moest ik me voor mijn gevoel het meest blootgeven. Ik kon me nergens achter verschuilen. In de loop van de tijd leerde ik langzaam de oefeningen te waarderen en merkte ik dat ik er juist veel van kon leren. Eerst merkte ik bij mensen in de groep dat ze in de muziekoefeningen hetzelfde gedrag vertoonden als verbaal in het gewone contact. Vanuit het idee dat wat voor de anderen gold voor mij dan ook zou opgaan, stelde ik mij meer open en kwam ik erachter dat het musiceren bij mij iets in beweging kon zetten wat met een verbaal advies of rollenspel niet lukte. Ik merkte dat ik op een voor mij veilige manier kon oefenen met ander sociaal gedrag, bijvoorbeeld met het aangeven van grenzen, nee zeggen en mijn eigen weg gaan. Als ik het in de oefeningen voor elkaar kreeg, werd de stap naar het in praktijk brengen in mijn dagelijkse leven een stuk kleiner. Ik kende al het gevoel dat het andere gedrag in de muziekoefening in mij opriep en ik had al gemerkt dat het effect niet zo beangstigend was als ik van tevoren dacht. Muziektherapie heeft ervoor gezorgd dat ik vaste patronen ben gaan doorbreken, ze heeft me een opening gegeven om bij mijn gevoel te komen.«

### 13.3.2 Werking in het brein

Over de werking van muziek in onze hersenen wordt steeds meer bekend. Muziek blijkt op verschillende locaties in ons brein te worden verwerkt (Honing, 2014) en stimuleert met haar complexiteit in sterke mate cognitieve activiteit (Smeijsters, 2006). Zij grijpt direct aan op hersengebieden die van belang zijn voor emotieregulatie en leren. Beluisteren en beoefenen van muziek vergroot het volume van hersengebieden die belangrijk zijn voor sociale cognitie en voor empathie-ontwikkeling. Dankzij muziek kunnen onze hersenhelften ook beter met elkaar communiceren en zijn emotie en gedrag beter op elkaar afgestemd (Scherder, 2014). Hersengebieden voor de emotieregulatie liggen vlakbij andere gebieden die zorgen voor de motoriek, en ook die circuits communiceren met elkaar. Deze resultaten van recent onderzoek verklaren vanuit de dynamische en stuwende krachten van muziek hoe muziek mensen letterlijk in beweging zet en intrinsiek kan motiveren. Ze bevestigen daarmee dat toepassing van muziek een krachtige bijdrage levert aan leren in diverse vormen van scholing en gezondheidszorg.

### 13.3.3 Een kwestie van afstemming: de therapeutische relatie

De muziektherapeut beschouwt de muziek die de cliënt maakt als een geheel, analyseert de functie die ze voor hem vervult, en stemt interventies af op de bevindingen. Gelet wordt onder andere op de keuze van het instrumentarium, op de manier van spelen (strijken, tokkelen, slaan et cetera) en op het werken met de muzikale elementen.

Wat de invulling van de therapeutische relatie betreft, kan de therapeut luisteraar zijn, of producer, soms docent, al is de hoofdrol die van begeleidend muzikant. Psychische processen bij de cliënt worden op empathische wijze meebeleefd (Smeijsters, 2006) met interventies die zich richten op aandacht, acceptatie, herstel, integratie en groei. Voorbeelden hiervan zijn: het spelen van een vaste, rustige basis terwijl de cliënt experimenteert, begeleiding met warme, harmonische akkoorden, herhalen van door de cliënt gespeelde motieven, maar ook: uitdagen door het tempo te versnellen en het volume te verhogen, of door serieus tegenspel te bieden. Het grote houvast dat muziek biedt, laat ruimte voor *limited reparenting* (Young et al., 2005). In een beschermde omgeving waarin het de Gezonde Volwassene aan niets ontbreekt, mag de cliënt bijvoorbeeld enorm tekeer gaan op een drumstel. Ook kan er in zang, op de piano of in ander samenspel met de therapeut een diepgevoelde intimiteit ontstaan, zonder dat de nabijheid te groot wordt.

Het is niet om weinig dat muziektherapie wordt aangevraagd. In hulpvragen gaat het om problemen met emotieregulatie, intermenselijke relaties, regelmatig terugkerende perioden van crisis en problemen met (oordeelvrij) waarnemen. De indicatie muziektherapie wordt ook gesteld bij problemen die optreden als gevolg van traumatisering zoals misbruik of verwaarlozing. De symptomen betreffen veelal vastzittende patronen en overlevingsstrategieën in de vorm van: niet voelen, zichzelf klein maken, middelengebruik, strenge en irreële gedachten over zichzelf hebben, onthechten en isoleren. Het vraagt moed om hier muziek in te brengen; om contact te maken met pijnlijke gevoelens, nieuw sociaal gedrag uit te proberen en patronen te veranderen.

Tegen die achtergrond is het eerste wat de therapeut te doen staat: met de cliënt een werkrelatie opbouwen. Deze moet gaan ervaren dat veiligheid, warmte en zorg in de behandelrelatie gewaarborgd zijn en dat de vraag van de cliënt serieus wordt genomen. Pas dan is het moment daar om zich – stapje voor stapje – aan experimenten 'uit te leveren'. Hoe dit proces in muziektherapie vorm krijgt, bespreken we in de volgende paragraaf.

## 13.4 Middenstuk: in harmonie met dissonantie

### ▪ Toonzetting

Muziek geeft kracht. We zetten muziek bewust in bij belangrijke zaken als liefde en afscheid, maar ook bij dagelijkse gebeurtenissen als sportieve prestaties of als we ons willen ontspannen of onze emoties willen ventileren. Muziek verdiept en markeert deze momenten en geeft ons richting, houvast en rust. Als we ons eerder gehoorde muziek in het huidige moment herinneren, roept zij bijna tastbare innerlijke vibraties en beelden op die ons, bijna linea recta, terugleiden in de tijd. Ook geluid kan dat doen. Niet alle geluid is muziek, maar geluiden kunnen wel degelijk -bewust en onbewust- diepe indruk hebben gemaakt, of kunnen, zoals vormen van tinnitus (oorsuizen), een gevolg zijn van traumatische ervaringen. De muziektherapie begint met een gesprek over muziek om te verkennen hoe de therapie vorm gaat krijgen.

### ▪ Een levensloop op muziek

De muzikale historie van een cliënt geeft veel inzicht in wat iemand gehinderd of juist geholpen heeft om gezond te functioneren en te leven. Belangrijke momenten hierin vallen vaak samen met andere betekenisvolle context in het levensverhaal. Als voelen te pijnlijk wordt, stopt ook vaak het luisteren naar muziek, of verandert het genre. Heeft iemand zelf keuzes mogen maken in het bespelen van een (bepaald) instrument of in het überhaupt mogen luisteren naar muziek? Luistert of speelt hij alleen of samen met anderen? Wat heeft hij te horen gekregen over zijn muzikaliteit en welke boodschappen hierover zijn door de cliënt overgenomen? Spelen muzikale verlangens een rol? Als mensen het lastig vinden aan het woord te zijn, kan het gesprek een luchtiger toon krijgen door te vragen welke instrumenten in de muziektherapieruimte aantrekkelijk of juist vreselijk worden gevonden, wat de mooiste muziek is die zij ooit hebben gehoord, wat het laatst beluisterd is, welke bekende artiest iemand dolgraag of juist helemaal nooit zou willen zijn et cetera. Hiermee wordt toch veel hoorbaar van onderliggende psychische processen.

In deze eerste kennismaking is muziek een helpende derde, omdat de ervaring met muziek vaak een makkelijk te verwoorden deel van iemands levensverhaal is. Schaamte en schuldgevoelens spelen veel minder een rol dan bij andere onderdelen van het levensverhaal, en besef van het wezen van muziek blijft bij cliënten altijd intact, ondanks de moeite hier verbinding mee te maken.

13

### ▪ Veelzeggend geluid

In het kennismakingsgesprek kunnen ook de ervaringen met geluid in het algemeen aan de orde komen. Hoe worden geluiden waargenomen en geordend en op welke wijze reageert iemand op geluid? Beschrijft een cliënt wat voor hem nare geluiden zijn en waar hij juist graag naar luistert? Welke ervaringen zijn er met stemgebruik en met huiselijk of openbaar geluid? Hoe is of wordt er thuis omgegaan met geluidsbronnen als radio en tv? Kan iemand stilte verdragen? Wat een cliënt zegt over zijn beleving en ordening van geluid, kan belangrijke diagnostische informatie geven: over de spanning die hij ervaart bij emoties als boosheid en angst, over prikkelgevoeligheid en over de mate waarin iemand in staat is zich af te grenzen. En opnieuw zijn in de antwoorden op deze vragen veel verbindingen te vinden met belangrijke levensgebeurtenissen.

**Een signaal**

Een seksueel misbruikte vrouw vertelt hoe zij als kind wel eens een touwtje met blikken eraan over de trap spande, zodat zij haar misbruiker aan hoorde komen. Zij kon hiermee het misbruik niet voorkomen, maar ze kon zich, binnen de mogelijkheden die zij in die nare situatie had, er wel tegen verzetten door zich tijdig emotioneel af te sluiten.

Door muziek ter sprake te brengen kan de therapeut direct het inbrengen van een eigen geluid bekrachtigen en welkom heten, en samen met de cliënt aansluiten bij momenten waarin levenslust, emotie en verbinding aanwezig waren. Op basis van het gesprek wordt met de cliënt een (begin van een) stappenplan opgesteld, waarbij de cliënt uitdrukkelijk wordt gestimuleerd actief keuzes te maken uit het aanbod van werkvormen en deze ook ter plekke vanuit eigen behoefte en verlangen te creëren.

## 13.4.1 Receptieve muziektherapie: de luisterstand

Hoe vaak zijn wij niet onze eigen muziektherapeut? Bijna iedereen heeft veel ervaring met luisteren naar muziek die voor hem of haar belangrijk is. Maar wat horen we eigenlijk? De receptieve muziektherapie biedt handvatten om te vertragen en te reflecteren, even stil te zijn terwijl de muziek klinkt.

### ▪ Zelfpresentatie in zelfgekozen muziek

Een van de eerste werkvormen die in receptieve muziektherapie wordt voorgelegd, is de vraag of iemand –onder het luisterend oor van de groep– zichzelf wil voorstellen door middel van zelf gekozen muziek. Dikwijls vertellen cliënten hoe muziek hen, zeker vanaf de puberteit, door moeilijke periodes heen heeft geholpen en hen als intieme, zo niet enige vriend heeft begeleid. Genoemd wordt dat muziek helpt om emoties te herkennen en erkennen, dat muziek zowel kracht als troost biedt en vooral helpt om hevige emoties en/of herinneringen te verdragen. Ook wordt genoemd dat luisteren naar muziek zelfbeschadigend gedrag voorkomen heeft. Als cliënten gevraagd wordt van bovenstaande processen en ervaringen iets hoorbaar te maken in therapie en anderen mee te laten luisteren, dan doet dat een stevig beroep op hen. Het vraagt een direct commitment aan de in hun behandelplan geformuleerde doelstellingen op het gebied van emotieregulatie en sociale interactie.

De kracht van deze werkvorm is de nauwe aansluiting bij ervaringen en belangrijke betekenisgeving van de cliënt zelf. De cliënt maakt zijn of haar keus dikwijls al voordat de therapeut de vraag volledig gesteld heeft. In de eerste, vaak intuïtieve, emotionele en eerlijke keuze voor een compositie liggen veel interesses en aspiraties besloten. Levensgebeurtenissen krijgen klank en kleur in de muziek en/of songtekst en ook de dynamiek van de reactie van de cliënt op deze gebeurtenissen komt tot uiting. Dit vormt een goede basis om een plek te geven aan catastrofes die in iemands leven hebben plaatsgevonden. Cliënten kunnen zuchtend en steunend, maar vaak ook met humor, vertellen hoe zij dagenlang met het kiezen van hun nummer bezig zijn geweest, om uiteindelijk toch maar te kiezen voor hun eerste ingeving. Hun aarzelingen waren ingegeven door angst voor het oordeel van anderen of voor een plots moeten huilen. Muziek verklankt echter een zo belangrijke waarde, dat de hobbel vrijwel altijd genomen wordt. Datgene wat voor de cliënt van belang is, wordt in de gekozen muziek hoorbaar gemaakt.

Na het kennismakingsnummer staat het iemand later in de therapie vrij om, wanneer dat past in het proces, muziek mee te nemen en te laten horen. In samenwerking met de therapeut kan ook expliciet worden gezocht naar passende muziek. De cliënt kan dan gericht contact maken met bijvoorbeeld emoties als boosheid, verdriet, wanhoop en verlating en ook met blijdschap, kracht en stromend leven.

### ▪ Omgaan met functie en context

Ook de functie van en de omgang met de muziek moet worden verhelderd, waar nodig begrensd en waar mogelijk positief gestimuleerd en bekrachtigd. In welk volume wordt een nummer gedraaid, wat is de timing van starten en stopzetten van de muziek en hoe – en in welke sociale context – verloopt het luisterproces? 'Repeteernummers' die steeds opnieuw gedraaid worden, kunnen bijvoorbeeld duiden op een vastzittend patroon of juist op een sterk verlangen. Omgaan met muziek kan voor een cliënt gevaarlijk zijn. Muziek kan bijvoorbeeld sterk verweven zijn met de drugsscene. Dan is het zaak om met de cliënt in kaart te brengen wat voor muziek iemand in tijden van crisis beter niet (of juist wel) kan beluisteren. Een andere mogelijkheid is om als therapeut niet-oordelend mee te luisteren naar wat voor muziek iemand in donkere uren draait. Dit geeft eerder greep op de destructieve werking daarvan. Na aanvankelijke eenzaamheid kan verbondenheid ontstaan. Soms wordt het zelfs mogelijk in zulke muziek andere boodschappen en perspectieven te ontdekken en te waarderen. Soms verklankt de tekst bijvoorbeeld iemands beschadigde hechtingsstijl en staat de muziek voor de primaire emotie, waarden en energie die iemand vorm wil geven. De volgende casus illustreert dit tegengeluid.



**Cold song**

Een cliënt laat de *Cold Song* uitgevoerd door Sting horen. De tekst gaat over een sneeuwman die wars is van contact en bevroren en dood wil zijn. In de muziek zijn echter de prachtigste harmonieën en intervallen, stijgende en dalende lijnen te horen, geëxponeerde melodie, vibratie, gearticuleerd expressief stemgebruik, fragmenten solistisch gitaarspel, lange adem, een voortdurend samengaan van staccato (los) en legato (verbonden) en zacht strijken op de achtergrond. De muziek is, in tegenstelling tot de tekst van de sneeuwman, onmiskenbaar verdrietig en in die zin vol leven en beweging, en verklankt de primaire emotie en het verlangen van de cliënt.

Waarnemen van en dialoog over deze thema's brengen voor de behandeling zinvolle informatie naar boven. Ze geven zicht op de mate van spanning en controle die een cliënt ervaart met betrekking tot eigen gedachten en beleving, en ze bieden aanknopingspunten om aan het werk te gaan met het ontdekken van belangrijke waarden.

Dankzij moderne elektronica laat de vormgeving van nummers zich wijzigen, versnellen, vertragen of in toonhoogte aanpassen. Dit kan aanleiding zijn voor andere interpretaties van dezelfde muziek, wat de beleving ervan drastisch kan veranderen. Apps zoals *Songify* en *Voice Plus* zijn hiervan een eenvoudig voorbeeld. In zorgvuldige afstemming kan de therapeut deze variaties op een thema aan de cliënt voorleggen, om dan samen te gaan experimenteren met nieuw vormgegeven muziek. Nieuwe perspectieven kunnen worden ontdekt en versterkt en de cliënt kan een nieuw oor voor de eigen identiteit en binnenwereld hebben. De creativiteit van de cliënt wordt op deze wijze bekrachtigd en uitgedaagd. Het is dan ook van belang dat de muziektherapieruimte in technisch opzicht voldoende modern is geoutilleerd.

#### ▪ Oordeelvrij luisteren

Een oefening in leren luisteren is zich te richten op het waarnemen van de verschillende instrumenten en klanken in de muziek. Geoefend wordt met het steeds verplaatsen van de aandacht naar zowel deze afzonderlijke elementen als naar de samenhang in de compositie. De uitdaging is hier de aandacht op te blijven richten tijdens de in de muziek ervaren emoties. Door muziek op deze wijze te beluisteren, traint de cliënt zich erin aandacht te hebben voor gevoelens, gedachten, impulsen en gewaarwordingen, en komt er ruimte de keuze te ervaren om hier al dan niet in mee te gaan. Het gaat hierbij om 'oor hebben voor', in plaats van waarneming en beleving op verwachtingen te baseren. De oefening biedt tevens houvast om zeer gespannen cliënten in een groepstherapie te helpen participeren tijdens actieve werkvormen. Aan deze oefening kan vervolg gegeven worden door op dezelfde manier aandacht te schenken aan de innerlijk gevoelde muziek. Cliënten geven meestal spontaan antwoord op de vraag welke muziek zij op dit moment zouden willen afspelen en kunnen zo ook iets van hun beleving gaan delen. De vraag naar de muziek die in de auto beluisterd wordt, geeft dikwijls veel inzicht in wat zich innerlijk rondom een dag therapie afspeelt bij de cliënt. De Gezonde Volwassene besluit iemand in zichzelf toe te laten door te laten horen welke muziek van binnen wordt gevoeld.

#### ▪ Luisteroefeningen in groepsverband

Haast een medley van bovenstaande oefeningen is het luisteren naar muziek van groepsgenoten; het delen en presenteren van muziek, omgaan met onverwachte gebeurtenissen en emotie, oefenen om met fris gehoor te luisteren, het ervaren en erkennen van verschillen. Het luisteren naar muziek van groepsgenoten en ook naar door de therapeut aangedragen muziek kan de beleving enorm verrijken. Groepsgenoten kunnen muziek voor elkaar kiezen en zijn hiermee elkaars klankbord op belangrijke momenten als evaluaties en afscheid. Met de muziek die zij kiezen, houden zij elkaar een spiegel voor, iets wat erkenning geeft en belangrijke handvatten aanreikt om verdere ontwikkeling vorm te geven.

**»Die viool, dat ben ik«**

De cliënte die schamperde dat de rockmuziek van Anouk slechts voor Proseccodrinkers geschikt was, besefte tijdens het met de groep beluisteren van haar keuzes dat de harde muziek die zij zelf verkoos, vooral in dienst stond van het vermijden van emotie. Zij huilde bij een door een groepsgenoot gedraaid vioolconcert van Mendelssohn en zei: »Die viool, dat ben ik.«

**Intermezzo**

Niet zonder reden was dit een lange beschrijving van receptieve werkvormen. Het (leren) luisteren in de zin van afstemming op zichzelf en op de ander is de basis van alle processen die gezonde volwassenheid stimuleren.

Dit geldt evenzeer voor de therapeut als voor de cliënt. Het is van belang de cliënt vanaf het begin aan te spreken op eigen mogelijkheden, en een duidelijke stem te geven als vormgever in het eigen proces richting integratie en welbevinden. Inzetten op de muziek van de cliënt zelf impliceert dat de therapeut zorgvuldig kiest voor toepassing van methoden van muziektherapie en hierin samen met de cliënt durft te zoeken en creëren. Muzikaal en verbaal houden zij telkens contact over het tempo waarin en de dynamiek waarmee er geëxperimenteerd wordt. Weerstand in muziektherapie betekent dat de afstemming opnieuw onderzocht dient te worden. Behalve empathische vaardigheden vraagt dit van de therapeut dat deze kan improviseren. Over deze kunst zeggen we meer in de volgende paragraaf.

## 13.5 Actieve muziektherapie: de speel- en zingmodus

'Van het concert des levens krijgt niemand een program', luidt een tegeltjeswijsheid. Het mag dan duidelijk maken dat het leven onvoorspelbaar is en niet te manipuleren, in woelige tijden biedt het geen houvast. Muziektherapie biedt de mogelijkheid ervaringen op te doen met het verdragen en aankunnen van uitdagingen. Het gaat om praktische wijsheid die –als in het leven zelf – improviserend wordt opgedaan. Muziek maken door te zingen is een krachtige manier om in actieve verbondenheid met zichzelf en met anderen op adem te blijven. Actief spelen met reeds bestaande muziek wordt in dit hoofdstuk buiten beschouwing gelaten, maar biedt uiteraard ook veel mogelijkheden om aan te sluiten op de muziek van de cliënt zelf.

**Variëren op een standaardrepertoire**

Bij improvisatie als methodische interventie staat niet het geven van een mooi concert of eindproduct centraal. Het gaat om het proces, in een voortdurend zoeken naar vormgeving en vormverandering. De muziek als geheel blijft intact, al ligt zij niet vast en dienen de spelers zich voortdurend te verhouden tot dit doorgaande proces en het onaffe karakter ervan. Zij komen als het ware in een 'open' ruimte terecht waarin ze kunnen spelen met zowel hun oude als nieuwe omgang met de omgeving (Kurstjens, 2005). Improvisatie daagt vastzittende patronen en vastzittende vormgeving uit, terwijl tegelijk vanuit de muzikale structuur het houvast geboden wordt om te experimenteren.

13

De therapeut zal deze structuur dikwijls organiseren door bijvoorbeeld gedurende de improvisatie een rustig basisritme te laten klinken waarop spelers zich dan kunnen oriënteren. Zo kan echter ook het bieden van tegenspel en muzikale 'verstoring' een waardevolle interventie zijn. Doordat binnen één spel de mogelijkheid bestaat veel van deze verschillende elementen en rollen aanwezig te laten zijn, is er ruimte voor werken met diversiteit en kan er volop van elkaar geleerd worden. Improviseren is hard werken voor de cliënt en hij is, actief participerend in contact met zichzelf en met anderen, bezig om: variaties te maken, af te stemmen en om te gaan met tegenstellingen en plotselinge veranderingen.

In de muzikale improvisatie is de cliënt zichzelf in de manier waarop hij de muziek vorm en betekenis geeft (Smeijsters, 2006). Hij kan ter plekke met zijn omgeving in contact treden en een nieuwe werkelijkheid gaan scheppen en ervaren. Op deze wijze creatief met problemen omgaan geeft mogelijkheden om de disfunctionele modi zoals door Young et al. (2005) beschreven te overstijgen. De Gezonde Volwassene komt hier in harmonie met de dissonanten in het leven.

Spelenderwijs de uitdaging aangaan, contact maken, werken en ontwikkelen zijn drijfveren in improvisatie en allemaal kenmerken van de Gezonde Volwassene.

**Een improvisatie-oefening met de groep**

De groep toont bij binnenkomst grote individuele verschillen in vitaliteit en cliënten, die: zeer boos zijn en bijna toe aan time-out, vandaag gestart zijn en afwachtend, willen leren hoe ze zich los kunnen maken uit urenlange nachtelijke gesprekken met de buurvrouw, zich verdrietig voelen, nu wel eens het voortouw willen nemen, helemaal niets willen et cetera. Enigszins uitdagend wordt aan de therapeut gevraagd maar iets moois op de piano te spelen, want met zo veel tegenstellingen wordt het toch niks dit uur. De therapeute doet een ander voorstel en legt kaartjes neer met daarop muzikale rollen, zoals: zorg voor een basisritme, solist, begin het spel, stop het spel, luisteraar, geef tegenspel, bepaal het tempo, verander het volume, varieer op het basisritme. Een boze cliënte gaat werken met het basisritme, zo kan zij stevig spelen maar toch contact houden en zelfs sturen. Een nieuw groepslid kiest ervoor het basisritme zachtjes te versterken op de djembé (Afrikaanse trommel). De onwillige nachtbraker oefent het groepsspel zo te beïnvloeden, dat het stopt. Verdriet krijgt klank op de contrabas. De solist zoekt op de piano naar een melodielijn die de klanken van de contrabas omlijst. Er ontstaat een levendige improvisatie waarin groepsleden naar elkaar luisteren en elkaar respons geven. Moed en nieuwsgierigheid zijn gewekt en na het spel geven diverse groepsleden enthousiast aan met andere rollen te willen experimenteren of hun eigen proces in het spel te willen herhalen en versterken. Muziek heeft de verschillen overbrugd en nieuwe perspectieven geopend.

### ▪ Zingen is: met zichzelf en de ander in contact komen

Onze stem hebben we altijd bij ons. Praten, lachen, huilen en zingen doen we in vele toonaarden. Muziektherapie verkent de eigen stem en experimenteert ermee. Doel hiervan is de identiteit te verstevigen, expressiemogelijkheden te vergroten en meer (bewustzijn van) effectiviteit in contact met anderen te bereiken. Naast oefenen met stemgebruik in dagelijkse situaties is zingen een belangrijke therapeutische interventie.

Al zingend maken we op een gezonde manier contact met onszelf en met anderen. Moeders troosten hun kinderen door voor ze te zingen. Mensen drukken hun verdriet en vreugde ermee uit. Mensen zingen om samen te werken en te overleven. Bovendien versterkt het ons immuunsysteem en bevordert het de lichamelijke en psychische gezondheid (Kreutz et al., 2004). Zingen verbindt ons lichaam en onze geest met elkaar. Zingen kan in talloze vormen, individueel of samen. Samen zingen werkt verbindend en bevordert tegelijkertijd autonomie. De zanger maakt deel uit van het geheel en moet op anderen afstemmen in klankkleur, timing en volume. Tegelijk vergt het zingen van de eigen melodie aandacht en concentratie en wordt het zelfbewustzijn geactiveerd. Meerstemmig zingen kan dit effect nog versterken. Zingen is mogelijk op basis van bestaande muziek of van improvisatie. Een veelgebruikte werkvorm is *songwriting*, waarbij de cliënt zijn eigen lied schrijft en ten gehore brengt. Ook de gekozen stijl kan verschillen van klassiek tot rappend en gruntend (zoals in heavy metal), waardoor binnen acceptabele grenzen intensief uiting is te geven aan diverse ervaringen en emoties. Wie zingt, zet veel vermogens in en ervaart van alles in een adem door. Dit maakt dat cliënten door te zingen in therapie belangrijke op integratie gerichte ervaringen kunnen opdoen. Ook buiten de therapie heeft iemand zijn stem altijd bij zich, waardoor de stem ook na de therapie voor de Gezonde Volwassene een blijvend instrument kan zijn om welbevinden in brede zin te bevorderen.

**Kader**

Carmen heeft tijdens receptieve muziektherapie in de groep het nummer *Read all about it* laten horen. De tekst van dit lied gaat over hoe een vrouw van binnen wil schreeuwen, terwijl zij van buiten niets aan anderen laat horen omdat zij geleerd heeft onbelangrijk te zijn. Carmen vertelt over het geweld vroeger thuis waar zij het beste kon overleven door zich muisstil te houden. Als de therapeute vraagt of zij het lied zelf zou willen zingen, schrikt Carmen. Ze zegt dat ze graag zingt, maar uitsluitend als ze alleen is. Ze vindt haar eigen stem vals en lelijk, is bang dat anderen haar arrogant zullen vinden en af zullen kraken. Carmen verkrampt ter plekke van het hoge tempo waarin deze nare gedachten zich aandienen, maar ontspant zich als de therapeute benadrukt dat ze zelf kan kiezen of ze wil zingen of niet. Als een aantal groepsgenoten aangeeft zingen ook spannend te vinden, maar haar wel willen ondersteunen, is de keus snel gemaakt. Giechelig stelt de groep zich in een halve cirkel op en worden er grappen gemaakt over roken en excessief drankgebruik dat de stemmen heeft aangetast. De therapeute speelt op de jolige sfeer in door enkele korte oefeningen aan te bieden waarbij door het maken van grappige geluiden het slijm van de stembanden kan worden gehaald. Hierdoor daalt de spanning verder en ontstaat een sfeer van oordeelvrijheid. Om de rust te herstellen en een voorspelbare muzikale omgeving te creëren speelt de therapeute op de piano alvast het eerste couplet en refrein van het lied. Tevens wordt veiligheid gecreëerd door duidelijk het moment van inzetten aan te geven op de piano, en wordt begonnen met het zingen van het voor iedereen bekende refrein. De therapeute zingt de eerste keer mee om houvast te geven en ook een voorbeeld te zijn door volume te durven maken. Daarna is dat niet meer nodig. Carmen straalt en geniet zichtbaar. De groepsleden denken na over de expressie waarmee zij diverse frases willen zingen en proberen dit uit. De therapeute verandert het volume en de invulling van de pianobegeleiding en laat hiermee de zang steeds meer op eigen benen staan. De zangers worden uitgedaagd om overdreven te articuleren. Hierdoor kunnen ze ervaren dat wat in gedachten als ongepast ervaren wordt, de hoorbare muziek juist positief verrijkt. Al zingend ontstaat er veel onderling contact en vormen zich spontaan duo's. Na al deze stappen besluit Carmen dat ze dan ook wel graag een couplet solo wil zingen als de rest daarna belooft snel in te vallen. Aan het einde van het uur concludeert ze dat de verkramping weg is en zij zich enorm trots en stevig voelt. Ze heeft het gevoel ertoe te doen en ervaart warmte en bescherming in contact met anderen. Een week later tijdens de volgende sessie melden diverse groepsleden dat het zingen hun moed gegeven heeft om thuis en op het werk in beweging te komen, assertiviteit te tonen en contact aan te gaan.



## 13.6 De finale: improvisatie als 'eindeloos' begin

Kan muziektherapie op eigen wijze bijdragen aan Gezonde Volwassenheid? Het zal niet verrassen dat het antwoord positief is. Muziektherapie biedt een andere, vaak veilige ingang tot emoties en beleving en biedt ruimte om op een speelse en veilige manier te oefenen met nieuw gedrag. Cliënten kunnen hierdoor eigen sterke kanten ontdekken, leren contact te maken en corrigerende ervaringen opdoen, en ze worden in staat gesteld om eigenheid en autonomie te ervaren en om te ontdekken wat waardevol is. Door op speelse wijze vastzittende patronen te doorbreken kunnen ze hun klachten helpen verminderen. Muziektherapie biedt een rijke context waarin iemand kan werken aan bevordering van gezondheid.

In de Positieve Psychologie wordt werken en leven vanuit 'grote gezondheid' beschreven. 'Kleine gezondheid' staat dan voor een fixatie op onze kwaliteit van leven die mensen – alleen daardoor al – kan opbreken. 'Grote gezondheid' bestaat in inzicht in de scheppende kracht van het leven zelf, het leven dat én groter is dan het individu én door het individu zelf wordt belichaamd (Verduin, 2013).

Muziek is een universele kracht die mensen helpt zichzelf te ontdekken, zichzelf hoorbaar te maken en te transformeren. Misschien ligt in het zich kunnen overgeven aan het ritme van het leven een zinvolle parallel met muziektherapie, die tenslotte in de kern is: leren luisteren naar wat zich afspeelt en durven improviseren. In muziektherapie kan de zoekende mens leren om te gaan met klanken en wanklanken, hij of zij kan op adem komen en een nieuwe werkelijkheid scheppen en ervaren.

Het is aan de cliënt om wat hij bij muziektherapie heeft geleerd over te zetten naar en te praktiseren in de complexe uitdagingen van alledag. In die weg kan muziektherapie in tweeërlei opzicht voor een procesversnelling zorgen: niet alleen leren cliënten hun eigen leven meer als symfonie dan als kakofonie beleven, ook zijn zij beter in staat om in positieve verbondenheid met anderen hun eigen partij te spelen.

*Met dank aan Inerajka van Renesse en Berend Meijering.*

## Literatuur

Claassen, A. M., & Pol, S. M. (2014). De Gezonde Volwassene: van modus naar mens. *Psychopraktijk, 6*(4), 19–22.

Damasio, A. (1995) *De vergissing van Descartes. Gevoel, verstand en het menselijk brein*. Amsterdam: Wereldbibliotheek.

Honing, H. (2014) *Iedereen is muzikaal*. Amsterdam: Nieuw Amsterdam.

Juslin, P. N., & Sloboda, J. A. (red.) (2001). *Music and emotion. Theory and research*. New York: Oxford University Press.

Kreutz, G., Bongard, S., Rohrmann, S., Hodapp, V., & Grebe, D. (2004). Effects of choir singing or listening on secretory immunoglobulin A, cortisol, and emotional state. *Journal of Behavioral Medicine, 27*(6), 623–635.

Kurstjens, H. (2005). Improvisatie in de muziektherapie. In: H. Smeijsters (red.), *Praktijkonderzoek in vaktherapie*. Bussum: Coutinho.

Scherder, E. J. A. (2014). *Bewegen, muziek en het brein. FvB/VvMP congres. Who Borrows from who*. Amersfoort.

Smeijsters, H. (red.). (2006). *Handboek muziektherapie. Evidence based practice voor de behandeling van psychische stoornissen, problemen en beperkingen*. Houten: Bohn Stafleu van Loghum.

Verduin, P. (2013). *Grote gezondheid en Positieve Psychologie*. Lezing Eerste Landelijk Congres Positieve Psychologie. Universiteit Twente. Ede: 11 november 2013.

Young, J. E., Klosko, J. S., & Weishaar, M. E. (2005). *Schemagerichte therapie. Handboek voor therapeuten*. Houten: Bohn Stafleu van Loghum.

# Psychomotorische therapie en de Gezonde Volwassene

*Henriëtte en Eric van der Meijden*

**Samenvatting**

Psychomotorische therapie (PMT) is een bewegings- en lichaamsgeoriënteerde therapie waarin bewegen en lichamelijkheid aangrijpingspunten zijn. Centraal staat een bottom-up benadering, van waaruit op een ervaringsgerichte manier wordt gewerkt. Aan de hand van voorgestelde interventies uit de literatuur over Schematherapie en Positieve Psychologie, gericht op het ontwikkelen van de Gezonde Volwassene, wordt een beeld geschetst van de manier waarop PMT daar een bijdrage aan kan leveren. Het eigene van de therapie, namelijk bewegen en lichamelijkheid, zijn uitgangspunten. Er wordt dieper ingegaan op lichamelijkheid en het directe gebruik van basisbehoeften in de therapie. Concrete interventies worden beschreven die vanuit PMT-methodieken aangeboden kunnen worden om de Gezonde Volwassene te versterken. De cliënt leert omgaan met eigen beperkingen, gebruik te maken van eigen mogelijkheden en leert het welbevinden te vergroten met name op lichamelijk gebied. Ten slotte wordt beschreven hoe overdracht van het geleerde kan plaatsvinden vanuit de PMT-ruimte naar buiten.

## 14.1 Inleiding

Psychomotorische therapie is een vaktherapie die specifiek gericht is op bewegen en lichamelijkheid. Psychomotorische therapeuten hanteren een breed scala aan werkvormen om cliënten uit te nodigen, zowel letterlijk als figuurlijk, in beweging te komen. Ook wordt cliënten gevraagd stil te staan bij de beleving van het eigen lichaam en de betekenis van interactioneel bewegingsgedrag. Klachten van cliënten worden gevoeld en beleefd in het lichaam en worden waarneembaar in het bewegen. Van der Klis geeft als definitie van PMT:

> » Psychomotorische therapie is een professionele behandelingsvorm die zich kenmerkt door het planmatig en doelgericht construeren en manipuleren van bewegings- en belevingsarrangementen in een psychotherapeutische context. (NVPMT, 2009) «

Deze definitie maakt duidelijk dat de therapeut een (bewegings)situatie op maat aanbiedt. De therapeut construeert de context zodanig, dat de therapeutische doelstelling van de individuele cliënt gerealiseerd kan worden. Cliënten wordt de gelegenheid geboden om op zowel gedrags- als belevingsniveau een leer- en ontwikkelingsproces door te maken. Hierbij staan denken, voelen en handelen en de integratie daarvan in relatie tot de problematiek centraal. De bedoeling is dat er overdracht plaatsvindt van de belevingen en ervaringen die worden opgedaan in de therapieruimte, naar het gewone leven.
PMT is een experiëntiële therapie waarin cliënten specifieke (leer)ervaringen en correctieve emotionele belevingen kunnen opdoen, waardoor met name het lichamelijk welbevinden kan worden ontwikkeld. Centraal staat de directe ervaring met zichzelf, de ander en met de omgeving. PMT grijpt aan bij bewegen en lichamelijkheid zijnde het handelen en het voelen en staat voor een bottom-up benadering. Dit in tegenstelling tot een top-down benadering, waarbij allereerst het denken aangesproken wordt, om vervolgens daarnaar te handelen en dit te voelen. Het gaat bij PMT om de directe ervaring van het in actie zijn en lichaamssignalen waar te nemen. Deze ervaring dient voor de cliënt betekenisvol te zijn in het licht van zijn gewenste verandering. De cliënt wordt in een veilige omgeving – de PMT-ruimte – uitgedaagd te experimenteren met ander gedrag en de Gezonde Volwassene daarbij in te zetten. Door de bewustwording van de ervaring en de lichaamssignalen, en door verbalisering en betekenisverlening (cognitief) vindt integratie plaats. Voor deze bottom-up benadering heeft de psychomotorische therapeut ruimte nodig om in te kunnen bewegen en materialen om mee te bewegen. PMT vindt dan ook plaats in een grote ruimte die uitnodigt om te bewegen en te spelen. De ruimte moet tevens veiligheid bieden en geschikt zijn om eigen lichamelijkheid te kunnen beleven in een begrensde intimiteit.

Het combineren van ervaringen opdoen en woorden geven aan deze ervaringen is nodig om te kunnen komen tot een integratie van voelen, handelen en denken. Psychomotorische therapie is gebaseerd op theorievorming uit wetenschappelijke disciplines die elkaar deels overlappen: filosofie, sociale, ontwikkelings-, klinische en gezondheidspsychologie, geneeskunde, psychiatrie, behavioural medicine en bewegingswetenschappen (NVPMT, 2009). De theoretische basis van de huidige beroepspraktijk wordt gevormd door verschillende kernbegrippen. Het relationele bewegingsconcept (Tamboer, 1985, 1993) vat bewegen op als zinvol gedrag. Het biopsychosociale model ten aanzien van gezondheid en klachten (Engel, 1980; Sadock & Sadock, 2004) ziet de mens als een geïntegreerd geheel en bestudeert alle aspecten van de totale mens. Psychomotorische therapie maakt gebruik van constructen uit psychotherapeutische referentiekaders. Concepten als competentiebeleving, attributiestijl en zelfbeeld zijn relevant voor PMT. Het levensloopperspectief komt aan de orde, omdat problematiek wordt beschouwd in het licht van zowel de levensgeschiedenis als het toekomstperspectief en de betekenis die beide hebben voor de cliënt. De therapeut draagt uit dat in elke levensfase veranderingsprocessen mogelijk zijn. De problematiek wordt niet alleen geplaatst in een levensloopcontext, maar ook in de context van onder meer gender, cultuur en sociale klasse. Ook zijn theorievorming en methodieken vanuit oosterse benaderingswijzen belangrijk (bijvoorbeeld yoga en meditatie), zoals ook in *acceptance and commitment therapy* en *mindfulness-based stress reduction*. Als PMT plaatsvindt in groepen wordt er gebruikgemaakt van groepsdynamica. Bij behandeling van gezinnen wordt een systeemtheoretische benadering gehanteerd.

Qua methodieken wordt in de PMT gebruikgemaakt van bewegingsgeoriënteerde en lichaamsgeoriënteerde methodieken (Fahrenfort, 1986). Men spreekt van bewegingsgeoriënteerde methodieken wanneer er gebruikgemaakt wordt van activiteiten die hun oorsprong kennen in het bewegingsonderwijs en de sport- en spelcultuur. Dit kunnen individuele activiteiten zijn, maar ook activiteiten die in teamverband plaatsvinden, zoals voetbal, atletiek, skaten, klimmen, stoeispelen en zwemmen. Onder lichaamsgeoriënteerde methodieken verstaat men oefeningen gericht op lichaamsbewustwording: *sensory awareness*, delen uit *mindfulness-based stress reduction* ofwel stressreductie door aandachttraining, werken met spiegels en video,relaxatiemethoden, ademhalingsoefeningen en oefeningen afkomstig uit de bio-energetische traditie. Daarnaast zijn er werkvormen die niet in deze tweedeling zijn onder te brengen. Er zijn werkvormen die symbolische aspecten kennen, zoals dans, bewegingsexpressie, *Pesso Boyden psychomotor therapy*, psychodrama, rollenspel en actietherapie. In deze werkvormen ligt de nadruk op het in beweging komen of met materiaal tot expressie brengen van gevoelens en gedachten, en metaforisch vormgeven van individuele psychologische thema's. Het is mogelijk dat men zich daarbij ofwel primair richt op het bewegen ofwel op de lichaamsbeleving, maar doorgaans zijn beide aan de orde. Deze interventies maken het primaire onderscheid tussen psychomotorische therapie en andere vaktherapieën. Samengevat kan men zeggen dat in PMT wordt gewerkt met LECS (lichamelijk, emotioneel, cognitief en sociaal) georiënteerde interventies.

Binnen de behandeling van cliënten met persoonlijkheidsproblematiek is vaak sprake van een geschonden lichaam, bijvoorbeeld door mishandeling of seksueel misbruik. De leeftijd waarop dit plaatsvond en de duur van gebeurtenissen zijn medebepalend voor de impact van de grensoverschrijdingen. Dit kan leiden tot een verstoorde lichaamsbeleving. Het lichaam op zich wordt niet, of als negatief ervaren en dat heeft invloed op het zelfbeeld. Mensen kunnen zichzelf ervaren als zijnde vies, fout of niet de moeite waard. Men kan zich verbergen, klein maken en weinig bewegen. Ook kan het zijn dat lichaamsgrenzen zodanig vaag zijn geworden, dat mensen tegenovergesteld handelen en zich lichamelijk juist onbegrensd tonen en agressief de wereld benaderen. PMT is voor mensen die deze lichamelijke last ervaren een confronterende en vaak moeilijke therapievorm. In deze therapie worden zij bevraagd juist op die lichamelijkheid en het bewegen.



Cliënten met persoonlijkheidsproblematiek kunnen emoties vaak niet adequaat uiten of zij richten de lading op zichzelf door automutilatie. Ook bij symptoomstoornissen in comorbiditeit met persoonlijkheidsproblematiek wordt het lichaam vaak als last ervaren. Bij depressie is er een gebrek aan energie, wat zich duidelijk laat zien in de lichamelijkheid en het bewegen. Bij angst is verhoogde spanning ook merkbaar in het lichaam, en bij de eetstoornis is het lichaam juist de last en de bron van een negatief zelfbeeld. Bij somatoforme stoornissen zijn de lichamelijkheid en het bewegen de verschijningsvorm van een onderliggende, bredere problematiek. Een negatieve lichaamsbeleving kan ook begonnen zijn bij genetische onvolkomenheden waarover gevoelens van schaamte of afkeer bestaan. Pesten en uitgesloten worden van sociale verbanden hebben veelal een diepe impact op de lichaamsbeleving en het zelfbeeld. Het is daarom van groot belang dat er binnen de behandeling van psychische stoornissen aandacht is voor bewegen en lichamelijkheid. PMT draagt zo bij aan het totale welbevinden.

## 14.2 PMT in relatie tot Schematherapie en Positieve Psychologie

In deze paragraaf wordt onderzocht hoe PMT, aansluitend bij de Schematherapie en Positieve Psychologie, vanuit haar eigenheid een bijdrage kan leveren aan de ontwikkeling van de Gezonde Volwassene. Wanneer een persoon positieve en genuanceerde gedachten en gevoelens kent over zichzelf, zich volwassen en verstandig kan gedragen, volwassen functies vervult in werk en samenleven door verantwoordelijkheid te nemen en verbondenheid aan te gaan en op een volwassen manier zoekt naar plezier en behoeftebevrediging, dan kan gesproken worden over een gezond volwassen functioneren (Claassen & Pol, 2014).

Om de Gezonde Volwassene te versterken gebruiken Young et al. (2005) de therapeutische relatie als een vorm van *limited reparenting*. Hierbij worden cliënten geïnspireerd tot gezond gedrag en wordt onaangepast en disfunctioneel gedrag ontmoedigd. De therapeut komt tegemoet aan de basisbehoeften van de cliënt binnen de grenzen van de therapeutische mogelijkheden. De Gezonde Volwassene wordt gezien als modus of kant van de volwassene die bij problemen en pathologie verstandige keuzes maakt om tot verandering te komen. Young et al. beschrijven vijf primaire ontwikkelingstaken die het kind zal moeten doorlopen om te kunnen uitgroeien tot een gezond volwassen persoon. Deze taken corresponderen met de basisbehoeften veiligheid en verbondenheid, autonomie en identiteitsgevoel, realistische grenzen, zelfexpressie, vrijheid om uitdrukking te geven aan behoeften en emoties, spontaniteit en spel. Aan gestagneerde ontwikkelingstaken kan alsnog gewerkt worden, waardoor correctieve ervaringen kunnen ontstaan (Van Vreeswijk et al, 2008). De kern van de Positieve Psychologie beschrijven Bohlmeijer et al. (2013) als volgt:

» De Positieve Psychologie gaat ervan uit dat binnen de beperkingen die er zijn het grootste potentieel voor floreren of optimaal functioneren van individuen, organisaties en de samenleving niet ligt in de analyse en het minimaliseren van deficiënties en problemen, maar juist in het ontdekken, waarderen en ontwikkelen van sterke kanten en positieve ervaringen. De bijdrage van de Positieve Psychologie bestaat eruit om een klachtgerichte benadering te complementeren met het doel welbevinden te bevorderen alsmede strategieën om dit doel te bereiken. «

De Positieve Psychologie kent drie aspecten van welbevinden: emotioneel, psychologisch en sociaal. Wij zouden daar een vierde aspect aan willen toevoegen, te weten: lichamelijk welbevinden.

Onderzoek maakt duidelijk dat de inzet van experiëntiële oefeningen effectiever is dan alleen praten (Bamelis et al., 2014). De Schematherapie biedt vanuit de beschrijvingen van de domeinen een helder kader om vanuit te werken met cliënten. Dit kader helpt bij het plaatsen en begrijpen van problematiek, maar ook bij het zoeken naar aansluiting op het thema kracht. De beïnvloedingsmethodieken die gehanteerd worden binnen de Schematherapie, de therapeutische relatie, experiëntiële technieken, interpersoonlijke technieken, cognitieve technieken en gedragstechnieken, sluiten goed aan bij de manier van werken binnen PMT. Ook het concept welbevinden sluit goed aan. Vanuit de Positieve Psychologie wordt dit concept benoemd als een beschermende factor voor psychopathologie. Het lichamelijk welbevinden is het aspect waar de PMT zich in het bijzonder op richt; de essentie is de ervaring.

De PMT'er biedt cliënten *limited reparenting* door zichzelf in te brengen als voorbeeld, veiligheid te bieden in de zaal en bij oefeningen actief in de interactie aanwezig te zijn. Cliënten kunnen daarmee nieuwe, gezonde ervaringen opdoen in het contact. In een groep kunnen cliënten oefenen met interpersoonlijke vaardigheden en is er sprake van een leren van elkaar. Voor de veiligheid in oefeningen zijn er regels en worden grenzen expliciet gemaakt die gerespecteerd dienen te worden. Cliënten kunnen er in PMT achter komen of bepaalde achterstanden, zoals geen grenzen kunnen stellen, verder ingehaald kunnen worden. Ze leren vaardigheden in te zetten voor het eigen welbevinden, bijvoorbeeld door om te leren gaan met inspanning en ontspanning, ervaren dat competenties benut kunnen worden als beschermende vaardigheden tegenover klachten of kwetsbaarheid. En ten slotte, leren cliënten beter omgaan met het eigen lichaam en opnieuw genoegen en plezier beleven aan bewegen.

## 14.3 Lichamelijk welbevinden en de Gezonde Volwassene

Het lichamelijk welbevinden betekent de geïntegreerde lichamelijkheid, waarbij de beleefde ervaringen van het lichaam passen bij de gedachten over het lichaam. Het bewegen op zich is daarmee onlosmakelijk verbonden. Met bewegen kunnen we ons uitdrukken, contact maken en ons verhouden tot de wereld om ons heen. Ons lichaam en ons bewegen veranderen met ons leven mee. We proberen voortdurend zo goed mogelijk *in ons vel te zitten* en ons aan te passen aan de omgeving, waarbij de autonomie gehandhaafd blijft. Verstoringen in lichamelijkheid en in bewegen hebben direct invloed op het emotioneel, psychologisch en sociaal welbevinden en omgekeerd. Disfunctionele coping, zoals vermijding, overcompensatie of overgave, is zichtbaar in lichamelijkheid en bewegen, en is ook via deze weg, binnen PMT, te beïnvloeden.
Aandacht voor lichamelijkheid en bewegen hangt ook samen met maatschappelijke ontwikkelingen. Een toename van onderzoeksmogelijkheden door geavanceerdere technieken bevestigt de positieve invloeden van bewegen op lichaamsprocessen, mentale gesteldheid en sociaal welbevinden. Bewegen is noodzakelijk en heeft een positieve invloed op een breed gebied van menselijk functioneren, bijvoorbeeld op de stemming, emotieregulatie en geheugen (Scherder, 2014).
Contact, aanraken, intimiteit en daaruit voortvloeiende seksualiteit zijn aspecten van lichamelijk welbevinden die toenemend in de belangstelling staan, mogelijk in reactie op een tendens van vervreemding in een sterk geïndividualiseerde en toenemend digitale wereld.

Een Gezonde Volwassene heeft een reëel beeld van zijn lichaam. Hij kent zijn fysieke mogelijkheden en onmogelijkheden en hij ervaart lichaamssignalen op een manier die hij kan verbinden met zijn fysieke en mentale situatie. De Gezonde Volwassene beleeft plezier aan bewegen binnen zijn mogelijkheden en zijn motivatie voor bewegen. Dit kan van persoon tot persoon erg verschillen. Eigen keuzes maken en daarmee tevreden zijn is belangrijk voor het lichamelijk welbevinden. Een Gezonde Volwassene kent lichaamsgrenzen van zichzelf en van anderen en weet die kennis adequaat in te zetten in contacten. Intimiteit en seksualiteit maken deel uit van zijn leven.
De Gezonde Volwassene kan zijn lichamelijkheid en bewegingsmogelijkheden op een gezonde manier onderhouden en kan invloeden van buitenaf reëel inschatten en er zijn eigen keuzes in maken. Maatschappelijke tendensen, zoals onder meer de slankheidscultuur, plastische chirurgie of tatoeages, kan de Gezonde Volwassene relativeren en beoordelen op hun waarde.

## 14.4 Lichamelijkheid en bewegen van de Gezonde Volwassene binnen PMT

PMT geeft de cliënt de gelegenheid op een positieve manier in contact te komen met eigen lichamelijkheid en positieve ervaringen met bewegen. Voor het ontwikkelen van lichamelijk welbevinden bij de Gezonde Volwassene kunnen op vier terreinen doelen worden gesteld.

### ▪ Het lichaam als bron van eigenheid en autonomie

Voor het kunnen beleven van het lichaam als bron van eigenheid en autonomie is het belangrijk dat de cliënt in het hier en nu positieve ervaringen op kan doen, los van het verleden. Hiervoor is het noodzakelijk dat erkenning ontstaat en verwerking kan plaatsvinden van nare, soms traumatische gebeurtenissen. Pas daarna is er ruimte voor nieuwe ervaringen. De gewaarwording van lichamelijke reacties bij inspanning kan voor cliënten al als erg nieuw ervaren worden. In stoeivormen ervaren cliënten het lichaam duidelijk in de directe relatie tot de ander. Hierin overeind kunnen blijven als persoon kan als een overwinning beleefd worden. Bij automutilatie schendt de cliënt zijn eigen lichamelijkheid. Hierover kunnen communiceren met mildheid, zonder de persoon te ontslaan van eigen verantwoordelijkheid, kan ruimte geven de agressie anders te richten en zichzelf te kunnen voelen als autonoom persoon.

### ▪ Het lichaam als bron van informatie

Om het lichaam als bron van informatie, als *barometer*, te kunnen gebruiken is het belangrijk dat cliënten durven stilstaan bij het eigen lichaam. Het gaat dan om het verkennen, herkennen, erkennen en ten slotte ook weten hanteren van lichaamssignalen. Een bodyscan, waarbij de cliënt met aandacht stapsgewijs het lichaam waarneemt, geeft informatie over de fysieke gesteldheid van het lichaam. De Gezonde Volwassene neemt die informatie op, herkent de betekenis ervan en kan vervolgens keuzes maken ten aanzien van zijn gedrag.

Pijn is een signaal waarmee het lichaam aandacht vraagt. Belangrijk is dat pijn begrepen en gedeeld kan worden met iemand anders. In het erkennen en delen zit een helend aspect. In het contact neemt de Gezonde Volwassene waar, vaak aan de hand van lichaamssignalen, dat gedrag van een ander emoties oproept. Een bewustzijn hiervan biedt de mogelijkheid hierover na te denken en een keuze te maken voor adequaat reageren.

### ▪ Het lichaam als bron van zelfzorg

Het lichaam vraagt onderhoud. Dit betreft fysieke conditie in de vorm van kracht, lenigheid, uithoudingsvermogen en dergelijke, voldoende afwisseling van spanning en ontspanning, balans in eten en verbranden en balans in activiteit en rust. In PMT kan de Gezonde Volwassene leren hoe hij dit vorm kan geven. Bij cliënten met persoonlijkheidsproblematiek is de balans in zelfzorg regelmatig verstoord. Het opdoen van ervaringen met relaxatie, inspanning, conditieverbetering en hygiëne vraagt om contact maken met het lichaam. Psycho-educatie is hierin vaak belangrijk. Oefening, training en zich fit voelen verhogen op deze manier het welbevinden, en gezonde zelfzorg kan dit onderhouden.

### ▪ Het lichaam en bewegen als bron van genieten

Voor de Gezonde Volwassene vormt plezier in bewegen een krachtbron. Hij kan zich daarin uiten en plezier beleven. Zo is het een steun om andere moeilijke zaken in het leven aan te kunnen.

Binnen PMT kan de cliënt onderzoeken welke lichaamsbeweging bij hem past, waarin hij de meeste lust ervaart. Dat kunnen individuele activiteiten zijn waarbij hij zichzelf verbetert, maar het kunnen ook groepsactiviteiten zijn met medespelers en tegenstanders. Juist ook contact met de ander, het sparren en uitdagen, het hebben van lichamelijk contact kan een bron worden van plezier. Ervaringen binnen PMT kunnen cliënten ertoe aanzetten om zich aan te sluiten bij een sportclub of te gaan genieten van dansen.

### 14.4.1 Intentie van de oefenvormen: oefenen, ervaren of inzicht geven

Het onderscheid in intentie van werkvormen heeft betrekking op de gerichtheid, de kleur en de psychodynamische diepte van de fase van het therapieproces of het therapieproces als geheel (Petzold, 1977, 1979). Oefenen betreft een functioneel oefeninggericht werken dat zich richt op training van de gedrags-, waarnemings- en belevingsmogelijkheden. Dit kan de eerste fase van een therapieproces zijn waarin de cliënt leert wat zijn fysieke mogelijkheden zijn en daar meer beschikking over te verkrijgen. Het kan ook een manier zijn om de lichamelijke ontwikkeling te stimuleren. Het functioneel oefenen kan een opstap zijn voor de behandeling van de psychische problematiek. Maar het kan ook een noodzakelijk onderdeel van de behandeling zijn als door traumatische ervaringen de lichamelijkheid geschonden is en dissociatie en somatisatie onderdeel zijn van de problematiek

Ervaren betreft een structurerend ervaringsgericht werken en richt zich op het opdoen van positieve, nieuwe en opbouwende ervaringen binnen bewegingssituaties. Met name piekervaringen zijn daarbij van belang. De cliënt ervaart zijn mogelijkheden, zijn kracht en zijn probleemoplossend vermogen. Dit werkt egoversterkend en geeft vertrouwen in zichzelf en in anderen. Transfer naar de wereld buiten de therapie is hier onlosmakelijk mee verbonden. De Gezonde Volwassene kan zich hierin ontwikkelen.

De inzichtgevende intentie betreft ontdekkend conflictgericht werken. Vanuit een psychodynamisch perspectief richt deze fase zich op al dan niet bewuste psychische conflicten en trauma's. Bewustwording en verwerking vindt plaats door lichamelijk te ervaren welke emoties en gevoelens een rol spelen. Voor die gevoelens wordt binnen PMT op een gestructureerde en veilige wijze ruimte gemaakt om ze te uiten, verbaal betekenis te verlenen en te integreren. Het zich alsnog emotioneel uiten in bewegen, vindt concreet plaats en is tegelijk op een symbolische manier gericht op die ander uit het verleden. Ervaringsgericht werken is behalve een opstap ook een vervolg op het inzichtgevend werken om nieuw bewegen met plezier te ontdekken. De Gezonde Volwassene kan bewust een onderscheid maken tussen het heden en het traumatische toen, en vervolgens het verleden loslaten in het eigen bewegen en/of gedrag.

#### ▪ Metaforen

Binnen PMT wordt vaak gebruikgemaakt van metaforen en symboliek. Het probleem of de last kan binnen PMT lichamelijk voelbaar worden. Vaak gaat het om spreekwoorden letterlijk neer te zetten zoals: alle ballen in de lucht houden, een zware last op je schouders dragen. In het concreet neerzetten binnen een werkvorm ervaart de cliënt wat het betekent. Vervolgens kan er concreet geëxperimenteerd worden met het anders omgaan met die last of het probleem. Het aan den lijve ervaren van de last en de oplossing wordt geïntegreerd opgeslagen en hierdoor kan men het zich goed herinneren.



### 14.4.2 Grenzen van lichamelijke en emotionele mogelijkheden

In ons lichaam vindt een voortdurende afwisseling plaats van spanning en ontspanning. Dit betreft de functionele inspanning van bewegen, maar ook de emotionele lichamelijke ervaring van stress en emoties. Fysiologisch, neurologisch en hormonaal is er steeds afstemming om een evenwicht te behouden en geïntegreerd te kunnen handelen. De Gezonde Volwassene is zich bewust van die lichaamssignalen in spieren, ademhaling, bloedsomloop en verteringscircuit en kan dit koppelen aan zijn emotionele toestand. Hij heeft daardoor keuze in handelen en kan eigen grenzen bewaken. De mate van spanning kent een boven- en ondergrens en vormt daarmee een *window of tolerance* (Ogden & Minton, 2000, ▪ fig. 14.1).

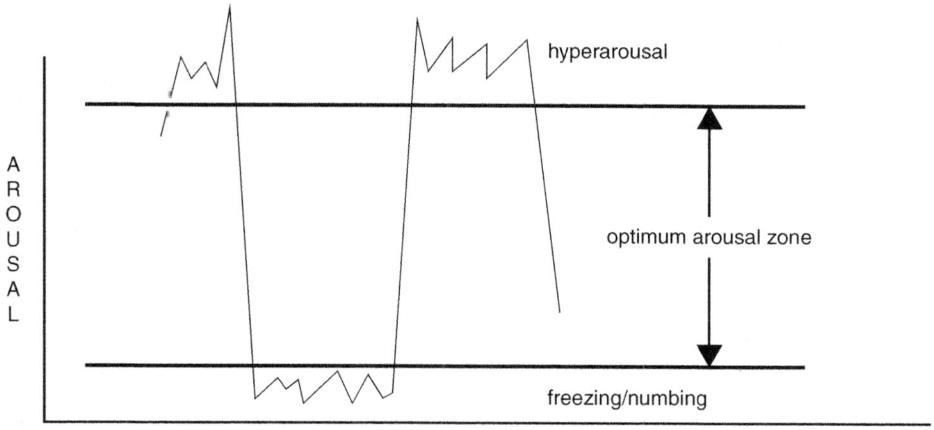


**Figuur 14.1** Window of tolerance (Ogden & Minton, 2000)

Bij overschrijding van de bovengrens ontstaat een *hyperarousal*, waarin de persoon handelend moet overleven en geen ruimte meer heeft voor gevoelens, cognities en keuzes. Dit kan gevolgd worden door een omslag naar *hypoarousal*, waarbij alle spanning om te handelen wegvalt en de persoon lichamelijk dissocieert. Bij overschrijding van deze grenzen gaat de integratie van voelen, denken en handelen verloren (Schauer et al., 2011).

Binnen PMT kan de cliënt leren contact te houden met lichaamssignalen zonder in oude grensoverschrijdende patronen ofwel schema's te schieten. PMT biedt een nieuwe kans om met grenzen om te gaan. De ruimte tussen grenzen is door de negatieve stresservaringen vaak nauw geworden. Door binnen PMT te oefenen en te ervaren kan die ruimte weer breder worden. Daarmee worden bewegingsmogelijkheden in het handelen, ook tijdens stress, vergroot.
Voor een verwerking van traumatische ervaringen is het van belang dat de cliënt binnen de *window of tolerance* kan blijven. De cliënt leert binnen PMT affectregulerende vaardigheden en krijgt daarmee greep op zijn lichamelijkheid en zijn emoties.

**▪ Psycho-educatie**
Cliënten zijn zich vaak niet bewust van lichamelijke processen bij bewegen en emoties. Met psycho-educatie wordt de cognitieve ingang gebruikt en wordt uitleg gegeven over de werking van lichaamsprocessen en fysiologische veranderingen bij spanning en ontspanning, bij emoties en bij contact. De betekenisverlening van lichamelijke ervaringen en actie wordt hiermee ondersteund. Dit is integratiebevorderend en maakt eigen en andermans reacties herkenbaar en begrijpelijk.

### 14.4.3 Attitude van de psychomotorisch therapeut: gerichtheid op de cliënt

Schema's zijn ontstaan in interactie met belangrijke anderen. Nieuw gedrag kan dus ook het best in contact met anderen ontwikkeld worden. Dit betekent dat het werken in groepen een belangrijke stimulans en uitdaging is om tot verandering te komen. De therapeut toont in zijn attitude dat therapie een tweede kans is. Met deze houding biedt de therapeut de cliënt hoop en perspectief tot het opdoen van nieuwe, gezondere ervaringen. De Gezonde Volwassene wordt aangemoedigd om vertrouwde, niet-functionele mechanismen te verlaten en grenzen te verleggen. Cliënten zijn zich bewust van verhinderingen en problemen uit het verleden en zijn zich bewust dat het nu vraagt om een nieuwsgierige, open houding om iets nieuws aan te kunnen gaan. Het is een voorwaarde dat de psychomotorisch therapeut inzicht heeft in de eigen socialisatie op het gebied van lichamelijkheid en bewegen. Hierdoor kan hij zichzelf als therapeut inzetten met eigen mogelijkheden en is hij zich bewust van eventuele tegenoverdracht en meegenomen worden in oude schema's. Weerstand binnen PMT kan gezien worden als behorende bij de problematiek van de cliënt. Dan is het belangrijk dat de therapeut onverminderd gecentreerd zijn aanbod blijft doen en de cliënten bij herhaling richt op zijn doelen. Hiermee wordt geappelleerd aan de Gezonde Volwassene.

In PMT is de therapeut zelf een belangrijke factor. Hij stelt zich in zijn lichamelijkheid en al meebewegend op als mogelijkheid om aan, en mee te oefenen. De therapeut biedt voorbeelden van gedrag. De therapeut kan een medespeler zijn, maar ook een tegenspeler. Hij kan steunen, maar ook uitlokken of confronteren. Hij kan energiek zijn om te stimuleren, maar ook vertragen en helpen ontspannen. Hij kan helpen en leren hulp te ontvangen en hij kan autonomie stimuleren. Gezien de concrete bewegings- en lichaamservaringsvormen die binnen PMT plaatsvinden, moet de therapeut ook borg staan voor veiligheid en moet hij grenzen kunnen stellen als de cliënt dat zelf nog niet kan. De psychomotorisch therapeut raakt een cliënt ook aan. Deze aanraking kan verschillende doelen dienen (Leijssen, 2006). De aanraking kan functioneel zijn om te helpen, of is inherent aan de werkvorm. Maar de aanraking kan ook belangrijk zijn in het (weer) ervaren van eigen en andermans lichamelijkheid. De psychomotorisch therapeut leert op een begrensde en verantwoorde wijze met aanrakingen om te gaan. Er zijn methodieken waar dit specifieker geschoold wordt, zoals in de haptonomie en de sensorelaxatie. Aanraken wordt gezien als een belangrijke manier van menselijk contact maken. De Gezonde Volwassene leert hier ook als zodanig verantwoord en begrensd mee om te gaan (Plooij, 2014).

## 14.5 Beschrijving van een PMT-module aan de hand van de vijf schemadomeinen

In deze paragraaf wordt een zesweekse PMT-module beschreven zoals die wordt aangeboden als onderdeel van psychotherapeutische deeltijdbehandeling gericht op cliënten met persoonlijkheidsstoornissen. De eerste sessie staat in het teken van het herkennen van schema's en schemadomeinen. Er worden verschillende werkvormen aangeboden, waarbij steeds wordt stilgestaan bij mogelijk aanwezige, irreële gedachten die verhinderend werken in gedrag. In de volgende sessies worden de vijf schemadomeinen (Blokland et al., 2008a, b) centraal gesteld. De sessies hebben een vaste structuur. Eerst wordt steeds een beeld geschetst van de betekenis van een domein op het vlak van bewegen en lichamelijkheid. Vervolgens beschrijven de cliënten, wanneer ze het domein herkennen, het kenmerkende gedrag en het kenmerkende van de gezinsstructuur waarin zij zijn opgegroeid. In deze sessies worden cliënten uitgenodigd om vanuit de Gezonde Volwassene schema's uit te dagen in PMT-werkvormen (◘ tab. 14.1). Vervolgens wordt besproken hoe de opgedane ervaring concreet kan worden meegenomen naar het alledaagse leven.

### 14.5.1 Onverbondenheid en afwijzing

Kenmerkend voor dit domein is dat er niet wordt voldaan aan de basisbehoeften van veiligheid, zekerheid, verzorging, aandacht, delen van gevoelens, acceptatie en respect. De kenmerkende gezinsoorsprong is onthecht, kil, afwijzend, zich inhoudend, eenzaam, explosief, onvoorspelbaar of misbruikend.

**Tabel 14.1** PMT-module met de vijf basisdomeinen

| | domeinen met basisbehoeften | opdracht aan Gezonde Volwassene | methodiek in PMT | attitude therapeut |
|---|---|---|---|---|
| 1 | onverbondenheid en afwijzing<br>basisbehoeften: veiligheid en verbondenheid | aangaan van een nieuwe ervaring<br>spanning accepteren als horende bij situaties in het leven<br>duidelijk maken wat je wel en niet wilt<br>genieten van een aanraking<br>vertrouwen stellen in de ander<br>eigen plek maken | ervaringsgerichte oefening<br>vergroten window of tolerance<br>impressionele technieken: cliënt maakt contact met eigen lichaam<br>leren (her)kennen van eigen grenzen<br>psycho-educatie | overleggen en onderhandelen<br>consequenties aangeven van iets wel/niet doen<br>eigen keuzes laten maken<br>steunen<br>transfer ondersteunen |
| 2 | verzwakte autonomie en functioneren<br>basisbehoeften: autonomie en identiteitsgevoel | stilstaan bij onzekerheid<br>iets spannends proberen<br>fouten mogen maken<br>genieten van bewegen<br>zelfzorg door bewegen<br>leren door stappen te zetten: "Ik kan…" | grenzen aangeven en verleggen<br>aandachtsoefening<br>sociale vaardigheden trainen voor assertief gedrag<br>ontwikkelen eigen mening: "Ik kan…"<br>expressief<br>oefenen | uitnodigen<br>bevragen wat nodig is om het te kunnen<br>vertrouwen uitspreken<br>afbouwen steun |
| 3 | verzwakte grenzen<br>basisbehoeften: realistische grenzen | flexibel omgaan met regels<br>rekening houden met grenzen van de ander<br>voelen wat iets je doet<br>impulsregulatie | oefenen<br>feedback ontvangen op gedrag<br>stilzetten<br>impulscontrole<br>time-outtechniek | feedback geven<br>therapeut legt nadruk op experimenteren en niet op goed of fout<br>begripvol begrenzen<br>confronteren |
| 4 | gerichtheid op anderen<br>basisbehoeften: zelfexpressie, vrijheid om uitdrukking te geven aan behoeften en emoties | tijd en ruimte voor jezelf nemen<br>je kunt/mag hulp vragen<br>genieten van actief zijn | Pesso-therapieoefeningen<br>inzicht<br>experimenteren met eigen behoeften<br>oefenen sociale vaardigheden<br>metafoor: letterlijke steun ervaren | uitnodigen<br>stimuleren aan te geven wat je zelf wilt<br>valideren van het maken van eigen keuzes<br>begrenzen in aandacht voor ander |
| 5 | overmatige waakzaamheid en inhibitie<br>basisbehoeften: spontaniteit en spel | gunt zichzelf de vrijheid van bewegen<br>fouten maken mag<br>plezier beleven aan intimiteit/seksualiteit<br>voorbeelden van anderen helpen<br>genieten van eigen kracht | expressief<br>ervaren<br>Pesso-limitering<br>grenzen verleggen | uitdagen<br>voorbeeld zijn dat het ook eens verkeerd kan gaan<br>plezier laten zien in bewegen, met lichaam bezig zijn<br>complimenteren |

**De kwadrantoefening**

Sarah is een 27-jarige vrouw die de eerste twee jaar van haar leven door veel verschillende mensen is opgevangen, omdat haar moeder vanwege een depressie een jaar was opgenomen. Haar moeder is altijd wisselvallig gebleven in haar stemmingen.
In het bewegen valt op dat Sarah alert en controlerend is ten aanzien van haar omgeving. Zij beweegt onrustig en oogt ingehouden. Bij oplopende spanning uit zij lichamelijke klachten, vraagt geen hulp en haakt af.
In de kwadrantoefening is de zaal met touwen in vier vakken verdeeld met daarin allerlei obstakels. Iedere cliënt doorloopt de kwadranten met de ogen dicht, begeleid door een groepsgenoot. Sarah wacht lang voordat zij de oefening doet, zij herkent hierin haar vermijdende gedrag. Hoewel ze weet dat haar groepsgenoot haar goed zal begeleiden, heeft ze expliciete afspraken nodig over de begeleiding: begeleiden met woorden, geen aanraking en na elk kwadrant wil ze even haar ogen openen. Sarah voelt de oplopende spanning, maar besluit, tegen haar eerste aanvechting in, wel door te gaan en vraagt in het laatste kwadrant zelf om hand-in-handbegeleiding, waarbij ze steun toelaat en de aanraking daartoe verdraagt.
Deze nieuwe en positieve ervaring wordt besproken en er wordt samen met de groep een experiment bedacht om deze ervaring een vervolg te geven buiten PMT. Sarah besluit haar partner uit te nodigen bij haar op de bank te komen zitten, aan te geven hoe ze lichamelijk contact wil en hem te vertellen hoe het voor haar is.

### 14.5.2 Verzwakte autonomie en functioneren

Kenmerkend voor dit domein is de overtuiging niet zelfstandig en autonoom te kunnen functioneren. Er leven gedachten niet succesvol te kunnen zijn in relaties en werk en het leven niet aan te kunnen. De kenmerkende gezinsoorsprong is een kluwengezin waarin belangrijke anderen overbeschermend zijn en waarin stimulering en bekrachtiging om zich buiten het gezin te ontplooien ontbreken.

**Balanceren op de omgekeerde bank**

Mia is een 33-jarige vrouw die sinds kort weer bij haar ouders woont nadat ze burn-out is geraakt. Ze komt uit een hecht gezin, haar moeder was altijd thuis en haar vader nam veel taken van haar over. Er kwamen geen vriendinnetjes thuis en de gezinsleden waren sterk op elkaar gericht. Er was weinig ruimte om te experimenteren met eigen wensen, behoeften en mogelijkheden. Mia is vastgelopen in haar werk doordat zij zichzelf uitputte en ziek werd.
In het bewegen toont Mia zich afwachtend, onzeker, onhandig en toont zij geen initiatief. Zij is erg afhankelijk van externe validatie. In haar houding straalt zij uit: ik ben er niet.
De oefening balanceren op de omgekeerde bank biedt een uitdaging waarbij Mia het idee heeft dat ze het niet, zoals de anderen, alleen kan. Na uitnodiging daartoe besluit ze het wel te proberen, eerst met hulp en ten slotte alleen. Haar wordt gevraagd om stil te staan bij haar onzekerheid in plaats van ervan weg te gaan met haar aandacht en snel door te lopen. Mia merkt dat deze interventie haar greep op de situatie vergroot en haar daarmee meer rust biedt.

Voor de vertaling van deze ervaring naar het alledaagse leven komt Mia op het idee naar een badmintonclub te gaan voor plezier, conditieverbetering en mogelijkheid tot nieuwe contacten. Na een spannende maar positieve ervaring op een kennismakingsdag besluit ze lid te worden van een badmintonclub.

### 14.5.3 Verzwakte grenzen

Kenmerkend voor dit domein is het onvoldoende ervaren van interne grenzen en een zich niet verantwoordelijk voelen voor anderen. Vaak zijn er problemen in de samenwerking doordat de cliënt reageert vanuit eigen impulsen en er moeite mee heeft om andermans grenzen te respecteren. De cliënt is veelal niet in staat zichzelf realistische persoonlijke doelen te stellen en deze ook te realiseren. In de kenmerkende gezinsoorsprong zijn ouders te toegeeflijk of onvoldoende richtinggevend. Ouders hebben een gevoel van superioriteit uitgedragen waarin geen ruimte was om te leren omgaan met discipline, grenzen, het nemen van verantwoordelijkheid, samenwerken en het stellen van doelen. Er is te weinig stimulans om normale frustraties te leren verdragen.

**Time-outoefening**

Joop is een 42-jarige man die is vastgelopen in studies en relaties. Hij is opgegroeid als enig kind en kreeg vaak zijn zin. Zijn huidige relatie kent veel spanningen en conflicten. Hij heeft zich aangemeld voor behandeling omdat hij zich altijd gespannen en in toenemende mate somber voelt. Hij wil graag inzicht in zijn problemen en werken aan ander gedrag.
Joop laat veel spanning zien in zijn lichaam. Hij kan geen betekenis en nuancering geven aan deze spanning. Hij heeft moeite met activiteiten waarin hij zich aan de regels moet houden. Hij zoekt de confrontatie met de mannelijke therapeut. Hij laat zich in oefeningen niet leiden.
Er wordt een time-outoefening aangeboden. Een tweetal loopt in een rechte lijn op elkaar af. Eén krijgt de opdracht op tijd links af te slaan zodat er geen botsing plaatsvindt. Joop dendert rechtdoor en wijkt pas op het allerlaatste moment uit. De ander wordt angstig en vraagt hem eerder af te wijken. Dan gaat hij experimenteren. Hij begrenst zichzelf en houdt meer rekening met de ander en checkt zijn gedrag bij zowel de vrouw als de groepsleden. Zelf ervaart hij tot zijn verrassing spanningsvermindering en hij ontvangt positieve feedback op zijn gedrag van de anderen.
In de nabespreking maakt Joop een koppeling met zijn relatie, waarin hij bij conflicten een fysiek dreigende houding kan aannemen waar zijn partner bang van wordt. Vanuit de ervaring van deze oefening besluit Joop dat hij zich bij een dreigende ruzie wil begrenzen en op tijd uit de situatie wil stappen.

### 14.5.4 Gerichtheid op anderen

Kenmerkend voor dit domein is een overmatige gerichtheid op verlangens, gevoelens en reacties van anderen met als doel goedkeuring te krijgen, verbondenheid te voelen of vergelding te vermijden. Vaak is het onduidelijk wat eigen behoeften zijn en/of worden eigen behoeften onderdrukt. Vaak is er weinig tot geen contact met eigen gevoelens van frustratie en boosheid.

In de kenmerkende gezinsoorsprong staat voorwaardelijke acceptatie centraal. De emotionele behoeften van de ouders of sociale status staan voorop, waardoor er geen ruimte is voor de eigen behoeften en gevoelens van het kind. Kinderen voldoen aan wat ouders nodig hebben zodat zij liefde, aandacht en goedkeuring krijgen.

**Positieve accommodatie**

Krista is een 54-jarige vrouw die, nu haar beide kinderen uit huis zijn, geen idee heeft wat zij zelf wil, verlangt of nodig heeft. Ze kan geen richting geven aan haar leven. Ze zit veel op de bank en voelt zich depressief. Krista is de oudste uit een gezin van zes kinderen. Haar moeder was veel ziek, waardoor zij thuis veel heeft moeten opvangen. Ze is pas getrouwd toen haar broertjes en zusjes het huis uit waren.
Krista is binnen PMT gericht op haar omgeving en erg begaan met haar groepsgenoten. In haar bewegen oogt zij futloos. In de groep doet ze erg haar best, bij het opruimen staat zij vooraan. Het kost haar zichtbaar energie. Ze maakt nooit een keuze bij het maken van tweetallen en groep.
De Pessotherapie-oefening positieve accommodatie wordt aangeboden. Er worden tweetallen gemaakt waarbij de een voor de ander op een mat zit. De achterste persoon legt de hand op rug van de voorste persoon, in dit geval Krista. Krista mag experimenteren met op welke plek de hand het prettigst voelt. Bij die prettigste plek wordt naar de betekenis van het contact gevraagd, bijvoorbeeld steun of bescherming. De achterste persoon mag aanvankelijk zelf bepalen waar hij zijn hand op Krista's rug plaatst en na twee handverplaatsingen is zij al tevreden. Krista wordt aangemoedigd te experimenteren. De prettigste plek met twee handen op haar schouderbladen ervaart ze als steun in de rug. Voor haar betekent het: *Ik steun jou, je hoeft niet alles alleen te doen*.
Deze positieve ervaring en de bewustwording van een behoefte aan steun werd thema in de psychotherapie. Experimenteren met steunvragen leidde er thuis toe, dat zij haar partner vroeg te helpen met de tuin. De ervaring hielp haar om zich actiever en positiever te voelen.

### 14.5.5 Overmatige waakzaamheid en inhibitie



Kenmerken voor dit domein zijn het onderdrukken van spontane gevoelens, impulsen en keuzes, het vasthouden aan strakke regels en normen ten koste van geluk, zelfexpressie, ontspanning, intieme relaties en gezondheid. Een dreiging van mislukken of falen maakt alert en zorgelijk. De kenmerkende gezinsoorsprong is streng, hoge eisen stellend en soms bestraffend. Centraal staan prestatie, plicht, perfectionisme, het verbergen van emoties. In het gezin is te weinig aandacht voor genieten, plezier en ontspanning.

**Met een honkbalknuppel slaan**

Peter is een 31-jarige man die is vastgelopen in zijn relatie. Hij weet en durft niet aan te geven wat hij in het contact wil en kan zich seksueel niet geven. Peter is opgegroeid in een gezin waarin veel regels en strenge normen bestonden, zoals hard leren en werken. Seksualiteit was pas toegestaan in het huwelijk. Wanneer hij regels schond, werd hij een uur opgesloten op het toilet.

Peters bewegingen zijn klein. Hij neemt geen ruimte in, zijn armen blijven strak langs zijn lichaam. Hij neemt geen risico, is bang om fouten te maken en beleeft geen plezier. Peter heeft geen contact met zijn emoties en anderen kunnen zijn emoties niet lezen.
De werkvorm die wordt aangeboden gaat om het benutten van eigen kracht. Met een honkbalknuppel moet Peter een aangegooide bal zo hard mogelijk op de mat voor hem slaan. Als de bal een keer buiten de mat is, moet hij eerst een controleslag maken door de bal gecontroleerd op de mat te slaan. Peter begint heel voorzichtig te slaan. Hij wordt door de therapeut en zijn groepsgenoten aangemoedigd om harder te slaan, met het risico dat hij daardoor ook vaker een slag mist. Langzaam slaat hij harder en begint hij er plezier in te krijgen. Als hij zegt 70% van zijn kracht te gebruiken, wordt hem gevraagd 100% te geven en zijn stem erbij te gebruiken. Aan het einde van zijn beurt geeft hij lachend aan nog wel verder te willen.
De uitnodiging om te experimenteren met zich uiten pakte Peter op. Winkelend met zijn vrouw trok hij haar midden in het winkelcentrum naar zich toe en kuste haar op de mond. Zijn vrouw was verrast, maar vond het fijn. Ze liepen hand in hand verder.

## 14.6 Tot slot

PMT is veelal onderdeel van een multidisciplinaire behandeling. Afstemming van kennis, ervaringen en inzichten van de verschillende disciplines worden uitgewisseld en dragen over en weer bij aan het optimaliseren van de behandeling. PMT heeft eigen observatie- en diagnostische instrumenten, die aanvullend zijn op de diagnostiek vanuit andere disciplines. PMT richt zich specifiek op het lichaamsbeeld, houdingsbeeld en bewegingsbeeld. Er wordt psycho-educatie geboden over bewegen en lichamelijkheid die van belang is voor cliënten die hierover vaak informatie missen of een verwrongen beeld ervan hebben. Deze kennis geeft de Gezonde Volwassene de mogelijkheid bewust andere keuzes te maken dan voorheen. Binnen PMT wordt doelgericht gewerkt aan het versterken van de Gezonde Volwassene door de aandacht te richten op het lichaam als bron van eigenheid en autonomie, als verstrekker van informatie en als mogelijkheid tot het maken van ruimte voor zelfzorg en genieten. Daarnaast worden doelen gericht op ontwikkelingstaken (Young, 2005) en het zelf kunnen vervullen van basisbehoeften in het nu (Van Attekum, 2009).

PMT biedt slechts een tijdelijke oefensituatie voor de cliënten. De doelen waaraan wordt gewerkt, vragen een vertaling naar andere situaties buiten de therapie. PMT is een behandelvorm die zich afspeelt in het nu en biedt ruimte aan cliënten om te experimenteren met nieuwe (corrigerende) ervaringen. Deze basis van ervaren is ondersteunend voor de overdracht van het geleerde naar het alledaagse leven.

In PMT bestaat een integratieve aanpak van denken, handelen en voelen. Naast ervaren is het woorden geven aan ervaringen en belevingen van belang om te komen tot betekenisverlening. Het aanspreken van de Gezonde Volwassene krijgt binnen PMT gestalte door zowel specifieke methodieken als de attitude van de therapeut. PMT levert vanuit haar specifieke gerichtheid op lichamelijkheid en bewegen een eigen bijdrage aan het lichamelijk welbevinden en daarmee aan het totale welbevinden van cliënten. PMT voedt als het ware de Gezonde Volwassene op een eigen, specifieke wijze.

## Literatuur


Attekum, M. van, (2009). *Aan den lijve, lichaamsgerichte psychotherapie volgens Pesso*. Amsterdam: Pearson.

Bamelis, L. L. M., Evers, S. M. A. A., Spinhoven, P., & Arntz, A. (2014). Results of a multicenter randomized controlled trial of the clinical effectiveness of schema therapy for personality disorders. *American Journal of Psychiatry, 171*(3), 305-322.

Blokland-Vos, J., Günther, G., & Mook, C. van (2008a). Je vak in schema's. Deel 1: Vaktherapie binnen een kader van Schematherapie. *Tijdschrift voor vaktherapie, 2*, 17–23.

Blokland-Vos, J., Günther, G., & Mook, C. van (2008b). Je vak in schema's. Deel 2: Vaktherapeutische werkvormen binnen een kader van Schematherapie. *Tijdschrift voor vaktherapie, 3*, 35–44.

Bohlmeijer, E., Westerhof, G., Bolier, L., Steeneveld, M., Geurts, M., & Walburg J. (2013). Welbevinden: Van bijzaak naar hoofdzaak? *De Psycholoog, 11*, 48–58.

Claassen, A. M., & Pol, S. M. (2014). De Gezonde Volwassene: van modus naar mens. *Psychopraktijk, 6*(4), 19–22.

Engel, G. L. (1980). The clinical application of the biopsychosocial model. *American Journal of Psychiatry, 137*, 535–544.

Fahrenfort J. (1986). *Psychomotorische therapie: een onderzoek naar het gebruik van bewegings- en lichaamsgeoriënteerde methoden in de psychiatrie*. Amsterdam: VU Uitgeverij.

Leijssen, M. (2006). Validation of the body in psychotherapy. *Journal of Humanistic Psychology, 46*(2), 126–146.

NVPMT. (2009). Beroepsprofiel psychomotorisch therapeut. ► www.NVPMT.nl.

Ogden, P., & Minton, K. (2000). Sensorimotor psychotherapy: One method for processing traumatic memory. *Traumatology, 6*(3), 1–20.

Petzold, H. G. (1977). *Die Neuen Körpertherapien*. Paderborn: Junfermann.

Petzold, H. G. (1979). *Psychotherapie und Körperdynamik*. Paderborn: Junfermann.

Plooij, E. C. (2014). Als aanraken nodig is. De Psycholoog. *Maandblad Nederlands Instituut van Psychologen, 49*(11), 22–29.

Sadock, B. J., & Sadock, V. (2004). *Comprehensive textbook of psychiatry*. Philadelphia: Lippincott, Williams, Wilkins.

Schauer, M., Neuner, F. & Elbert, T. (2011). *Narrative exposure therapy. A short-term treatment for traumatic stress disorders*. Göttingen: Hogrefe.

Scherder, E. (2014). *Laat je hersenen niet zitten*. Amsterdam: Athenaeum-Polak & Van Gennep.

Tamboer, J. W. I. (1985). *Mensbeelden achter bewegingsbeelden*. Haarlem: De Vrieseborch.

Tamboer, J. W. I. (1993). *Filosofie van de bewegingswetenschappen*. Amersfoort: Academische Uitgeverij.

Vreeswijk, M. van, & Broersen, J., & Nadort, M. M. (2008). *Handboek Schematherapie. Theorie, praktijk en onderzoek*. Houten: Bohn Stafleu van Loghum.

Young, J. E., Klosko, J. S., & Weishaar, M. E. (2005). *Schemagerichte therapie. Handboek voor therapeuten*. Houten: Bohn Stafleu van Loghum.

# Groepsschematherapie voor de borderline persoonlijkheidsstoornis volgens Farrell en Shaw

*Maria Rocher en Odette Brand-de Wilde*

**Samenvatting**
In dit hoofdstuk worden verschillende schematherapeutische technieken beschreven die expliciet zijn voor de directieve vorm van groepsschematherapie voor cliënten met een borderline persoonlijkheidsstoornis, ontwikkeld door Farrell en Shaw. Behandeling in een groep biedt cliënten de mogelijkheid om de Gezonde Volwassene te ontwikkelen binnen de context van een veilige sociale omgeving. In een groep leren cliënten essentiële vaardigheden die in een individuele therapie veelal moeilijker vorm te geven zijn. De ervaring van verbondenheid met anderen, doordat cliënten leren zichzelf open te stellen in de groep, is misschien wel de belangrijkste corrigerende ervaring die cliënten kunnen opdoen. Het werken met deze groepen blijkt in de praktijk uitdagend, leerzaam en leuk. Het aanbrengen van een balans tussen zwaarte en lichtheid in de sessies maakt dat in de behandeling van ernstige problematiek ruimte blijft bestaan voor humor en dat sessies veelal met plezier kunnen worden afgerond.

## 15.1 Introductie van het model van Farrell en Shaw: groepsschematherapie

Joan Farrell en Ida Shaw ontwikkelden een groepstherapie voor mensen met een borderline persoonlijkheidsstoornis die vergelijkbaar is met Schematherapie met het modusmodel. Dit vond plaats parallel aan de ontwikkelingen die Jeffrey Young en zijn collega's doormaakten in het uitwerken van Schematherapie (Farrell & Shaw, 2012; Young et al., 2005). Effectstudies voor deze vorm van groepstherapie lieten verbazingwekkende resultaten zien (Farrell et al., 2009) en deze resultaten werden gerepliceerd in een aantal Nederlandse pilotstudies (Dickhaut & Arntz, 2014; Bamelis et al., 2014). Niet alleen Schematherapie in een groep maar met name ook de specifieke methode die Farrell en Shaw voorstaan, lijkt het effect te verklaren (Lobbestael, 2008). Farrell en Shaw werken met ernstige borderline persoonlijkheidsproblematiek, waarbij cliënten op zoveel verschillende schema's hoog scoren, dat het herkennen en onderscheiden van deze schema's voor hen moeilijk is. Diverse onderzoeken (Giesen-Bloo et al., 2006; Nadort et al., 2009) onderschrijven het advies van Young om bij complexe problematiek te beginnen met het modusmodel. Ook Farrell en Shaw zijn van mening dat het modusmodel een eenvoudiger uitgangspunt is voor cliënten bij wie hevige wisselingen in gemoedstoestanden zo op de voorgrond staan. Het herkennen van schema's wordt pas in het tweede jaar van de behandeling een prioriteit, wanneer cliënten beter in staat zijn om hun gedachten en gevoelens te definiëren.

Dit model draait, net als alle vormen van Schematherapie, rond het versterken van de Gezonde Volwassene, het wegsturen van de straffende-oudermodus, het omvormen van de veeleisende-oudermodus, het afzwakken van de disfunctionele copingmodi en het vergroten en verstevigen, helpen en laten groeien van het kwetsbare kind en het vergroten van de ruimte voor het blije kind. Dat betekent dat er veel te doen is: er wordt dan ook gewerkt met veel verschillende technieken. Schematherapie is een geïntegreerde therapie waarin experiëntiële technieken als imaginatie, rollenspel, stoelentechnieken en speltechnieken, worden verbonden aan psycho-educatie en cognitieve en gedragstechnieken. De keuze voor de technieken wordt aangestuurd door de casusconceptualisatie die voorafgaand aan deelname aan de groep gemaakt wordt samen met elke individuele cliënt. In het model van Farrell en Shaw worden deze schematechnieken daarnaast verbonden aan de groepsdynamische theorie. In groepsdynamica wordt uitgebreid aandacht besteed aan bijvoorbeeld groepsfasen van Levine (Van Reijen & Haans, 2008) en worden groepsdynamische technieken ingezet om de groep en zijn leden te ondersteunen in een gezamenlijk ontwikkelingsproces. In groepsfasen worden kenmerkende modi en behoeften van cliënten verwacht. De groepstherapeuten dienen bekend te zijn met groepsdynamica en vanuit deze kennis de groep en zijn leden weten te faciliteren en te begrenzen. Daarnaast dienen de therapeuten complexe groepsprocessen te kunnen hanteren en in rustiger vaarwater te brengen.

De therapie is intensief en duurt twee jaar. Het model gaat ervan uit dat mensen herstellen van de borderline persoonlijkheidsstoornis en dat ze op hun eigen kracht weer verder kunnen. Dat wil zeggen dat cliënten in de loop van de behandeling zo veel hebben geleerd, dat ze vervolgens in staat zijn om het geleerde na de behandeling te blijven toepassen, waardoor ze op eigen kracht verder blijven herstellen. Het model wordt zowel gegeven in een variant van alleen groepstherapie met een strippenkaart van maximaal twaalf individuele gesprekken, of in een combinatie van wekelijks groepstherapie en wekelijks individuele therapie. Voor beide behandelvormen geldt dat het eerste jaar de therapie de hoogste frequentie kent, daarna wordt ze langzaam afgebouwd naar wekelijks gedurende zes maanden, tweewekelijks gedurende drie maanden en een maandelijks contact tijdens de laatste drie maanden. Alle mensen met een borderline persoonlijkheidsstoornis kunnen deelnemen aan deze vorm van behandeling, ongeacht comorbiditeit. Uitsluitingscriterium is het hebben van een antisociale of narcistische persoonlijkheidsstoornis, of het bestaan van een psychotische stoornis naast de borderline persoonlijkheidsstoornis.

### 15.1.1 De meerwaarde van de groep

Een van de faciliterende aspecten van groepsschematherapie (Farrell & Shaw, 2012) is de interactie tussen de kernsymptomen van de borderline persoonlijkheidsstoornis als verlating, je anders voelen, gevoelens van wantrouwen, leegte en dergelijke en de therapeutische factoren van een groep, zoals beschreven door Yalom en Leszcz (2005).

In de groep gaat het immers steeds om het maken van verbinding (cohesie en erbij horen), het beschrijven van verschillen en overeenkomsten (universaliteit) tussen de groepsleden, het leren van en met anderen door nieuwe ervaringen op te doen (interpersoonlijk leren) en door andere technieken aangeboden te krijgen voor nieuw gedrag (indirect leren). Het doel van therapie is dat een cliënt leert om de verandering die doorgemaakt wordt, toe te passen in sociale situaties, zoals in de relatie met partner, gezin, werk en vrienden. Het versterken van de Gezonde Volwassene in een groep maakt dat de cliënt vaardigheden kan oefenen binnen een sociale context. Het geeft de therapeut ook waardevolle informatie over hoe een cliënt functioneert binnen een sociale context. In een individuele therapie moet die informatie indirect worden verkregen of is ze gekleurd door wat de cliënt hierover zelf kan rapporteren.

De meerwaarde van de groep is dat cliënten zien dat anderen worstelen met dezelfde problemen. Iedereen dient te leren een oplossing of manier van omgaan te vinden voor het eigen probleem. Het voorbeeld of het advies van groepsleden heeft een andere kracht dan het advies van therapeuten. Cliënten kunnen van therapeuten denken dat ze onvoldoende inlevingsvermogen hebben in de ernst van hun klachten om met echt werkzame oplossingen te komen. Als cliënten zien dat anderen, met net zulke zware klachten, in de groep vaardigheden met succes toepassen is dit een grote stimulans om zelf door te zetten als ze het zwaar hebben en om hoop te houden dat zij dit zelf kunnen leren. Cliënten in de groep hebben zo ook een rol bij het modelleren van gezond volwassen gedrag.

Aansluitend op het modusmodel waarbij ook kindmodi worden geïdentificeerd, is de groep opgebouwd op basis van de ontwikkelingsstadia die kinderen doormaken. In hoofdlijnen sluit het model in het eerste jaar aan bij de kindmodi in hun vroege ontwikkeling. Als cliënten gevraagd wordt hoe oud ze zelf denken dat hun kwetsbare kind is, dan varieert dat van twee jaar tot ongeveer acht jaar. In de overgang van het eerste naar het tweede jaar van de therapie komen cliënten in de adolescentiefase en in jaar twee wordt gewerkt aan het opbouwen van een volwassener, geïntegreerde vorm van de Gezonde Volwassene.



Globaal gezien kan gesteld worden dat de nadruk in de eerste maanden van de therapie ligt op het opbouwen van verbinding binnen de groep. Het doel is om zo snel mogelijk contact te maken met het kwetsbare kind van cliënten en de copingmodi te omzeilen. Dit betekent dat cliënten vrij snel teruggeworpen worden op hun meest basale patronen en dat dit door de therapeuten met veel zorg en *holding* wordt opgevangen. Om die holding te bieden wordt er in beginsel niet alleen gesproken over een Gezonde Volwassene, maar ook over een onderdeel hiervan: de goede ouder. De goede ouder is een concept dat door Farrell en Shaw wordt geïntroduceerd als onderdeel van de Gezonde Volwassene. De Gezonde Volwassene overziet alternatieven en kan over anderen nadenken en keuzes maken die nodig zijn om te functioneren binnen een groter maatschappelijk geheel. De goede ouder heeft expliciet als taak aan te moedigen, de positieve kanten van het individu te bekrachtigen en bescherming te bieden tegen de boze buitenwereld (de straffende kanten). Dit onderscheid lijkt wellicht overbodig, maar het sluit heel goed aan bij de grote kwetsbaarheid en angst van waaruit mensen met een borderline persoonlijkheidsstoornis de wereld tegemoet treden. Farrell en Shaw verwachten dat het cliënten in de eerste fase van therapie helpt om de goede ouder als apart deel te zien van de Gezonde Volwassene. Het onderscheid sluit aan bij de kindmodi en ontwikkelfasen en de taal die cliënten zelf spreken. De taken van de Gezonde Volwassene komen immers deels overeen met de taken die een ouder heeft ten aanzien van nog jonge kinderen. Farrell en Shaw benoemen het optreden als voorbeeld van een goede ouder zeer expliciet.

De onderstaande casus geeft aan hoe een imaginatie gebruikt kan worden in een vroege fase van de behandeling, waarbij de nadruk ligt op het aanbieden van een voorbeeld van een goede ouder.

**Een goede ouder**

Eva is zes jaar en zit bibberend onder de tafel. Vader schreeuwt en zwaait met een riem: "Je bent een verschrikking, je kunt ook niets goed doen, weer alle melk over tafel..."
Een goede ouder pakt Eva op, slaat de armen om haar heen en zegt alleen maar: "Het komt goed, je bent veilig, ik ben bij je en bescherm je. Je bent lief. Het was een ongeluk, dat kan gebeuren. Luister maar alleen naar mij, je bent lief..."
Een Gezonde Volwassene spreekt ook de vader aan: "Ziet u wat u doet. Eva wordt doodsbang. Ik wil dat u nu weg gaat. Ik accepteer niet dat u zo tegen haar spreekt, ga weg. Ik bel de politie..."
Zonder de geruststelling en de koestering uit het eerste deel van de reactie van de goede ouder, zal het kind onder de tafel (met een dosis aan ervaringen met vader) bijna doodgaan van angst als de goede ouder de vader gaat stoppen. Ze kan dan denken: Vader zal die arme mevrouw naar het leven staan, hij komt me zo alsnog... Zie je wel, ik ben een verschrikking, nu heb ik ook nog die mevrouw in gevaar gebracht.

Dat het kind zich zorgen maakt over de goede ander, is wat er individueel maar zeker ook in groepen kan gebeuren. Het te vroeg aanbieden van een interventie als Gezonde Volwassene, zonder eerst steun en veiligheid te bieden, zal dan niet helpen. Farrell en Shaw kiezen ervoor om in de imaginaties geleidelijk de rol van de therapeut op te bouwen. Eerst als goede ouder en later als Gezonde Volwassene die sterk genoeg is om straffende ouders toe te spreken. Cliënten zijn in het begin van de therapie vaak nog erg loyaal naar hun ouders en geneigd om de schuld voor hun eigen negatieve emoties bij zichzelf te leggen. Daarnaast is er vaak nog weinig geloof in een andere mogelijke oplossing of zelfs nog in de therapeut als Gezonde Volwassene. De holding die cliënten krijgen aangeboden door de therapeut en de groep, maakt dat ze eerder in staat zijn om hun klachten te tonen. Het doorbreken van de afstandelijke beschermer is hierbij van belang. Veel borderline cliënten hebben op rationeel niveau een goed bewustzijn van hun problemen en kunnen hier goed over praten, terwijl er ondertussen veel schaamte en angst is om te tonen wie ze werkelijk zijn. Ze zijn geneigd met de therapeut mee te werken door alles mooi te verwoorden. Ondertussen proberen ze daarmee te voorkomen dat ze verlaten worden als ze laten zien welke hevige emoties ze ervaren. Als de therapeuten kunnen laten zien dat ze niet schrikken van de hevige emoties en de gedachtegang van de kindmodi, kan de cliënt geloof krijgen dat het mogelijk is om echt verbinding aan te gaan met een ander. Het is een valkuil binnen de Schematherapie om de afstandelijke beschermer aan te zien voor de Gezonde Volwassene. Veel cliënten zijn sociaal vaardig en kunnen beide kanten op het eerste gezicht goed op elkaar laten lijken. In een groep worden moduswisselingen eerder getriggerd dan in een individuele therapie, waardoor de cliënt ervaart dat de steun er is als de hevige emotie wordt getoond.

Om toe te werken naar het versterken van de Gezonde Volwassene in al zijn taken worden verschillende therapeutische technieken gebruikt. We beperken ons voor dit hoofdstuk vooral tot de technieken die specifiek gericht zijn op gebruik in de groep, omdat in de individuele sessie gewerkt wordt zoals gebruikelijk is en bekend is binnen Schematherapie.

## 15.2 Limited reparenting als voorbeeld voor de Gezonde Volwassene

In groepsschematherapie wordt gewerkt met het concept dat de therapeut een belangrijk voorbeeld is voor cliënten voor het ontwikkelen van een Gezonde Volwassene. Farrell en Shaw (2012) hebben hun model afgestemd op een doelgroep die een beperkte interne representatie heeft van wat een Gezonde Volwassene is. Dat maakt dat zelfs het noemen van de Gezonde Volwassene in het begin van de therapie al veel angst en onzekerheid oproept bij cliënten. Zij kennen vaak weinig Gezonde Volwassenen, zijn er eigenlijk van overtuigd dat die ook niet bestaan en dat zij het zelf zeker nooit kunnen worden. Cliënten zijn geneigd dit te interpreteren vanuit hun straffende- of veeleisende-oudermodus die het labelt als: *Zie je wel, dat kun je nog niet!* of *Dat zou je dus al lang moeten kunnen.* Om te vermijden dat de straffende of veeleisende ouder wordt geactiveerd, ontlopen cliënten situaties waarin ze verantwoordelijkheid kunnen nemen. Het internaliseren van een Gezonde Volwassene is een proces dat bij kinderen met horten en stoten verloopt, waarbij kinderen voorbeelden van Gezonde Volwassenen overnemen. Kinderen kunnen zich afzetten tegen het krijgen van verantwoordelijkheden op sommige momenten, terwijl ze op andere momenten juist alles zonder hulp zelf willen doen. Dit zie je terug bij de tweejarige die zelf zijn veters wil strikken, maar ook bij de puber die zelf wil bepalen of hij/zij huiswerk maakt. Dit proces valt dus ook te verwachten tijdens de therapie, als cliënten leren om zichzelf de vaardigheden en taken van een Gezonde Volwassene eigen te maken. Hierbij is het belangrijk dat cliënten begrijpen dat leren en groeien niet stopt in het volwassen leven, en dat ook Gezonde Volwassenen wisselende en oplopende emoties kunnen hebben. De rol van de therapeuten wisselt in de loop van de therapie, net als de rol van ouders met opgroeiende kinderen. Hierbij is het net zo goed van belang dat er holding wordt geboden, als dat kinderen behoefte hebben aan begrenzing. Het vraagt van therapeuten dat ze een grote reikwijdte hebben in hun attitude: therapeuten moeten zowel begripvol kunnen zijn als ook kunnen begrenzen. De therapeut begrenst de disfunctionele copingmodi zoals de boze beschermer of de zelfverheerlijker actief, om zo de cliënt contact te laten maken met zijn kindmodi. Als de kindmodi in de groep zichtbaar worden, is het ook daar van belang om te begrenzen indien nodig. Het boze kind heeft ruimte nodig om boosheid te uiten, maar heeft soms ook begrenzing nodig in de manier waarop boosheid geuit mag worden, namelijk zonder verbaal of fysiek geweld naar anderen toe. Therapeuten vermijden eventuele frustratie in het contact met de cliënt niet en leggen uit op welke manier het bieden van begrenzing ook een vorm van zorg is. Het begrenzen gebeurt door empathische confrontatie.

15

**Empathische confrontatie**

Sanne zit in de groep en vertelt over een conflict met een vriendin.
De therapeut zegt: "Sanne, ik kom even bij je terug. Je vertelt net dat je boos werd op je vriendin en toen een lange boze e-mail stuurde waarin je op het laatst schreef dat je haar niet meer wilde zien. Ik denk dat dit past binnen het patroon dat we eerder hebben bespro-

ken: dat je soms vanuit een boze bui impulsief handelt en dat je zo mensen van je afstoot. Ik kan me goed voorstellen dat je boos was, maar ik denk dat dit niet de beste manier is om ermee om te gaan, dat je er later spijt van krijgt en dat je op deze manier vrienden kwijtraakt."

In het voorbeeld zou het kunnen gebeuren dat Sanne vanuit de boze-kindmodus het contact met een vriendin verbreekt, terwijl ze zich eigenlijk niet gezien voelt door deze vriendin. Er wordt gezocht naar een oplossing die beter past bij wat een Gezonde Volwassene zou doen. In het geval van Sanne zou dat kunnen zijn dat ze in plaats van een e-mail te sturen haar vriendin uitnodigt voor een gesprek wanneer ze zelf rustiger is. Op deze manier leert Sanne verwoorden dat ze zich gekwetst voelt en uitleggen wat ze zou willen in het contact met haar vriendin.

Aansluitend op een empathische confrontatie wordt een verbinding gemaakt met de groep: hoe kan de groep een cliënt helpen met ander gedrag? Medecliënten kunnen bijvoorbeeld delen wat hen heeft geholpen in vergelijkbare situaties. Wat kunnen de therapeuten bijdragen? Zij kunnen vragen of een individuele sessie helpend kan zijn om het onderwerp van eenzaamheid uit te diepen. Wat kan de cliënt zelf doen? Wat kan Sanne de volgende keer als ze een e-mail wil sturen, doen om zichzelf te begrenzen? Ze kan bijvoorbeeld afleiding zoeken of een andere vriendin bellen en haar probleem delen, zodat ze eerst rustig wordt en weer kan nadenken over wat ze zou willen bereiken.

In een groep waarin per definitie veel moduswisselingen kunnen optreden, is het belangrijk dat de therapeuten vanuit hun rol als goede ouder en Gezonde Volwassene de regie houden op een respectvolle manier, maar ook met een zekere autoriteit. Zij doen dit zoals ouders dit doen bij kinderen die nog niet in staat zijn om zelf alle verantwoordelijkheid te dragen. Dit biedt voor cliënten de zekerheid dat ze niet vast komen te zitten in hun modi en dat ze onderling ook niet vast komen te zitten in een strijd vanuit disfunctionele copingmodi. Tegelijkertijd is het van belang dat de therapeuten op een gelijkwaardige en respectvolle manier de sterke kanten van een cliënt blijven aanmoedigen, dat cliënten gebruik blijven maken van de gezonde volwassen kant die ze al hebben. De talrijke moduswisselingen van cliënten vragen van de therapeuten dat zij zelf vanuit allerlei verschillende posities het contact met cliënten aan kunnen gaan.

## 15.3 Begin van de therapie: werken aan veiligheid en verbondenheid

Een belangrijk concept bij Farrell en Shaw is dat er in een groepssessie balans moet zijn tussen de technieken en dat deze balans bijdraagt aan het reguleren van de spanning in de sessie. In de eerste weken wordt de spanning zo laag mogelijk gehouden omdat cliënten al onder hoge spanning een groepsbehandeling ingaan. Daarnaast speelt dat cliënten in het begin van de behandeling hun moduswisselingen en crisisgedrag nog niet onder controle hebben. Als de spanning te hoog zou oplopen, kan dit tot kettingreacties leiden in de groep. Naarmate de groep verder komt en cliënten betere emotieregulatievaardigheden hebben, kunnen technieken ingezet worden die meer spanning geven om daarmee juist vermijding te doorbreken.

Elke sessie is opgebouwd met zowel psycho-educatie en/of cognitieve technieken en daarnaast experiëntiële technieken om cliënten zowel op cognitief als op emotioneel niveau te bereiken. In de eerste maanden van de therapie ligt de nadruk op technieken die de gezamenlijkheid en cohesie in de groep bevorderen, waarbij er wel ruimte blijft bestaan voor onderlinge verschillen.

Omdat de verbindingen in de groep zo belangrijk zijn, begint de eerste sessie van de groep met de verbindingsoefening, de zogenaamde *weboefening*. Dit is een voorbeeld van een experiëntiële oefening. Tijdens deze oefening wordt met het overgooien van een bolletje wol een web geweven tussen alle groepsleden, inclusief de therapeuten. In de eerste sessie wordt deze techniek gebruikt om met lage spanning een namenrondje te doen. Het web dat zichtbaar wordt, symboliseert de onderlinge verbinding waar in de groep naar gestreefd wordt. In latere stadia van de therapie wordt de techniek gebruikt om verbinding te herstellen, bijvoorbeeld na een vakantie, of om in het laatste jaar te symboliseren dat mensen onderling verbonden zijn, ook als dit niet zichtbaar is. Tegen die tijd hebben cliënten het concept van verbinding geïnternaliseerd en hun eigen manieren gevonden om verbinding vast te houden. Bijvoorbeeld door foto's te kijken van belangrijke anderen als ze dat gevoel tijdelijk kwijtraken.

## 15.4 Het kiezen van therapeutische technieken

De verschillende therapeutische technieken sluiten in essentie aan bij alle modi. Toch is er wel enig onderscheid. Kindmodi leren in de regel meer door *modeling*. Wanneer cliënten in een kindmodus zitten, zijn ze vaak minder verbaal ingesteld. Dan hebben ze visuele middelen nodig en experiëntiële technieken om kennis op te nemen. De disfunctionele-copingmodi maken veel gebruik van impliciet leren (zien dat het ook anders kan, alternatieven aangeboden krijgen), gedragstherapeutische technieken en psycho-educatie. Het blije kind wordt gestimuleerd door spel- en creatieve technieken. De Gezonde Volwassene groeit door een combinatie van technieken. De keuze van de techniek wordt dus ook afgestemd op de modi die in de groep behandeld worden. Het belangrijkste is dat cliënten meerdere technieken aangeboden krijgen, zodat er altijd wat bijzit dat past bij hun eigen leerstijl en vermogen. Tijdens de sessies kan het voor veel cliënten logischer en veiliger voelen om vooral cognitieve technieken te doen, maar als ze thuis in een kindmodus zitten, hebben ze vaak meer baat bij de experiëntiële technieken.

### 15.4.1 Cognitieve technieken

Gedurende de therapie wordt er veel gebruikgemaakt van psycho-educatie over persoonlijkheidsproblematiek, psychiatrische klachten en het modusmodel.

Een cognitieve techniek die vanaf het begin wordt gebruikt, is het taartdiagram. Cliënten wordt gevraagd zelf hun klachten te monitoren door de grootte van de modi in te delen in een taartdiagram. Deze oefening wordt eens per tien weken herhaald. Na een jaar weten cliënten hun modi te benoemen en de ervaringen uit hun leergeschiedenis die een rol hebben gespeeld in hun problematiek. Dan wordt hun gevraagd om hun eigen casusconceptualisatie te maken en nieuwe doelen voor de komende periode te formuleren. De groep en de therapeuten denken mee om dit zo volledig mogelijk te maken. De therapeuten leveren het formulier aan waarmee de cliënten zelf kunnen werken. Cliënten zijn op deze manier eigenaar van hun eigen therapie. De bijdrage van groepsleden aan hetgeen cliënten hebben bereikt, wordt als heel waardevol ervaren.



### 15.4.2 Gedragstechnieken

Gedragstherapeutische interventies worden gebruikt om op te nemen in het crisisplan en om gezonde coping te vergroten. De focus ligt hierbij op het aanleren van gedragsalternatieven, uiteenlopend van assertieve manieren om conflictsituaties te hanteren tot het toepassen van ontspanningsoefeningen. Het model gaat ervan uit dat cliënten zelf steeds meer op zoek gaan naar gedragsalternatieven naarmate ze sneller uit hun modi kunnen stappen en hun behoefte hebben kunnen identificeren. Te vroeg inzetten op gedragsverandering stuit bij deze doelgroep op weerstand, omdat cliënten aanvankelijk vaardigheden missen om met hun moduswisselingen om te kunnen gaan. Zodra cliënten openstaan voor gedragsverandering biedt de groep een waardevolle bron van advies, waardoor cliënten leren om op een adequate manier aan meerdere mensen hulp te vragen, niet alleen aan therapeuten. Dit vergroot de mogelijkheid om nieuwe ervaringen te generaliseren naar het echte leven.

### 15.4.3 Experiëntiële technieken

Het creëren van het bewustzijn van de modi wordt vergroot met experiëntiële technieken. Hierbij wordt gebruikgemaakt van speltechnieken, vaktherapeutische technieken, rollenspelen, stoelentechnieken, imaginatie en imaginaire rescripting. Deze technieken worden zowel toegepast in de groep als in individuele sessies. Cliënten leren bijvoorbeeld in het begin van de therapie op een speelse manier modi te herkennen. Een voorbeeld hiervan is een spel waarbij cliënten zonder woorden een modus moeten uitbeelden met een gevoelsexpressie en de groep moet raden welke modus dit is. Zo kan een cliënt zich achter de stoel verstoppen om uit te beelden dat hij op dat moment een angstig kind is. Dit soort spelletjes zijn een manier om de schaamte over de eigen modi en gevoelens te verminderen en onderwerpen boven tafel te krijgen. Cliënten kunnen op deze manier leren en zich bewust worden van eigen modi, zonder dat direct gepraat hoeft te worden over eigen nare ervaringen die henzelf of de groep overspoelen.

Een onderdeel van de speltechnieken zijn de blije-kindoefeningen. Deze oefeningen zijn bedoeld om in sessies balans aan te brengen tussen de moeilijke en zware onderwerpen en ontspanning, zodat de spanning niet te hoog oploopt. De oefeningen zijn echter ook bedoeld voor het ontwikkelen van een vrije, blije kant, waaraan deze cliënten vaak in hun leven gebrek hebben gehad. Tegelijkertijd kunnen de oefeningen ook gebruikt worden om een straffende-oudermodus te doorbreken of boosheid te laten afvloeien.

Er wordt tijdens de therapie dan ook veel gebruikgemaakt van humor als verbindend en balancerend element. Dit lijkt mogelijk overbodig, maar veel cliënten hebben moeite om zich te focussen op andere zaken dan hun problemen. De focus op problemen belemmert het aangaan van contact met andere mensen die meer ontspannen in het leven staan, en houdt cliënten veelal in een toestand van piekeren en waakzaamheid voor gevaar.

Onderdelen van de blije-kindoefeningen zijn voorbeelden zoals hiervoor genoemd, maar ook het spelen van hints of dansen op muziek. Er horen ook actieve sinterklaas- en kerstvieringen bij. Het gaat hierbij om het opdoen van nieuwe, positieve, gedeelde ervaringen, de kracht van rituelen en ervaren van blijdschap en plezier ook kort na een heftig moment. Voor cliënten met veel traumatische ervaringen is er vaak weinig ruimte geweest om ook vrolijkheid te ervaren. Na verloop van tijd geven cliënten aan dat ze erom rouwen dat zij eerder zo weinig ontspanning hebben gekend.

Een andere experiëntiële oefening betreft het herkennen en wegsturen van de straffende ouder. Een simpele variant is om iedereen in de groep een gekleurd vel papier te geven. Als een cliënt iets aan het bespreken is en hij iets straffends over zichzelf zegt, dan mag iedereen die dat straffend vindt, zijn gekleurde kaart omhoog houden. Cliënten zijn vaak verbaasd dat er kaarten omhoog gaan, terwijl ze zelf dachten dat het een gezond volwassen reactie was. Deze oefening maakt de straffende ouder zichtbaar en de cliënt krijgt steun om deze aan te pakken of weg te sturen. Daarnaast krijgen de therapeuten inzicht in de mate waarin het concept begrepen wordt door de hele groep. Hoe simpel deze interventie ook is, de timing ervan blijft belangrijk. In het begin van de therapie zijn er veel cliënten die er zelf echt van overtuigd zijn dat ze de straffende en veeleisende ouder nodig hebben. Dan voelt het alsof ze zelf worden gestopt of afgewezen als de straffende ouder wordt benoemd. Het kiezen van de interventie wordt dus afgestemd op de ontwikkeling die de groep en de cliënt hebben doorgemaakt. De aanpassing van de interventies en het kiezen van de techniek op de specifieke behoeften van de groep en de individuele cliënten is de kracht van het model om uitval te verkleinen.

De belangrijkste experiëntiële oefening is de imaginatieoefening. Deze wordt gedurende de gehele therapie als techniek gebruikt, zowel om zittingen mee te openen via veilige-plekoefeningen, als oefeningen rond het blije en kwetsbare kind. De in het kader beschreven oefening is bedoeld om de connectie tussen de eigen Gezonde Volwassene en het kwetsbare kind te versterken.

**Imaginatieoefening met het kwetsbare kind en de Gezonde Volwassene**

Stel je voor dat je Gezonde Volwassene aan het hoofd van een bed zit in een bubbel. Aan de andere kant van het bed zit je eigen kwetsbare kind, ook in de bubbel. Beide kijken elkaar aan. Concentreer je eerst op wat je Gezonde Volwassene ziet als hij kijkt naar het kwetsbare kind. Maak zonder woorden contact met het kind en neem hierbij een open houding aan. Dan mag je wisselen naar je kwetsbare kind. Stel je voor dat je kijkt naar de grote versie van jezelf. Hoe ziet deze persoon eruit? Wat voel je als je hem/haar ziet? Ben je op je gemak? Alle gevoelens die je hierbij hebt, zijn oké. Dan ga je weer terug naar de Gezonde Volwassene. Nu mag de Gezonde Volwassene praten met het kind. Wat kun je zeggen om het kind op zijn gemak te stellen, te troosten of aan te moedigen. Als je het lastig vindt om te bedenken, mag je nadenken over wat de therapeuten zouden zeggen tegen je kwetsbare kind. Kijk goed naar het gezicht van het kind. Vindt dat het fijn om te horen? Ga weer naar het kwetsbare kind. Hoe is het om dit te horen? Wat voel je erbij? Je gaat nog een keer terug naar de Gezonde Volwassene. Die mag bedenken hoe je de oefening wilt afsluiten. Blijf je hier met het kwetsbare kind? Gaan jullie samen naar een veilige plek? Wil je dichter bij elkaar zijn? Houd het beeld vast dat je prettig vindt.

Als de cliënt een goede representatie heeft opgebouwd van de eigen Gezonde Volwassene wordt in imaginaties gevraagd dat de eigen Gezonde Volwassene het kwetsbare kind steunt en helpt, zodat het vertrouwen in het eigen volwassen deel groeit.

Een andere belangrijke experiëntiële oefening is de stoelentechniek (zie kader hierna). Het inzetten van deze techniek is bedoeld om de interne modusdialoog, de automatische gedachtegang zichtbaar te maken. Het woord 'stoelentechniek' verwijst naar echte stoelen die hiervoor gebruikt worden. Elke stoel representeert een modus. Stoelentechnieken komen voor in allerlei vormen. De varianten hierbij zijn vergelijkbaar met individuele Schematherapie: modusdialoog, wegsturen van de straffende en veeleisende ouder, moduswisselingen. De groep is bij uitstek geschikt om stoelentechnieken te gebruiken. Groepsleden kunnen verschillende rollen op zich nemen en elkaar helpen bij het uitvoeren van hun rol. Cliënten leren veel door elkaar te zien in hun modusdialoog.

**Stoelentechniek met moduswisselingen**

Er staan vier stoelen. De therapeut speelt voor en de cliënten doen het in subgroepen met een eigen voorbeeld na. De opdracht is om vier verschillende modi uit te beelden, waaronder kwetsbaar kind, straffende of veeleisende ouder, een copingmodus en als laatste de Gezonde

> Volwassene. Op elke stoel laat de therapeut of cliënt een modus in dezelfde situatie aan het woord. Cliënten wordt na de oefening gevraagd deze 'stoelendans' dagelijks thuis te oefenen. Bijvoorbeeld Gatver, wat een geklets, lopen ze weer uit in de vergadering! Alles zit tegen, nu is ook de trein te laat en ik ben al zo moe!
> Zeur toch niet, je had gewoon voor jezelf op moeten komen en op tijd uit die vergadering weg moeten gaan. Je laat het ook maar gebeuren! Zo spreekt de straffende- of veeleisende-oudermodus.
> Ach lieverd, soms zit het tegen, wat balen! Neem een lekker kopje koffie bij de kiosk en een mooi tijdschrift, even ontspannen na zo'n drukke dag, de volgende trein komt zo. Zo spreekt daarentegen de Gezonde Volwassene.

Cliënten spelen hun eigen modusdialoog thuis na op verschillende stoelen totdat ze het later in hun eigen hoofd als gedachten kunnen herhalen. Dit zijn belangrijke stappen om nieuwe gedachtepatronen automatisch te maken en de verschillende modi te integreren of te remmen. Zo groeit de Gezonde Volwassene.

De experiëntiële technieken zijn tevens belangrijk om vermijding te doorbreken. Cliënten kunnen in hun keuze van onderwerp op subtiele manieren onderwerpen vermijden. Hun reacties op de experiëntiële technieken is voor hen veel minder te controleren. Dit vraagt van de therapeuten dat zij in staat zijn om hevige moduswisselingen in de groep te kunnen hanteren en cliënten in het moment te begeleiden om hiermee om te gaan en de angst voor de emoties te hanteren. Door de emoties op te vangen leert de hele groep hoe dit gedaan wordt en wat ze zelf thuis kunnen doen als het henzelf gebeurt.

Alle technieken kunnen door cliënten op den duur thuis zelf worden gedaan en gebruikt op momenten dat ze weer moduswisselingen hebben. Tegen het einde van de therapie hebben ze allemaal hun eigen voorkeur hierin ontwikkeld en kiezen ze zelf wat bij hen past. Dit helpt hen om terugval op te vangen en verder te kunnen. Wat uiteindelijk het meeste telt, is dat cliënten leren om actief naar gezond volwassen oplossingen te zoeken en dit model leert ze om dit breed te interpreteren. Je kunt afleiding zoeken door spelletjes te doen, je frustraties in een ballon blazen, een cognitieve analyse te maken of een goed gesprek aan te gaan met een vriendin.

## 15.5 Geplande afbouw om zelfredzaamheid te bevorderen

Zoals eerder werd beschreven kent het model van Farrell en Shaw een geplande afbouw. Na een jaar verlaagt de contactfrequentie naar een keer per week, na anderhalf jaar is dit eens in de twee weken en de laatste drie maanden is het contact maandelijks. Ook dit is anders dan in een individuele behandeling, waarbij de momenten van afbouw per cliënt worden bepaald en meestal als de cliënt zelf ook vindt dat hij eraan toe is. Deze afbouw maakt voor cliënten vanaf het begin van de behandeling duidelijk dat er op den duur verwacht wordt dat ze steeds meer vaardigheden leren en zelf inzetten. Dat ze zelf in staat zullen zijn om keuzes te maken, om relaties met anderen vorm te geven en verantwoordelijkheden te nemen. Het model gaat ervan uit dat er een bepaalde basis moet worden gelegd, waardoor cliënten vervolgens in staat zijn om geleerde technieken te blijven toepassen en verder te kunnen ontwikkelen. De groep wordt zo voorbereid op het idee dat ze ook na de therapie zelf moeten blijven werken aan herstel. De groep kent een terugkomdag een jaar na het einde van het programma. Dit is van belang om de verbinding met de groep vast te houden, ook na het einde van de therapie en om te monitoren of het herstel zich, zoals het model voorspelt, inderdaad heeft voortgezet na de therapie.

Binnen dit model wordt na het eerste jaar steeds meer gesproken over de Gezonde Volwassene, die steeds meer taken op zich neemt. Farrell en Shaw benoemen hierin de adolescentiefase van cliënten. Dit is het moment waarop cliënten het ontwikkelingsniveau van adolescenten verkrijgen. Enerzijds voelen ze zich zelfverzekerder en hebben ze vertrouwen gekregen in het model en de therapeuten. Anderzijds wisselen ze, net als adolescenten, tussen zich volwassen voelen, waardoor ze zich meer durven af te zetten, en zich kind voelen. Ze willen zelfstandig zijn, weten het beter en vallen dan weer terug op verzorgd willen worden. Door deze fase te herkennen kan het voor de cliënten benoemd worden als iets positiefs: Wat goed dat jullie weten wat je niet wilt of wat je juist wel wilt. Tegelijkertijd wordt dit gekoppeld aan hoe cliënten zelf verantwoordelijkheid kunnen nemen voor de manier waarop ze dit doen: Hoe uit je kritiek op een goede manier? Wat kun je doen om jezelf te helpen en te ondersteunen als het contact met de groep of de therapeuten in frequentie afneemt? Doe je dit ook, of is er nog een reden die je hierin tegenhoudt? Voor cliënten is het belangrijk dat deze fase als een positieve ontwikkeling wordt herkend. Velen hebben negatieve ervaringen met het uiten van kritiek tegen volwassenen. Het is een herstellende ervaring als dit kan gebeuren zonder dat het tot een breuk leidt in de relatie. De combinatie van het bieden van begrip en van begrenzing is in deze fase voor therapeuten een uitdaging. Beide typen interventies zijn nodig, evenals een goede onderlinge samenwerking tussen de therapeuten, om in dit proces niet uit elkaar gedreven te worden.

Bij een geplande afbouw zullen er altijd cliënten zijn die zelf nog niet vinden dat ze dit aankunnen tegen de tijd dat er wordt afgebouwd. De momenten waarop er wordt afgebouwd binnen dit model, zijn elke keer weer spannend voor de groep. Er worden veel schema's getriggerd, zoals: verlating, instabiliteit, wantrouwen, hoge eisen of falen en mislukken. Het zijn de momenten waarop de therapeuten kritisch worden benaderd. Er is vaak een tijdelijke opleving in crisisgedrag en er kunnen conflicten ontstaan met de therapeuten. Indien uit het behandelplan van de cliënt blijkt dat ze alsnog extra sessies nodig hebben, kan dit worden ingezet, maar over het algemeen is de geplande afbouw juist een manier om schema's te triggeren en om die in een veilige omgeving door te werken.

In het laatste deel van de therapie, het laatste half jaar, ligt de nadruk op het vergroten van de autonomie, van het zelfvertrouwen in het eigen kunnen van cliënten en het begeleiden van het losmakingsproces. De Gezonde Volwassene heeft dan al meer gezonde coping aangeleerd en kan hierin meer verantwoordelijkheid nemen. De therapeut wordt alleen tussendoor op de hoogte gesteld of om hulp gevraagd als de eigen oplossing niet voldoende heeft opgeleverd. Cliënten rapporteren dat ze thuis bijvoorbeeld zelf een modusdialoog doen, cognitieve technieken gebruiken of imaginaties doen. Iedere cliënt kan zelf uit het aanbod dat ze hebben gekregen een eigen pakket met technieken gebruiken.



Uiteindelijk leren cliënten om zowel hun gevoelens te accepteren, hun behoeften te herkennen en een goede oplossing te vinden om hiermee om te gaan, een oplossing die goed genoeg is om een stap verder te komen. En om de verbinding tussen hen en de ander vast te houden, ook al is de ander niet aanwezig. Een Gezonde Volwassene kan niet alles perfect verhelpen. Accepteren dat goed genoeg, voldoende is, betreft een deel van het proces van de ontwikkeling richting volwassenheid. Therapeuten delen in de groep eigen ervaringen, met als doel duidelijk te maken dat ieder mens problemen heeft en frustraties, en dat het einddoel van therapie niet bestaat uit een stressvrij leven. Cliënten met borderlineproblematiek zijn gewend dat hun gevoelens hevig kunnen oplopen en een voorbode zijn van crisis. Ze blijven daardoor vaak huiverig als en wanneer ze iets voelen. Dit is in het laatste half jaar van de therapie een belangrijk onderwerp. Deze periode van afbouw triggert bij cliënten de schema's van emotioneel tekort en verlating. Het is wederom van belang dat de therapeuten hierop weten in te spelen, om ook hier weer een voorbeeld te zijn van een goede ouder. Vertrouwen hebben in de vaardigheid die cliënten hebben opgebouwd, is essentieel, ook op de momenten dat de cliënten hier zelf aan gaan twijfelen. Uiteindelijk valt op dat ze niet meer in crisis raken en zelf oplossingen weten te vinden. Hierin te veel ingrijpen door mee te gaan met de angst van cliënten zou het vertrouwen van cliënten in zichzelf ondermijnen.

*Gezond volwassen mensen hebben ook modi. Zij herstellen er alleen sneller van en houden meer overzicht.*

## Literatuur

Bamelis, L. L. M., Evers, S. M. A. A., Spinhoven, P., & Arntz, A. (2014). Results of a multicenter randomized controlled trial of the clinical effectiveness of schema therapy for personality disorders. *The American Journal of Psychiatry, 171*(3), 305–322.

Dickhaut, V., & Arntz, A. (2014). Combined group and individual schema therapy for borderline personality disorder: A pilot study. *Journal of Behavior Therapy and Experimental Psychiatry, 45,* 242–251.

Farrell, J. M., & Shaw, I. A. (2012). Group schema therapy for borderline personality disorder: A step-by-step treatment manual with patient workbook. New York: Wiley-Blackwell.

Farrell, J. M., Shaw, I. M., & Webber, M. A. (2009). A schema-focussed approach to Group psychotherapy for outpatients with borderline personality disorder: A randomized controlled trial. *Journal of Behavior Therapy and Experimental Psychiatry, 40,* 317–328.

Giesen-Bloo, J., Dyck, R. van, Spinhoven, P., Tilburg, W. van, Dirksen, C., Asselt, T. van, Kremers, I., Nadort, M., & Arntz, A. (2006). Outpatient psychotherapy for borderline personality disorder: randomized trial for schema-focused therapy vs. Transference-focused psychotherapy. *Archives of General Psychiatry, 63,* 649–658.

Lobbestael, J. (2008). Experimentele studies naar schemamodi. In: M. F. van Vreeswijk, J. Broersen, & M. Nadort (red.), *Handboek Schematherapie. Praktische gids voor hulpverleners in de ggz* (pag. 251–258). Houten: Bohn Stafleu van Loghum.

Nadort, M., Arntz, A., Smit, J. H., Wensing, M. Giesen-Bloo, J., & Eikelenboom, M. (2009). Implementation of outpatient schema therapy for borderline personality disorder with versus without crisis support by the therapist outside office hours: a randomized trial. *Behaviour Research and Therapy, 47*(11), 961–973.

Reijen, J. van & Haans, T. (red.). (2008). *Groepsdynamica in gedragstherapeutische en groepsdynamische groepen.* Houten: Bohn Stafleu van Loghum.

Yalom, I. D., & Leszcz, M. (2005). *The theory and practice of Group psychotherapy* (5th ed.). New York: Basic Books.

Young, J., Klosko, J., & Weishaar, E. (2005). *Schemagerichte therapie, handboek voor therapeuten.* Houten: Bohn Stafleu van Loghum.

# Bijlagen

# Register

# A



# B



# C



# D



# E



# F



# G



# H